严格依据最新国家教师资格考试大纲编写
国家教师资格考试专用教材

中学教师资格考试
教育知识与能力

总主编　王晓平
编　著　王晓平　钟雪威

外语教学与研究出版社
北京

图书在版编目 (CIP) 数据

中学教师资格考试教育知识与能力 / 王晓平，钟雪威编著. — 北京：外语教学与研究出版社，2013.12 (2016.11 重印)
国家教师资格考试专用教材 / 王晓平主编
ISBN 978-7-5135-3943-2

Ⅰ. ①中… Ⅱ. ①王… ②钟… Ⅲ. ①教学能力－中学教师－资格考试－教材 Ⅳ. ①G635.1

中国版本图书馆 CIP 数据核字 (2013) 第 320236 号

出 版 人　蔡剑峰
项目策划　徐晓丹
责任编辑　徐晓丹　赵　青
封面设计　姜　凯
版式设计　孙莉明
出版发行　外语教学与研究出版社
社　　址　北京市西三环北路 19 号（100089）
网　　址　http://www.fltrp.com
印　　刷　北京京师印务有限公司
开　　本　889×1194　1/16
印　　张　20
版　　次　2014 年 1 月第 1 版　2016 年 11 月第 3 次印刷
书　　号　ISBN 978-7-5135-3943-2
定　　价　42.00 元

购书咨询：(010) 88819926　电子邮箱：club@fltrp.com
外研书店：https://waiyants.tmall.com
凡印刷、装订质量问题，请联系我社印制部
联系电话：(010) 61207896　电子邮箱：zhijian@fltrp.com
凡侵权、盗版书籍线索，请联系我社法律事务部
举报电话：(010) 88817519　电子邮箱：banquan@fltrp.com
法律顾问：立方律师事务所　刘旭东律师
　　　　　中咨律师事务所　殷　斌律师
物料号：239430001

前　言

从 2011 年 10 月开始，教师资格认定考试进行了重大改革。从组织形式上看，由以前的各省自主组织考试改为全国统考，2011 年先在浙江省和湖北省试点，2012 年在浙江省、湖北省、河北省、海南省、广西壮族自治区、上海市试点，2013 年新增了山东省、山西省、贵州省、安徽省四个试点，2015 年推广到全国。从 2011 年 10 月和 11 月教育部师范教育司、教育部考试中心颁布的《中小学和幼儿园教师资格考试大纲（试行）》和《中小学和幼儿园教师资格考试标准（试行）》来看，新的教师资格认定考试的内容有所变化，具体见下表。

教师资格认定考试的内容

考试对象	考试内容	
	笔试	面试
幼儿园教师	《综合素质》 《保教知识与能力》	职业道德、心理素质、仪表仪态、交流沟通、思维品质、了解幼儿、技能技巧、评价与反思
小学教师	《综合素质》 《教育教学知识与能力》	职业道德、心理素质、仪表仪态、言语表达、思维品质、教学设计、教学实施、教学评价
初级中学教师	《综合素质》《教育知识与能力》《学科知识与能力》（语文、数学、英语、思想品德、历史、地理、物理、化学、生物、音乐、体育与健康、美术、信息技术任选一科）	职业道德、心理素质、仪表仪态、言语表达、思维品质、教学设计、教学实施、教学评价
高级中学教师	《综合素质》《教育知识与能力》《学科知识与能力》（语文、数学、英语、思想政治、历史、地理、物理、化学、生物、音乐、体育与健康、美术、信息技术任选一科）	职业道德、心理素质、仪表仪态、言语表达、思维品质、教学设计、教学实施、教学评价

从上表可以看出，新的教师资格认定考试的内容具有两个特点：第一，整体性。它不像以往的教师资格认定考试那样以学科为考试科目，如考《教育学》《心理学》，而是根据教师对这些知识的实际应用将与教育教学有关的知识整合起来进行考查。第二，全面性。它根据教师教育的最新研究进展，考查一名教师所应具备的道德品质与素养、教育教学知识及其应用能力。新的教师资格认定考试的这种变化给考生带来了挑战，为此我们组织国内多所大学从事教师教育研究工作的专家精心

编写了本套丛书。本套丛书此次出版六册，分别是《幼儿园教师资格考试保教知识与能力》《幼儿园教师资格考试综合素质》《小学教师资格考试教育教学知识与能力》《小学教师资格考试综合素质》《中学教师资格考试教育知识与能力》《中学教师资格考试综合素质》。因为初级中学和高级中学的《教育知识与能力》《综合素质》的考试大纲完全一样，因此各合并为一册出版。

　　本套丛书每一册的每一章都包括大纲表述、大纲解读、学习内容、难点解读、案例分析、延伸阅读、强化训练七个模块，帮助考生明确考试内容、理清思路、理论联系实际、拓展视野、夯实基础。首先，将大纲原样列出，考生就能够迅速明确考试内容，以大纲为线索阅读后面的内容。然后，通过内容来源、内容分析和内容结构三个部分解读大纲。"内容来源"详细说明这部分内容属于哪一学科，哪些教材对这些内容有所阐述，这会起到按图索骥的作用，为考生拓展阅读提供帮助；"内容分析"则具体分析本章涉及哪些内容、它们之间有什么关系、它们在每门学科中的地位如何等；"内容结构"则以知识结构图的方式呈现本章的内容，使考生能够对要学的内容一目了然。接下来，学习内容部分则是对考试大纲中涉及的内容进行具体阐述。本套丛书在行文时基本按照考试大纲中所列内容的顺序进行阐述，但也根据具体内容的逻辑关系进行了微调，与大纲表述稍有不同的地方亦做了解释。本部分囊括了考试大纲中要求的所有内容，叙述时兼顾理论性和可理解性。难点解读部分，可以帮助考生进一步厘清本章的难点。案例分析部分，帮助考生理论联系实际，运用本章中所学的理论知识解释教育现象，解决可能遇到的教育教学问题。延伸阅读部分则介绍了一些与本章内容有关的专家学者的观点，一方面是通过这部分内容来扩大阅读范围，加强对本章内容的理解；另一方面也是为了帮助考生形成阅读有关资料的习惯。最后一部分强化训练提供思路点拨及详细讲解，帮助考生巩固所学知识，提升应试能力。强化训练中的题型完全是按照考试大纲中的要求设计的。

　　总的来说，本套丛书的编写力图做到以下几点：

　　第一，紧扣考试目标，内容覆盖全部考点。本着对考生负责的态度，本套教材在编写过程中完全以考试大纲为依据，每一章节的内容都紧扣考试大纲的知识点，无一遗漏。

　　第二，紧扣考试内容模块，突出重点。根据每科的考试内容模块与要求，在编写过程中，编者通过对每一模块考试大纲要求的研究，明确哪些考点是需要考生"了解"的，哪些是需要"理解或掌握"的，哪些是需要"运用"的。在此基础上，科学安排各内容模块的比重和呈现形式。

　　第三，注重理论联系实际。本套丛书注重理论与案例的高度结合，使读者能够更有针对性地理解相关理论。

　　丛书在编写过程中，参考了大量的文献资料，特别是援引、借鉴、改编了大量的案例和训练素材。为了行文方便，对于所引成果及材料未在书中一一注明，因此，编者把对本丛书编写有过帮助的方家大作，恭谨地列于参考文献中，以示致敬和感谢！

　　虽然各位编者竭尽全力，但本套丛书一定还存在诸多不妥之处，恳请各位同仁和广大读者不吝赐教，以利于本丛书的进一步完善和提高！

　　本书第六章"中学生心理辅导"由钟雪威编写，其余各章由王晓平编写。

王晓平

2013 年 3 月

目 录

《中学教师资格考试教育知识与能力》考试大纲 1

第一章 教育基础知识和基本原理 5
大纲表述 5
大纲解读 5
学习内容 7
 第一节 国内外著名教育家的教育思想及代表著作 7
 第二节 教育概述 20
 第三节 教育与社会发展 24
 第四节 教育与人的发展 27
 第五节 义务教育与学制 31
 第六节 教育目的 41
 第七节 教育研究方法 47
难点解读 55
案例分析 56
延伸阅读 60
强化训练 61

第二章 中学课程 67
大纲表述 67
大纲解读 67
学习内容 67
 第一节 课程概述 67
 第二节 课程流派 69
 第三节 课程类型 72
 第四节 基础教育课程改革的理念、目标及实施状况 77
难点解读 82
案例分析 83
延伸阅读 84
强化训练 86

第三章 中学教学 90
大纲表述 90
大纲解读 90
学习内容 92

3

第一节　教学概述 92
　　第二节　教学过程 93
　　第三节　教学方法 100
　　第四节　教学组织形式 106
　　第五节　教学工作的基本环节及要求 111
　　第六节　我国当前教学改革的主要观点和趋势 116
　难点解读 117
　案例分析 118
　延伸阅读 120
　强化训练 121

第四章　中学生学习心理 126
　大纲表述 126
　大纲解读 126
　学习内容 127
　　第一节　认知过程 127
　　第二节　学习理论 137
　　第三节　学习动机 154
　　第四节　学习迁移 167
　　第五节　学习策略 172
　难点解读 178
　案例分析 179
　延伸阅读 181
　强化训练 184

第五章　中学生发展心理 189
　大纲表述 189
　大纲解读 189
　学习内容 190
　　第一节　中学生认知发展 190
　　第二节　中学生情绪发展 193
　　第三节　中学生人格发展 200
　　第四节　中学生身体及性心理发展 208
　难点解读 209
　案例分析 210
　延伸阅读 211

4

强化训练 ··· 212

第六章　中学生心理辅导
　　大纲表述 ··· 217
　　大纲解读 ··· 217
　　学习内容 ··· 217
　　　　第一节　心理健康概述 ··· 217
　　　　第二节　心理辅导主要方法 ··· 221
　　难点解读 ··· 224
　　案例分析 ··· 225
　　延伸阅读 ··· 226
　　强化训练 ··· 227

第七章　中学德育
　　大纲表述 ··· 231
　　大纲解读 ··· 231
　　学习内容 ··· 233
　　　　第一节　品德的发展与培养 ··· 233
　　　　第二节　德育内容 ·· 247
　　　　第三节　德育过程 ·· 249
　　　　第四节　德育原则 ·· 251
　　　　第五节　德育方法 ·· 255
　　　　第六节　德育途径 ·· 257
　　　　第七节　与德育相关的教育活动 ·· 258
　　难点解读 ··· 260
　　案例分析 ··· 261
　　延伸阅读 ··· 263
　　强化训练 ··· 265

第八章　中学班级管理与教师心理
　　大纲表述 ··· 269
　　大纲解读 ··· 269
　　学习内容 ··· 270
　　　　第一节　班主任工作内容与方法 ·· 270
　　　　第二节　课堂管理与课堂气氛 ··· 275
　　　　第三节　课堂纪律与课堂问题行为 ·· 279
　　　　第四节　课外活动的组织与管理 ·· 284

第五节　学校与家庭、社会教育机构的协作 ····· 287
　　第六节　教师心理 ····· 289
难点解读 ····· 301
案例分析 ····· 302
延伸阅读 ····· 304
强化训练 ····· 305

参考文献 ····· 310

《中学教师资格考试教育知识与能力》考试大纲

一、考试目标

1．理解并掌握教育教学和心理学的基础知识、基本理论，能运用这些知识和理论分析、解决中学教育教学和中学生身心发展的实际问题。

2．理解中学生思想品德发展的规律，掌握德育原则和德育方法，具有针对性地开展思想品德教育活动的能力。

3．掌握中学生学习心理发展的特点和规律，能指导学生进行有效的学习。

4．理解中学生生理、心理的特性和差异性，掌握心理辅导的基本方法。

5．掌握班级日常管理的一般方法，了解学习环境、课外活动的组织和管理知识，具有设计一般课外活动的能力。

6．掌握教师心理，促进教师成长。

二、考试内容模块与要求

（一）教育基础知识和基本原理

1．了解国内外著名教育家的代表著作及主要教育思想。

2．掌握教育的含义及构成要素；了解教育的起源、基本形态及其历史发展脉络；理解教育与社会发展的基本关系，包括教育与人口、教育与社会生产力、教育与社会政治经济制度、教育与精神文化等的相互关系；理解教育与人的发展的基本关系，包括教育与人的发展，教育与人的个性形成，以及影响人发展的主要因素——遗传、环境、教育、人的主观能动性等及它们在人的发展中的各自作用；了解青春期生理的变化，包括中学生的身体外形、体内机能、脑的发育、性的发育和成熟。

3．理解义务教育的特点；了解发达国家学制改革发展的主要趋势；了解我国现代学制的沿革，熟悉我国当前的学制。

4．掌握有关教育目的的理论；了解新中国成立后颁布的教育方针，熟悉国家当前的教育方针、教育目的及实现教育目的的要求；了解全面发展教育的组成部分（德育、智育、体育、美育、劳动技术教育）及其相互关系。

5．了解教育研究的基本方法，包括观察法、调查法、历史法、实验法和行动研究法等。

（二）中学课程

1．了解不同课程流派的基本观点，包括学科中心课程论、活动中心课程论、社会中心课程论等；理解课程开发的主要影响因素，包括儿童、社会以及学科特征等。

2．掌握基本的课程类型及其特征，其中包括分科课程、综合课程、活动课程；必修课程、选修课程；国家课程、地方课程、校本课程；显性课程、隐性课程等。

3．了解我国当前基础教育课程改革的理念、改革目标及其基本的实施状况。

（三）中学教学

1．理解教学的意义，了解有关教学过程的各种本质观。

2．熟悉和运用教学过程的基本规律，包括教学过程中学生认识的特殊性规律（直接经验与间接经验相统一的规律）、教学过程中掌握知识与发展能力相统一的规律、教学过程中教师的主导作用与学生的主体作用相统一的规律、教学过程中传授知识与思想教育相统一的规律（教学的教育性规律），分析和解决中学教学实际中的问题。

3．掌握教学工作的基本环节及要求；掌握和运用中学常用的教学方法；了解教学组织形式的内容及要求。

4．了解我国当前教学改革的主要观点与趋势。

（四）中学生学习心理

1．了解感觉的特性；理解知觉的特性。

2．了解注意的分类，掌握注意的品质及影响因素；了解记忆的分类，掌握遗忘的规律和原因，应用记忆规律促进中学生的有效学习。

3．了解思维的种类和创造性思维的特征，理解皮亚杰认知发展阶段论和影响问题解决的因素。

4．了解学习动机的功能，理解动机理论，掌握激发与培养中学生学习动机的方法。

5．了解学习迁移的分类，理解形式训练说、共同要素说、概括化理论、关系转换理论、认知结构迁移理论，掌握有效促进学习迁移的措施。

6．了解学习策略的分类，掌握认知策略、元认知策略和资源管理策略。

7．理解并运用行为主义、认知学说、人本主义、建构主义等学习理论促进教学。

（五）中学生发展心理

1．掌握中学生认知发展的理论、特点与规律。

2．了解情绪的分类，理解情绪理论，能应用情绪理论分析中学生常见的情绪问题。

3．掌握中学生的情绪特点，正确认识中学生的情绪，主要包括情绪表现的两极性、情绪的种类等。

4．掌握中学生良好情绪的标准、培养方法，指导中学生进行有效的情绪调节。

5．理解人格的特征，掌握人格的结构，并根据学生的个体差异塑造良好人格。

6．了解弗洛伊德的人格发展理论及埃里克森的社会性发展阶段理论，理解影响人格发展的因素。

7．了解中学生身心发展的特点，掌握性心理的特点，指导中学生正确处理异性交往。

（六）中学生心理辅导

1．了解心理健康的标准，熟悉中学生常见的心理健康问题，包括抑郁症、恐惧症、焦虑症、强迫症、网络成瘾等。

2．理解心理辅导的主要方法，包括强化法、系统脱敏法、认知疗法、来访者中心疗法、理性—情绪疗法等。

（七）中学德育

1．了解品德结构，理解中学生品德发展的特点。

2．理解皮亚杰和柯尔伯格的道德发展理论，理解影响品德发展的因素，掌握促进中学生形成良好品德的方法。

3．熟悉德育的主要内容，包括爱国主义和国际主义教育、理想和传统教育、集体主义教育、劳动教育、纪律和法制教育、辩证唯物主义世界观和人生观教育等。

4．熟悉和运用德育过程的基本规律（包括德育过程是具有多种开端的对学生知、情、意、行的培养提高过程；德育过程是组织学生的活动和交往，对学生多方面教育影响的过程；德育过程是促使学生思想内部矛盾运动的过程；德育过程是一个长期的、反复的、不断前进的过程），分析和解决中学德育实际中的问题。

5．理解德育原则，掌握和运用德育方法，熟悉德育途径。

6．了解生存教育、生活教育、生命教育、安全教育、升学就业指导等的意义及基本途径。

（八）中学班级管理与教师心理

1．熟悉班集体的发展阶段。

2．了解课堂管理的原则，理解影响课堂管理的因素；了解课堂气氛的类型，理解影响课堂气氛的因素，掌握创设良好课堂气氛的条件。

3．了解课堂纪律的类型，理解课堂结构，能有效管理课堂；了解课堂问题行为的性质、类型，分析课堂问题行为产生的主要原因，掌握处置与矫正课堂问题行为的方法。

4．了解班主任工作的内容和方法，掌握培养班集体的方法。

5．了解课外活动组织和管理的有关知识，包括课外活动的意义、主要内容、特点、组织形式以及课外活动组织管理的要求。

6．理解协调学校与家庭联系的基本内容和方式，了解协调学校与社会教育机构联系的方式等。

7．了解教师角色心理和教师心理特征。

8．理解教师成长心理，掌握促进教师心理健康的理论与方法。

三、试卷结构

模 块	比 例	题 型
教育基础知识和基本原理 中学教学 中学生学习心理 中学德育	68%	单项选择题 辨 析 题 材料分析题
中学课程 中学生发展心理 中学生心理辅导 中学班级管理与教师心理	32%	单项选择题 简 答 题 材料分析题
合 计	100%	单项选择题：约30% 非选择题：约70%

四、题型示例

1．单项选择题

（1）1958年我国曾提出过"两个必须"的教育方针。"两个必须"是指（ ）。

　　A．教育必须为当前建设服务，必须与生产劳动相结合

　　B．教育必须为阶级斗争服务，必须与社会活动相结合

3

C．教育必须为无产阶级政治服务，必须与生产劳动相结合

D．教育必须为社会主义建设服务，必须与工农相结合

(2) 人在心理活动和行为中表现出的稳定的动力特点是（　　）。

A．人格　　　　B．性格　　　　C．能力　　　　D．气质

2. 辨析题（判断正误，并说明理由）

(1) 美育就是指艺术教育。

(2) 负强化等同于惩罚。

3. 简答题

(1) 我国中学应贯彻哪些基本的教学原则？

(2) 如何组织有效的复习？

4. 材料分析题

(1) 阅读下列材料，运用教育与社会发展相互关系的有关理论进行简要评析。

我国著名平民教育家晏阳初在20世纪30年代曾提出过"教育救国"的理论。他认为中国落后的主要原因是因为当时农民存在"贫、愚、弱、私"四大病害，只要我们的教育工作者、仁人志士深入到广大农村推行相应的四种教育，即生计教育、文艺教育、卫生教育和公民教育，这样就可以克服上述四大病害，中国自然就富强了。但实践证明，这种设想只是善良的愿望，并未成功，正如毛泽东同志所说，"教育救国"唤来唤去还是一句空话。

(2) 阅读下列材料，回答问题。

李明学习非常用功，平时各科成绩都还不错，但每逢大考前他就非常紧张、烦躁、害怕，前一天晚上睡不好觉，第二天进入考场头脑就一片空白，结果成绩总是不理想。老师与同学都认为，李明的考试成绩与平时的努力程度不相称。

问题

①运用情绪相关知识分析李明同学面临的问题。

②作为教师，你会采取什么措施来帮助他？

第一章 教育基础知识和基本原理

● 大纲表述

1．了解国内外著名教育家的代表著作及主要教育思想。

2．掌握教育的含义及构成要素；了解教育的起源、基本形态及其历史发展脉络；理解教育与社会发展的基本关系，包括教育与人口、教育与社会生产力、教育与社会政治经济制度、教育与精神文化等的相互关系；理解教育与人的发展的基本关系，包括教育与人的发展，教育与人的个性形成，以及影响人发展的主要因素——遗传、环境、教育、人的主观能动性等及它们在人的发展中的各自作用；了解青春期生理的变化，包括中学生的身体外形、体内机能、脑的发育、性的发育和成熟。

3．理解义务教育的特点；了解发达国家学制改革发展的主要趋势；了解我国现代学制的沿革，熟悉我国当前的学制。

4．掌握有关教育目的的理论；了解新中国成立后颁布的教育方针，熟悉国家当前的教育方针、教育目的及实现教育目的的要求；了解全面发展教育的组成部分（德育、智育、体育、美育、劳动技术教育）及其相互关系。

5．了解教育研究的基本方法，包括观察法、调查法、历史法、实验法和行动研究法等。

● 大纲解读

1. 内容来源

本章内容来源主要有三个部分：国内外著名教育家的代表著作及主要教育思想属于中外教育思想史课程的内容，教育的含义、教育与社会、教育与人、义务教育、学制、教育目的等方面的内容属于教育原理课程的内容，教育研究的基本方法属于教育科学研究方法课程的内容。

2. 内容分析

（1）教育史

①中国古代教育史

先秦的教育思想史是璀璨的，人物众多。本书主要介绍在教育思想史上对中国教育影响比较大的人物和著作，如孔子、孟子、荀子、墨子以及《礼记》的《大学》《中庸》《学记》。

从秦汉、三国两晋到隋唐、宋元明清，本书主要介绍的有：韩愈、朱熹、王守仁、颜元。

②中国近代教育史

近代教育史就是一部学习西方教育的历史，在学习西方的过程中，出现了不同派别的不同主张，有的主张得以进入教育实践，有的主张则仅停留在教育思想的层面。但不论这些思想是否影响了我国的教育实践，在今天看来，它们都有着极大的历史意义。这部分本书主要介绍的思想家有张之洞、康有为、梁启超、严复、蔡元培。尤其是张之洞和蔡元培，其思想和实践，特别值得重视。

③中国现代教育史

进入到现代以后，在对西方的理论学习中出现了极具代表性的人物，他们在教育史上的地位都至关重要。本书选取与中学教育相关的思想家，介绍了杨贤江、黄炎培、陶行知。其中黄炎培、陶行知的教育思想、教育实践应该予以重视。

④外国教育史

古希腊"三杰"（苏格拉底、柏拉图、亚里士多德）和著名的雄辩家昆体良，是学生学习外国古代教育史需要掌握的四个人物。

夸美纽斯、洛克、卢梭、斯宾塞、康德、裴斯泰洛齐、赫尔巴特都是外国近代教育史中的璀璨明珠，每一位人物的思想都是我们不能绕过的。他们在开创科学的教育，促进教育理性化、科学化、心理学化等方面做出了重要贡献。

19世纪末20世纪初，随着生产力及教育科学的发展，欧美各国不约而同地开展了教育实践的改革。他们以改革传统学校和教育为主要目的，倡导彰显儿童的个性和主体性，深化了现代教育科学化和教育心理学化的运动。

苏联的教育思想则是在打破西方对教育垄断的背景下产生的，这些思想促进了教育思潮的丰富和多元。

在当代，世界各国都重视教育，基于各种原因纷纷进行教育改革。在对全球教育实践的反思和综合思考的背景下，产生了多样的当代教育理论思潮。

(2) 教育原理

①教育概述。

②教育与社会发展的关系。

③教育与人的发展的关系。

④义务教育：包括义务教育的内涵与义务教育的特点。

⑤学制：具体包括学制的概念、发达国家学制的基本趋势、我国当前的学制及其形成的历史脉络（我国的学制史）。

⑥教育目的：具体包括教育目的的概念、教育目的的影响因素、教育目的与教育方针的关系、实现教育目的的途径、全面发展的教育、新中国60年的教育目的沿革。

(3) 教育科学研究方法

教师进行教育研究是当前我国教育发展的需要和要求，是教师专业化过程中必不可少的要求，也是《教师专业标准》中对教师提出的要求。本部分需要了解每一种方法的基本含义以及适用条件、优缺点。这样，教师在进行教学研究时才能做出更有效的选择。

3. 内容结构

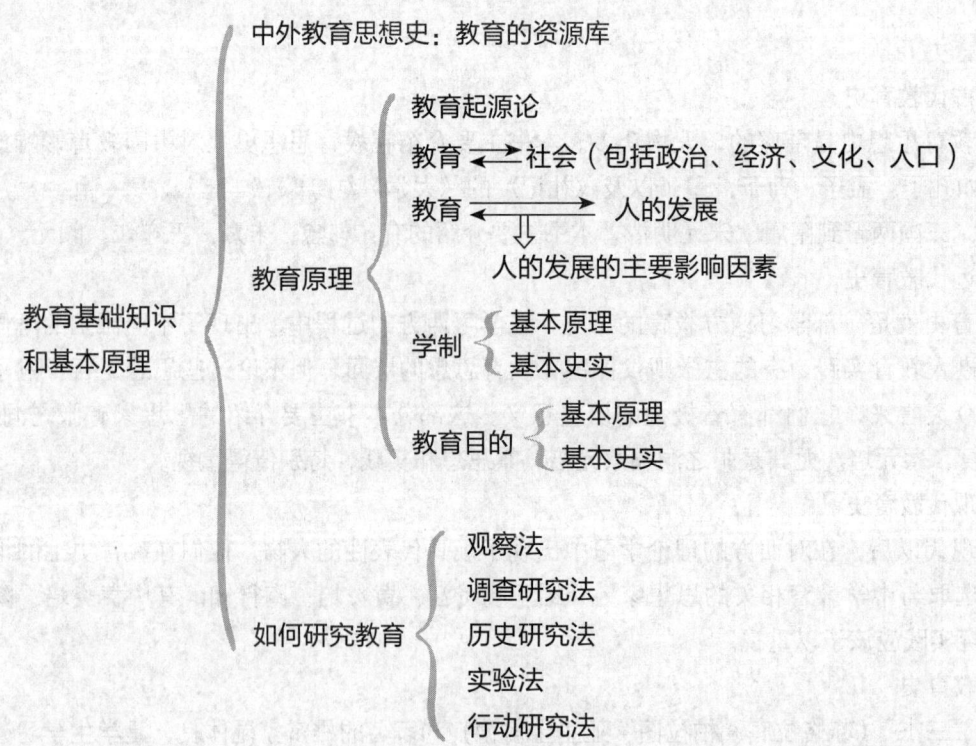

● 学习内容

第一节 国内外著名教育家的教育思想及代表著作

一、中国教育家的教育思想及代表著作

（一）中国古代教育家及代表著作

1. 孔子

（1）简要生平

孔子（前551—前479），名丘，字仲尼，鲁国陬邑（今山东曲阜）人，春秋末期的思想家和教育家，儒家学派创始人。

他在三十岁左右时创办孔家私学，开始他的教育生涯。四十岁左右，形成了自己的学说。在其私学组织的基础上，创立了儒家学派，对鲁国的政治产生了重大影响。五十岁以后获得从政机会，但因与执政者政见不一，弃职出走，学生也随之而去，其私学成为流动学校。六十八岁，孔子受聘返鲁，被尊为国老。他把精力用于教育和古代文献典籍的整理工作，在晚年完成《诗》《书》《礼》《乐》《易》《春秋》的编纂和校订工作。孔子的弟子们将各自记录的孔子的思想学说和言行汇集成书，即《论语》，这是研究孔子学说最重要的史料。此外，《礼记》中也保存了较多的相关资料。

（2）孔子思想集萃

①教育的作用

第一，教育与社会的关系。在中国古代，人们就已认识到教育的社会作用，尤其是对政治的作用，具体体现在《礼记·学记》中，《礼记·学记》开篇即提到"古之王者，建国君民，教学为先"。孔子认同这一观点，并具体阐述为"庶、富、教"的思想。这一思想体现了孔子重视教育的作用，认识到了教育与社会生产力以及人口之间的关系，认为教育是立国、治国的三大要素之一。《论语·子路》记载："子适卫，冉有仆。子曰：'庶矣哉。'冉有曰：'既庶矣，又何加焉？'曰：'富之。'曰：'既富矣，又何加焉？'曰：'教之。'"由此可以看出，孔子的治国基本纲领，即庶、富、教。其中庶指人口，即要有较多的劳动力；富指经济发展水平，即要使百姓有富足的生活；教指教育，即对百姓进行政治伦理教育。对百姓进行政治伦理教育，体现了孔子思想中的教育与政治的关系。同时，孔子认为教育是施政的基本手段，对人民进行政治伦理说教，是教育的政治功能。具体体现在《论语·为政》中，"道之以政，齐之以刑，民免而无耻；道之以德，齐之以礼，有耻且格"。

第二，教育与人的发展的关系。孔子将教育与人的发展的关系阐述为"性相近也，习相远也"。此理论是人类认识史上的一个重大突破，成为人人有可能受教育、人人都应受教育的理论依据。在此，孔子一方面强调教育的重要性，如"少成若天性，习贯之为常"；另一方面也重视环境的重要性，如"里仁为美"和"就有道而正焉"。

②提倡"有教无类"

孔子实行"有教无类"的办学方针。如在《论语·述而》中强调"自行束脩以上，吾未尝无诲焉"。事实证明，孔子的弟子国别多元，阶层多样，充分体现了孔子"有教无类"的思想主张。

③教育的目标、内容、方法

孔子的教育目标是培养德才兼备的君子。这一教育目标基于孔子的政治思想，如孔子主张德政、主张政治改良。《论语·雍也》中的"女为君子儒，无为小人儒"表明了他的教育目的是要培养君子式的儒者。对于君子的品格，《论语》中有多处论述，典型代表为《论语·宪问》中的"子路问君子，子曰：'修

己以敬.'曰：'如斯而已乎？'曰：'修己以安人.'曰：'如斯而已乎？'曰：'修己以安百姓。修己以安百姓，尧舜其犹病诸？'"。孔子的育人路线，可简称为"学而优则仕"。

孔子的教育内容在《论语》中有多种记载，孔子基本沿袭了西周的"六艺"思想，但在实际的教学中有调整。《论语·述而》中强调"子以四教：文、行、忠、信"。《论语·学而》中主张"行有余力，则以学文"。孔子强调首先要做一个符合道德标准的社会成员，其次才学习文化知识。因此，在孔子的教育思想体系中，道德教育居主要地位。关于"文"的部分，主要体现在孔子整理并编撰的教材《诗》《书》《礼》《乐》《易》《春秋》中，对弟子普遍传授的有《诗》《书》《礼》《乐》四种。而居于主要地位的道德教育通过知识传授进行。强调仁、知、信、直、勇、刚是君子应具备的六种道德品质，具体体现在《论语·阳货》中，"好仁不好学，其蔽也愚；好知不好学，其蔽也荡；好信不好学，其蔽也贼；好直不好学，其蔽也绞；好勇不好学，其蔽也乱；好刚不好学，其蔽也狂"。

孔子的教育方法主要体现在两个方面，一是德育方法，一是教学方法。孔子的德育方法有立志、克己、力行、中庸、内省、改过。立志体现在《论语·里仁》中的"苟志于仁矣，无恶也"。克己体现在《论语·卫灵公》中的"君子求诸己，小人求诸人"和《论语·宪问》中的"不怨天，不尤人"。力行集中体现在《论语·子路》中的"言必信，行必果"。中庸体现在《论语·先进》中的"过犹不及"。内省体现在《论语·里仁》中的"见贤思齐焉，见不贤而内自省也"。改过体现在《论语·述而》中的"丘也幸，苟有过，人必知之"和《论语·子张》中的"君子之过也，如日月之食焉。过也，人皆见之；更也，人皆仰之"。孔子的教学方法主要有：学思行结合、启发诱导、因材施教、好学和实事求是的态度。学思行结合体现在《论语·为政》中的"学而不思则罔，思而不学则殆"和《论语·里仁》中的"君子欲讷于言而敏于行"。启发诱导体现在《论语·述而》中的"不愤不启，不悱不发。举一隅不以三隅反，则不复也"。孔子启发诱导的教学方法在世界教育史上是最早的，比苏格拉底的"产婆术"早几十年。孔子是我国教育史上最早倡导因材施教的教育家。因材施教主要体现在要通过谈话、观察等方法了解学生，并根据学生的特点做出评价。如《论语》中记载的"由也果，赐也达，求也艺""柴也愚，参也鲁，师也辟，由也喭""求也退，由也兼人"等。就学习态度而言，孔子强调好学、实事求是，如《论语·学而》中的"敏于事而慎于言，就有道而正焉，可谓好学也已"和《论语·公冶长》中的"敏而好学，不耻下问"以及《论语·为政》中的"知之为知之，不知为不知，是知也"，《论语·子罕》中的"毋意，毋必，毋固，毋我"。

④有关教师的思想

孔子在《论语·述而》中自我评价说"若圣与仁，则吾岂敢？抑为之不厌，诲人不倦，则可谓云尔已矣"。他只承认自己做到了学而不厌和诲人不倦。这事实上也是孔子对教师的要求。同时，他还强调只做记诵的人，不足以为师。如《论语·为政》中的"温故而知新，可以为师矣"。孔子还强调教师要以身作则，如《论语·子路》中的"其身正，不令而行；其身不正，虽令不从"。此外，孔子还强调教学相长。如在《论语·八佾》中记载："子夏问曰：'巧笑倩兮！美目盼兮！素以为绚兮！何谓也？'子曰：'绘事后素。'曰：'礼后乎？'子曰：'起予者商也，始可与言《诗》已矣。'"

⑤评价

孔子是全世界公认的伟大的思想家和教育家。他在教育实践中提出的一些首创的教育学说，为我国古代教育奠定了理论基础。其贡献是多方面的，如提出了教育与社会发展、教育与人发展的关系；提出了"有教无类"的教育方针；提出了"启发式"教学；提出了"因材施教"的思想；重视德育，以仁为最高的道德原则；同时也提出了教师的职业道德——学而不厌、诲人不倦。孔子的教育思想是中华文化的瑰宝，但由于时代的局限，也不免存在糟粕，我们应持批判地继承的态度，使其促进现代教育发展。

2. 墨子

墨子（约前468—前376），名翟（dí）。墨子是我国春秋战国之际宋国（今河南商丘）人，著名的思想家、教育家、科学家、军事家、社会活动家，墨家学派的创始人，创立了墨家学说。墨子是继孔子之后的伟大的思想家，他创立的墨家学派与儒家并立。《韩非子·显学》记载："世之显学，儒墨也。儒之所至，孔丘也；墨之所至，墨翟也。"《墨子》一书是研究墨翟及墨家学派的主要资料。

墨子主张建设一个平等、互助的"兼爱"社会，其建设途径是"有力者疾以助人，有财者勉以分人，有道者劝以教人"（《墨子·尚贤下》），因此，墨子的教育目的是培养"兼士、贤士"。具体的人才标准是"厚乎德行、辩乎言谈、博乎道术"。墨家的教育内容中除政治和道德教育、科学和技术教育、文史教育外，最有特点的就是关于思维能力的教育。其目的主要就是在于训练和形成逻辑思维能力，使人善于与别人论辩。他提出了把握事物的三表理论[①]；在我国逻辑史上首倡"类、故"，主张"察类明故"。墨子在教育方法上讲求主动、创造、时间、量力。墨家是先秦与儒家相并立的最大的一个学派，并列"显学"。

3. 孟子

孟氏之儒是儒家学派中的一个重要学派，被视为孔丘嫡传，其代表人物就是孟子。孟子（约前372—前289），名轲，字子舆。战国时期邹国（今山东邹城）人。我国古代著名思想家、教育家，战国时期儒家代表人物。他的思想都反映在《孟子》一书中。孟子继承并发扬了孔子的思想，成为仅次于孔子的一代儒家宗师，有"亚圣"之称，与孔子合称为"孔孟"。

孟子在我国教育史上首次将"教、育"二字并列使用，并以"得天下英才而教育之"为乐趣。孟子主张性善论，并将其作为理论基础。孟子认为教育就是扩充"善性"的过程，孟子在《孟子·滕文公上》中提到"设为庠序学校以教之。庠者，养也；校者，教也；序者，射也。夏曰校，殷曰序，周曰庠，学则三代共之，皆所以明人伦也。人伦明于上，小民亲于下"。这段话体现出孟子第一次明确概括出我国古代学校教育的目的是"明人伦"，又说明了教育就是通过实现"明人伦"来为政治服务的。孟子希望将国家的建设建立在血缘宗法关系的基础上，因此他在《孟子·离娄上》中强调"不得乎亲，不可以为人"，在《孟子·梁惠王上》中强调"老吾老以及人之老，幼吾幼以及人之幼"。孟子的这一政治主张依靠培养"大丈夫"[②]的理想人格来实现。实现这一理想人格，孟子主张运用"持志养气、动心忍性、存心养性、反求诸己"的方法。在具体的教学实践上，孟子主张"深造自得、盈科而进、教亦多术、专心致志"。孟子的教学思想体现了孟子强调的教学要遵循和发展人的内在能力的观点。

4. 荀子

荀子（约前313—前238），名况，被尊称为荀卿。战国末期赵国人。著名思想家、文学家、政治家，儒家代表人物之一。

《劝学》是《荀子》一书中的经典传世篇章。《荀子》一书大部分为荀子本人所作。尽管荀子和孟子一样自认为是孔门嫡传，但荀子却没有机会入孔庙。但在儒家经典的传授方面，荀子的作用远大于孟子。所以，从学术发展史上看，荀子的作用极其重要。荀子主张性恶论。荀子认为选才的标准是"治国者，敬其宝，爱其器，任其用，除其妖"[③]。荀子将这一价值观作为教育的目的，即荀子的教育目体现了"贤贤"的育才、选才标准，主张靠人的德才挣得社会地位；其次要求人才是精于道而不是精于物的。荀子主张学习的过程与思想方法主要是闻、见、知、行。荀子重视教师的作用，提出"国将兴，必贵师而重

---

① 三表：第一表，有本之者。立论要"上本之于古者圣王之事"，即历史的经验和知识。第二表，有原之者。立论还要"下原察百姓耳目之实"，依据民众的经历，以广见闻。第三表，有用之者。必须在社会实践中检验思想和言行正确与否，而"观其中国家百姓人民之利"。
② 大丈夫的理想人格即富贵不能淫，贫贱不能移，威武不能屈。
③ 言行俱佳者，国宝也；拙于言而擅长行者，国器也；长于言而拙于行，国用也；口善言，身行恶，国妖也。

傅；贵师而重傅，则法度存。国将衰，必贱师而轻傅；贱师而轻傅，则人有快，人有快则法度坏"。荀子开创了我国教育史上的外铄说，有别于孔孟的内发说，促进了教育理论的发展。

5.《礼记·大学》《礼记·中庸》《礼记·学记》

《大学》《中庸》《学记》均是儒家重要典籍《礼记》中的篇章，是我国古代教育论著中的杰出代表。

（1）《大学》

《大学》就是在大学（又称太学，古代全国的最高学府）里所讲授的博大而精深的圣主之学，也称为"大人之学"。《大学》开篇即"大学之道，在明明德，在亲民，在止于至善"。"明明德"、"亲民"、"止于至善"被称为"大学的三纲领"，大学的终极目标是"止于至善"。为实现三纲领，提出了"格物、致知、诚意、正心、修身、齐家、治国、平天下"的八条目。

（2）《中庸》

《中庸》主要阐述先秦儒家的人生哲学和修养问题，提出了"中庸之道"，与《大学》互为阐发。经宋代朱熹整理，列为"四书"之一，对我国后世知识分子、普通民众的个人修养、精神生活和为人处世之道均有影响。《中庸》对教育的认识是"天命之谓性，率性之谓道，修道之谓教"。这阐释了教育与人性发展的问题。《中庸》认为，人可以通过发掘人的内在天性而达到对外部世界的认知和通过向外部世界求知而达到对内在本性的发扬。前者的途径是"自诚明""尊德性"；后者的途径是"自明诚""道问学"。《中庸》对学习过程的阐述是对我国古代教学思想的伟大贡献，对我国教育影响深远，即"博学之，审问之，慎思之，明辨之，笃行之"。学、问、思、辨、行被后世学者概括为求知的一般方法与途径，朱熹曾称之为"为学之序"，列为《白鹿洞书院揭示》的重要规定。陈元晖先生认为《中庸》是我国第一部教育哲学著作。

（3）《学记》

《学记》是我国以及世界教育史上最早、内容最丰富的一部教育专著。《学记》全文虽只有1229个字，却对我国先秦时期的教育经验做了全面的概括总结，条理清晰，论述深刻，从教育的意义、任务、途径，教学的原则和方法，以及有关"师道"等诸多方面精辟地反映了我国早期先秦儒家的教育教学思想精华，堪称中华教育瑰宝、经典之作，并有"教育学的雏形"之称。

《学记》开篇阐述教育的目的："君子如欲化民成俗，其必由学乎"，"建国君民，教学为先"。

《学记》论述了学校教育制度。"古之教者，家有塾，党有庠，术有序，国有学。"大学的教育进程是"比年入学，中年考校。一年视离经辨志。三年视敬业乐群，五年视博习亲师，七年视论学取友，谓之小成。九年知类通达，强立而不反，谓之大成。夫然后足以化民易俗，近者说服，而远者怀之，此大学之道也"。

《学记》概括了教育原则：教学相长原则，启发诱导原则，豫时孙摩原则，长善救失原则和藏息相辅原则。第一，教学相长原则。"虽有佳肴，弗食不知其旨也。虽有至道，弗学不知其善也。是故学然后知不足，教然后知困。知不足，然后能自反也；知困，然后能自强也。故曰：教学相长也。《兑命》曰：'学学半，其此之谓乎！'"第二，启发诱导原则。"故君子之教，喻也。道而弗牵，强而弗抑，开而弗达。道而弗牵则和，强而弗抑则易，开而弗达则思，和易以思，可谓善喻矣。"第三，豫时孙摩原则。"大学之法，禁于未发之谓豫，当其可之谓时，不陵节而施之谓孙，相观而善之谓摩。此四者，教之所由兴也。发然后禁，则扞格而不胜；时过然后学，则勤苦而难成；杂施而不孙，则坏乱而不修；独学而无友，则孤陋而寡闻；燕朋逆其师；燕辟废其学。此六者，教之所由废也。"第四，长善救失原则。"学者有四失，教者必知之。人之学也，或失则多，或失则寡，或失则易，或失则止。此四者，心之莫同也。知其心，然后能救其失也，教也者，长善而救其失者也。"第五，藏息相辅原则。"大学之教也，时教必有正业，退息必有居学。不学操缦，不能安弦；不学博依，不能安《诗》；不学杂服，不能安礼。不兴其艺，不能乐学。故君子之于学也，藏焉修焉，息焉游焉。夫然，固安其学而亲其师，乐其友而信其道，是以虽离师辅而不反。"

《学记》提出了尊师严师的思想。《学记》中说："凡学之道，严师为难。师严然后道尊，道尊然后民知敬学。"这是尊师的思想。"知至学之难易，而知其美恶，然后能博喻；能博喻，然后能为师。""君子既知教之所由兴，又知教之所由废，然后可以为人师也。"这是严师的要求。

6. 韩愈

韩愈（768—824），唐代著名文学家。韩愈的教育思想主要包括：

（1）在人性论上提出了"性三品"说

他主张：①人性是天生的，即"性也者，与生俱生也"。认为"性之品有上、中、下三"。②人与生俱来的还有一种潜在的情感素质，这些情感素质的外在表现就是喜怒哀乐爱恶欲。性与情的关系是有什么样的性就有什么样的情。

（2）教育的作用在于对不同的人起不同的作用

他指出"上之性就学而愈明""中焉者可导而上下""下焉者畏威而寡罪"，换言之，就是"上者可教，而下者可制"。

（3）尊师重道的教师观

《师说》是韩愈专门论述教师问题的作品，也是中国历史上第一次集中论述师道的作品。《师说》的主要观点有：①学者必有师，学无常师。②教师的基本任务："师者，所以传道受业解惑也。"这一阐释在中国历史上第一次全面地反映了教师工作的基本职责。③强调师生互相学习的师生关系，即"弟子不必不如师，师不必贤于弟子。闻道有先后，术业有专攻"。

7. 朱熹

朱熹（1130—1200），南宋著名理学家、教育家。一生著述繁多，主要教育著作有《白鹿洞书院揭示》《四书章句集注》和《童蒙须知》。朱熹编纂的《四书章句集注》（简称《四书集注》或《四书》）刊印便受欢迎，元代科举以《四书集注》取士，从此《四书》成为科举出题和答题的重要依据，成为学校的必备教科书，影响中国封建社会后期的教育数百年。《白鹿洞书院揭示》（又称《白鹿洞书院学规》《白鹿洞书院教条》）是中国书院发展史上一个纲领性学规，在《白鹿洞书院揭示》中，朱熹阐明了教育的目的、教育教学过程以及修身、处事、接物的基本要求。朱熹一生从事教育事业，著书立说，对如何读书深有体会。他去世后，其弟子将其读书经验归纳为：循序渐进、熟读精思、虚心涵泳、切己体察、着紧用力、居敬持志。

8. 王守仁

王守仁（1472—1529），号阳明，明代人。主要教育著作有《训蒙大意示教读刘伯颂等》和《答顾东桥书》等。其教育思想主要包括：

（1）教育的目的在于明人伦，即道德教育和人格修养是教育的首要目标。主张"致良知"，认为道德教育的过程就是顺应良知、扩充良知的过程。

（2）"随人分限所及"的教学原则。主张教育要"随人分限所及"量力施教。不能过分超越，否则"若些小萌芽，有一桶水在，尽要倾上，便浸坏他了"。

（3）教学内容为读经、习礼、写字、弹琴、习射等。

（4）主张启发诱导、自得、循序渐进、因材施教的教学原则。

（5）儿童教育思想。主要体现在：①顺应年龄特征；②以歌诗、习礼、读书为主要内容。

9. 颜元

颜元（1635—1704），清初著名思想家、教育家。主要教育著作有《漳南书院记》。颜元的教育思想主要有：

(1) 阐述传统教育的弊端。他认为传统教育有三大祸害，即毁坏人才、灭绝圣学和败坏社会风气。

(2) 教育目标是培养"实德实才"。即教育要培养实用的人才，"经世"（各级政府管理人才）和"百职"（专业人才）两种。他在教育目标中强调百工农医在教育中的地位，是思想史的进步。

(3) "实学"和"六斋"的教育内容。颜元的教学内容有兵、钱、谷、水利、火、工虞、天文、地理等，这体现了他的"实学"的教育思想。"六斋"是在他主持的漳南书院中分为六斋，即文事斋、武备斋、经史斋、艺能斋、理学斋、帖括斋。

(4) 习动、习行的教学方法。"习动""习行"是一种在实际行动中练习、巩固知识，加深理解的过程。他认为合理的教学方法是学用结合（增加教学中的实践环节）和讲练结合。

（二）中国近代教育家及代表著作

1. 张之洞

张之洞（1837—1909），清末重臣及洋务派首领。《劝学篇》为其主要的教育代表作品。在《劝学篇》中张之洞阐述了"中体西用"的教育思想。强调"中学为体，西学为用"。这是对洋务运动的理论总结，也试图为中国教育改革提供理论模式。"中体西用"对清末及民初的教育，包括教育宗旨、培养目标、学校制度、课程设置和教材、教法都有重要而深远的影响，促进了中国教育的近代化。

2. 康有为

康有为（1858—1927），戊戌变法运动的主要领导者，是我国近代史上向西方寻求真理的先驱者之一。代表作有《新学伪经考》《孔子改制考》和《大同书》。康有为的教育主张是变科举、废八股、兴学校。他的教育理想在《大同书》中有深刻体现。在《大同书》中，他设计了一个前后衔接完整的教育体系。从母亲受孕进入人本院开始，到出生后进育婴院，接着是慈幼院，然后是小学院、中学院和大学院。其中中学院（11—15岁）的教育任务是德、智、体兼重，以德育为主。教学设施应齐全，教师男女均可，但一定是"有才有德者"。课程应照顾学生的个性特征。《大同书》中提出了一个新的资产阶级的教育制度，重视学前教育，主张男女平等，但这些只是改良派的愿景。

3. 梁启超

梁启超（1873—1929），清末民初人。主要教育代表作有《变法通议》和《湖南时务学堂学约》等。他强调"开民智""伸民权"的教育作用，教育目的是培养"新民"。主张废八股、变科举、兴学校。梁启超主张以新的学制代替科举制度。按年龄特征，把教育分为四个阶段：(1) 幼儿期（0—5岁）；(2) 儿童期（6—13岁）；(3) 少年期（14—21岁）受中学教育或相当的师范教育及各种实业教育；(4) 成人期（22—25岁）受大学教育。梁启超还论述了师范教育、女子教育和儿童教育。

4. 严复

严复（1854—1921），清末民初人。代表性译著有《天演论》《原富》。他是中国近代史上第一个比较系统地介绍和传播西方资产阶级自然科学和社会科学的启蒙人物。他受达尔文进化论和斯宾塞社会学说的影响，提出教育的任务就是教人以自强，给人以智慧。严复提倡"体用一致"的文化教育观，他主张真正的"西学"包括"民主""政体""科学"。

5. 蔡元培

蔡元培（1868—1940），字鹤卿，号孑民，浙江绍兴人。曾任北京大学校长，一生志在民族革命，追求民主自由，是近代杰出的大教育家。1912年4月，蔡元培在《对教育方针之意见》中提出"皆今日教育所不可偏废"的军国民教育、实利主义教育、公民道德教育、世界观教育和美感教育五育并举的全面发展教育思想。军国民教育即体育；实利主义教育即智育，要向学生传授发展实业的知识与技能，其目的在于富国强兵；公民道德教育即德育，要向学生传递资产阶级自由、平等、博爱的道德观念和中华民族的传统美德；世界观教育是一种哲理教育，意在培养学生具有高远的目光和高深的见解；美感教育即美育，目的是陶冶性情，使人具有高尚的情操，美好的情感，最终达到意志的自由——乐观、高超和进取。他还提出以美育代宗教，具有重大的意义。

蔡元培除五育并举的教育思想外，还主持了北大的改革实践，提出了"思想自由、兼容并包"的办学原则。此外，还提出了"教育独立说"，强调教育经费独立、教育行政独立、教育学术和内容独立以及教育脱离宗教而独立。

（三）中国现代教育家及代表著作

1. 杨贤江

杨贤江（1895—1931），我国现代教育史上第一个比较系统地运用马克思主义基本原理阐述教育问题的教育家，是我国马克思主义教育理论的奠基人。他的代表作有《新教育大纲》和《教育史ABC》，前者是中国教育史上第一本马克思主义教育理论著作，后者是第一部用历史唯物主义分析世界教育历史的著作。

他认为教育起源于人类实际生活的需要；教育的本质是社会上层建筑之一，是以社会经济阶段为基础的。同时，他提出了"全人生指导理论"。具体观点可概括为：第一，教育要培养"完成的人"。即教育的目标是使青年学生在德、智、体、美以及知、情、意、行等方面都得到发展。第二，教育要指导学生过正常而全面的生活。包括健康生活、劳动生活、公民生活和文化生活。第三，教育不仅要指导学生的在校生活，也要指导学生的校外生活。

2. 黄炎培

黄炎培（1878—1965），著名职业教育家，我国职业教育现代化的重要奠基人。黄炎培提出了他自己的职业教育思想体系，这一思想体系的理论基础是"人类一切问题的中心，是生活"。职业是社会分工的产物，教育是延续社会生产、生活，保持各行各业的条件。他指出职业教育的目的是"一为谋个性之发展；二为个人谋生之准备；三为个人服务社会之准备；四为国家及世界增进生产力之准备"。

黄炎培职业教育思想的主要内容有：提倡职业教育，同时主张积极参加全社会的运动；主张教育与职业相沟通，学校与社会相沟通；以适应需要为主是职业教育的原则；职业教育应能包容一切；职业教育应贯彻于各级各类教育中；职业教育应贯穿于教育过程和全部职业生涯，实施全面职业教育，既要培养职业智能，又要培养职业道德与服务精神，既要重视学科科学知识又要特别重视学习和实践能力的培养，还要重视谋职能力和创业精神的培养。黄炎培的职业教育思想对我国职业教育的发展有着重要的作用，至今仍有极大的现实意义。

3. 陶行知

陶行知（1891—1946），近代教育史上伟大的人民教育家。一生经历了从旧民主主义向新民主主义的转变，提出了著名的生活教育理论。

陶行知生活教育理论的基本主张是"生活即教育""社会即学校""教学做合一"。"教学做是一件事，不是三件事。我们要在做上教，在做上学。……先生拿做来教，乃是真教；学生拿做来学，乃是真学。"这种教学做合一的理论，成为"晓庄"[①]的校训。在这种思想的指导下，"晓庄"特别强调在做中获得知识。就其认识根源来说，是受杜威"从做中学"的影响。它直接针对传统的灌输法，从"教学合一"到"教学做的合一"，这一教学法上的改革，在中国近代教育史上，是一个伟大的贡献。

[①] 1927年3月陶行知在江苏省南京北郊晓庄创办南京市试验乡村师范学校，后改名为晓庄学校。

4. 其他人物及代表著作

中国现代的其他教育家：力行乡村教育实验的被称为平民教育家的晏阳初，其代表作有《平民教育概论》《平民教育的真义》《农民运动的使命》；中国现代史上著名的思想家，乡村运动的代表人物，20世纪30年代乡村教育运动的倡导者和实践者梁漱溟，其代表作有《乡村建设理论》《中华文化要义》；还有著名儿童心理学家、教育家、"活教育"的倡导者陈鹤琴，主要代表作有《儿童心理之研究》《家庭教育》《陈鹤琴教育文集》。

二、外国教育家的教育思想及代表著作

（一）外国古代教育家及代表著作

1. 苏格拉底

苏格拉底（前469—前399），古希腊著名的哲学家、教育家。苏格拉底长期从教却不收取任何学费，提出了深刻的教育见解，形成了独特的教育方法，被称为"西方思想史上有长远影响的第一位教育家"。其教育思想主要包括：

（1）苏格拉底认为教育的目的是培养治国人才。他认为治国者必须有才有德，深明事理，具有各种实际知识。

（2）苏格拉底认为教育的首要任务是培养道德。他认为智慧即德行，正确的行为基于正确的判断，所以教人道德就是教人智慧，教人辨别是非也就是教人道德。

（3）苏格拉底的教育内容是广博而实用的知识，除了教授政治、伦理雄辩术以外，第一次将几何、天文、算术列为必须学习的科目。同时，还很注重体育锻炼。

（4）苏格拉底在哲学研究和讲学中，形成了由讥讽、助产术、归纳和下定义四个步骤组成的独特的方法，称为苏格拉底方法。

2. 柏拉图

柏拉图（前427—前347），西方哲学史上继苏格拉底之后的又一著名的思想家，也是西方教育史上伟大的教育家，他的教育观主要体现在《理想国》《法律篇》两部著作中。其《理想国》与卢梭的《爱弥儿》、杜威的《民主主义与教育》被称为"教育史上的三个里程碑"。美国教育史学家孟禄评价柏拉图的教育思想"对后世产生了深远的历史影响，具有永恒的价值"。其教育思想主要包括：

（1）在柏拉图看来，最完美的国家是由执政者、军人和生产者组成的，并建立在智慧、勇敢、节制、正义四种美德之上。柏拉图提出国家应该高度重视教育，将教育视为建设"理想国"的重要支柱。

（2）在此基础上，柏拉图对教育阶段进行了较为明确的划分：①第一阶段为学前阶段。柏拉图是西方国家首先提出学前教育的人。学前教育的内容包括讲故事、做游戏、音乐和舞蹈。②第二阶段为普通教育期，年满7岁的儿童开始进入国家举办的初等学校，如文法学校、音乐学校、体操学校，学习内容主要是读写算、音乐和体育。③第三阶段是军事训练期，年满18岁的青年进入艾弗比接受为期两年的军事教育，除军事技能和音乐外，还应学习算术、几何、天文等。④第四阶段为深入研究期，20岁后，学业结束，但极少数人被遴选出继续学习高深的科学理论，进入哲学家的培养阶段。其主要学习科目是"四艺"（算术、几何、天文、音乐）。⑤第五阶段为哲学教育期，专门向智者学习。

（3）柏拉图还十分重视女子教育，认为在承担国家和社会事务方面，女子和男子是平等的。

3. 亚里士多德

亚里士多德（前384—前322），古希腊百科全书式的学者，在哲学、政治学、物理学、伦理学、逻

辑学、心理学等学科上都有精深的研究和建树。在教育上，亚里士多德是古希腊教育经验和教育思想之集大成者，后世的各种教育思想几乎都被亚里士多德以萌芽的形式提出过。其主要教育思想集中体现于他的《伦理学》和《政治学》中。他的许多卓越的见解至今仍不失其意义。其教育思想主要包括：

（1）亚里士多德将人的灵魂区分为两大部分：理性部分和非理性部分。其中非理性部分又包括植物的灵魂、动物的灵魂两部分，其中植物的灵魂是最低级的。理性的灵魂是高级部分，主要表现在思维、理解和判断等方面。灵魂说为其主张教育必须包括体育、德育、智育提供了人性上的基础。

（2）亚里士多德重视教育的社会作用，明确指出教育对于巩固奴隶主政治起着巨大的作用。同时重视教育对个人发展的作用。认为人之为人的三个因素是天性、习惯和理性。主张要重视人的天性，在良好的环境和正当的行为中养成良好的习惯，并通过教育发展人的理性。

（3）和谐发展的教育思想。亚里士多德的体、德、智、美和谐发展的教育思想有：①在儿童教育中，首先是体育，目的是培养学生勇敢的品质。但对学生的体育要求一定要适度，否则会损害儿童的体格和妨碍他们的生长。②为治理好城邦，必须有公民道德教育。德育的目的是通过实践和反复练习，逐渐养成中庸、适度、公正、节制、勇敢的美好德行。③主张通过阅读、书写、绘画等达到智育的目的。④音乐教育是其和谐教育思想的核心。他认为音乐是实施美育的最有效的手段，同时也是智育、德育不可缺少的内容。音乐与智育不同在于它不是满足生活的需要，而是满足闲暇时理智的享受。

4. 昆体良

昆体良（约35—95），古代罗马帝国时期著名的雄辩家、教育家。著有《雄辩术原理》（又称《论演说家的教育》），该书被认为是西方教育史上第一本专门研究教学理论的著作。《雄辩术原理》一书一度失传，1416年被意大利学者在高卢女修道院中重新发现，才又流行于世。文艺复兴时期以及后期的学者给予该书高度评价。如德国宗教改革家马丁·路德的评价是"我爱昆体良更甚于几乎所有其他教育权威，因为他既是教师，也是模范的雄辩家，即他是以理论和实践的最巧妙的结合进行教育的"。其教育的主要思想包括：

（1）教育的目的在于培养具有最高道德修养的演说家。

（2）对演说家的教育包括家庭教育、初级学校、文法学校和雄辩术学校四个阶段。

（3）主张实行集体教学的组织形式，采取激发学生的兴趣和意愿的方法促进学生学习。如：①严格管理而不体罚。②教师应像父母般对待学生。③课业交替进行，学生学习与休息相结合。④善于向学生提问。

（4）强调教师应该是德才兼备、言行一致的人，应具有学科知识和教学知识；应理智地爱学生；应从对学生的观察中了解学生的差异，并分别对待。

（二）外国近代教育家及代表著作

1. 夸美纽斯

夸美纽斯（1592—1670），捷克教育家，在人类教育史上享有崇高的地位。毕生从事教育实践，1632年在总结前人教育成果及当时教育改革经验的基础上著成在教育学史上具有原创性质的《大教学论》。此书标志着教育学学科从哲学学科分化的开始，是西方第一本独立形态的教育学著作。其蕴含的教育思想包括：

（1）教育的目的和作用方面。教育的目的是使人为未来生活做准备。即通过教育培养人认识和研究世界上一切事物，培养和发展他们的各种能力、德行、信仰，实现现世的幸福，并为永生做准备。教育的作用在于改造社会、建设国家、发展人的天赋。在他看来"只有受过恰当的教育之后，人才能成为一个人"。

（2）主张教育适应自然的原则。这是一条贯穿于夸美纽斯整个思想的根本的指导性原则。其中自然包括自然界的普遍秩序、人的自然本性和儿童的年龄特征。

（3）夸美纽斯还论及了普及教育和统一学制、学年制和班级授课制的思想。

（4）教学思想。夸美纽斯的教学原则是其教学思想的重要组成部分，主要包括：①直观性原则；②巩固性原则；③量力性原则；④系统性和循序渐进性原则。

（5）夸美纽斯重视道德教育，认为德育比智育重要。夸美纽斯的思想突破了中世纪的思想传统，强调伦理道德的研究应以人的利益为中心。道德教育的主要任务是培养智慧、勇敢、节制、公正的德行。他还主张要尽早从正面教育，从行动中养成道德行为的习惯。

（6）强调国家管理教育，即应该普遍设立学校。夸美纽斯主张国家对教育具有不可推卸的责任，不应该将教育事业让给教会或其他社会力量。

夸美纽斯比较有影响的著作还有《母育学校》《语言和科学入门》《世界图解》等。

2．洛克

洛克（1632—1704），英国著名的哲学家、教育家，著有《教育漫话》。其主要观点有：

（1）反对天赋观念，提出"白板说"，认为人的心灵原本像一块白板，没有一切特性，没有任何观念；一切思想、观念都是后天从经验中获得的；感觉是认识世界的主要手段，经验是知识的主要来源。

（2）重视教育的作用，认为教育在人的个性形成、才能发展等方面起决定性作用。如"我们日常所见的人中，他们之所以或好或坏，或有用或无用，十分之九都是他们的教育所决定的。人之所以千差万别，便是由于教育之故"。

（3）教育的目的就是培养绅士。培养绅士的途径绝不能通过学校教育，只能通过家庭教育。

（4）绅士教育的主要教育内容有：体育或健康教育、德育和智育。总之，洛克的绅士教育体系，在近代教育史上有着深远的影响。他第一次较为明确地提出了一个包含德、智、体三育的教育体系。

洛克的《教育漫话》在近代西方教育理论的形成和发展中占有重要地位。它对形成17—19世纪英国具有特色的传统教育模式（例如，新兴私立中学、公学等）产生了重要的影响。从教育思想的历史发展来看，以洛克为主要代表的绅士教育思想是18世纪法国唯物主义教育思想、自然教育思想和德国理性主义教育思想的重要源泉之一，是教育学形成时期的重要著作之一。

3．卢梭

让-雅克·卢梭（1712—1778），法国著名的启蒙思想家、教育家。《爱弥儿》是其最有影响的一部教育代表作品。

《爱弥儿》一书反映了卢梭的自然主义教育思想，基本的观点有：

（1）性善论。他认为"出自造物主之手的东西，都是好的，而一到了人的手里，就全变坏了"。

（2）教育的任务是使儿童"归于自然"。

（3）卢梭自然教育的目的是培养"自然人"。因此，卢梭主张根据每个儿童的年龄和心理发展特点进行教育。①婴孩期。以养护和锻炼为主。②儿童期。这一时期是"理性的睡眠期"，以感觉教育为主要教育内容。③少年期。进行智育和劳动教育的时期。④青年期。以道德教育为主。其中有宗教信仰的养成。

（4）教育原则和方法应"模仿自然"，反对体罚；德育上实行"自然后果法"。

以卢梭为代表的自然教育理论在教育史上具有划时代的伟大意义。与同时期的教育家相比，他的教育思想更深刻地体现了时代精神。他的理论第一次系统地论证了儿童的生理、心理特点在教育中极端重要的地位，并把它作为教育的出发点和根据，要求教育尊重儿童的年龄特征和天性。他打破了千年因袭的教育陈规，把儿童从一个被动被塑造的客体变为积极主动的学习者，促进了教育理论与实践的科学化，也为后人革新教育提供了指导思想。因此，有人将卢梭誉为教育思想史上的"哥白尼"。卢梭的教育思想极大地影响了后来的教育家。如德国教育家巴西多、瑞士教育家裴斯泰洛齐、美国教育家杜威等都深受卢梭教育思想影响。

4. 康德

康德（1724—1804），18世纪德国著名的哲学家，古典唯心主义哲学的重要代表人物，也是18世纪理性主义教育思想的主要倡导者和践行者。他的主要代表作有《纯粹理性批判》《实践理性批判》《判断力批判》，其中包含了他的许多教育思考。但他的教育思想主要集中在《论教育》中。其教育思想主要包括：

（1）从人性论上看，康德重视人的理性，推崇人的尊严，肯定人的价值。康德认为教育的根本就是要对人的本性进行适当的控制。要以理性抑制人性中的野性，进而发展人的各种天赋。

（2）康德认为经验提供形成知识的材料，理性提供形成知识的结构与组织。康德进一步认为教育的过程不是灌输和管束的过程，而是要给学生自我活动、自由发展的空间。因此，康德说"人的教育不能只是简单地、机械地接受训练，最重要的是要使儿童学会思考"。

（3）康德强调"道德自律"和"道德义务"的重要作用。康德认为，道德教育既要让儿童自然而自由地成长，又要让他们自觉地接受理性的引导。自由是道德教育的最高目的，必要的"管束"和"训导"是实现自由的必要保证。

康德理性主义教育思想对后世，尤其是对裴斯泰洛齐和赫尔巴特产生了巨大的影响。裴斯泰洛齐接受了康德的思想，在强调儿童基本官能训练的基础上，提出了要素教学；赫尔巴特思想中的教育目的、道德教育、统觉理论都直接受到了康德的影响。

5. 斯宾塞

斯宾塞（1820—1903），英国著名的哲学家、社会学家和教育家。著有《教育论——智育、德育和体育》，是由题为《智育》《德育》《体育》《什么知识最有价值》四篇论文汇集而成的。其主要思想有：科学是最有价值的知识。斯宾塞认为教育目的是"为完满生活做准备"。实现完满生活的科学课程体系包括五个方面的教育，即：准备直接保全自己的教育，准备间接保全自己的教育，准备做父母的教育，准备做公民的教育，准备闲暇生活的教育。斯宾塞根据人类完满生活的需要，按照知识价值的顺序，把普通学校的课程体系分为五个部分：第一，生理学和解剖学；第二，语言、文学、算术、逻辑学、几何、理学、物理、化学、天文学、地质学、生物学、社会学等；第三，心理学和教育学；第四，历史学；第五，自然、文化和艺术。

斯宾塞首次鲜明而正确地表达了"智育""德育""体育"三个教育学的基本范畴，批判了传统的古典主义教育，提出了科学知识最有价值的卓越见解，制定了注重科学的课程体系，推进中等教育的发展，在课程论发展史上有重要地位。

6. 裴斯泰洛齐

裴斯泰洛齐（1746—1827），18世纪末19世纪初瑞士著名的教育思想家和教育改革家，其教育代表作有《林哈德和葛笃德》《葛笃德怎样教育自己的孩子》《天鹅之歌》等。裴斯泰洛齐在夸美纽斯、卢梭自然主义教育思想的基础上，对"教育适应自然"的观点进行了具体化，把人的本性发展更确切地理解为人的心理发展，首次提出了教育心理学化的思想。其教育思想主要包括：

（1）教育应遵循自然法则，了解人的本性的发展进程。他认为，教育的目的是"促进人的一切天赋能力和力量的全面、和谐发展"，通过教育使人成为有道德、有智慧、有劳动能力与身体健康的人。

（2）教育心理学化。1800年，裴斯泰洛齐在《方法》一文中，首次明确提出"我正在试图将人类教学过程心理学化；试图把教学与我的心智本性、我的周围环境以及我与别人的交往都协调起来"。具体包括在教育目的和教育理论指导儿童本性发展的自然法则的基础上，使教学内容的选择和编制适合儿童的心理规律，即教学内容的心理学化，教学原则和教学方法的心理学化等。

（3）要素教育论。要素教育论是裴斯泰洛齐教育心理化思想的具体应用，也是其教学理论体系的重心。他认为教育过程要从一切最简单的、为儿童所能接受的"要素"开始，再逐渐转到日益复杂的要素，促使儿童各种天赋能力和力量的全面、和谐的发展。具体包括体育（最简单的要素是各关节的运动）、德育（最简单的要素是儿童对母亲的爱）、智育（智育借助于语言、数目、形状实现）。同时，裴斯泰洛齐还主张建立初等学校各科教学法。此外，裴斯泰洛齐是西方教育史上第一位将教育与劳动相结合的思想付诸实践的教育家。

7. 赫尔巴特

赫尔巴特（1776—1841），德国哲学家、心理学家、教育家，著有《普通教育学》《教育学讲授纲要》。《普通教育学》在教育学的发展史上具有里程碑的意义，被西方认为是世界上第一本系统科学的教育学著作。

康德于1776年在德国柯尼斯堡大学的哲学讲座中讲授了教育学，这是教育学作为一门学科在大学里讲授的开始。继康德之后，对教育学做出重大贡献的便是赫尔巴特。赫尔巴特继康德开设教育学讲座之后，最早系统讲授教育学这门学科，并提出教育学作为一门科学必须以心理学和伦理学为基础。在《普通教育学》中，赫尔巴特在伦理学的基础上建立了教育目的论，在心理学的基础上建立了教学方法论。他强调"教育作为一门科学，是以实践哲学和心理学为基础的。前者指明目的，后者指明途径、手段"。其中，实践哲学就是伦理学。其主要教育思想包括：

（1）教育学的伦理学基础。在伦理学的基础上提出"内心自由""完善""仁慈""正义""公平或报偿"五种道德观念。

（2）教育学的心理学基础。赫尔巴特首倡教育学的首要基础是心理学，以"统觉学说"作为其教学论的基础。

（3）教育学体系的形成。①管理论。赫尔巴特认为管理要放在学校整个教学过程中的最前面，是进行教学和道德教育的首要条件。但他区分了管理和机械德育。②教学论。第一，赫尔巴特强调了教育性教学原则。第二，赫尔巴特主张教学分为四个阶段，即明了、联想、系统、方法。③德育论。在伦理学基础上的德育论，是赫尔巴特思想的核心。在赫尔巴特看来，德育是教育最根本、最首要的任务。

（4）经验、兴趣与课程。赫尔巴特把兴趣划分为两种六类，根据兴趣的分类，赫尔巴特对课程内容进行了相应的划分。

赫尔巴特的教育思想经宣传和实践，在当时世界各国得以广泛传播，逐渐发展成赫尔巴特学派，即传统教育学派。赫尔巴特创立的传统教育学派，在西方教育史上首先建立了以心理学和哲学为基础的教育理论体系，使教育学在向科学化发展的道路上大大前进了一步。

8. 福泽谕吉

福泽谕吉（1835—1901），日本明治维新时期的启蒙思想家、教育家。主要教育著作有《劝学篇》《文明论概略》。主张大力普及学校教育，以最终实现教育立国。因此强调修习学问、尚实学，如地理学、物理学、历史学、经济学等；主张培养国家观念和独立意识；认为培养日本国民的爱国之心是德育的首要任务，体育的目标是造就健康的国民。

9. 马卡连柯

马卡连柯（1888—1939），苏联著名的教育家。《教育诗》《塔上旗》是他的代表著作。马卡连柯在《教育诗》中总结了劳动教育、纪律教育和集体主义教育的实践经验，提出的集体主义教育是其教育体系的基础和核心，是其理论中最具特色的地方。在集体主义教育思想中，他创立了"明日欢喜论"和"严格要求与尊重信任""平行影响"等教育原则，这些原则至今仍为我国德育的重要原则。

10. 凯洛夫

伊·阿·凯洛夫（1893—1978），苏联著名的教育家，是20世纪四五十年代苏联教育学的代表人物之一。凯洛夫一生著述颇多，其中对我国有持久影响的是他主编的《教育学》。《教育学》是凯洛夫的教育思想的集中体现。教学论是凯洛夫《教育学》的最重要的组成部分，其中讨论了教学过程的基本原则和教学工作的原则（如直观性原则、自觉性与积极性原则、巩固性原则、系统性与连贯性原则、通俗性与可接受性原则）。凯洛夫《教育学》中的教学论思想代表了苏联教育理论建设的一个阶段，其教学思想不仅对苏联发生过重要作用，同时对我国解放初期教育理论建设也产生过很大的影响。

11. 赞科夫

赞科夫（1901—1977），苏联著名教育家、心理学家。毕生从事教学论研究，长期开展"教学与发展"课题，提出一系列教育主张，著有《教学与发展》。因此发展性教学是赞科夫思想的核心和代表。他认为教学的任务是促进儿童的一般发展。所谓一般发展，即学生的整个身心包括智力、情感、意志和体力等方面都得到发展，其中既包括身体因素，又包括心理因素；既包括智力因素，又包括非智力因素。一般发展的著名五大教学原则是：高难度进行教学的原则、高速度进行教学的原则、理论知识起主导作用的原则、使学生理解学习过程的原则、使全体学生包括差生都得到发展的原则。

12. 维果茨基

维果茨基（1896—1934），苏联一位杰出的教育心理学家，社会文化历史学派的创始人，苏联心理科学的奠基人之一。20世纪30年代初，维果茨基在国内外心理学界对教学与发展问题研究的基础上，首先将"最近发展区"（又译为"潜在发展区"，是指"儿童独立解决问题的实际发展水平与在成人指导下或在与有能力的同伴合作中解决问题的潜在发展水平之间的差距"）这一概念引入儿童心理学的研究，提出"良好的教学应走在发展前面"的著名论断。还由此提出了"教学最佳期"这一概念，是教育教学发展史上具有重要贡献的理论之一。维果茨基的理论有效推动了教育学的科学化进程。

13. 杜威

杜威（1859—1952），美国著名的实用主义哲学家、教育家，对世界教育发展有重大影响。著有《我的教育信条》《学校与社会》《民主主义与教育》等多部著作。杜威的全部教育思想围绕三个核心命题展开，即教育即经验的不断改造；教育即生活；教育即生长。以这三个核心命题为基础，杜威提出了：

（1）教育无目的说的教育目的论。杜威认为"生活就是发展；不断发展，不断生长，就是生活。用教育的术语来说，就是：①教育的过程，在它自身以外没有目的，它就是它自己的目的；②教育的过程是一个不断改组、不断改造和不断转化的过程"。

（2）课程与教材。根据经验论，杜威提出"做中学"，要求以活动性、经验性的主动作业代替书本式教材的统治地位。

（3）思维与教学方法。"做中学"同时也是杜威所主张的教学方法，这是一种经验的方法、思维的方法和探究的方法。据此，杜威提出了思维五步，即创设疑难的情境、确定疑难所在、提出解决问题的假设、推断哪个假设能解决问题、验证假设。

（4）道德教育。"道德是教育的最高和最终目的。"杜威反对个人至上，也反对社会至上，认为道德教育能协调个人和社会的关系。提倡个人与社会间的合作。

杜威的思想对20世纪以来的美国理论界和实践界都产生了极大的影响。阿瑟·G.沃恩评价"美国未来的思想必定会超越杜威……可是很难设想在前进过程中不通过杜威"。杜威的思想对我国也有极大的影响，胡适曾说"自从中国与西洋文化接触以来，没有一个外国学者在中国思想界的影响有杜威这样大"，"在最近的将来的几十年中，也未必有别的学者在中国的影响可以比杜威还大的"。杜威的思想对20世纪苏联的教育改革也有影响。

14. 布鲁纳

布鲁纳（1915—   ），美国心理学家、教育家，结构主义教育思想的代表人物。主要著作有《教育过程》《论认知》《教学论探讨》《教育的适合性》。布鲁纳在《教育过程》一书中提出了结构主义教育思想。

(1) 关于"教什么"，布鲁纳主张学校要教"学科的基本结构"，以适应现代社会知识总量激增、知识更新速度加快的需要。

(2) 关于"何时做"，布鲁纳主张儿童的"早期学习"。布鲁纳做了儿童认知结构发展的研究，揭示了儿童智力发展的特点。

(3) 关于"怎样做"，他提倡"发现学习"，调动学生的积极性，培养儿童独立解决问题的能力。

15. 布卢姆

布卢姆（1913—1999），美国当代著名心理学家和教育学家，国际教育成就评价协会（IEA）的创始人之一。主要教育著作《教育目标分类学，第一分册：认知领域》《每个孩子都能学会掌握》。布卢姆的教育目标分类理论具有两大特征，一是目标具有可测性，二是目标有层次结构。布卢姆把认知领域的目标分为六个主要类别，依次是知识、领会、运用、分析、综合、评价。布卢姆的《教育目标分类学》有效推动了教育学科的发展进程。

第二节　教育概述

一、教育的含义与构成要素

（一）"教""育"字源及含义

据考证，早在我国商代的甲骨文中就有了"教"和"育"的象形文字。但在相当长的历史时期里，"教"和"育"一直是分开使用的，通常只用其中的一个字来表达教育的现象和活动。如《孟子·梁惠王上》："谨庠序之教，申之以孝悌之义。"《诗·小雅·蓼莪》："拊我畜我，长我育我。"最早把"教"和"育"二字合为一体使用的人是孟子。他在《孟子·尽心上》中说："君子有三乐，而王天下不与存焉。父母俱存，兄弟无故，一乐也；仰不愧于天，俯不怍于人，二乐也；得天下英才而教育之，三乐也。"许慎的《说文解字》将"教"和"育"释义为："教，上所施，下所效也"；"育，养子使作善也"。

（二）外文 education 的字源与字义

在西方，教育一词，英文是 education，法文是 éducation，德文是 Erziehung，均出自拉丁文 educere 一词。Educere 这个词由"e"和"ducere"两个词构成，"e"指从某个地方出来，"ducere"是引导，二者合起来就是引导或启发之意。

（三）教育的含义

教育是一种社会现象，它产生于社会生活的需要，从根本上来说，教育产生于生产劳动。人与动物的基本区别就是人会有意识地制造和使用工具，人们在劳动的过程中，结合了社会关系。正如马克思所言"人的本质，在其现实性上，是社会关系的总和"。教育作为培养人的社会活动，从根本上来说，是传递生产经验和社会生活经验，促进新生一代成长的活动。尽管古今中外学者基于不同的价值立场对教育的理解和解释不同，尽管教育因不同的阶级立场或阶层利益而产生了不同的目的和不同的实施构想，但教育的旨归在于促进人的发展是共识。也就是说，教育的根本问题是人的发展问题。人类社会的教育活动是有目的地促进人的发展。因此，有目的地培养人是教育区别于其他社会活动的根本区别。因此，教育可以定义为：广义的教育是指能增进人们的知识和技能、影响人们的思想品德的活动；狭义的教育是指学校教育，是指根据一定的社会要求，有目的、有计划、有组织地对受教育者的身心施加影响，把他们培养成为一定社会所需要的人的活动。

（四）教育的基本要素

教育作为一种培养人的社会活动，从不同的角度划分，体系不同。因此，它是一个多因素、多层次、多类别、多领域、多形态的社会子系统。如学校教育、家庭教育、社会教育，初等教育、中等教育、高等教育，普通教育、职业教育，教育目的、内容、方法、手段、制度、评价等。但不论其如何复杂，构成教育的基本要素有教育者、受教育者和教育中介系统。其中凡是对受教育者在知识、技能、思想、品德、价值观等方面起到教育影响作用的人，都可以称为教育者。教育者是教育活动的主导者。凡是在各种教育活动中从事学习的人，包括学校中学习的儿童、青少年以及各种形式的教育中的成人，都是受教育者。受教育者是受教的主体，是施教的对象，教育者与受教育者的双向互动，形成了教育这一社会活动。教育中介系统是教育者和受教育者联系和互动的平台和纽带，是开展教育活动的内容、方式，包括教育内容和教育方式。教育内容主要由学校的课程、教材、教学参考书等有形载体所承载，也包括经过选择和加工并精心设计的教育环境，同时还包括教师的行为举止、价值观等。综合古今中外教育家的思想观之，教学内容可以分为德、智、体、美等几方面的内容。教育方式是教育活动成功的手段和工具，是十分复杂的动态过程。

二、教育的基本形态

学校教育、家庭教育、社会教育是教育的三种基本形态。教育工作的好坏，依赖于三者的努力，尤其是三者要形成合力。

（一）社会教育

社会教育的含义有广义和狭义之分。广义的社会教育，是指一切影响个人身心发展的社会生活的教育。狭义的社会教育，是指学校和家庭以外的文化机构以及有关的社会团体或组织等对社会成员进行的教育。[1] 社会教育具有灵活性、多样性、开放性、补偿性的特点。因此，社会教育是实现学习化社会、终身学习社会、教育民主化的重要途径。实施社会教育要注意：第一，方向统一性原则。即社会教育的方向要符合国家教育目的、国家教育方针的要求，也要服务于国家建设的方向。第二，时代性原则。社会教育具有灵活性，能敏锐地反映科技发展和社会生活的新变化。第三，灵活多样原则。第四，经济效益和社会效益相结合的原则。

（二）学校教育

学校教育就是在学校的范围内对受教育者进行的有目的、有计划、有组织地传授知识、技能，培养品德，发展体力和智力的教育活动。学校教育脱胎于社会教育，具有职能专门性、内容系统、手段有效的特点。学校教育在教育的全部形态中具有核心的地位，这一点已经得到全世界的认同。世界各国都非常重视学校教育的发展，旨在通过学校教育，更有效地培养人才。

---

[1] 杨兆山. 教育学——培养人的科学与艺术[M]. 长春：东北师范大学出版社，2006：309.

（三）家庭教育

家庭教育也有广义和狭义之分。广义的家庭教育，主要指一个人在一生中接受的来自家庭其他成员的有目的、有意识的影响作用。狭义的家庭教育则是指一个人从出生到成年以前，由父母或其他家庭长者对其所进行的有意识、有目的的教育。我们教育学所研究的一般都是狭义的家庭教育。[①] 与学校教育、社会教育相比，家庭教育具有先导性、感染性、针对性、与生活的内在统一性的特点。因此，进行家庭教育时要注意全面施教、以身作则、严慈相济的特点。家庭教育在全部的教育形态中具有不可或缺的重要地位。

要形成三种教育形态的合力，要清晰地认识到三种教育形态的不同作用、内容、方法，充分了解三种教育的相对独立性。同时，又要将三者有机结合，构建三位一体的和谐的教育网络。

三、教育的历史发展

（一）教育的起源论

1. 生物起源论

生物起源论的代表人物是法国的利托尔诺（又译勒图尔诺）、英国的沛西·能等。他们认为，人类教育发源于动物界中各类动物的生存本能活动。利托尔诺在其所著《动物界的教育》一书中认为，教育是一种生物现象，教育起源于一般的生物活动。英国教育家沛西·能 1923 年在不列颠协会教育科学组大会上的演说词《人民的教育》中指出："教育从它的起源来说是一个生物学的过程，不仅一切人类社会有教育，不管这个社会如何原始，甚至在高等动物中也有低级形式的教育。我之所以把教育称之为生物学的过程，意思就是说，教育是与种族需要、种族生活相应的、天生的，而不是获得的表现形式；教育既无待周密的考虑使它产生，也无需科学予以指导，它是扎根于本能的不可避免的行为。"

2. 心理起源论

心理起源论的主要代表人物是美国教育家孟禄，他认为教育起源于儿童对成人无意识的模仿。孟禄在其《教育史教科书》中阐述从心理学的观点出发，根据原始社会没有学校、没有教师、没有教材的原始史实，判定教育应起源于儿童对成人无意识的模仿。这种原始共同体中教育"使用的方法从头至尾都是简单的无意识的模仿"。事实上，模仿分为有意识的模仿和无意识的模仿：其中有意识的模仿是属于人类的教育活动，无意识的模仿不属于教育范畴。因此，孟禄的观点否认了人的社会性，把人类的有意识活动视为生物本能的无意识模仿。

3. 劳动起源论

苏联的教育史学家根据马克思主义的历史唯物主义理论，提出了教育的劳动起源论，即教育起源于劳动过程中社会生产需要和人的发展需要的辩证统一。因为，劳动把人从动物界提升为人。正如恩格斯说："劳动是从制造工具开始的。"在开始制造工具以前，人类的祖先是类人猿（古猿），属动物的范畴。开始制造工具以后，人类的祖先是猿人，属于人类的范畴。由此可见，劳动是整个人类生活的第一条件。这一点恩格斯在《劳动在从猿到人转变过程中的作用》一文中已有论证，劳动"是整个人类生活的第一个基本条件，而且达到这样的程度，以至我们在某种意义上不得不说：劳动创造了人本身"。基于这一理论，苏联教育史学家提出了教育起源于劳动，认为教育是与人类社会的产生相伴而生的。教育起源的直接动因就是劳动过程中对生产生活经验的传递。

[①] 杨兆山．教育学——培养人的科学与艺术 [M]．长春：东北师范大学出版社，2006：320．

（二）不同社会发展阶段的教育

历史证明，不同的历史发展阶段的生产力水平不同，生产方式不同，教育的特点也不同。下面根据美国人类学学者摩尔根在《古代社会》中把人类的历史划分为蒙昧、野蛮、文明三个时代，其中文明时代包括奴隶社会、封建社会、资本主义社会和社会主义社会四个历史发展阶段的思想，侧重分析原始社会、古代社会（奴隶社会、封建社会）和现代社会（资本主义社会和社会主义社会）的教育的特征。

1. 原始社会的教育

原始社会是人类社会的最初形态，是一个漫长的历史阶段，大约经历了百万年之久。恩格斯在《家庭、私有制和国家的起源》中肯定了摩尔根"提出的分期法，在没有大量增加的资料认为需要改变以前，无疑依旧是有效的"。根据摩尔根的划分，原始社会包括蒙昧和野蛮两个阶段。

原始社会的教育有以下几个鲜明的特点：第一，原始社会的教育没有阶级性。第二，原始社会的教育主要是为生产劳动服务的。第三，原始社会的教育是在整个社会生产和生活中进行的。第四，原始社会的教育手段是极端原始的。

随着社会生产和人类文明的发展，原始社会晚期的教育活动进入了一种新的状态。其主要表现有以下几点：首先，教育的目的更加明确。主要是把整个青少年一代培养成为合格的氏族成员。其次，教育内容更加丰富。如制作陶器、玉器，纺织和编织等方面的工艺；宗教、道德和艺术活动；氏族内部的信仰、风俗习惯以及军事训练。最后，教育形式多样化。除言传身教外，在长期的实践中随着语言、思维的发达，口头传授的方式越来越广泛，如通过各种谚语、歌谣、故事、神话等向广大青少年传授生产劳动知识、宗教知识及道德知识。

2. 古代社会的教育

古代社会教育包括奴隶社会和封建社会两个历史阶段的教育。尽管这两个社会历史阶段的生产力发展水平和政治经济状况各不相同，但相同的剥削阶级社会形态、落后的生产工具、手工操作的劳动方式以及自然经济形态，使两个社会的教育存在着一些共同的特征。

（1）专门的教育机构和执教人员。学校的产生标志着教育在历史发展中步入了一个新的阶段。学校的产生使得社会中形成了学校教育、社会教育和家庭教育三种形态的教育。因为学校是专门的教育场所，有固定的场地、专职的教育工作者、专职的学习者，教育活动是有组织的，教学内容比较丰富和系统。

（2）鲜明的阶级性与严格的等级性。"学校"一词的词源即"闲暇""休息"。因此，接受教育是有闲的统治阶级的特权，而无闲的被统治阶级只能在民间接受家庭教育。即使在统治阶级内部，统治阶级的子弟入何种学校也有严格的等级规定。

（3）文字的发展和典籍的出现丰富了教育内容。学校产生的条件之一就是文字的出现，文字的出现使得丰富的经验得以记录并传承。随着文字的积累，教育内容逐渐系统化，如古希腊的四艺（算术、几何、天文、音乐）、我国古代的六艺（礼、乐、射、御、书、数）等。

（4）教育与生产劳动分离。

（5）教育方法崇尚书本、呆读死记、强迫体罚、棍棒纪律。

（6）官学和私学并行的教育体制。

（7）个别施教或集体施教的教学组织形式。

3. 现代社会的教育

工业革命后，人类进入资本主义时代，人类社会也进入了一个新的历史阶段——现代社会。与之相应，现代教育也随之产生。现代社会是一个资本主义与社会主义两种不同社会制度并存的时代，但纵观世界现代教育的发展，主要特点有：

（1）培养全面发展的个人从理想走向实践。在前资本主义时代，全面发展的人是教育思想家的理论愿景，但在现代社会，这一愿景逐步走向实践。

（2）教育与生产劳动相结合成为社会发展趋势。随着生产力的发展和社会分工的发展，受教育不再是有闲阶级的特权，而是要为社会各部门提供劳动者，这就要求教育在培养人的过程中要与社会各生产部门相衔接。因此，越来越要求教育与生产劳动相结合。20世纪50年代以来的人力资本理论成为世界各国建立国民教育制度、提高教育质量的理论基础。

（3）教育日趋普及，并建立义务教育制度。大机器的生产要求劳动者素质的提高，因此，它给教育带来的最根本的变化就是教育的普及，并要求社会建立国民教育制度。普及教育的出现和义务教育的建立，是现代社会的最显著、最鲜明的特点。且这个制度已经成为国际社会共识，并在不断完善的过程中。

（4）教育的法制化和民主化。为实现对教育更好的管理，教育逐步被当成公共事务来管理。这一点在夸美纽斯的思想中有所体现。教育的民主化要求每一个社会成员都有享受教育的基本权利，并要求社会提供高质量的适宜性的教育。

（5）教育模式工业化。工业化的特点就是标准化和批量化。中外教育都采取了这一模式，规定入学年龄、学习时限，实行班级授课制。工业化的教育模式为工业社会高效率地提供了劳动力。虽进入20世纪，出现过各种改革运动，但目前国际社会的教育尚未脱离工业化的教育模式。

（6）终身学习是全世界的共识。现代社会的发展使得学校教育不再一劳永逸，不再包罗万象。因此，学校教育内容的有限性和社会生活的无限性、学校教育使命的单一性和社会生活的多样性决定人要终身学习。目前社会各国教育改革的旨归都是建立学习化社会，树立终身学习的价值观。

第三节　教育与社会发展

一、教育的社会制约性

教育是社会的子范畴之一，教育的社会制约性指教育的发展受社会中的其他子范畴的影响、制约。社会制约教育，是教育的一条基本原理，主要体现在人口、政治经济制度、文化等方面对教育的制约。

（一）人口对教育的制约

1. 人口数量对教育发展的制约和影响

第一，一定的人口数量及增长率影响着教育事业发展的规模和速度。一方面，人口数量直接制约着教育事业的规模和发展速度；另一方面，人口的不同增长率也影响着教育发展。第二，人口增长还制约和影响着教育发展战略目标的实现和战略重点的选择。人口增长速度是在一定的财力、人力的条件下制约教育质量、水平和教育的总目标的重要因素。如，在人口增长速度比较快的地区，教育发展应以扩大规模、增加数量为战略重点；而在人口增长速度较为平缓且经济发展又比较好的地区，教育发展则应以提高教育质量为战略重点。

2. 人口质量对教育发展的制约和影响

人口质量对教育质量的影响表现为直接和间接两个方面。人口质量直接影响着现有教育的质量，因为人口质量为现有的教育提供了教育对人作用的阈限。人口质量间接影响下一代的学校教育质量。

3. 人口的结构影响教育

第一，人口年龄结构制约着教育结构。如学龄人口多要求教育的重心是学龄人口的教育问题；成年人口多则要求教育侧重于成人教育。同样，人口的地域结构、人口的阶层结构、人口的性别结构都对教育有所制约。第二，人口就业结构制约着教育发展。如果生产力发展水平低，劳动者集中在第一产业、第二产业就业，那么教育的类型结构也比较单一。如果生产中的科技含量加大，更多的富余劳动人口流向第三产业，那么教育的类型和结构也必然呈现多样化的特点。

（二）生产力对教育的制约

1. 生产力发展制约着人才的质量和规格

教育必须依照生产力发展带来的劳动分工结构的变化确定教育目标，设置学科专业，调整课程结构。

2. 生产力发展制约着教育的规格和速度

教育事业必须建立在一定的物质基础上。生产力的发展水平决定着受教育人口的多少，决定着教育经费的多寡，决定着教育的人才培养目标。因此，生产力的发展水平制约着教育的规格和速度。

3. 生产力发展制约着课程设置及教学内容的选择

生产力的发展影响着学校课程的设置与教学内容的选择。如古代社会，直接从事劳动生产的人不需要接受学校教育，因此，学校所设置的课程门类多为哲学、政治、道德、宗教等人文学科以及语言、文字等课程。到近代以后，随着生产力发展对劳动者素质要求的提高，在算术、几何、天文学等传统课程的基础上，诸如代数学、三角学、植物学、动物学、物理学、化学等也相继进入到课程中。因此，学校课程设置及教学内容的选择是以生产力的发展水平为基础的。

4. 生产力发展制约着教育教学手段及其组织形式

一方面，学校的物质设备都是一定的生产工具和科学技术在教育领域的应用，它反映了生产力的发展水平；另一方面，教学组织形式的演变也与生产力发展有关。如在古代，个别教学是主要的教学组织形式，除语言外，纸笔是主要教育媒介。而近代以后，则以班级授课制为基本的教学组织形式。到20世纪中后叶，个别化教学呈现出良好的发展势头，越来越多的媒介参与到教育活动中来，成为教育活动得以成功的载体。

（三）一定的政治经济制度对教育的制约

一定的政治经济制度对教育的制约和影响主要表现在以下几个方面：第一，政治经济制度决定着教育的领导权。教育的领导权是判断和确定教育性质的最主要标志。第二，政治经济制度决定着受教育权。受教育权，是判断和确定教育性质的重要标志，由政治经济制度决定，即由国家政权的法律规定，或由受教育者和其他各种条件决定。第三，政治经济制度决定着教育目的和部分教育内容。为谁培养人、培养什么样的人、怎样培养人都是由政治经济制度所决定。换言之，培养出的人才必须是符合社会政治经济的巩固与发展所要求的人。政治经济制度是教育目的直接的决定力量，并根据不同的教育目的制定不同的教育制度，规定课程内容，特别是哲学和社会科学方面的内容。

（四）文化对教育的制约

广义的文化是指人类社会生产生活所创造的一切，包括物质生产和精神生产的全部内容。中义的文化指有别于政治、经济的全部精神生产的成果。狭义的文化是指文学艺术[①]。此处所说的文化是中义的文化。具体而言，中义的文化包括文化观念（包括价值观）和行为模式（包括思维方式、生活方式与习俗）。文化对教育的影响具有广泛性、持久性和深远性的特点。

---

① 王道俊，郭文安. 教育学 [M]. 北京：人民教育出版社，2009：55.

1. 文化模式制约教育观念、教育目的

文化模式"对每一个人塑造的力量很大，平时我们不太能看出这种塑造过程的全部力量，因为它发生在每个人身上，逐渐缓慢地发生，……人除了顺应它之外，别无选择"[①]。作为个体的人对文化模式只能顺应，同样，作为类主体的人对文化在一定范围内同样只能是顺应。教育在于促进人的发展，但不同的文化模式下，教育发展观则不同。如中国传统的教育强调向内发展，而西方的教育传统强调向外发展；中国在教师与学生的关系上强调尊师，而西方则强调平等。中国传统文化强调受教育是为了实现阶层的跃迁，是光宗耀祖；而西方的传统文化强调受教育是对知识本身的价值和对真理的追求，因此苏格拉底可以为自己提出的"民主"而殉葬。

2. 文化模式制约教育内容、教育方法

中国古代重视内省的文化模式导致教育内容重修己安人，重典章制度，轻自然科学，鄙视职业技术；而西方则重算术、几何、天文科目。这一点在柏拉图的阿加德米学园的教学内容中即有体现，其主要教学内容是算术、几何、天文、音乐。同样，文化传统也影响教育方法，中国的文化传统导致中国教育方法重讲授，而西方的教育传统则重对话。

二、教育的社会功能

一方面，教育的发展为社会发展所制约，另一方面，教育也反作用于社会。教育作为社会子系统，承担着为各个社会子系统输送人才的功能，这一育人功能进而影响了社会，推动社会变迁和社会流动。

（一）教育的社会变迁功能

教育的社会变迁功能是指教育通过开发人的潜能、提高人的素质、促进人的社会化、引导人的社会实践，不仅使人能够适应社会的发展，而且能够推动社会的发展。

1. 教育的经济功能

教育可以使可能的劳动力转化为现实的劳动力；现代教育可以使知识转化为生产力，能提高劳动生产率。

2. 教育的政治功能

教育通过传播意识形态完成年轻一代的政治社会化，为社会塑造政治管理人才；提高全民素质，提高政治民主化程度；教育还是形成社会舆论、影响政治时局的重要力量。

3. 教育的生态功能

教育的生态功能主要体现在：帮助人们树立生态文明的理念；普及生态文明程度，提高民族素质；引导建设生态文明的社会。

4. 教育的文化功能

教育的文化功能主要体现在：教育是保存文化的重要手段，教育对文化具有传播的功能，教育对文化具有创造发展功能。

（二）教育的社会流动功能

教育的社会流动功能是指社会成员通过教育的培养、筛选，能够在不同的区域、不同的阶层、岗位之间转换、调整和变动。教育的社会流动功能有：

---

① 转引自董泽芳. 教育社会学 [M]. 武汉：华中师范大学出版社，1990：71.

1. 横向流动功能

即促进人们根据社会和个人发展的需要，在不同的社会区域、岗位、社会组织中水平流动。

2. 纵向流动功能

即经过教育的筛选，能够在不同的阶层、科层组织中纵向流动，如阶层的跃迁、职务的升迁等。

第四节　教育与人的发展
一、对于人的认识

如何看待人，是教育实践活动和理论研究的起点。教育的主导作用的发挥，也依赖于对人的本质特征和身心发展规律的认识。

（一）人的特性

人的特性，简言之就是人区别于动物的基本属性。人的属性有：

1. 自然属性

人的基本的自然属性有食欲、性欲和自我保存三种。

2. 社会属性

社会属性是人在社会性上与动物区别的独特性，包括：(1) 共生关系中的相互依存性。社会对于个人而言是先验存在的，人从一出生就处于一定社会关系的相互依存中，尤其在现代社会，社会分工细致复杂，任何一个人离开社会，均不能生活。(2) 人际关系中的社会交往性。交往是人的社会属性，也是人认识自我的重要手段，人总是通过他人认识自我。(3) 人伦关系中的道德性。道德性是人与他人交往中表现出来的对行为的限定性。

3. 精神属性

帕斯卡尔说"人是能思想的苇草"，正是说明了人的精神属性。具体而言，人的精神属性有：(1) 能动性、创造性。(2) 自我意识。(3) 价值选择与价值定向。

（二）人的发展

人的发展既包括作为类的人的发展，即人类的发展或进化，也包括作为个体的人的发展，即个体的成长变化过程。此处所指的是作为个体的人的发展。个体的人的发展的含义有广义和狭义之分。广义的个体的人的发展是指个体从胚胎到死亡的过程，这一过程持续人的一生。狭义的个体的人的发展是指个人从出生到成人的过程，主要是指儿童到成人的发展变化过程。这一过程包括生理发展：一方面是指机体的正常发育，即指身体的结构（包括各系统、各器官）的健全发展；另一方面是体质的不断增强，如神经、运动能力等生理功能的发展。也包括心理发展：一方面是人的认知的发展，如感觉、知觉、注意、记忆、思维、语言等；另一方面是指心理倾向或意向的发展，如人的需要、兴趣、情感、能力、气质、性格等个性的发展。需要注意的是，还包括社会发展，即社会经验和文化知识的掌握，社会关系和行为规范的习得，人生态度、社会意识的形成等。由此可知，人的发展既包括人的社会化过程也包括人的个性化过程。因此，教育与人的发展的关系包括教育与人的社会化发展和教育与人的个性形成两部分。

（三）人的发展的规律

人作为个体，由于他们的活动和意识具有自主性，因此也表现出巨大的差异性。但人作为生物有机体，从有机体整体的角度看，其身心的发展却表现出共同性，这就是身心发展的一般规律。教育要有效地促进人的发展，必须要遵循身心发展的一般规律。(1) 身心发展的阶段性、连续性。阶段性是指在个体发展的不同年龄阶段表现出不同的总体特征、主要矛盾以及面临不同的发展任务。连续性反映着个体发展的量变，阶段性是个体发展的质变。整个的发展过程就表现出若干连续的阶段，不同的阶段，表现出区别于其他阶段典型的、本质的特征，这就是"发展的年龄特征"。(2) 身心发展的顺序性。个体的身心发展是有一定的顺序性的，且这个顺序性是不可逆的。如身体发展的自上而下（头尾法则）、自中心而边缘（远近法则）。心理机能的发展顺序是感知→运动→情绪→动机→社会能力→抽象思维。个体身心发展的顺序性，决定了教育教学工作的顺序性，在不同的发展阶段展开不同的教育活动，同时更应该按照发展的序列来施教，做到循序渐进。同时，教师应适当地让学生"跳一跳，摘桃子"，即把教学落实在最近发展区内是最佳的切实可行的选择。(3) 身心发展的不平衡性。具体表现在一方面个体从出生到成熟的进程不是匀速的，而是呈波浪形向前推进的；另一方面，不同的系统发展的速度、发展的起讫时间与达到成熟的程度是不平衡的。认识人的身心发展的不平衡性，要求教育工作要抓住身心发展的"关键期"，及时而教。所谓"关键期"是指身心某一方面的发展最适宜形成的时期。(4) 身心发展的个别差异性。发展既存在共同规律，又存在个体差异。同时，人的身心发展的差异性也表现在群体上，如社区生活环境不同，所造成的群体的发展水平和生活方式的不同；男女性别差异导致的自然性和社会性的差异等。个别差异性要求在教育上要"有的放矢"，真正做到"因材施教"，使具有各种个别差异的学生都能"长善救失"，最大限度地得到发展。

（四）人的发展的相关理论

1. 皮亚杰的儿童发展阶段论

皮亚杰认为个体从出生到成熟的发展过程，是认知结构和环境在相互作用的过程中不断重构的结果。他将儿童的发展阶段分为四大阶段：(1) 感知运动阶段（0—2岁）。主要通过感知觉与运动之间的关系来获得经验。主要的手段是手的抓取和嘴的吸吮。(2) 前运算阶段（2—7岁）。语言高速发展，但由于儿童不能很好地区分自我与外部世界，他们认为外界的一切事物都是有生命的，即泛灵论，思维和语言存在自我中心的特点。(3) 具体运算阶段（7—11岁）。认知显著发展，认识到了部分与整体，能进行逆向或互换的逻辑推理。(4) 形式运算阶段（11岁—成人）。个体推理能力逐步得到提高，能从多维度进行抽象逻辑思维。

2. 埃里克森的人格发展理论

埃里克森将人格在人的发展的纵向上划分为八个阶段，其中与基础教育相关的有五个阶段：(1) 基本信任对基本不信任（0—1岁）。这一阶段的儿童对成人的依赖性大，如果父母教养方式慈爱、有序，则产生信任感；如果父母教养方式无序，则会产生不信任感。(2) 自主性对羞怯和疑虑（1—3岁）。此阶段的儿童迅速形成了许多技能，能"随心所欲"地做很多事情，因而会造成自我意愿与父母意愿之间的冲突和矛盾。(3) 自主性对内疚（3—6岁）。具备更强的语言运动能力和想象能力。如果父母鼓励儿童的独创性行为和想象力，则会形成健康的独创性意识；反之，则会形成内疚感，乐于生活在限定好的环境里。(4) 勤奋对自卑（6—12岁）。儿童学习必备的生存技能和专业技巧。儿童这一阶段需要获得满怀信心地在社会中与他人一起寻求各种职业准备的勤奋感；反之，则会形成自卑感。(5) 同一性对角色混乱（12—18岁）。在从童年期向青年期过渡的过程中，儿童通过观察和思考能把自己的各种印象形成一个整体，从而形成对我是谁、我将来要成为什么样的人的认识，即自我同一性；若此阶段出现问题，则会形成角色混乱，即同一性混乱。

3. 加德纳的多元智能理论

加德纳认为智力的内涵是多元的,由九种相对独立的智力成分构成。即每种智力都是一个单独的功能系统产生的外显的智力行为。这九种智力是:(1)言语智力。(2)逻辑—数学智力。(3)空间智力。(4)音乐智力。(5)身体运动智力。(6)人际智力。(7)内省智力。(8)自然探索智力。(9)存在智力。

4. 柯尔伯格的道德发展阶段论模式

柯尔伯格认为儿童的道德判断是按三个水平、六个阶段向前发展的,具体阐述详见本书第七章第一节的相关内容。

5. 马斯洛的需要层次论

马斯洛认为人具有从低级到高级五种基本需要:(1)生理需要:如饥、渴、衣、住等。(2)安全需要:如保障自身安全、摆脱事业和丧失财产威胁、避免职业病等。(3)感情需要:友爱的需要和归属的需要。(4)尊重需要,包括内部尊重(人的自尊)和外部尊重。(5)自我实现需要,完成与自己能力相称的一切事情的需要。

二、人的身心发展的主要影响因素

这里只讨论影响人的发展的几个主要因素:遗传、环境、教育和人的主观能动性。

(一)关于影响人的身心发展的因素的观点

1. 单因素论和多因素论

单因素论认为人的发展由某一单一因素单独决定。主要有"遗传决定论""环境决定论"。多因素论主张人的发展受多种因素影响,如二因素论(遗传、环境)、三因素论(遗传、环境和教育)以及二层次三因素论,即人的发展的影响因素有现实的因素(各种类型和各种水平的活动)和可能的因素(个体自身条件和环境)。

2. 内发论和外铄论

内发论认为人的心理发展完全由其内部的因素决定,完全否定后天学习、经验的作用;外铄论认为个体发展完全是环境、教育的作用,否认人的主观能动性。

3. 内外因交互作用

于19世纪末20世纪初提出,又称二因素复合决定论、双因素论、遗传环境决定论。

(二)遗传对人的身心发展的影响

第一,遗传素质为人的发展提供物质基础和前提条件。第二,遗传素质的成熟程度制约着人的身心发展阶段。第三,遗传素质的差异性在一定程度上影响着人的个别特点的发展。总之,遗传素质是人的发展的内在根基。从另一角度看,遗传素质虽然为人的发展提供物质基础和前提条件,还为人的发展提供可能性,但并不能最终决定人的发展,因为随着年龄的增长,遗传素质对人的影响的作用越来越小。

(三)环境对人的身心发展的影响

环境是人的发展的外部条件,是人的发展的现实基础和资源。如果没有社会环境,人不可能从生物人转化为社会人。环境对人而言是给定的,是客观存在的,但人的发展还有许多可能性和不确定性,人的能动性决定了人对环境的反作用性和选择性。因此,环境对人的影响离不开人的能动性。

（四）教育在人的身心发展中的影响

人的发展包括两个方面，即个体的个性化和个体的社会化。个体的个性化是指个体独特性的表现。社会生活中活生生的个体，都有自己的特殊的个性、人格和行为习惯。个性化主要表现在社会实践活动中自主性、能动性、独特性、创造性的提升。教育促进人的个性化主要表现在：第一，教育能促进人的主体意识的形成以及人的个体价值的实现。第二，教育能促进处于不同的身心发展水平阶段的学生在其水平上充分地发展，发展其独特性。第三，教育有利于开展创造性的活动，培养个体的创造性，实现个体的价值。个体的社会化是指个体学习社会的行为规范、内化社会的价值观，获得适应社会生活的知识和技能，并使这些社会性的价值成为自我的一部分。社会化是没有终点，不断完善、发展，在发展中完善的概念。教育促进人的社会化，具体表现在：第一，教育根据社会的规范和要求促进个体思想意识的社会化；第二，教育引导个体行为的社会化。第三，能培养个体的角色意识。

尽管如此，学校教育在人的发展过程中仅仅是表现出了主导作用。第一，教育是一种有目的有计划的培养人的活动，因此，学校教育的价值在于引导学生通过知识的掌握促进身心发展，进而使他们社会化、个性化、专门化，使学生成长为社会发展所需要的人才。第二，教育主要通过文化知识的传递来培养人。文化知识是人的生长最重要的社会因素与资源。因为文化知识具有认识价值、能力价值、陶冶价值、实践价值。第三，教育对人的发展的作用越来越大。把人类社会发展的不同阶段进行比较，在现代社会，教育对人的发展的作用越来越大。因此，可以说教育在人的发展中起主导作用。但这一主导作用的发挥是有条件的，如受人的主观能动性、环境、教育自身情况以及社会发展状况的制约。

（五）个体的能动性在人的身心发展中的作用

人的主观能动性是人的发展的内在动力。个体的能动性影响人的自我设计和自我奋斗。人的发展除遗传、环境、教育的作用外，在很大的程度上还和个体的能动性有很大的关系。人也是通过主观能动性自我选择和自我建构的产物，人的主观能动性越强，对人的发展的影响就越大。

综上，影响人的发展因素有四种，即遗传、环境、教育、能动性。不同的因素在人的发展过程中起不同的作用，但都是人的发展不可或缺的必备因素，任何一种强调其中一种因素和弱化另外几种因素的观点都是错误的。

三、中学生青春期的生理变化

在人的发展过程中，不同年龄阶段的学生在身心发展方面会表现出不同的特点。学生在不同的年龄阶段表现出来的特点，就是年龄特征。

年龄分期的划分，目前尚无定论。一般都是根据生理年龄、结合心理发展特点来划分的。中学生的年龄阶段可称为青春期。

青春期的学生，身心开始发生急剧变化，自我意识和独立意识明显增强，心理上"成人感"日益显露出来。在与人交往的过程中，不再完全是被动的适应者、服从者、模仿者，而是主动的探索者、选择者、设计者。具体的变化有：

（一）向成年的生理转变

青春期的学生，身高、体重迅速增长，肌肉、骨骼也迅速发育，肌肉力量逐渐增强，即生长突增。由于身体某部分的急剧发展，作为有机体的身体会出现暂时性的失衡现象，表现为运动、动作的不协调，有时还会有头痛、头晕、易疲劳的现象。青春期的生理变化说明学生仍处于身体发育阶段，尚不能适应持久的或过重的劳动和学习，需要适时休息和加强营养。

（二）性成熟开始

性成熟开始的标志表现在第一性征和第二性征上。第一性征的变化表现为生殖器官的发育；第二性征的变化主要表现在男生的喉结增大、声音变粗（变声），出现胡须；女生则声音变尖、乳腺发育、月经初潮、皮下脂肪增多等。女生一般从十一二岁开始进入性成熟期，男生则要晚一至二年。性成熟导致学生的性别角色意识增强，在异性面前有不自觉的羞涩感，同性别之间的群体活动增多，而异性间的群体活动则相对减少。

（三）心理变化

从认知的角度看，学生思维能力得到了较大的发展，如抽象思维、概括、逻辑推理能力，学习迁移能力都得到了极大的发展。且男女生对事物的兴趣和认识的方式开始有明显的差异。学生在认识上的另一个重要特点是独立思考能力和判断能力的增强，往往以"成人"的姿态表明自己独立的评价和见解，意见发生不一致时，往往以较强的"成人意识"坚持自己的看法。从情感方面看，这一时期的学生有朝气，充满热情，但情绪不够稳定，易受外界刺激而波动。从意志方面看，自控能力有了较大的发展。

（四）脑的发育

身体开始快速成长并且出现性特征的同时，大脑出现了实质性的变化。尽管脑重只增加了10%，但大脑的某些结构产生了重要的变化。大脑包括白质和灰质，白质主要包含了有髓鞘的神经纤维，后者主要包含了神经元和支持物。白质在青春期保持稳定增长，尤其是在大脑皮层的额叶、顶叶、胼胝体等部分。突触链接中被激活的神经元增加，神经纤维变得更加精致和髓鞘化。由于突触剪除和周围神经元死亡，灰质减少，大脑半球的单侧化增强了。

第五节 义务教育与学制
一、义务教育的特点

（一）义务教育的概念

义务教育是指依据国家的法律规定，适龄儿童和青少年必须接受，国家、社会、家庭必须予以保证的国民教育。其实质是国家依照法律的规定对适龄儿童和青少年实施的一种强迫性教育。因此，义务教育又称强迫教育。

（二）义务教育简史

世界上最早颁布义务教育法的国家是德国。如16世纪后半期，少数公国就颁布了强迫教育法令。从17世纪开始，魏玛在1619年，威登堡在1649年，法兰克福在1654年又颁布新的法令，对儿童实行普及教育。到18世纪，普鲁士邦于1717年和1763年先后两次颁布实施强迫教育的法令，规定5—12岁儿童必须到学校接受教育，否则对家长要课以罚金。

英国于1870年颁布《初等教育法》，规定"各学区有权实施5—12岁儿童的强迫教育"。1880年正式规定初等教育免费就学，1893年规定凡11岁以下儿童必须入学等。

法国于1833年颁布《基佐法案》，规定每市镇设小学一所。1881年和1882年费里出任教育部长后又主持制定了1881—1882年的教育法令，被称为《费里法案》，规定初等教育为义务教育，实施初等义务教育的小学实行免费。《费里法案》确立了法国教育的强迫、免费、义务的性质。

美国在1852年由马萨诸塞州率先颁布强迫义务教育法令，规定该州8—14岁儿童每年上课12周，违者罚款。到1898年，有32个州实施强迫义务教育。在美国各州中，宾夕法尼亚州最早于1834年开始实施初等教育免费制度，康涅狄格州于1890年实施全日制义务入学的规定。到1920年全美各州都实行了义务教育。

日本从1872年颁布"学制令"开始教育的普及，规定儿童6岁入学，接受8年的普及义务教育。1880年颁布"教育令"，将义务教育年限缩短到4年。

我国首先在1986年颁布并实施了《中华人民共和国义务教育法》，规定国家实行九年制义务教育，这标志着我国义务教育制度的确立。2006年，在已经基本普及义务教育的基础上，中华人民共和国第十届全国人民代表大会常务委员会第二十二次会议再次修订通过《中华人民共和国义务教育法》（简称新《义务教育法》），对我国的义务教育给予了重新的考量和定位，标志着我国的义务教育进入到了新的时代。

（三）义务教育的特点

1. 国家强制性

义务教育的国家强制性是义务教育最根本的特征。它指义务教育依照法律的规定，由国家强制力保证推行和实施。义务教育不仅是受教育者的权利，而且是国家应尽的义务。国家要依法保障适龄儿童接受义务教育的权利，这是国家意志的体现。义务教育的国家强制性还表现在任何违反义务教育法律规定的行为，都应依法承担法律责任，受到强制性处罚或制裁。

2. 公共性

义务教育是一种社会公共事业，属于国民教育的范畴。它是面向本地区、本民族全体国民的教育，不应成为某一阶级、政党或宗教派别的工具而被垄断。表现在三个方面：一是由国家设立或批准的学校来实施，体现了国民的意志。二是实施义务教育的学校和教师具有公共和公务性质，其工作对国家负责，对国民负责。三是国家对义务教育的实施进行有效的监督和管理。

3. 免费性

义务教育的免费性是指国家对接受义务教育的学生免除全部或者大部分的就学费用。这是世界各国实施义务教育的一个共同特点。但在多大范围和程度上免费，要从各个国家和地区的实际情况出发。

4. 基础性

世界上大多数国家都以法律的形式规定适龄儿童少年接受一定年限的义务基础教育。义务教育的基础性表现在义务教育是一种全民性的教育，并为国民的终身教育奠定基础。

二、我国现代学制的沿革

（一）学制概述

1. 学制的概念

学制是学校教育制度的简称，是指一个国家各级各类学校的系统，它规定各级各类学校的性质、任务、入学条件、修业年限以及它们之间的关系。学制规定了学校的类型、级别和结构，是国家规范教育的一种基本制度。学制是否合理，直接关系到一个国家教育目的的实现、人力资源的提高、生产力的发展等。学制同时还反映着一国的教育目的、人才培养模式等。建立合理的学制，对一国的发展至关重要。

2. 学制的类型

学制的类型由学制的结构决定。学制的结构有纵向结构和横向结构。因此，学制的系统性和阶段性的不同排列组合，形成了不同的学制类型。典型的学制结构有以英国为代表的双轨制和以美国为代表的单轨制。其中双轨制的特点就是教育机构分为两大体系，如贵族学校和平民学校。目前英国的双轨制和19世纪70年代以前相比要弱化一些，但仍具有这种传统。单轨制的特点是一个系列，多种分段。

同时，按照教育程度划分，可以将学制划分为幼儿教育、初等教育、中等教育、高等教育；按教育的类型可以划分为普通教育、职业教育；按手段可以划分为面授、函授、远程教育等；按年龄可划分为学龄期教育、成人教育；按举办单位可以划分为国家举办、私人举办、地方举办、企事业单位举办等。

3. 学制建立的依据

影响学制建立的因素多种多样，因此当今世界各国的学制各不相同。影响学制建立的因素有：第一，社会的政治、经济制度是影响学制的重要因素。第二，学制的建立必须考虑生产力和科技的发展水平。第三，学制的建立必须符合学生的身心发展水平。第四，学制的建立还需要参考以往学制以及国外学制的经验教训。

（二）中国学制的历史沿革

我国的现代学制始于清末，民国初期逐步完善，到新中国成立后，学制历经变革，逐步建立了系统完备的当代学制。

1. 壬寅学制

1902年管学大臣张百熙主持拟定了一系列的学制系统文件，包括《京师大学堂章程》《大学堂考选入学章程》《高等学堂章程》《中学堂章程》《小学堂章程》《蒙学堂章程》共六份。8月15日，张百熙向朝廷进呈了《学堂章程折》，经朝廷批准后，以《钦定学堂章程》颁行，史称"壬寅学制"，它是中国有史以来第一个由国家正式颁布的近代学校系统。

壬寅学制主要是模仿日本学制而制定的。学制主系列分为三段七级，第一阶段为初等教育，又分为三级，包括蒙学堂4年，寻常小学堂3年，高等小学堂3年。儿童自6岁起进入蒙学堂。第二阶段为中等教育，实行中学堂4年一贯制。第三阶段为高等教育，也分为三级，第一级为高等学堂、大学预科3年；第二级为大学堂3年，由第一级升入，设政治、文学、商务、农业、格致、工艺、医术七科；第三级为大学院，年限不定，以研究为主，是整个学校教育系统的最高级别。除大学院，整个学制年限共计20年。学校主系列外，与高等小学堂平行的有简易实业学堂；与中学堂平行的有中等实业学堂、师范学堂；与高等学堂平行的有高等实业学堂、师范馆、仁学馆等。

壬寅学制虽已正式颁布，但尚未施行便于1903年修订，并于1904年1月颁布施行，即癸卯学制。

2. 癸卯学制

癸卯学制，原名《奏定学堂章程》，于1904年1月（此时仍为阴历癸卯年）颁布。清政府于1903年，命张百熙、张之洞、荣庆协同修订壬寅学制。1904年1月，清政府公布了重新拟定的一系列学制系统文件，史称《奏定学堂章程》。因公布时在阴历癸卯年，又称"癸卯学制"，这是中国近代由中央政府颁布并首次得到施行的全国性法定学制系统，比"壬寅学制"更为系统完备。

癸卯学制主系列分为三段七级。第一阶段为初等教育，内分三级，包括蒙养院4年、初等小学堂5年和高等小学堂4年。第二阶段为中等教育，设中学堂一级5年。第三阶段为高等教育，分为三级，第一级为高等学堂或大学预科3年；第二级为大学堂3—4年，分为经学、政法、文学、商、格致、工、农、医共 8 科；第三级为通儒院 5 年，属研究性质。全学程共计 25—26 年。在主系列外，还有实业教育和师范教育。师范教育分为与中等教育平行的初级师范学堂和与高等教育平行的优级师范学堂。实业教育有与高等小学堂平行的初等实业学堂，与中等教育平行的中等实业学堂和与高等教育平行的高等实业学堂。此外还有译学馆、方言学堂、实业教员讲习所等。中学则设有修身、读经讲经、中国文学、外国语、历史、地理、博物、图画、体操、理化、法制及理财等十二门。

癸卯学制和壬寅学制一样，是依仿日本学制而制定的，是向西方教育学习的系统性成果，但学制的指导思想是"中学为体，西学为用"，不可避免地带有时代特性，即半资本主义性和半封建性。中体西用的思想通过课程设置和教育内容得以贯彻，如学生必须学习算学、外国语、法制理财、理化等西学知识，同时必须学习中国传统的经学，读经讲经课在中学堂占四分之一。癸卯学制还注重教学法的改进，注意书本与实践的结合；班级授课制是基本的教学管理和组织形式。癸卯学制的实施完成了中国教育制度从古典到近代化的转变，促进了新式学堂的发展。

3. 壬子·癸丑学制

辛亥革命成功后，资产阶级的民主共和国于 1912 年 1 月 1 日正式成立。这是中国历史上的一次重大的转变。资产阶级通过改革学制建立资产阶级新教育。1912 年 7 月，教育部举行全国临时教育会议，其核心议题之一就是制定资产阶级的学制，经会议讨论，形成了壬子学制，于 9 月 3 日公布。此后，教育部又公布一系列的学校令。这些学校令与壬子学制合成壬子·癸丑学制。

壬子·癸丑学制主系列分为三段四级。第一段是初等教育，分成初等小学校和高等小学校两级，共 7 年。其中，初等小学校 4 年，高等小学校 3 年。小学入学年龄为 6 周岁，不分设男校女校。《中学校令》中称"中学校以完足普通教育，造成健全国民为宗旨"。女子中学校单独设立。中学校入学资格，为高小毕业生及同等学力者。

除主系列外，还有师范教育与实业教育。师范教育分两级，分别是师范学校与高等师范学校，分别相当于中等教育和高等教育阶段。实业教育类主要有乙种实业学校和甲种实业学校，分别与高等小学校与中学校平行。实业学校有农业学校、工业学校、商业学校、商船学校、实业补习学校等。实业学校以教授农工商业必需之知识技能为目的。

课程设置上，中学开设修身、国文、外国语、历史、地理、数学、博物、物理、化学、法制经济、图画、手工、乐歌、体操，共十四门课。女子中学增加家事、园艺（可缺）、缝纫课程。外国语以英语为主，但遇地方特别情形，可任择法、德、俄语一种。读经讲经课取消。

与癸卯学制相比，壬子·癸丑学制缩短了修业年限，给女子教育以机会，实业教育得到了加强。但中学修业年限 4 年，比较短，整个学制缺乏弹性。这个资产阶级性质的学制在中国的学制史上是一个承上启下的学制，它标志着西方教育制度在我国的基本确定。

4. 壬戌学制

壬寅学制、癸卯学制、壬子·癸丑学制都脱胎于日本，没有根本的区别。中华民国成立后不久的实践证明，壬子·癸丑学制已不适应社会政治、经济生活和生产的需要。同时新文化运动的开始使西方教育理论、教育方法、教育制度、教育模式被大量引进。军国民教育，实利主义教育、国民教育、美感教育、科学教育、平民教育等各种教育思想此起彼伏。一些教育团体也纷纷成立，如全国教育联合会、中国科学社、中华职业教育社、中华教育改进社、中华平民教育促进会等，而 1922 年的这次学制改革正是由教育团体发起，与教育部结合，最后由教育部公布施行的。在改革学制的呼声不断的情况下，教育部于 1922 年 9 月召开全国学制会议，重新制定学制，最终于 11 月 1 日以大总统令公布了《学校系统改革案》，在全国施行，称为"壬戌学制"（又称新学制、六三三学制等）。

壬戌学制依据"适应社会进化之需要；发挥平民教育精神；谋个性之发展；注意国民经济力；注意生活教育；使教育易于普及；多留各地方伸缩余地"的七项标准制定。采用美国的六三三分段法，其中和中学有关的内容有：(1) 中学校修业年限6年，分为初、高两级，初级3年，高级3年，但依设科性质，得定为初级4年，高级2年，或初级2年，高级4年，初级中学得单设之；高级中学应与初级中学并设，但有特别情形时，得单设之。(2) 初级中学，施行普通教育，但得视地方需要，兼设各种职业科。高级中学，分普通、农、工、商、师范、家事等科，但得酌量地方情形，单设一科，或兼设数科，中等教育得用选科制。(3) 各地方得设中等程度之补习学校或补习科。其补习种类及年限，视地方情形定之。职业学校之期限及程度，得酌量各地方实际需要情形定之，为推广职业教育计，得于相当学校内，酌设职业教育养成科。

壬戌学制是中国学制史上的一个重要里程碑。它的突出特点在于它的弹性、灵活性以及"谋个性之发展"的思想的提出。主要特点有：(1) 该学制采用六三三分段法，比较符合学龄儿童身心发展的规律。这种分段法在中国学制发展史上还是第一次。(2) 中等教育阶段是改制的核心，是新学制的精粹。中学由4年一贯制改成三三制，克服了旧学制中中学只有4年而造成的基础知识浅的缺失，改善了中学与大学的衔接关系。中学分成初、高两级，并实行选科制和分科制，学生有了选择的余地。(3) 新学制增强了职业教育，其最明显的特点就是兼顾了升学和就业。

壬戌学制依仿美国学制而定，但并非完全照搬照抄，而是充分考虑了中国的实际，虽然经1928年、1932年、1940年的多次修改补充，但除某些方面的具体改动外，总体框架一直延续至全国解放。这一资产阶级的学制，是我国学制史上的一大进步，是在中国的近现代教育史上实施时间最长、影响最大的一部学制，因此它形成了我国现代学制的蓝本。

（三）1949年以来中国的学制

1. 1951年学制

中央人民政府政务院于1951年颁布了《关于改革学制的决定》，明确规定了中华人民共和国的新学制。1951年学制是我国学制发展的一个新阶段，将教育系统分为幼儿教育、初等教育、中等教育、高等教育、各种政治学校和政治训练班等。这个学制吸收了老解放区的经验、1922年学制和苏联学制的合理因素，发扬了我国单轨学制的传统，使各级各类学校互相衔接，保证了广大民众的受教育的权利。另外，职业教育在新学制中占有重要地位，体现出我国学制向分支型学制方向的发展。此外，重视工农干部的速成教育和工农群众的业余教育。

2. 1958年学制

1951年学制只是新中国成立初期的一个过渡性学制。社会主义改造完成后，我国进入社会主义的建设时期，这一变化要求学制也做出相应的变革。1958年，中共中央和国务院发布了《关于教育工作的指示》，明确指出："现行的学制是需要积极妥当地加以改革的。"主要内容有：(1) 确定了党的教育工作方针和教育目的，即教育为无产阶级政治服务，教育与生产劳动相结合。(2) 制定了"三个结合、六个并举"[①]的原则。(3) 建立并发展三类学校，即全日制学校、半工半读学校和业余学校。

1958年的《关于教育工作的指示》发布后，由于特殊的历史背景，在执行的过程中发生了偏差，导致教育质量下降，虽经努力有所回转，但又遭"文化大革命"的冲击，教育事业陷入瘫痪。

---

① 第一个结合是统一性与多样性相结合，在统一的教育目的下，办学形式应是多种多样的。第二个结合是普及与提高相结合。第三个结合是全面规划与地方分权相结合。六个并举即施行国家办学与厂矿、企业、农业合作社办学并举；普通教育和职业技术教育并举；成人教育与儿童教育并举；全日制学校与半工半读、业余学校并举；学校教育与自学并举；免费教育与不免费教育并举。这就是"两条腿走路、多种形式办学"的方针。

3. 1985年的学制改革

"文化大革命"后,党中央高度重视教育发展,先于1977年恢复高考制度,后于1985年颁布《中共中央关于教育体制改革的决定》。《中共中央关于教育体制改革的决定》明确指出:"要从根本上改变这种状况,必须从教育体制入手,有系统地进行改革"。主要内容包括:(1)加强基础教育,有步骤地实施九年义务教育,稳步实现教育经费的两个增长[①]。《决定》将全国划分为发达、中等发展程度和经济落后三类地区,提出了相应的普及任务。(2)调整中等教育结构,大力发展职业技术教育。(3)把基础教育的责任交给地方[②]。(4)改革高等教育招生与分配制度,扩大高等学校办学的自主权[③]。

4. 1993年《中国教育改革和发展纲要》

中共中央、国务院于1993年2月13日印发了《中国教育改革和发展纲要》,其中有关教育制度的内容主要有:(1)确定了20世纪末21世纪初我国教育发展的总目标:基本普及九年义务教育,基本扫除青壮年文盲;要全面贯彻党的教育方针,全面提高教育质量;要建设好一批重点学校和一批重点学科。简称为"两基""两全""两重"。(2)调整教育结构。具体为:大力加强基础教育;积极发展职业技术教育;重视高等教育,兼顾成人教育,重视和扶持少数民族教育事业;重视和支持残疾人教育事业,积极发展广播电视教育。(3)改革办学体制。改变政府包揽办学的格局,逐步建立以政府办学为主体、社会各界共同办学的体制。(4)改革高校的招生和毕业生就业制度。(5)改革和完善投资体制。逐步提高国家财政性教育经费支出占国民生产总值的比例,本世纪末达到4%。切实贯彻"三个增长",即"中央和地方政府教育拨款的增长要高于财政经常性收入的增长,并使按在校学生人数平均的教育费用逐步增长,切实保证教师工资和生均公用经费逐年有所增长"。(6)建立各级各类学校教育的质量标准和评估指标体系。各地教育部门要把检查评估学校教育质量作为一项经常性任务。

5. 1999年《中共中央国务院关于深化教育改革全面推进素质教育的决定》

《决定》中强调:(1)以提高国民素质为根本宗旨,以培养学生的创新精神和实践能力为重点,全面推进素质教育。(2)基本普及九年义务教育和基本扫除青壮年文盲是全面推进素质教育的基础。(3)调整现有的教育体系结构,扩大高中阶段教育和高等教育的规模。(4)加快改革考试招生和评价制度。(5)加大教育投入,逐步实现国家财政性教育经费支出占国民生产总值4%的目标。

6. 2001年国务院《关于基础教育改革与发展的决定》

针对"两基"目标逐步实现,但我国基础教育总体水平不高的现状,党中央、国务院制定了《关于基础教育改革与发展的决定》。具体内容有:(1)确立基础教育在社会主义现代化建设中的战略地位,坚持基础教育优先发展。(2)完善管理体制,保障经费投入,推进农村义务教育持续健康发展。(3)深化教育教学改革,扎实推进素质教育。(4)完善教师教育体系,大力加强中小学教师队伍建设。(5)推进办学体制改革,促进社会力量办学健康发展。基础教育以政府办学为主,积极鼓励社会力量办学。(6)加强和完善教育督导制度。

[①] 在今后一定时期内,中央和地方政府教育拨款的增长要高于财政经常性收入的增长,并使按在校学生人数平均的教育费用逐步增长。

[②] 对学校教育实行分级管理,基础教育管理权属地方,省、市(地)县、乡分级管理的职责划分,由省、自治区、直辖市决定;中等职业技术教育主要由地方负责。高等教育实行中央、省(自治区、直辖市)、中心城市三级办学的体制,中央部门和地方办的高等学校,要优先满足主办部门和地方培养人才的需要,同时要发挥潜力,接受委托,为其他部门和单位培养学生,积极倡导部门、地方之间的联合办学。

[③] 在招生和分配上实行三种办法:一是国家计划招生,其分配实行在国家计划指导下,本人选报志愿、学校推荐、用人单位择优录取的制度;二是用人单位委托招生;三是学校可以在国家计划外招少数自费生。

7. 2010年的《国家中长期教育改革和发展规划纲要（2010—2020年）》

(1) 工作方针：优先发展，育人为本，改革创新，促进公平，提高质量。

(2) 战略目标：到2020年，基本实现教育现代化，基本形成学习型社会，进入人力资源强国行列。

(3) 战略主题：坚持以人为本、全面实施素质教育是教育改革发展的战略主题，是贯彻党的教育方针的时代要求，其核心是解决好培养什么人、怎么样培养人的重大问题，重点是面向全体、促进学生全面发展，着力提高学生服务国家、服务人民的社会责任感、勇敢探索的创新精神和善于解决问题的实践能力。

(4) 发展任务

义务教育阶段

①巩固提高九年义务教育水平。义务教育是国家依法统一实施、所有适龄儿童少年必须接受的教育，具有强制性、免费性和普及性，是教育工作的重中之重。注重品行培养，激发学习兴趣，培养健康体魄，养成良好习惯。到2020年，全面提高普及水平，全面提高教育质量，基本实现区域内均衡发展，确保适龄儿童少年接受良好教育。

巩固义务教育普及成果。适应城乡发展需要，合理规划学校布局，办好必要的教学点，方便学生就近入学。坚持以输入地政府管理为主，以全日制公办中小学为主，确保进城务工人员随迁子女平等接受义务教育，研究制定进城务工人员随迁子女接受义务教育后在当地参加升学考试的办法。建立健全政府主导、社会参与的农村留守儿童关爱服务体系和动态监测机制。加快农村寄宿制学校建设，优先满足留守儿童住宿需求。采取必要措施，确保适龄儿童少年不因家庭经济困难、就学困难、学习困难等原因而失学，努力消除辍学现象。

提高义务教育质量。建立国家义务教育质量基本标准和监测制度。严格执行义务教育国家课程标准、教师资格标准。深化课程与教学方法改革，推行小班教学。配齐音乐、体育、美术等学科教师，开足开好规定课程。大力推广普通话教学，使用规范汉字。

增强学生体质。科学安排学习、生活、锻炼，保证学生睡眠时间。大力开展"阳光体育"运动，保证学生每天锻炼一小时，不断提高学生体质健康水平。提倡合理膳食，改善学生营养状况，提高贫困地区农村学生营养水平。保护学生视力。

②推进义务教育均衡发展。均衡发展是义务教育的战略性任务。建立健全义务教育均衡发展保障机制。推进义务教育学校标准化建设，均衡配置教师、设备、图书、校舍等资源。

切实缩小校际差距，着力解决择校问题。加快薄弱学校改造，着力提高师资水平。实行县（区）域内教师、校长交流制度。实行优质普通高中和优质中等职业学校招生名额合理分配到区域内初中的办法。义务教育阶段不得设置重点学校和重点班。在保障适龄儿童少年就近入公办学校的前提下，发展民办教育，提供选择机会。

加快缩小城乡教育差距。建立城乡一体化义务教育发展机制，在财政拨款、学校建设、教师配置等方面向农村倾斜。率先在县（区）域内实现城乡均衡发展，逐步在更大范围内推进。

努力缩小区域差距。加大对革命老区、民族地区、边疆地区、贫困地区义务教育的转移支付力度。鼓励发达地区支援欠发达地区。

③减轻中小学学生课业负担。过重的课业负担严重损害儿童少年身心健康。减轻学生课业负担是全社会的共同责任，政府、学校、家庭、社会必须共同努力，标本兼治，综合治理。把减负落实到中小学教育全过程，促进学生生动活泼学习、健康快乐成长。率先实现小学生减负。

各级政府要把减负作为教育工作的重要任务，统筹规划，整体推进。调整教材内容，科学设计课程难度。改革考试评价制度和学校考核办法。规范办学行为，建立学生课业负担监测和公告制度。不得以升学率对地区和学校进行排名，不得下达升学指标。规范各种社会补习机构和教辅市场。加强校外活动场所的建设和管理，丰富学生课外及校外活动。

学校要把减负落实到教育教学各个环节，给学生了解社会、深入思考、动手实践、健身娱乐的实践机会。提高教师业务素质，改进教学方法，增强课堂教学效果，减少作业量和考试次数。培养学生学习兴趣和爱好。严格执行课程方案，不得增加课时和提高难度。各种等级考试和竞赛成绩不得作为义务教育阶段入学与升学的依据。

充分发挥家庭教育在儿童少年成长过程中的重要作用。家长要树立正确的教育观念，掌握科学的教学方法，尊重子女的健康情趣，培养子女的良好习惯，加强与学校的沟通配合，共同减轻学生课业负担。

高中阶段教育

①加快普及高中阶段教育。高中阶段教育是学生个性形成、自主发展的关键时期，对提高国民素质和培养创新人才具有特殊意义。注重培养学生自主学习、自强自立和适应社会的能力，克服应试教育倾向。到2020年，普及高中阶段教育，满足初中毕业生接受高中阶段教育需求。

根据经济社会发展需要，合理确定普通高中和中等职业学校招生比例，今后一个时期总体保持普通高中和中等职业学校招生规模大体相当。加大对中西部贫困地区高中阶段教育的扶持力度。

②全面提高普通高中学生综合素质。深入推进课程改革，全面落实课程方案，保证学生全面完成国家规定的文理等各门课程的学习。创造条件开设丰富多彩的选修课，为学生提供更多选择，促进学生全面而有个性的发展。逐步消除大班额现象。积极开展研究性学习、社区服务和社会实践。建立科学的教育质量评价体系，全面实施高中学业水平考试和综合素质评价。建立学生发展指导制度，加强对学生的理想、心理、学业等多方面指导。

③推动普通高中多样化发展。促进办学体制多样化，扩大优质资源。推进培养模式多样化，满足不同潜质学生的发展需要。探索发现和培养创新人才的途径。鼓励普通高中办出特色。鼓励有条件的普通高中根据需要适当增加职业教育的教学内容。探索综合高中发展模式。采取多种方式，为在校生和未升学毕业生提供职业教育。

(5) 改革创新：进行人才培养体制改革，更新人才培养观念，创新人才培养模式，改革教育质量评价和人才评价制度；推进考试招生制度改革，完善中等学校考试招生制度，完善高等学校考试招生制度，加强信息公开和社会监督；建设现代学校制度，推进政校分开，管办分离，落实和扩大学校办学自主权，完善中国特色现代大学制度，完善中小学学校管理制度；深化办学体制改革，大力支持民办教育，依法管理民办教育；健全统筹有力、权责明确的教育管理体制，加强省政府教育统筹，转变政府教育管理职能；扩大教育开放，加强国际交流与合作，引进优质教育资源，提高交流合作水平。

(6) 保证措施：加强教师队伍建设，建设高素质教师队伍；加大教育投入，完善投入机制，加强经费管理，加快教育信息化进程，构建国家教育管理信息系统，加强优质教育资源开发与应用；推进依法治教，完善教育法律法规，全面推进依法行政，大力推进依法治校，完善督导制度和监督问责机制；组织实施重大项目，开展改革试点；加强和改善对教育工作的领导，切实维护教育系统和谐稳定。

三、我国现行学校教育制度的形态

经过百年的发展，我国的学制在1995年颁布的《中华人民共和国教育法》得到确认，包括：

学前教育（幼儿园）：招收3—6岁幼儿。

初等教育：全日制小学教育，招收6、7岁儿童。学制为5—6年。

中等教育：指全日制普通中学、各类中等职业学校和业余中学。全日制中学修业年限为6年，分为初中3年、高中3年。职业高中2—3年。中等专业学校3—4年，技工学校2—3年。

高等教育：指全日制大学、专门学院、专科学校、研究生院和各种形式的业余大学。高等学校招收高中毕业生和同等学力者。专门学院和科学研究机构设立研究生教育机构。硕士研究生修业年限为2—3年，招收获学士学位者和同等学力者，完成学业授予硕士学位。博士研究生修业年限为3年，招收获硕士学位者和同等学力者，完成学业授予博士学位。在职研究生修业年限适当延长，完成学业者可获相应学位。

从形态看，我国现行的学制是从单轨制发展而来的分支型学制。

根据我国国家建设的需要，我国的学制还要进行改革。主要有：(1) 适当发展学前教育。(2) 全面普及义务教育，提高义务教育质量，使义务教育完成"普及"到"优质的均衡"的转变。(3) 继续调整中等教育结构。(4) 大力发展高等教育。(5) 发展成人继续教育。

四、发达国家学制改革发展的主要趋势

（一）重视早期教育

近二三十年，儿童的早期教育问题成为人们广泛关注的热点。许多有识之士积极倡导人才的早期培养，具体表现为：

1. 一些国家把幼儿教育看作是学校教育体系的一部分

如英国、朝鲜、瑞士等把小学前一两年的幼儿教育规定为义务教育的组成部分。美国在20世纪60年代以后幼儿园教育也发展很快，五岁儿童入园率到20世纪70年代已达90%以上。可见，重视幼儿教育，将其纳入学校教育体系，与初等教育相衔接，已成普遍趋势。

2. 重视早期智力开发

2002年，英国发布的《传递结果：到2006年的战略》具体目标1中提出："给予儿童一个卓越的教育开端，以使他们对未来的学习拥有一个更好的基础。"[1] 英国政府为所有3岁幼儿提供免费的学前教育并推出了"良好开端计划"[2]。2008年3月，俄罗斯政府发布的《2020年前的俄罗斯教育——服务于知识经济的教育模式》强调"到2020年以前，俄罗斯将建立针对0—3岁儿童的早期家庭教育支持中心，并为处境不利家庭的儿童提供跟踪性教育支持。在3—6岁阶段，要让儿童开始形成现代社会所需要的创造力和探索知识的能力。……在未来4年内，要使学前教育技术实现现代化，并将对幼儿教师进行再培训。……到2014年，最低保证每一个俄罗斯儿童接受两年不同形式的学前教育[3]"。

（二）初等教育入学年龄提前，义务教育年限延长

在当代学制改革中，许多国家规定的儿童入学年龄有所提前。据联合国教科文组织《1960—1982年世界教育统计概述》介绍，在199个国家和地区中，绝大多数都规定儿童入学年龄在5—7岁之间，规定为7岁的占56.8%，比以前提早一两年。中国近年来实行7岁入学，同时试行6岁入学，入学年龄也在提前。根据联合国教科文组织1990年报告，世界发达国家的义务教育年限情况是：英国11年，意大利8年，法国10年，西德12年，美国11年，日本9年，苏联10年，巴西8年，中国9年，印度8年，伊朗、土耳其、越南、孟加拉为5年。义务教育年限的长短，是一国教育发展程度的标志之一。

---

[1] 转引自国家教育发展中心. 2009年中国教育绿皮书[M]. 北京：教育科学出版社，2009：169.
[2] 国家教育发展中心. 2009年中国教育绿皮书[M]. 北京：教育科学出版社，2009：169.
[3] 姜晓燕. 2020年：新教育模式让俄罗斯教育面向知识经济[N]. 中国教育报，2008—10—7 (3).

（三）寻求普通教育、中等教育与职业技术教育的最佳结合

中等教育结构改革的中心问题是如何处理普通教育与职业技术教育的关系。两者相结合，加强职业技术教育成为当代中等教育结构改革的趋势。各国处理中等教育阶段普通教育与职业技术教育的关系采取措施不尽相同，如有的侧重发展与完善职业技术学校体系，有的在普通中学增加职业技术课程或设立职业技术班，但两者相互渗透、趋于结合的方向是共同的。职业教育普通化和普通教育职业化已经成为学制发展的一种基本趋势。

（四）高等教育出现多级层次，学校类型多样化

高等教育在当代社会获得空前发展。表现为：

1. 高等教育体制的多层次性

大多数国家形成了高等学校的三级体制：初级层次是学习2—3年的初级学院，这类学校，美国称为社区学院，日本称为短期大学，联邦德国称为高等专科学校；中级层次是学习时间4—5年的综合大学及文、理、工、商、医等各种学院，是高等学校的基本部分。高级层次指大学的研究生院。

2. 高等学校类型日益多样化

除全日制外，还有学生不固定在学校的远程教育等多种形式。这种开放式的大学在发展高等教育中发挥着越来越大的作用。

（五）终身教育体系的建构

终身教育思想现在已经深入人心，并得到了世界各国的重视。1997年，克林顿总统在《2000年目标：美国教育法》中就提出："终身教育是通往美国美好未来之路，美国教育的最高目的是每个美国成年人必须坚持终身学习。"[①] 这一思想在美国《2007—2012年战略规划》中继续传承，其战略目标3提出了"为学生就业和进一步深造、为成年人终身学习做好准备"，并推出了"投资设立全国性计划，开发专门项目，在州和地方教育系统为未完成学业的青年人提供支持和帮助；设立项目，开发介绍当地职业道路的课程模块，把当前中学与中学后教育阶段分开的模式发展为成人基础教育系统"等具体措施。英国教育和技能部大臣鲁斯·凯利在2005年的《14—19岁教育和技能白皮书》前言中强调，"我在这里提出的改革方案……对于我们的经济至关重要，应该让青少年具备雇主所需的技能和终身学习的能力，他们对社会公平至关重要"。《白皮书》指出改革必须为所有青年人创造机会。它推荐了各种课程选择，为年轻人提供成功所需要的机遇，致力于满足所有青年人的需要和渴望。日本、法国、俄罗斯等国也相继推出了促进民众终身学习的措施。

继续教育是在终身教育思想推动下发展起来的。继续教育是指在接受完基础教育和职业技术教育之后，为适应知识与技术不断发展的要求而继续进行的教育与训练。现代科学技术迅猛发展，要求人们接受教育不断延伸。瑞典、德国、美国、日本等先后颁布法律，通过法案，对成人接受继续教育做出了相应的规定，为继续教育提供了保障。

学制的发展具有历史性和时代性。当今学校教育制度需要符合时代特点，体现新的发展趋势，不断改革和完善，建立新世纪的教育制度。

[①] 转引自国家教育发展中心. 2009年中国教育绿皮书[M]. 北京：教育科学出版社，2009：171.

第六节 教育目的
一、教育目的

（一）教育目的概述

1. 教育目的的概念

教育目的是把受教育者培养成为一定社会所需要的人的总的要求，是学校教育所要培养的人的质量规格。教育目的是根据一定社会的政治、经济、文化和科技发展的要求和受教育者身心发展规律提出来的，反映的是一定社会对受教育者的要求。从含义上看，教育目的有广义狭义之分。广义的教育目的是指，存在于人的头脑之中的对受教育者的期望和要求。广义的教育目的可以存在于和教育有关系的任何人的头脑中，如教师、学生、学生家长、教育行政人员以及社会人士。由于不同的人头脑中的教育目的不同，因此教育选择偏好不同，因而就其实际作用而言，广义的教育目的对教育的影响更直接、更有力，具有广泛性、多样性、不稳定性的特点。狭义的教育目的是指国家提出的教育总目的和各级各类学校教育的教育目标，以及课程、教学等方面培养人的要求。在本节中，主要探讨的是狭义的教育目的。

2. 教育目的的作用

教育目的对学校教育的作用有：第一，定向作用。教育目的规定了学校教育和学生发展的方向，是学校教育办学的根本指导思想，是学校工作的起点和归宿。第二，调控作用。教育目的对学校教育的实施起调控作用。第三，评价作用。学校教育的办学质量以及发展方向如何，都需要以教育目的为根本标准来评价。

3. 教育目的与教育方针的区别[1]

在中国，长期将教育目的、教育方针等同使用。实际上，二者是既有区别又有联系的。

（1）联系

教育方针所提出的教育发展的方向与教育目的的要求是一致的；学校教育系统通过贯彻教育方针实现目的。因此，在这一点上二者具有一致性和同构性。

（2）区别

①教育目的是理论术语。教育方针是工作话语。②教育目的着重人才培养的质量规格，是针对人的发展而言的。教育方针反应的是国家对教育事业整体的要求和希望，指向的是国家的上层建筑和意识形态领域。③教育目的具有理想性，是教育工作者对教育活动追求的终极目标；教育方针是教育事业发展的指导思想，是当前教育工作必须落实的要求，具有不可回避性和现实针对性。因此，教育目的通过不同时期、不同社会经济条件下的教育方针而实现。

4. 教育目的的结构

各级各类教育在贯彻、实现教育目的过程中对教育目的的分解，形成了教育目的的结构。根据分解方式的不同，可以将教育目的的结构分为教育目的层次结构和教育目的的内容结构。教育目的的层次结构指在国家的教育目的下，由各级各类学校的培养目标以及实现这些目标所必需的课程与教学目标构成的教育目标系统，它们由抽象逐步到具体，形成了一个完整的教育目标体系结构。通常包括四个层次，国家总的教育目的——各级各类学校的培养目标——课程目标——教学目标。在教育目的的层级结构中，教育目的是一个由抽象到具体的过程，后一目标是前一目标的具体化。高层次目标是低层次目标的依据、

---

[1] 王道俊，郭文安. 教育学 [M]. 北京：人民教育出版社，2009：85.

方向、任务，对低层次目标起制约和指导作用；低层次目标是高层次目标实现的保障。教育目的的内容结构主要有两部分：其一是教育要培养人的身心素质，即对受教育者在知识、智力、品德、审美、体质等诸方面的要求；其二是教育要培养具有社会价值的人，即教育所培养的人符合不同社会的需要。

（二）教育目的的理论基础

1. 教育目的的社会制约性

教育目的反映的是人们对教育的预期和要求，因此教育目的的形成受人们所处的时代和社会现实的制约。也就是说，尽管教育目的的形式是主观的，但它还是人们在对客观世界以及社会现实的思考和把握的基础上形成的，因此教育目的具有社会制约性。

具体而言，教育目的的社会制约性表现在两个方面：一方面，教育目的的形成受一定的生产力、生产关系以及以此为基础的政治制度的制约。其中生产力是制约教育目的的最终决定因素，以生产力为基础的政治制度决定着教育的性质和方向，因此政治制度不同，教育目的则不同。另一方面，教育目的的形成还受受教育者的身心特点的影响。这是教育目的制定和提出的必要条件。也就是说教育目的的形成要符合受教育者的身心发展程度，要符合受教育者的身心发展变化规律。

由此可看出，教育目的不是超个人、超社会、超历史的永恒存在，教育目的的形成具有社会制约性，这也就是教育目的确立的依据。

2. 教育目的的价值取向

既然教育目的的形成具有社会制约性，那么处于不同价值立场的人们，其教育目的观就会不同。教育目的的价值取向就是指教育目的的提出者或从事教育活动的主体依据自身的需要对教育价值做出选择时所持有的倾向或价值立场。在古今中外的教育思想史上，不同的历史时期和不同的教育家对教育目的的选择是不同的，因而形成了各种各样的教育目的价值取向。

（1）个人本位论还是社会本位论

个人本位论还是社会本位论是在教育目的价值取向上争论最多、影响最大、最具根本性的问题。讨论的是教育目的最终是要满足人的个性发展的需要，还是要注重满足社会发展的需要。

在教育思想史上，持个人本位论观点的人有卢梭、福禄贝尔、裴斯泰洛齐等人，直到今天，西方一些思想家、学者在表达他们的教育目的观时，也是持有这种观点。个人本位论主张教育目的应从个人自身出发，如从人的本性、本能的需要来确定，教育的最终目的就是促进受教育者的本性、本能得到自然的发展。在众多的代表人物中，最有代表性的是卢梭。个人本位论的基本观点有：第一，教育目的根据个人的发展需要制定，而不是根据社会的发展需要制定。认为教育除促进人的本性得到完善的发展外，没有别的目的。认为一切根据社会的需要制定教育目的的过程都是对人的本性的限制和强迫。第二，个人价值高于社会价值。社会由个人组成，没有个人则没有社会，因此，个人的价值高于社会的价值。第三，尊重人的自然本性。认为人生来的自然本性是健全的，教育的职责在于使其不受影响。个人本位论突出了个人的独立性与能动性，强调了个体的自然属性的价值，这对于正确地认识教育在培养人方面的功能、提升人的价值等是有价值的，同时，它在其理论产生的初期，即在反对封建专制，追求张扬人性的时代是有其积极而深远的意义的，在整个教育史上也具有划时代的意义，但若只是一味强调个人的价值而忽视社会的价值，则是片面的。

社会本位论主张教育目的应当根据社会的要求来确定，把满足社会需要作为教育的目标之一。培养社会所需要的人是教育的根本目的和根本追求。持这一观点的人主要是19世纪到20世纪初期的社会学派的代表人物，如德国的那笃普、凯兴斯泰纳，法国的孔德、涂尔干等。其中，有代表性的是凯兴斯泰纳。社会本位论的主要观点有：第一，个人的发展依赖于社会。持社会本位论的思想家们都一致地认为个人的发展有赖于社会，人的身心发展都受社会的制约和影响，人的发展也都是为了满足社会的需要。第二，社会的价值高于个人的价值。他们认为有社会才有个人，有群性才有个性。教育的目的就是在于促进人依据社会价值的要求社会化。第三，教育的结果需要社会来检验和衡量。他们从社会的效率的角度来看待教育目的的价值取向，如凯兴斯泰纳主张学校的任务有"职业陶冶及其准备的义务，职业陶冶的伦理化、共同体的伦理化"等。社会本位的教育目的论重视教育的社会价值，强调教育目的要指向于国家利益、社会利益是有一定的历史合理性的。但是，它完全割裂了人与社会的关系，使人工具化，这是不足取的。

(2) 教育准备生活说与教育适应生活说

教育准备生活说的代表人物是斯宾塞。他认为教育的目的就是要为"个人的完满的生活做准备"。因此，教育应该教人们"怎样运用我们的一切能力使自己对己对人最为有益，怎样去完满地生活，这个既是我们需要学习的，也是教育中应当教的大事"，"为我们完满的生活作准备是教育应尽的职责"。所谓的完满的生活包括：直接保全自己的活动，间接保全自己的活动，目的在抚养子女的活动，维持正常的政治关系的活动以及社会中的闲暇时间满足爱好和感情的各种活动。斯宾塞还根据这五种活动，提出了不同的课程。

教育适应生活说主要来源于杜威。教育适应生活说反对教育为未来的生活作准备。认为这样必然因传递成人的经验而忽视儿童当下的兴趣与体验，因而造成儿童的被动和兴趣受限。他说："生活就是发展，而不断发展，不断生长，就是生活。用教育术语来说就是：第一，教育过程在它自身以外无目的，它就是它自己的目的。第二，教育过程是一个不断改组、不断改造和不断转化的过程。"又说："没有教育即不能生活。所以我们可以说，教育即生活。"在他看来，最好的教育就是"从生活中学习"、"从经验中学习"。

(3) 文化本位论

文化本位论的教育目的观强调教育目的要以文化为中心和尺度来展开，用"文化"来统整教育、社会、人三者间的关系，最终目的在于唤醒人们的意识，使其能够自动自觉地追求理想价值，创造新文化。它产生于20世纪20年代的德国文化教育学派（又称"精神科学的教育学"）的主张，代表人物有李特、斯普朗格等。文化教育学派力图从文化哲学的高度，综合教育思想中形成训练与实质陶冶、强制与自由、训练与放任、努力与兴趣、教师传授与儿童活动等因素，以文化去陶冶学生，达到生成完整的人的真正的教育目标、价值和意义。它的教育目的论的主要特点是：第一，崇尚精神，关注生命价值。批判工业社会是如何使人异化为没有精神和情感的人的现象，主张文化教育是从危机中自我拯救的手段，通过精神的"唤醒"，成长为具有内在精神价值的、真正的人。第二，强调文化，倡导人与精神文化的融合。强调教育与文化的不可区分性，希望通过文化陶冶和文化理解来实现人的和谐发展，认为只有通过文化的体验、理解、解释和人的自我陶冶、唤醒等文化教育活动，才能把人塑造为"文化的人"。文化教育学派的观点在人的精神培育方面有独到价值。

二、新中国成立以来的我国各阶段的教育目的

(一) 各阶段教育目的的不同表述

1949年12月，教育部在北京召开第一次全国教育工作会议，确立了全国教育工作的总方针：中华人民共和国的教育是新民主主义的教育，它的主要任务是提高人民文化水平，培养国家建设人才，肃清封建的、买办的、法西斯的教育，发展为人民服务的思想。这种新教育是民族的、科学的、大众的教育，其方法是理论与实际一致，其目的是为人民服务，首先为工农兵服务，为当前的革命斗争与建设服务。

这个方针被称为新民主主义文化教育方针。

1957年2月，毛泽东在最高国务会议上提出："我们的教育方针，应该使受教育者在德育、智育、体育几方面都得到发展，成为有社会主义觉悟的、有文化的劳动者。"

1958年9月19日，中共中央、国务院在《关于教育工作的指示》中正式肯定了这一教育目的，并提出了"党的教育工作方针，是教育为无产阶级的政治服务，教育与生产劳动相结合。"毛泽东对于教育目的的这个提法自此后一直沿用了二十余年，在最初的一段时间内，对为社会主义建设培养又红又专的人才有很大的作用，然而在"文化大革命"中，这一教育方针被错误地执行，形成了"宁要有社会主义觉悟的劳动者，不要有文化的资产阶级的精神贵族"，将掌握文化科学知识和培养劳动者极端地对立起来。

"文化大革命"结束后，1978年邓小平同志《在全国教育工作会议上的讲话》中再次确认了1957年的教育目的。他说："培养人才有没有质量标准呢？有的。这就是毛泽东同志说的，应该使受教育者在德育、智育、体育几方面都得到发展，成为有社会主义觉悟的有文化的劳动者。"

1981年，在《关于建国以来党的若干历史问题的决议》中，中共中央对于新中国成立以来的教育目的做了深刻、全面的反思，提出"坚持德智体全面发展、又红又专、知识分子和工人农民相结合、脑力劳动和体力劳动相结合的教育方针"。这一方针虽与毛泽东20世纪50年代提出的教育方针的提法不同，但基本精神一致。

1982年通过的新《宪法》第46条规定："国家培养青年、少年、儿童在品德、智力、体质等方面全面发展。"这是我国首次从法律上对教育目的做的规定。

1985年，《中共中央关于教育体制改革的决定》中，提出"这些人才都应该有理想、有道德、有文化、有纪律，热爱社会主义祖国和社会主义事业，具有为国家富强和人民富裕而艰苦奋斗的献身精神，都应该不断追求新知，具有实事求是、独立思考、勇于创造的科学精神"。

1986年通过的《中华人民共和国义务教育法》规定"义务教育必须贯彻国家的教育方针，努力提高教育质量，使儿童、少年在品德、智力、体质等方面全面发展，为提高全民族的素质，培养有理想、有道德、有文化、有纪律的社会主义的建设人才奠定基础"。

中共中央、国务院于1993年2月13日正式印发的《中国教育改革和发展纲要》中，提出"教育改革和发展的根本目的是提高民族素质，多出人才，出好人才。各级各类学校要认真贯彻'教育必须为社会主义现代化建设服务，必须与生产劳动相结合，培养德、智、体全面发展的建设者和接班人'的方针，努力使教育质量在90年代上一个新台阶"。

1995年，《中华人民共和国教育法》规定教育目的是："培养德、智、体等方面全面发展的社会主义事业的建设者和接班人。"这一体现在教育根本大法中的教育目的表述，应该是现阶段最权威、最规范的表述。

1999年6月的《中共中央国务院关于深化教育改革全面推进素质教育的决定》中提出教育的目的是"以培养学生的创新精神和实践能力为重点，造就'有理想、有道德、有文化、有纪律'的、德智体等方面全面发展的社会主义事业的建设者和接班人"。

2001年5月，《国务院关于基础教育改革与发展的决定》明确提出："要高举邓小平理论伟大旗帜，以邓小平同志'教育要面向现代化，面向世界，面向未来'和江泽民同志'三个代表'的重要思想为指导，坚持教育必须为社会主义现代化建设服务，为人民服务，必须与生产劳动和社会实践相结合，培养德智体美等全面发展的社会主义事业建设者和接班人。"

2004年，全国人大通过的《中华人民共和国宪法修正案》再次明确规定"国家培养青年、少年、儿童在品德、智力、体质等方面全面发展。"

2010年《国家中长期教育改革和发展规划纲要（2010—2020年）》提出我国的教育目的是"全面贯

彻党的教育方针，坚持教育为社会主义现代化建设服务，为人民服务，与生产劳动和社会实践相结合，培养德智体美全面发展的社会主义的建设者和接班人"。

（二）教育目的的精神实质

1. 坚持社会主义方向是我国教育目的的根本特点

教育目的的方向性是教育性质的体现。我国的社会主义性质从根本上决定了我国教育的社会性质，保证了我国教育发展的方向。

2. 培养"劳动者"或"社会主义建设人才"

这指出了我国培养出来的人才的社会地位和价值。在这里需要明确尽管各阶段教育目的的提法不尽相同，但相同的是：（1）坚持培养劳动者的观念。（2）坚持全面的人才观。

3. 坚持全面发展

这是我国教育的质量标准。

综上，我国的教育目的的精神实质在于培养德智体美全方面发展的具有创新精神和实践能力的社会主义现代化建设需要的各级各类人才。

三、我国教育目的的实现

（一）普通中等教育的性质与任务

各级各类学校都需要贯彻我国教育的总目标，而各级各类学校的具体教育目的又因其性质和任务不同而有所不同，因此，我们需要明确普通中等教育的性质和任务。

普通中等教育的性质是基础教育，它的任务是培养全体学生的基本素质，为他们学习做人和进一步接受专业或职业教育打好基础，为提高民族素质打好基础。其基本点有：第一，教会年轻一代学会做人。中等教育的对象是未成年人，具有未完成性，中等教育阶段又是人的人生观、世界观、价值观形成的重要时期，因此，要求年轻一代学会做人，中学生除了要学会学习外，还要学会与他人共处。第二，为年轻一代接受专业或职业教育打好基础。在这一点上，我们应学习国外中等教育中的普职渗透，我们更需要在中等教育中实施职业陶冶、职业指导，帮助中学生认识好自己。第三，为提高民族素质打基础。中等教育阶段是人生观、价值观形成的重要时期，中等教育质量的高低决定着民族素质的高低。

（二）中等学校实现教育目的的途径[①]

为了实现社会主义教育的目的，全面培养人的素质，必须实施全面教育。全面教育由德育、智育、体育、美育和综合实践活动等几个部分组成。

1. 体育

体育是教育者有目的、有计划、有组织地向学生传授体育知识和技能，全面发展学生的身体素质，增强学生的体质和运动能力，培养学生道德品质的教育活动。体育的功能有两方面，一方面是体育的本体功能，即促进学生身体素质的培养；另一方面是衍生功能，如增强学生的组织纪律性、培养学生的意志品质、促进学生的个性化发展、培养学生的健康心理等。

普通中学体育方面的主要要求是：向学生传授基本的运动知识、技能，培养他们锻炼身体和讲究卫生的良好习惯，促进他们身体的正常发育和机能的成熟，增强他们的活动能力和身体素质。

[①] 王道俊，郭文安. 教育学 [M]. 北京：人民教育出版社，2009：107—108.

2. 德育

德育是引导学生领悟社会主义思想观点和道德规范，组织、指导学生的道德实践，培养学生社会主义品德的教育。德育集中地反映了我国的教育价值取向，对学生的全面发展起着引领和定向的作用。

普通中学德育方面的主要要求有：教育学生初步了解马克思主义的基本观点和建设有中国特色的社会主义的理论、路线、政策，热爱中国共产党，热爱社会主义祖国，热爱人民，热爱劳动，热爱科学；引导学生逐步树立把我国建设成为富强、民主、文明的现代化国家的理想，养成为民族振兴、国家富强、人民富裕而艰苦创业的献身精神和实事求是、追求真理、独立思考、勇于开拓的科学精神，形成社会主义道德品质，文明行为习惯和抵制资本主义、封建主义腐朽思想侵蚀的能力；帮助学生逐步提高主体意识、群体意识、公民意识、民主意识、竞争意识、自律意识和对改革开放的心理承受力、应变力。

3. 智育

智育就是向学生传授科学文化知识、技能，发展他们的智力的教育。旨在帮助学生认识自然规律、社会规律，提高学生分析问题、解决问题的能力。

普通中等教育在智育方面的要求主要有：帮助学生在小学教育的基础上进一步系统地学习科学文化基础知识，掌握相应的基本技能和技巧，拓宽文化视野，发展思维能力、想象能力和创造能力，培养良好的自学能力、兴趣和习惯。

4. 美育

美育就是培育学生正确的审美观以及感受美、欣赏美、创造美的能力。

普通中等教育中美育方面的任务主要有：通过音乐、美术、文学教育和其他各种审美活动，充实学生的精神生活，丰富学生的审美情感，培养学生感受美、欣赏美、创造美的能力，引导学生初步掌握一种艺术活动技能，如绘画、唱歌、舞蹈、演奏等，使学生具有健康的审美情趣和高尚的情操，形成朝气蓬勃、乐观向上的精神面貌。

5. 综合实践活动

综合实践活动就是在教师的指导下，让学生通过研究性学习、社区服务、社会实践、劳动技术和信息技术等活动，积累解决实际问题的经验，提高综合应用知识于实践的能力的教育。

普通中学开展综合实践活动的要求主要有：组织并指导学生参加实践活动，如调查、参观访问、探究学习和生产劳动等；让学生在自主活动中获得亲身体验，积累经验，形成对自然、社会、自我的正确认识及对生活的正确理解和正确态度，培养学生对自然、社会、自我的关爱和责任感，养成学生积极进取、分享、合作等良好的个性品质，发展学生的创新精神和实践能力。

6. 五育之间的关系

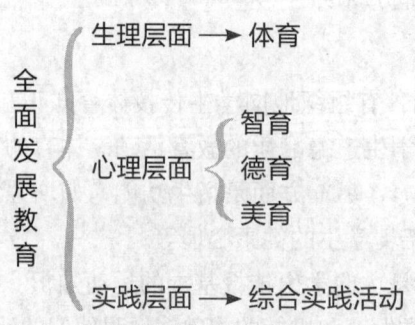

第七节 教育研究方法

一、观察法

（一）观察法概述

1. 观察法的概念

观察法是指人们有目的、有计划地通过感官或一些辅助仪器，对于处于自然状态下的观察对象进行系统考察，从而获取经验事实的一种科学研究的方法。

2. 观察法的优点

首先，观察法方便易行，适用的研究范围较广。其次，观察法不妨碍观察对象的日常学习、生活和正常发展，因此不会产生不良后果。

3. 观察法的局限性

首先，观察法不能确定事物的因果关系。其次，在研究对象较多且分散的情况下难以应用。再次，多次观察的情境难以一致，其研究信度较低。最后，观察研究取样较小，其研究结论难以推广。

（二）观察法的类别

1. 自然观察法与实验室观察

按照观察情境的条件可以将观察法分为自然观察法和实验室观察法。

（1）自然观察法

自然观察法就是在教室、博物馆、运动场、家里等真实情境中对儿童开展观察的一种观察方法。这种方法的优点是它能揭示人们在日常生活中的真实行为。它的缺点包括：第一，一些行为不是经常发生的（如见义勇为），或者是不被学校或社会允许的（如欺负行为），观察对象不愿意该行为被观察到。第二，在自然的环境中，常常会发生很多事件，研究者很难弄清楚各种事件之间的关系。第三，观察者在场会使观察对象表现出与平常不同的行为，会产生观察者效应。当然，研究者可以通过隐蔽摄像机或让观察对象先熟悉自己等手段降低观察者效应。

（2）实验室观察法（结构观察法）

实验室观察法又叫结构观察法，就是在实验室中研究者通过感官或借助一定的科学仪器，观察被试反应的一种观察方法。实验室是一个受到控制的环境，真实环境中的复杂因素被排除在外。实验室观察可以帮助研究者控制研究进程，使研究者观察到那些在真实情境中难以捕捉到的行为，但不够真实，可能难以观察到被试在日常生活中有代表性的行为。

2. 直接观察和间接观察

按照观察的方式（是否借助媒介）可以将观察法分为直接观察和间接观察。用我们的双眼进行观察即为直接观察，其优点是能切身感受当时的场景，能够获得更为真实的信息。借助摄像机等设备进行观察即为间接观察，其优点是不易遗漏现场中的繁杂信息。

3. 参与式观察和非参与式观察

按照观察者是否直接参与被观察者所从事的活动可以将观察法分为参与式观察和非参与式观察。

（1）参与式观察法

参与式观察法是指研究者直接参加到所观察对象的群体和活动中去，不暴露研究者的真实身份，在参与活动的过程中进行隐蔽性的研究观察。该方法具有不破坏和影响观察对象的原有结构和内部关系的特点，因此能够获得有关的较深层次的结构和关系的材料。但处理不当易影响观察的客观性。

(2) 非参与式观察法

非参与式观察是指研究者以"旁观者"的身份，或采取公开的或秘密的方式进行的观察。它不要求研究人员站到与被观察对象相同的地位上，其结论通常也比较客观。具有易表面化，不易获得深层次的材料的缺点。

（三）观察法的实施程序和记录方法

1. 观察法的实施程序

（1）界定研究问题，明确观察目的和意义。（2）编制观察提纲，进入研究情境。（3）实施观察，收集、记录信息。（4）分析资料，得出研究结论。

2. 观察法的记录方法

（1）描述记录法。①日记描述法。最早使用这种方法的是瑞士的教育家裴斯泰洛齐。②轶事记录法。着重记录某种有价值的行为，随时记录感兴趣的问题，不受时间条件限制，事先也不做特别的编码分类。③连续记录法。在较长的一段时间内连续记录被观察者的行为。

（2）取样记录法。由于人力、物力的限制，研究者不可能对研究对象的所有时间的所有行为进行记录，这就需要采用取样记录法，这是一种以行为为样本的记录方法，包括时间取样、活动取样和事件取样。①时间取样。以时间为选择标准，专门观察和记录在特定时间内所发生的行为，主要记录该段时间中某行为出现与否、出现的频率以及持续的时间。②活动取样。以活动作为选择标准。即记录观察对象的某种活动的发生次数、发生频率。③事件取样。观察某种事件是否出现、出现的次数。

（3）行为核对表。观察者将观察的项目预先列出表格，当出现行为时，就在该项上予以记录。此法只判断行为出现与否，不提供行为性质的材料。

二、调查研究法

（一）调查研究法概述

1. 调查研究法的概念

调查研究法是一种描述研究的方法，是通过对原始材料的观察，有目的有计划地搜集研究对象的材料进行分析研究从而形成科学认识的一种研究方法。调查是用科学的手段搜集有关研究对象的客观事实材料，研究是对所收集得来的事实材料进行整理分析。

2. 调查研究法的类别

（1）典型调查、普遍调查、抽样调查、个案调查和专家调查

按照调查对象的选择范围，可分为典型调查、普遍调查、抽样调查、个案调查和专家调查（也叫德尔菲法）。典型调查是根据调查目的和要求，在对调查对象进行初步分析的基础上，有意识地选取少数具有代表性的典型单位进行深入细致的调查研究，借以认识同类事物的发展变化规律及本质的一种非全面调查。普遍调查法，又称全面调查法，是指对调查对象的总体包括的所有单位和要素逐一进行调查的方法。抽样调查是一种非全面调查，它是从全部调查研究对象中，抽选一部分单位进行调查，并据以对全部调查研究对象做出估计和推断的一种调查方法。个案调查是对一个人、一个群体、一件事、一个社会集团或一个社区所进行的深入全面的调查。专家调查是用书面形式广泛征询专家意见以预测某项专题或

某个项目未来发展的方法。

(2) 问卷调查、访谈调查、测验调查和调查表法

按照调查的手段，可以分为问卷调查、访谈调查、测验调查和调查表法。问卷调查是以书面提出问题的方式搜集资料的一种研究方法。访谈调查就是以口头沟通的方式搜集资料的研究方法。测验调查是指通过教育测验或心理测验获取研究对象信息的研究方法。调查表法是指以表格的方式获得研究对象一些基本状况的研究方法。

3. 调查研究的步骤

确定调查课题——选择调查对象——确定调查的方法和手段、编制和选用调查工具——制订计划——实施调查——整理分析调查资料、撰写调查报告。

(二) 问卷调查法

1. 问卷调查法的概念

问卷调查法是教育科学研究中收集数据的最基本、最常用的方法之一。问卷调查法是指研究者按照一定的要求和程序编制问卷并以此作为工具收集数据的一种方法。

2. 问卷调查法的优点与缺点

(1) 问卷调查法的优点

①适用的范围广。②可以快速地收集到大样本的信息，效率较高。③其结果很少受主被试交互作用的影响。④结果容易量化，标准化的模式能够使研究者直接比较来自不同研究对象的数据。

(2) 问卷调查法的缺点

①缺乏灵活性。②主试无法了解被试回答问题时的反应。③收集到的数据可能不够精确或不够真实。

3. 问卷的成分

问卷的构成有标题、导语、问题、结束语。标题是对问卷内容的高度概括，通过标题，被调查者可以了解问卷内容的范围。问卷的导语包括三个方面的内容：称谓或问候语，对问卷的性质、目的的说明以及回答问题的方式。问题是问卷的主体，包括题干和选项两部分。结束语是问卷的最后一部分，一般是对问卷调查者的感谢，但有时也设置一两个开放式问题，请被调查者回答。

4. 问卷的设计

问卷的设计是问卷编制中最为关键的环节，直接关系到问卷的质量，也关系到调查结果的可靠性、真实性。

在问卷设计的过程中要考虑：第一，问题的内容与表述。如选择适当的问题类型，回避询问有关社会禁忌，每题只包含一个观点，文字表达要准确明了。第二，问卷的题量要适度。一般以答 20—30 分钟为宜。第三，题目的排列技巧。如指导语后是被试的基本情况，本着先熟悉后陌生、先一般后具体、先封闭后开放、先普通后敏感的方式排列问题等等。

问卷的形式有开放式、封闭式和综合式。其中开放式也称非结构型问卷，封闭式也称结构型问卷，综合性问卷也称半开放式或半封闭式问卷。

问卷答案的格式有是否式、多项选择式、排序式（也称评判式、排列式）、等级式、定距式。

(三) 访谈法

1. 访谈法的概念

访谈法是通过研究者对研究对象有目的地交谈的方式收集研究资料的一种方法。

2. 访谈法的优点与缺点

访谈法具有灵活性强的特点，能够灵活地使用比较复杂的访谈提纲，能够获得直接、可靠的信息和资料，能够不受书面形式的限制进行深入调查。其缺点有：样本量有限，无法控制主试对被试的种种影响，干扰因素、不可控因素较多，结果不易量化处理。

3. 访谈法的类型

（1）结构性访谈和非结构性访谈

根据访谈过程是否有严格设计的访谈问卷或访谈提纲，实际的过程是否严格按计划进行可以将访谈分为结构性访谈和非结构性访谈。结构性访谈又称结构式访问、定向访谈、标准化访谈、口头式访谈，是指按照统一设计的访谈提纲对访谈对象进行提问。结构性访谈对访谈的过程有严格的规定。非结构性访谈又称非结构式访问、非定向访谈，是指只有一个粗略的访谈提纲，对访谈的过程没有严格的规定的访谈调查。

（2）一次性访谈和重复性访谈

根据对某一问题或某一对象的访谈时间、次数可以将访谈分为一次性访谈和重复性访谈。一次性访谈又称横向性访谈，是指对人们某一生活时刻或某段时期内的想法、态度以及行为等方面的情况进行一次性完成的调查方法。重复性访谈又称跟踪性访谈或纵向访谈，是指要经过多次访谈才能完成的访谈。

（3）个别访谈和集体访谈

根据访谈者一次访问对象的多少，可以将访谈分为个别访谈和集体访谈。个别访谈是指由访谈员对每一个被调查者逐个进行的单独访谈调查。集体访谈是指一名或数名访谈员召集一些被调查者，就有关问题通过集体谈话的方式进行的调查。

4. 访谈的过程

访谈调查的过程包括：根据研究目的确定访谈对象、准备访谈提纲和访谈计划、正式访谈。

（1）访谈对象的确定

访谈对象的确定需要考虑：①研究目的，即依据研究目的来确定抽样范围。②抽样的特殊的要求，如访谈对象是否愿意参与研究，访谈对象是否把自己的想法清楚地表达出来等。③研究的现实条件，如经费、时间等。

（2）编制访谈提纲

访谈提纲是实施访谈的依据。编制访谈提纲是访谈准备阶段的最为重要的一环，研究的成功与否直接和访谈提纲的质量有关。编制访谈提纲主要包括：设计问题的形式、编辑具体的访谈句式、选择访谈问题的方式和组织与编制问题等。

（3）制订访谈计划

制订访谈计划包括了解受访者的特点，访谈的时间、地点，准备访谈有关资料、证件和记录设备等。

（4）正式访谈

正式的访谈包括初步接触、进行提问、记录、结束访谈四个步骤。

初步接触是访谈的第一步。要注意给访谈对象一个好的第一印象，取得访谈对象的信任，简明扼要地说明自己的身份，介绍访谈研究的目的、任务，简要交代访谈结果的用途等。

进行提问是访谈过程中的重要环节。要遵守的原则有：①按照访谈提纲进行访谈。②访谈者发问的语气要中立。③建立友好、轻松、愉快的气氛。④访谈过程中不要打断受访者。⑤对受访者的回答不做出有价值判断的态度。⑥访谈者要保持倾听的注意力。

记录也是访谈过程的重要环节。记录的方式主要有现场录音、现场笔录、现场录像。只有在无法进行现场记录的情况下才采取事后记录的方式。

结束访谈。要对受访者表示感谢，注意为以后研究抽样做铺垫，还要记录清楚访谈者、受访者、访谈日期、持续时间、地点等基本信息，期间如有特殊事件，也要记录。

三、历史研究法

（一）历史研究法概述

1. 历史研究法的概念

历史研究法就是运用历史资料，从事物发生和发展的过程中去进行考察，以弄清该事物的实质和发展规律的研究方法。由于教育作为一种社会现象有其发生与发展的过程，所以我们要了解教育的某一问题，探求教育发展的规律都需要运用历史研究法进行研究。

2. 历史研究法在教育研究中的适用范围

对各个时期教育发展情况的研究；对历史上教育家们、教育流派以及教育思潮的教育观点的研究；对一定时期教育制度的研究；对外国教育发展状况的研究。

3. 历史研究法的特点

（1）历史性

在研究对象上，历史研究法关注的是过去发生的教育事件；在研究过程上，历史研究法试图按照历史的时间顺序和空间范围再现历史事件的全过程。

（2）具体性

历史研究法的开展必须基于丰富而具体的文献资料。

（3）以逻辑分析法概括史实

逻辑分析法是从纯粹的抽象理论的形态上来揭示对象的本质，通过概念、判断、推理等思维形式研究事物发展过程的矛盾运动，揭示历史规律并形成科学的理论体系。

4. 历史研究法的局限

首先，历史资料收集的难度对历史研究法是一种限制。其次，历史资料的真实性影响历史研究法结论的可靠性。再次，历史研究法无法做精确的量的分析。

（二）历史研究法的步骤

1. 史料的搜集

史料包括文字的和非文字的两种。文字的史料如著述、规章、记录、信件、总结等等。非文字的史料如传说、遗物、古迹等等。史料的搜集要注意：最好能搜集到原始的资料；对第二手的资料要认真考查它的出处；尽量做到全面；对教育问题的研究，不能忽视与教育有关的政治、经济、文化、科技等方面的史料。

2. 史料的鉴别

要用多种方法尽可能地搜集与研究问题有关的史料，并用各种方式对搜集的史料鉴别真伪。

3. 对史料的分析研究

要用历史唯物主义的观点对史料进行分析探讨，从而发现和揭示教育演变的规律。

四、实验法

（一）实验法概述

1. 实验法的概念

实验法是研究者根据研究目的，在研究对象所处的环境中引发一些变化，然后测量这些变化对研究对象的行为有何影响的研究方法。实验法是直接探讨事物因果关系的一种研究方法。

在实验法中，那些研究者要操纵的因素，即假定能够引起研究对象变化的因素被称为自变量。那些实验所要测量的研究对象的行为方面，即假定受到自变量影响的因素被称为因变量。在一个实验中，至少涉及一个自变量和一个因变量。影响因变量的因素除了自变量外，还包括其他因素，那些除了自变量以外的影响因变量的因素都称作无关变量。实验法就是通过研究设计排除无关变量的影响，确定自变量如何影响因变量的研究方法。

2. 实验法的优点与缺点

实验法的优点在于它能够对因果关系做出推断。实验法的缺点在于：当实验在实验室中实施时，研究结果或许并不能适用于真实的生活。当实验在现场实施时，实验控制常常是缺乏效力的，实验结果可能是实验处理之外的变量引起的。

3. 实验法的效度

实验效度是指实验方法能达到实验目的的程度，也就是实验结果的准确性和有效性程度。实验效度主要包括内在效度和外在效度。实验的内在效度指的是研究中自变量与因变量的因果联系的明确程度，即研究结果的真实程度。实验的外在效度指的是实验结果能够普遍推论到样本的总体和其他同类现象中去的程度，即实验结果的普遍代表性和适用性，又被称为生态效度。

（二）实验法的类型

1. 实验室实验和现场实验

根据实验的场所和情境可以将实验研究划分为实验室实验和现场实验。

（1）实验室实验

在实验室中进行的实验，能够对研究对象的环境进行操纵（自变量），能测量自变量对研究对象行为（因变量）的影响。其优点是能确定变量之间是否存在因果关系，实验的内在效度高。其缺点是数据是从人为的实验环境中获得的，不能推广到真实的环境中去，实验的外在效度低。

（2）现场实验

在自然情境（如教室）中进行的实验，可以操纵自变量（如教师改变教学方法），测量在自然情境中自变量对因变量的影响（如不同教学方法对学生成绩的影响）。该种方法能确定变量之间是否存在因果关系，能把实验结果推广到真实世界中去。然而，在自然情境中的实验处理可能不够有力，也难以控制。

2. 探索性实验和验证性实验

根据实验研究的目的和功能可以将实验研究划分为探索性实验和验证性实验。探索性实验是指实验者在不知晓实验结果的前提下，通过自己的实验、探索、分析、研究得出结论的实验方法。验证性实验则是对已有的研究结果进行重复验证的实验方法。

3. 单因素实验、多因素实验、多变量实验

根据施加实验因素的多寡可以将实验研究划分为单因素实验、多因素实验和多变量实验。如果研

中只有一个自变量,那么该实验是单因素实验。如果研究中有两个或两个以上的自变量,那么该实验就是多因素实验。如果研究中有两个或两个以上的因变量,那么该实验被称为多变量实验。

4. 前实验设计、准实验设计和真实验设计

根据实验的控制程度和内外效度的高低可以将实验研究划分为前实验设计、准实验设计、真实验设计。

（1）前实验设计。前实验设计通常是一种自然描述,用来识别自然存在的临界变量及其关系。此种设计效度极低,因此被称之为前实验设计。包括单组后测设计、单组前后测设计、固定组比较设计。

①单组后测设计

该实验设计可以表示为：T（实验）　　O（后测）

也就是进行某种实验处理后,对因变量进行测量。一般来说该设计看不出任何意义。但对于某一个教师来说,由于对学生过往的表现较为熟悉,他采用一种新的教学方法之后,就能够根据测验成绩比较粗浅地判断该种教学方法的好与坏。

②单组前后测设计

该实验设计可以表示为：O_1（前测）　　T（实验）　　O_2（后测）

该种设计能够观察到处理之后引起的变化,但是无法确定这种变化是不是由实验引起的。

③固定组比较设计

该实验设计可以表示为：实验组　　T（实验）　　O_1（后测）
　　　　　　　　　　　对照组　　无实验　　　O_2（后测）

虽然该设计有两组,但两组并不是用随机分配研究对象的方式确定的,可能在实验前两组之间就已经有显著的差异,另外,因变量的变化无法说明是不是由实验处理造成的。

（2）准实验设计。用于真实的情境中,不能用真正的设计来控制无关变量,不能用随机的方法分派被试。主要包括：不等控制组设计和时间序列设计。

①不等控制组设计

该种设计可以表示为：

O_1（前测）　　T（实验）　　O_2（后测）
O_3（前测）　　　　　　　　O_4（后测）

此种设计中实验组和控制组不是随机分派确定的,因此很难对研究结果进行解释。

②时间序列设计

该种设计可以表示为：

O_1　O_2　O_3　O_4　T（实验）　O_5　O_6　O_7　O_8

此设计主要探索 O_4 和 O_5 之间是否有明显的变化,以及 O_1 到 O_4 的变化速率与 O_5 到 O_8 的变化速率是否相同,以此来探讨实验处理的效果。

（3）真实验设计。自变量、因变量以及无关变量都能得到比较严格的控制。真实验设计都有一个控制组。主要涉及类型有：

①实验组、控制组后测设计

该种设计也称随机分派控制组后测设计。该设计可以表示为：

R（随机分组）　　T（实验）　　O_1（后测）
R（随机分组）　　　　　　　　O_2（后测）

该设计以随机的方式确定组别,因此可以确定两组之间的差异是否是由实验处理引起的,但由于没有前测,所以无法确定实验处理引起的变化有多大。

②实验组、控制组前后测设计

该种设计又称为随机分派控制组前后测设计。该设计可以表示为：

R（随机分组）　　O_1（前测）　　T（实验）　　O_2（后测）

R（随机分组）　　O_3（前测）　　　　　　　　O_4（后测）

该设计在前一种设计的基础上增加了前测，因此，能够确定实验所带来的差异有多大。该种设计的缺点在于前测可能会影响实验的效度。

③所罗门四组设计

该设计可以表示为：

实验组1　R　O_1　X　O_2

控制组1　R　O_3　　　O_4

实验组2　R　　　　X　O_5

控制组2　R　　　　　　O_6

所罗门四组混合设计就是将"实验组、控制组前测后测设计"和"实验组、控制组后测设计"加以合并的结果，所罗门四组混合设计将"有无前测程序"这一变量引入实验设计之中。具体说来，这种设计模式可以通过比较O_1和O_3、O_2和O_4、O_3和O_5、O_5和O_6之间的差异，从多角度来检验实验处理的效应；也可以通过比较O_4和O_6、O_2和O_5之间的差异，来检验前测处理的效应。

（三）教育实验的特点

教育实验研究作为一种科学实验活动，需要对因果关系进行探讨，进行实验处理（即自变量操作）以及合理控制无关变量。作为一种特殊的实验活动，它与自然科学实验相比，其特性有：(1) 教育实验研究以人和人所从事的教育活动为研究对象，着力研究社会中人与人、人与社会的关系。(2) 教育实验研究主要在教学的自然环境下进行。(3) 由于教育研究对象的不确定性等因素，教育实验研究难以达到量化。(4) 其研究结果不能完全客观测量。

五、行动研究法

（一）产生与发展

行动研究最早产生于20世纪三四十年代的美国。美国联邦政府印第安人事务局长克里尔为改善印第安人与非印第安人的关系进行了一系列的研究，这是行动研究最早的尝试。随后，科特·勒温把行动研究直接应用到社会心理学的研究上，在《行动研究和少数民族问题》一书中提出"没有无行动的研究，也没有无研究的行动"，并把行动研究定义为"将科学研究者与实际工作者之智慧与能力结合起来以解决某一实际问题的一种方法"。指出课题需来自实际工作的需要，研究应在实际工作中进行，研究应由实际工作者和研究人员共同参与完成，研究结果应为实际工作者理解、掌握和实施，研究应以解决实际问题、改善社会行动为目的。

20世纪50年代，考瑞出版的《改进学校实践的行动研究》标志着行动研究被第一次系统地引入到教育中来。20世纪80年代，行动研究被介绍到中国。

（二）教育行动研究的定义和特点

1. 定义

教育行动研究是教育实际工作者与教育理论工作者共同合作，为解决实际问题，在教育实践中进行的一种教育科学研究方法。

2. 特点

教育行动研究的特点可以概括为：为教育行动而研究、在教育行动中研究、由教育行动者研究。其中"为教育行动而研究"指出了教育行动研究的目的。"在教育行动中研究"指出了研究的情境和研究的方式。"由教育行动者研究"指出了教育行动研究的主体是实际工作者，主要是教师，而不是来自外部的学者、专家。换言之，教育行动研究的目的是为了解决教育实践中遇到的实际问题；研究的主体是教育实践工作者；研究的应用者是行动研究者；研究的过程中重视协同合作；问题的解决具有即时性和立即应用性的特点。

（三）教育行动研究的优缺点

1. 教育行动研究的优点

从"为教育行动而研究、在教育行动中研究、由教育行动者研究"中我们可以看出教育行动研究的优点有：(1) 克服了教育理论与教育实践相脱节的弊端。(2) 有利于突破科学实验的种种限制，简便易行，易为中小学教师掌握。(3) 有利于改进学校工作，提高教育教学质量。(4) 有利于促进教师的专业发展。(5) 有利于学校与社会的沟通。

2. 教育行动研究的缺点

(1) 更适用于小规模的教育实践活动，不利于解决宏大的理论问题。(2) 不能对研究的外部效度有过高的期望。(3) 教师需要了解教育科学理论以及教育研究方法。(4) 研究过程中需要研究者保持高度的敏感性。

（四）教育行动研究的步骤

1. 计划

以事实和调查研究为前提，制订总体规划和每一步具体的行动方案。

2. 行动

行动要遵循"计划——行动——反馈——调整——再行动"的过程，也就是教育行动研究并不是线性的过程，它是一个循环的过程，旨在使研究的问题能够完满地解决。

3. 观察

行动过程中对行动的过程、背景、影响因素以及行动者的特点进行全面考察。观察是反思、修订计划和进行下一步研究的前提条件。

4. 反思

反思是阶段性总结的过程，反思中要注意对自己的实践和行动做出批判性思考，对行动的过程和结果做出判断，对有关现象和原因做出分析和解释，以为下一次的研究作积累。

● 难点解读

1. 教育与社会的关系

难点主要是对教育与社会、教育与人的关系的透彻理解和运用这些原理来解释、分析实际问题。

(1) 理解和运用教育与政治的关系。教育与政治的关系在不同的历史时代体现的特点不同。如在古代社会，教育为政治服务表现在除为统治阶级培养统治人才外，还体现在对民众的统治上，这在《礼记·学记》中的体现为"古之王者，如欲化民成俗，其必由学"。在当代社会，教育为政治服务主要体现在培养具有合乎公共伦理和公共道德的公民。

（2）理解和运用教育与经济、人口的关系。教育与经济、人口的关系在孔子与弟子关于"庶富教"中就有讨论。这说明在孔子的思想中，已经对教育与经济、人口之间的关系有了清晰的认识。从教育内容、教育手段、教育对象、培养人才的标准的历史变迁上我们已经能够看出经济对教育的要求和为教育提供的可能性。在人力资本理论产生并为世界所接受后，世界各国对教育的经济功能更加重视。如当今世界各国都制定实施了各种旨在通过教育提高本国人力资本存量，提升国家人力资源竞争力的教育政策、教育法案。

（3）理解和运用教育与文化的关系。文化是存在于人类精神领域的各种思想、观念的总和。教育一直浸润在不同类型的文化中，正是因为如此，文化影响教育的内容、教育的目的、教学方式等等。同时教育对文化具有传承、选择、创新的作用。

除此之外，我们还需要理解、正视教育对社会的作用的长期性、滞后性。

2. 教育与人的发展的关系

（1）人的发展的含义。人的发展的含义是理解教育以及教育与人的关系的基础。因此，理解人的发展的含义是理解教育与人的关系的关键和根本。

（2）人的身心发展的规律和心理学等学科对人的发展的认识。这是理解教育与人的关系的基础，这也是更好地促进人的发展的科学依据。

（3）在理解教育与人的关系上，还需要理解和把握影响人的发展的因素，即遗传、环境、教育以及人的主观能动性。还要了解各种因素对人的发展影响的程度和范围。

3. 教育目的与社会、人的关系

理解和分析教育目的的变迁所反映出来的教育与政治、经济、科技发展以及人的身心发展规律的认识的变迁。

4. 学制与社会、人的关系

理解和分析学制的变迁所反映出来的社会对教育的要求。

5. 各研究方法的适用条件

掌握和运用研究方法的能力。难点在于教师熟练地掌握每一种研究方法的适用条件和优缺点，并据此在教育教学研究中根据实际的问题选择适恰的研究方法的能力。

● 案例分析

案例分析 1

《中学语文教学大纲》的变迁

1978年《全日制十年制学校中学语文教学大纲》（试行草案）中，对于课文的选文标准的表述是："课文的选取标准要遵照毛主席的教导，以政治标准放在第一位，以艺术标准放在第二位，要求'政治和艺术的统一，内容和形式的统一，革命的政治内容和尽可能完美的艺术形式的统一'。入选的课文要符合'思想内容好，语言文字好，适合教学'的三项要求。"

1986年《全日制中学语文大纲》对三项要求做了进一步阐述。强调"选取古代作品，要体现批判继承的原则。入选的国外作品，要有进步的思想内容。为了培养学生的分析鉴别能力，可以选入少量带有消极因素而艺术性较高的名篇"。"语言文字要合乎规范,在用字、造句、布局、谋篇等方面具有典范性",强调"必须符合学生的年龄特征和接受能力","入选的文章题材力求丰富多样,能引起学生的学习兴趣"。

1991年《中小学语文学科政治教育纲要》(试用)颁布,特别强调:1.使学生认识祖国江山壮丽,历史悠久,文化灿烂,认识到祖国语言文字的优美和丰富的表现力,使学生了解一些伟大文学家的生平事迹及其杰出贡献,认识我国人民高度的智慧和创建才能,从而激发学生热爱祖国、热爱祖国语言文字和文学艺术的情感。2.使学生认识到中国共产党为中国革命事业所建立的丰功伟绩,认识到中国共产党人的远大志向、献身精神和高尚品德,使学生懂得没有共产党就没有新中国,从而更加热爱共产党。3.使学生认识旧社会的腐朽黑暗……通过新旧对比,认识社会主义制度的优越性,坚定社会主义信念。4.使学生了解我国人民和历代仁人志士在改造社会、征服自然中所表现出来的英勇不屈、自强不息的伟大民族精神和崇高的爱国主义思想,继承和发扬近百年来我国人民反帝爱国的光荣传统。5.使学生初步认识我国人民优良的伦理道德传统,培养高尚的共产主义道德情操,使学生具有初步辨别是非、善恶的能力和健康的审美情趣。

(资料来源 李大圣:百年反思——语文育人功能检视,南宁:广西师范大学出版社,2006年,第73—74页)

情境分析

本情境反映的是教育与社会关系中政治对教育的制约作用。具体而言是政治、经济制度决定着教育目的和部分教育内容。为谁培养人、培养什么样的人、怎样培养人都是由政治、经济制度所决定的。换言之,培养出的人才必须是符合社会政治经济的巩固与发展所要求的人。政治经济制度是教育目的直接的决定力量,并根据不同的教育目的制定不同的教育制度,规定课程内容,特别是哲学和社会科学方面的内容。另外,政治对教育的制约作用还有:(1)政治、经济制度决定着教育的领导权。教育的领导权是判断和确定教育性质的最主要标志。(2)政治、经济制度决定着受教育权。受教育权,是判断和确定教育性质的重要标志,由政治、经济制度决定,即由国家政权的法律规定,或由受教育者和其他各种条件决定。

案例分析2

正确理解影响人的发展因素

材料1: 大壮从小学到高中都是班级里的尖子生。考入大学后,他发现周围很多同学成绩优异,大壮渐渐没那么自信了。再加上大学生都是自主管理,他自律意识差,很快就疏于学业,第一学期期末考试就出现了多门考试挂科的现象。

材料2: 据调查,近两年各地的高考状元中女生多于男生。类似的调查结果还有很多,例如,在大学中,获奖学金者,男生少于女生。再如在成绩优秀的学生中,男生少于女生;在成绩差的学生中,女生少于男生。

材料3: 达尔文从小被认为智力低下,但有学者在和达尔文的交往过程中发现达尔文具有很强的观察能力,于是亲自推荐他作为自然科学工作者参加贝格尔舰的考察航行,后来达尔文果然取得了卓著的成绩。

情境分析

本情境反映的是影响人的发展的因素。

影响人的发展的因素有遗传、环境、教育以及人的主观能动性。不同的因素在人的发展过程中起不同的作用，但都是人的发展不可或缺的必备因素。

材料1反映了环境、人的主观能动性对人的发展的影响。大壮的变化一方面是因为环境的变化，即大学和高中学习环境的不同，这种不同更多地体现在自主学习上，但大壮习惯于在有老师监管的环境下学习。另外，环境的变化体现在同伴的变化上。在高中的学习环境中，大壮是佼佼者；但在大学，大壮的很多学业同伴是和他旗鼓相当的人，大壮在同伴中找不到成就感，这也是他疏于学业的原因。大壮变化的另一方面原因是大壮自身的主观能动性较弱，学习更多地依赖于环境。

材料2反映了男孩和女孩因为遗传基础的不同而在教育上的表现不同，即人的身心发展具有个体差异性规律。如：研究表明，男孩和女孩大脑之间的差别至少有100多处，男生因而天生容易接受图表、图像和运动物体的刺激，而不易接受单调的语言刺激。因此，对于运用更多语言的教学活动而言，男生比女生更容易产生厌烦情绪。这就是为什么从学业成绩看，女生优于男生的表现。这反映了当前的教育没有适应男孩的身心发展规律，而是更适合女孩的身心发展规律。

材料3达尔文智力低下，但观察能力很强。这就反映了加德纳的多元智能理论，从根本上说表明了人的身心发展具有不平衡性。这既有先天遗传素质方面的原因，也说明在达尔文被发现观察能力强之前，与达尔文交往的人都忽视了他的非智力因素。

综上，三则材料告诉我们培养学生的过程中不能只重视智力因素，忽视非智力因素的培养。要掌握遗传、环境、教育、人的主观能动性在人的发展过程中的作用，掌握人的身心发展规律，因材施教。

案例分析3

从多轨制到双轨制：德国学制改革

2001年12月，首次PISA测试结果公布。在参与的32个国家中，德国中学生的阅读素养位于第21位，数学素养和科学素养分列第20位，远远落在OECD平均分之下。2004年春，第二轮PISA测试结果同样表明德国基础教育质量不容乐观。由此引发了社会各界的轩然大波，人们针对德国基础教育学制偏长、分流较早、移民子女日益增多等一系列问题展开讨论。

其实德国进入21世纪以来在内外压力共同作用下出台各项改革举措，并将其概括为四个重要方面：第一，改革中等教育体制，由多轨制转向双轨制；第二，设立和扩建全日制学校，由半日制学校转向全日制学校教育；第三，缩短文科中学学制，由9年制转向8年制；第四，引入国家教育标准，由输入导向的教育管理转向输出导向的教育监控。

（资料来源　黄华：从多轨制到双轨制——德国基础教育学制改革实证研究介评，载于《教育研究与实验》2012年第1期）

情境分析

本情境主要反映了两个方面的问题。第一，影响学制的因素。第二，世界学制发展的趋势。

影响学制的因素有多种。如：第一，社会的政治、经济制度是影响学制的重要因素。第二，学制的建立必须考虑生产力和科技的发展水平。第三，学制的建立必须符合学生的身心发展水平。第四，学制的建立还需要参考以往学制以及国外学制的经验教训。

本情境反映了世界学制的发展趋势,即改革中等教育,寻求普通教育、中等教育与职业教育的关系。中等教育是一国教育质量以及人力资本存量的重要部分。

案例分析 4

王老师的研究采用了什么研究方法?

王老师正在开展教师关注对学生影响的研究。在研究过程中他改编了弗兰德互动分析的编码系统(见下表)对课堂事件进行记录(见下面的叙述)。

分类		编码	内容
教师的关注	间接的影响	1	鼓励表扬
		2	眼神关注
		3	点头
		4	提问
	直接的影响	5	命令
		6	呵斥
		7	批评
学生语言		8	教师有应答
		9	教师无应答
教学环境		10	安静
		11	嘈杂
		12	学生隐性逃课

教师:同学们,请安静。(5)

(3秒后,嘈杂声音消失)(10)

教师:今天我们学习《湖心亭看雪》。你们谁预习了?描述的是哪一个景点的冬季景色? (4)

(教师的眼神在教室中扫过)(2)

学生集体回答:西湖、冬季的西湖、杭州西湖……(教师对学生的回答予以点头)(3)

情境分析

本题反映的是教育研究方法中的教育观察法。具体而言,王老师采用的是自然情境中的结构式观察。采用的记录方法是连续记录法。

教育观察研究的要素有:(1)有明确的观察目的;(2)对观察对象不加任何干预控制;(3)有翔实的观察记录。教育观察研究有严格的实施程序:①界定研究问题,明确观察目的和意义。②编制观察提纲,进入研究情境。③实施观察、收集、记录资料。④分析资料,得出研究结论。

● 延伸阅读

1. 教育目的含义的哲学思考

教育目的是教育的基本概念，对教育目的的研究是教育基本理论研究中最基本的研究之一。当前对教育目的的研究仍有其现实意义：一是进一步明确和规范教育目的的概念内涵和本质属性。二是从认识论角度探讨达成教育目的的基本脉络和途径。

（资料来源　王晨光，谢利民：教育目的含义的哲学辨思，载于《东北师范大学学报》2008年第3期）

2. 教育目的的根本在于培养人

新中国成立以来，中国的教育目的对于把受教育者培养成什么人的问题，其最终定位的典型表达都是"劳动者""人才""建设者、接班人""公民"。这些提法都不可避免地有时代性、针对性。但仔细分析教育目的的本质含义，研究者发现，这些按照社会、阶级的立场和要求提出的教育目的，不能充分表达教育总目的的本质和追求。因此，研究者认为，国家教育目的不仅需要体现国家的价值，还需要体现个人的价值。即教育目的更应该定位于培养人，惟其如此，教育目的才能体现其终极性、普适性和丰富性。

（资料来源　扈中平：教育目的应定位于培养"人"，载于《北京大学教育评论》2004年第3期）

3. 中国教育目的60年

新中国成立60年来，作为教育总指导思想的教育目的经历了一系列的变化。在我国，实际起作用的教育目的就是政府文件中规定的教育目的。对于中国教育目的60年的回顾是以成文的教育目的为关注点。因此，我们需要明确的是在我国，国家的教育目的与教育方针在一定意义上基本等同。所以，在没有特殊说明的场合，教育目的与教育方针并没有作区分。从新中国成立60年的教育目的的演变上看，可以得出以下结论：（1）关注重心转移：政治挂帅——经济优先——育人为本。（2）培养对象规格的变化：几方面发展——全面发展。（3）培养对象的变化：劳动者——人才——建设者和接班人。

（资料来源　郭冰：中国教育目的60年：演变与反思，载于《中国教师》2009年第21期）

4. 教育目的的异化

教育的最终目的是为了实现人的发展，具体来说，包括了个人幸福和公共利益两方面。从理念上来看，教育目的的这两个方面是一致的。然而在实际的教育中，教育的这两个目的都被异化，违背了作为理想的教育所应该具有的终极目标，从而使得公共利益与个体利益充满张力，难以兼容。

（资料来源　翟楠：现代教育目的的异化：批判与反思，载于《教育学术月刊》2011年第6期）

5. 学校教育制度改革亟待进行

我国现行的学制是1951年制定的，它基本沿用了1922年学制的基本框架，虽然中间经过几次变动，但基本没有什么变化。60年来我国经济社会有了极大的发展，教育也得到普及和提高。1951年制定的学制已经不适应现实的要求，亟须重新研究制定新的、适合当前我国国情的、具有时代性、发展性、多样性、灵活性，体现终身教育理念的学制。

（资料来源　顾明远：学校制度亟待研究改革，载于《教育学报》2011年第3期）

6. 战后世界教育发展以及对我国教育发展的启示

从国家竞争力和人力资源的角度说，教育是提升一国竞争力的一个重要方面。因此，在我国的《国家中长期教育改革和发展规划纲要（2010—2020）》第三部分中的体制改革中，一共涉及了六大体制改革，其中谈到了对外教育开放的问题，希望通过借鉴国际上先进的教育理念和教育经验，促进我国教育改革发展，提升我国教育的国际地位、影响力和竞争力。举例而言，作为联合国的常任理事国，2009年7月到 2010 年 6 月 30 日之间我国在联合国供职的人员仅 332 人，占联合国全部 44,134 名工作人员的 0.8%。其中高级管理人才仅 13 人，其余大部分从事翻译工作或秘书工作。这足以说明我国人才竞争力的不足。因此，提升教育质量，进而提高人力资源竞争力，教育是至关重要的。在发展教育的构成中，迫切需要了解他国的教育经验。从战后国际教育发展历程看，经历了三个阶段：(1) 教育大发展、大改革的 20 世纪五六十年代。(2) 学习化社会和终身教育思潮兴起的 20 世纪七八十年代。(3) 从 20 世纪 80 年代到现在，旨在提高教育民主化和提高教育质量。从各国的教育改革法案、教育政策来看，目前世界各国都把教育看成是增强综合国力的一个重要途径。为此，他们关注的有：(1) 教育公平问题。(2) 通过一系列教育改革促进教育质量提升。(3) 加快教育信息化。因此，我国的教育发展之路向可能是：(1) 教育民主化和教育平等。(2) 教育终身化。(3) 教育信息化。(4) 教育国际化。(5) 提升教育质量。

(资料来源　顾明远：战后世界教育发展的历程和中外教育的比较，载于《外国中小学教育》2012 年第 2 期)

7. 公平与质量：当代教育改革和发展的主题

教育公平和教育质量本来是两个不同的问题，但它们交错在一起。正是因为教育质量参差不齐，区域之间、城乡之间、学校之间的差别太大，才影响了教育公平；由于教育不公平，大家追求优质教育，结果造成恶性竞争，既加重了学生负担，又影响了教育质量，特别影响创新人才的培养。因此需要把两个问题统一起来解决。

(资料来源　顾明远：公平与质量：教育改革与发展的时代主题，载于《中国教育学刊》2010 年第 3 期)

8. 教育行动研究在中国

教育行动研究因在解决教育理论脱离教育实践问题、促进教育教师专业发展、推动课程改革等方面的作用而受到倡导。它促进了我国教育研究的发展，但同时也出现了一些问题：表现在"重理轻用""低水平重复""文不对题"等对教育行动研究的泛化及滥用现象；混淆教育行动与教育行动研究；教育行动研究过程中存在"去理论化"倾向。秉持跨学科研究取向，以问题为中心，正确认识、评价和定位教育行动研究，廓清概念，规避"唯方法主义"倾向、重视理论思维，方有助于我国教育行动研究的良性发展。

(资料来源　卢立涛，井祥贵：教育行动研究在中国：审视与反思，载于《教育学报》2012 年第 1 期)

9. 教育行动研究的伦理议题

教育行动研究是教育实务工作者与教育理论工作者协同合作进行的研究。研究伦理涉及教育行动研究问题的确定、研究立场的选择、研究者之间的合作关系、研究知识的生产以及研究结论的解释等各个方面。伦理问题直接指向教育行动研究的合理性、研究过程的科学性与研究结果（结论）的可靠性。

(资料来源　王玉国，袁桂林：教育行动研究的伦理议题，载于《教育学术月刊》2011 第 5 期)

强化训练

试题

一、单项选择题

1. "出自造物主之手的东西，都是好的，而一到了人的手里，就全变坏了"，反映了"人本性善，社会为恶"的观点。这一观点反映了（　　）。
   A. 个人本位的教育目的观　　　　　　　B. 社会本位的教育目的观
   C. 生活本位的教育目的观　　　　　　　D. 文化本位的教育目的观

2. 西方教育史上最早的系统的教学著作是（　　）。
   A．《理想国》　　　　　　　　　B．《雄辩术原理》
   C．《尼可马可伦理学》　　　　　D．《法律篇》

3. 《礼记·学记》中提出"古之王者，建国君民，教学为先"所反映的是（　　）。
   A．教育的政治功能　　　　　　　B．教育的文化功能
   C．教育的人口功能　　　　　　　D．教育的经济功能

4. 被韩非子称为世之显学的除儒家外，另一家是（　　）。
   A．墨家　　　　　　　　　　　　B．法家
   C．杂家　　　　　　　　　　　　D．兵家

5. "天命之谓性，率性之谓道，修道之谓教。"这阐释了教育与人性发展的问题。这句话出自（　　）。
   A．《礼记·大学》　　　　　　　B．《礼记·中庸》
   C．《礼记·学记》　　　　　　　D．《论语》

6. 主张教育的目标是培养实德实才的人物是（　　）。
   A．王充　　　　　　　　　　　　B．颜元
   C．王夫之　　　　　　　　　　　D．朱熹

7. 我国第一部用历史唯物主义分析世界教育历史的著作是（　　）。
   A．《新教育大纲》　　　　　　　B．《教育史ABC》
   C．《教育漫话》　　　　　　　　D．《教育论》

8. 18世纪理性主义教育思想的主要倡导者和践行者是（　　）。
   A．康德　　　　　　　　　　　　B．赫尔巴特
   C．休谟　　　　　　　　　　　　D．莱布尼茨

9. 下列选项不属于教育的基本形态的是（　　）。
   A．学校教育　　　　　　　　　　B．家庭教育
   C．社会教育　　　　　　　　　　D．远程教育

10. "教育既无待周密的考虑使它产生，也无需科学予以指导，它是扎根于本能的不可避免的行为。"这句话描述的是（　　）。
    A．教育的生物起源论　　　　　　B．教育的劳动起源论
    C．教育的心理起源论　　　　　　D．教育的神话起源论

11. 在皮亚杰的儿童发展阶段理论中，个体推理能力逐步得到提高，能从多维度进行抽象逻辑思维的阶段是（　　）。
    A．感知运动阶段　　　　　　　　B．前运算阶段
    C．具体运算阶段　　　　　　　　D．形式运算阶段

12. 世界上最早颁布义务教育法的国家是（　　）。
    A．德国　　　　　　　　　　　　B．法国
    C．英国　　　　　　　　　　　　D．美国

13. 规定"初级中学，施行普通教育，但得视地方需要，兼设各种职业科。高级中学，分普通、农、工、商、师范、家事等科，但得酌量地方情形，单设一科，或兼设数科，中等教育得用选科制"的学制是（　　）。
    A．壬寅学制　　　　　　　　　　B．癸卯学制
    C．壬子·癸丑学制　　　　　　　D．壬戌学制

14. 某教研员通过与学生网络聊天的方式来研究《中学生网络成瘾状况》的课题。此教研员采用的研究方法是（　　）。

A．观察法　　　　　　　　　　B．调查研究法

C．历史研究法　　　　　　　　D．实验法

15. 杜老师在课堂观察中发现原本爱学习的可可最近沉迷于网络游戏，经过和其他老师商量，制定了包含干预可可沉迷网络游戏的一系列措施的研究计划，并在逐步实施的过程中，根据反馈结果再调整干预办法。在研究的过程中，杜老师一直都在写研究的反思。这一研究方法是（　　）。

A．观察法　　　　　　　　　　B．调查研究法

C．行动研究法　　　　　　　　D．实验法

二、辨析题

1．教育起源于儿童对成人无意识的模仿。

2．教育目的是主观的，受人们头脑中教育观变化的影响，因此，教育目的具有即时性的特点。

三、材料分析题

1．阅读下列材料，根据教育与社会关系中的相关原理对材料进行评析。

美国经济学家桑德伯格曾经对经济增长与教育的关系进行跨国的动态比较。他以欧洲各国1850年的成人识字率表示人力资本存量，然后动态比较1913年和1970年人均国民收入的变化。其统计结果如下表所示：

国家	1850年 识字率	1850年 收入位次	人均国民生产总值 1913年	人均国民生产总值 1970年
瑞典	超过70%	很低	680	3411
丹麦	超过70%	低	862	2716
瑞士	超过70%	高	964	2661
挪威	超过70%	低	649	3495
德国	超过70%	中等偏下	743	2873
法国	约50%	中等	689	3029
奥地利	约50%	中等	498	2168
希腊	低于50%	很低	263	1755
俄罗斯	低于50%	很低	326	1887

（本材料改编自：赖德胜．教育与收入分配[M]．北京：北京师范大学出版社，2001：40）

2．阅读下列材料，回答问题。

初中二年级的顾老师在课堂上发现一向具有高强度的学习动机的乐乐最近上课精神萎靡，注意力不集中。为了进一步了解乐乐这一大转变，顾老师在课下的时间对乐乐进行了跟踪观察，并对其他同学进行了访谈，期望能更全面地了解乐乐的变化。结果发现，乐乐最近沉迷于网络游戏。顾老师打算通过教育行动研究找到帮助乐乐的方法。

问题

（1）顾老师在发现和确定研究问题的过程中采用了哪些研究方法？

(2) 简述顾老师该如何展开教育行动研究。

答案及解析

一、单项选择题

1. A 【解析】本题考查的是教育目的的价值取向。这一观点是卢梭的观点，反映了"人本性善，社会为恶"的观点。因此是个人本位的教育目的观。

2. B 【解析】本题考查的是对国内外教育名著的熟悉程度。我国乃至世界教育史上的最早的、系统的教育著作是《礼记·学记》。西方教育史上最早的教学著作是《雄辩术原理》。

3. A 【解析】本题考查的是教育的功能。"古之王者，建国君民，教学为先"反映的是教育是治国安邦的关键，这正是教育的政治功能。

4. A 【解析】墨子是继孔子之后的伟大的思想家，他创立的墨家学派与儒家并立。《韩非子·显学》记载："世之显学，儒墨也。儒之所至，孔丘也；墨之所至，墨翟也。"

5. B 【解析】本题考查的是对教育思想史的掌握和理解情况。这句话出自《礼记·中庸》。

6. B 【解析】本题考查的是教育思想。清初著名思想家、教育家颜元主张教育目标是培养"实德实才"，即教育要培养实用的人才，即"经世"（各级政府管理人才）和"百职"（专业人才）两种。他在教育目标中强调百工农医在教育中的地位，是思想史的进步。

7. B 【解析】本题考查的是对教育思想史人物主张的理解掌握情况。杨贤江是中国近现代教育史上第一个比较系统地运用马克思主义基本原理阐述教育问题的教育家，是中国马克思主义教育理论的奠基人。他的代表作有《新教育大纲》和《教育史ABC》，前者是中国教育史上第一本马克思主义教育理论著作；后者是第一部用历史唯物主义分析世界教育历史的著作。

8. A 【解析】本题考查的是对教育思想史人物的思想主张和流派的理解、掌握情况。康德是18世纪德国著名的哲学家，是唯心主义哲学的重要代表人物；也是18世纪理性主义教育思想的主要倡导者和践行者。他的主要代表作有《纯粹理性批判》《实践理性批判》《判断力批判》，其中包含了康德的许多教育思考。但他的教育思想主要集中在《论教育》中。

9. D 【解析】学校教育、家庭教育、社会教育是教育的三种基本形态。

10. A 【解析】本题考查的是教育的起源论。这句话反映了教育的生物起源论。

11. D 【解析】本题考查的是皮亚杰的儿童发展理论。能从多维度进行抽象逻辑思维是形式运算阶段。

12. A 【解析】本题考查的是对义务教育历史的理解和把握情况。世界上最早颁布义务教育法的国家是德国。

13. D 【解析】本题考查的是我国教育近代化以来的学制的内容。题干中所反映的是壬戌学制的规定。

14. B 【解析】本题考查的是教育研究的基本方法。网络聊天是谈话的一种方法，而访谈法属于调查研究法的一种。另外一种调查研究法是问卷调查法。

15. C 【解析】本题考查的是对研究方法的理解和掌握情况。教育实验研究和教育行动研究都采取干预的手段。教育实验研究有三对基本要素：(1) 自变量与因变量。(2) 实验组与控制组。(3) 前测与后测。教育行动研究是教育实际工作者与教育理论工作者共同合作，为解决实际问题，在教育实践过程中进行的一种教育科学研究方法。教育行动研究的特点可以概括为：为教育行动而研究、在教育行动中研究、由教育行动者研究。

二、辨析题

1.【答案要点】

此命题错误。

命题反映了以美国教育家孟禄为代表人物的教育心理起源论。

孟禄在其《教育史教科书》中从心理学的观点出发，根据原始社会没有学校、没有教师、没有教材的原始史实，判定教育应起源于儿童对成人无意识的模仿。这种原始共同体中教育"使用的方法从头至尾都是简单的无意识的模仿"。事实上，模仿分为有意识的模仿和无意识的模仿：有意识的模仿属于人类的教育活动，无意识的模仿不属于教育范畴。因此，孟禄的观点否认了人的社会性，把人类的有意识的活动视为生物本能的无意识模仿。但我们认为教育起源于劳动过程中社会生产需要和人的发展需要的辩证统一。因为，劳动把人从动物界提升为人。因此，认为教育是与人类社会的产生相伴而生的。教育起源的直接动因就是劳动过程中对生产生活经验的传递。

【解析】

本题考查的是考生对教育起源论的理解和掌握情况。关于教育起源论，有神话起源论、生物起源论、心理起源论和劳动起源论。我们赞同的是劳动起源论。

2.【答案要点】

此表述错误。

教育目的有广义狭义之分。广义的教育目的是指存在于人的头脑之中的对受教育者的期望和要求，广义的教育目的可以存在于和教育有关系的任何人的头脑中。狭义的教育目的是指国家提出的教育总目的和各级各类学校教育的教育目标，以及课程、教学等方面所培养人的要求。因此，从广义的角度来说，教育目的受人们头脑中教育观变化的影响。狭义的教育目的则受个人的主观意志的影响比较小。因此，具有一定的长期性。

【解析】

本题考查的是考生对教育目的的理解和把握情况。考生要注意广义的教育目的和狭义的教育目的的区分。

三、材料分析题

1.【答案要点】

（1）表中数据所显示的是教育影响经济发展的总趋势：成人识字率高的国家，经济增长速度快，相反亦然。因此，我们可以得出结论：欧洲国家经济增长速度的差异在很大程度上决定于该国的人力资本存量。尽管在1850年时，成人识字率高的国家中也有收入较低的情况，有些成人识字率低的国家经济发展的速度很高，但是随着时间的推移，成人识字率高的国家经济逐渐超过了成人识字率低的国家。

（2）教育之所以具有上述经济发展功能，是因为教育能够提高劳动力的总体素质，具体表现为：提高劳动的自觉性，缩短掌握新技术和掌握新工种的必要时间，形成解决复杂生产技术问题的能力等等。同时，教育的经济功能还呈现出滞后性的特点，因为：第一，一代人的教育水平影响下一代人的素质；第二，教育水平起点高的国家，在国际分工中占据更有利的地位；第三，随着经济发展对科学技术的依赖性越来越强，对教育发展的依赖性越来越强，教育水平起点高的国家，其经济发展的速度就越快。

【解析】

本题考查的是考生对教育与社会的关系中教育与经济的关系的理解。我们不仅要认识到教育对经济发展的促进的功能，同时也需要认识到教育对经济发展的促进作用并不是立竿见影的，而是具有滞后性的。我们需要树立的观念是不能因为教育对经济发展的滞后性而得出"教育无用论"的观点。

2.【答案要点】

（1）顾老师在发现和确定研究问题的过程中采用的研究方法有观察法、访谈法。

（2）顾老师应按如下步骤展开教育行动研究：

第一，计划。查找有关治疗网络游戏成瘾的资料，制定帮助乐乐戒除网络游戏成瘾的总体方案。

第二，行动。按照计划中的步骤开始实施治疗方案。

第三，观察。观察乐乐在治疗过程中的变化，判断方案是否有效，并及时对方案做出相应修改。

第四，反思。对该治疗方案进行反思，通过反思为下一次的研究做积累。要注意对自己的实践和行动做出批判性思考，对行动的过程和结果做出判断，对有关现象和原因做出分析和解释。

【解析】

本题考查的是考生对教育研究方法的理解和掌握情况。教育研究方法的掌握程度如何关系到教师的科研水平以及教师的专业发展水平。

第二章　中学课程

● 大纲表述

1．了解不同课程流派的基本观点，包括学科中心课程论、活动中心课程论、社会中心课程论等；理解课程开发的主要影响因素，包括儿童、社会以及学科特征等。

2．掌握基本的课程类型及其特征，其中包括分科课程、综合课程、活动课程；必修课程、选修课程；国家课程、地方课程、校本课程；显性课程、隐性课程等。

3．了解我国当前基础教育课程改革的理念、改革目标及其基本的实施状况。

● 大纲解读

1. 内容来源

课程论是中学教师必须掌握的核心内容，一般见于《教育学原理》《课程论》《课程与教学论》等教材和专著中，代表性的研究者主要有施良方、张华、崔允漷等。

2. 内容分析

教师是从事教育教学的专业技术人员，课程知识是体现教师专业化水平的重要标志之一。大纲主要包括课程理论和课程实践两个方面的内容。在课程理论方面，主要涉及的内容是课程流派和课程类型，属于课程的基本理论。在实践方面主要涉及的是新一轮课程改革的理念、目标以及实施的基本情况。

3. 内容结构

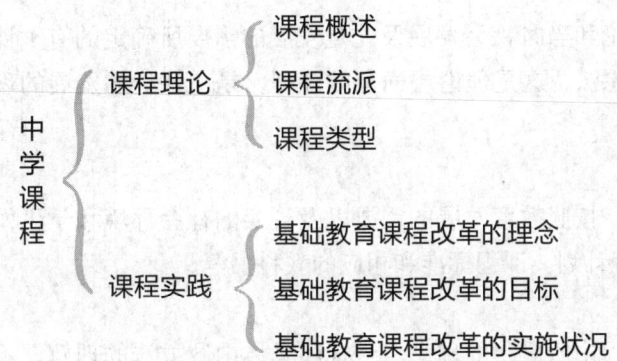

● 学习内容

第一节　课程概述

一、课程的概念

（一）词源分析

在我国，宋朝朱熹《朱子全书·论学》中多次提及课程，如"宽着期限，紧着课程"，"小立课程，大作工夫"等，主要指"功课及其进程"，这与现代汉语中对课程的理解已经很相似了。在西方英语世界里，课程"curriculum"一词来源于拉丁文"currere"，其名词形式意为赛马的"跑道"，英国教育家斯宾塞在《什么知识最有价值》一文中借用拉丁文的这个词根，第一次使用课程"curriculum"一词，指"教学内容的系统组织"，我国后来把 curriculum 译作课程。

（二）各种说法

1.《简明教育百科全书》的定义

《简明教育百科全书》中列出了九种不同的课程定义：

（1）在学校教育中，为了使儿童和青年掌握一系列思维和行为方式，而将潜在经验按照一定的顺序组织起来，这种经验组织就叫课程。

（2）学生在学校指导下经验的全部历程。

（3）学校应为学生提供的一整套教学内容和实施计划。

（4）课程是旨在探讨能够体现教师、学生、学科、环境影响学科内容的各种方式方法。

（5）课程是学校的生活和计划……是一项指导生活的计划；课程构成了人们积极的活动趋势。

（6）课程是一种学习计划。

（7）课程是通过对知识和经验的系统再现，有计划地说明人类的学习经验和预期的学习成果，使学生在学校的指导下，能够有意识地不断发展个人的社会能力。

（8）课程基本上由五大方面的学科构成，即母语、数学、自然科学、历史、外语。

（9）课程被认为是关于人类经验的可行的思维模式，其范围广泛且不断扩大——不是指结论，而是指从中导出结论的模式，以及在这些结论中那些有根据的经过检验的真理。

2. 古德莱德的观点

按照课程论专家古德莱德的观点，课程可以分为五个不同的层面。

（1）理想课程

是课程专家按照课程理论和当时社会发展及儿童发展的需要所确定的有关课程应该如何设计、应该达到什么样的水平和标准的想法。这是理论层面上的课程，是对课程的发展的理想设计。也可以认为是课程开发应当追求的目标。

（2）文件课程

是在一定的理论指导下，按照教育发展的需要以及现实的社会环境和学生发展的可能，由课程研究者制定的一套文件。包括课程计划、课程标准和相应的教科书等。

（3）理解课程

是实际工作者对文件课程中所反映的理念、目标和具体内容方法的理解。不同的人可能对同一个文件所规定的东西有不同的理解。

（4）实施课程

实际在教学中发生的课程，教师在课堂中做了什么，学生学了什么。这往往和文件课程有一定的差别，而与理解课程则有密切联系。

（5）经验课程

是指学生实际得到的东西，可以认为是学生经过有关课程的学习所得到的经验。

（三）概念界说

课程的概念有广义和狭义之分。广义课程是指课业及进程，是学校给学生传授的知识和技能，它包括学校的各门学科和有目的、有计划、有组织的各种活动，以及对内容的安排、进程和时限。狭义课程是实现各级各类学校培养目标的教学设计方案，是一整套以教学计划的具体形式存在的知识、技能、价值观念和行为规范。一般来讲，课程是按照一定的社会需要，根据某种文化和社会的价值取向，为实现学校教育目标而组织制订的一套有目的、可执行的计划，它规定了培养目标、具体内容和实施的方法，并且有一套可以具体实施的策略以及恰当评价的方法。因此，课程既包括学校所教各门学科，也包括有目的有组织的社会实践活动和课外活动；不仅指这些教育活动内容本身，还包括对活动内容的安排、实施进程、期限等。同时，课程实施的过程是课程的一个重要组成部分，课堂情境中发生的事情，教师和学生在课堂中的表现，标志着课程实际达到的水平。

二、课程的意义

课程是整个教育体系的中心环节之一，是教师教和学生学的主要对象和依据。课程设置是否恰当，内容编订是否正确，直接关系到教学质量的高低和学校教育的成败。

（一）课程是学校培养人才蓝图的具体表现

课程是人才培养蓝图的具体体现，是实现教育目的与培养目标的基础。一个社会或国家需要什么样的人才，就要通过设置相应的课程给予学生必备的知识、相应的技能技巧和思想态度。离开了一定的课程，对人才的培养只能是一句空话。

（二）课程是教师从事教育活动的基本依据

课程主要体现在课程计划、课程标准和教科书上。教师要借助一定的教科书，引导学生按照明确的目的，循序渐进地掌握一定的知识、技能、技巧，形成一定的道德品质，促进身心发展。教师的备课和授课为了避免任意性，必须以课程标准和教科书为基本依据，要依据课程标准和教科书确定备课和授课的基本内容，也要依据课程标准和教科书选择教学方法。因此，课程成为教师教的主要手段和依据。

（三）课程是学生吸取知识和经验的主要载体之一

在学校教育活动中，学生主要是借助原有的经验和知识，掌握人类在千百年中已经认识到的间接知识和经验。由于学生在校学习的时间有限，不可能掌握人类千百年来所有的间接知识和经验，因而，学校只能根据培养人才的实际需要，根据培养目标的实际要求，精选有关间接知识和经验，并将其加工、改造、浓缩，通过课程以教科书的形式呈现给学生，再通过一系列精心组织的教学活动，使学生吸取这些知识和经验。所以，课程是学生吸取知识和经验的主要来源，也是学生学习的主要根据，但并不是"唯一来源"和"唯一根据"。

（四）合理的课程设置对学生的全面发展起着决定作用

培养人才的主要途径是通过教学来实现的，而在教学过程中，课程的设置又占有核心地位。因此，合理的课程设置对于学生身心的发展起着决定性作用。

第二节 课程流派

一、课程流派

不同的学者对课程的理解不同，由于他们从不同的角度出发对课程的理解不同因而产生了各种各样的课程理论流派。

（一）学科中心课程论

1. 基本观点

学科中心课程理论的代表人物是美国的结构主义者布鲁纳和德国的瓦根·舍因等人。学科中心课程又被称为学术性课程或知识中心课程，目的是为了培养科学家、工程师、社会的领导者等精英人物。这种课程理论主张知识是课程中不可或缺的要素，强调把人类文化遗产中最具学术性的知识作为课程内容，并且特别重视知识体系本身的逻辑程序和完整结构。另外，要素主义教育哲学的课程观与学科中心课程理论的主张也相一致。

2. 代表流派：要素主义教育哲学

要素主义教育哲学的课程观属于学科中心论的派别。要素主义认为，人类社会进步标志有二：一是人类文化的精华是否获得传承，二是人类的道德是否取得进步，所以课程应重视传统学术性学科和系统知识的传授。他们认为最重要的学科是语言、历史、科学和数学等传统的学术性学科。

3. 代表人物瓦根·舍因和布鲁纳的观点

瓦根·舍因提出范例教学，认为要发展学生的能力，就应教给学生基本的知识，即基本概念、基本科学规律或知识结构，也就是所谓的基本性，要达到这一目的，就要改革教材，使学生借助精选过的材料，与范例接触，训练独立的思考能力和判断能力。

布鲁纳作为代表人物强调课程的内容是各个学科的基本结构，学生掌握了各个学科的基本结构就很容易实现知识的迁移，进而在最短的时间内掌握更多的知识。

4. 评论

所有学科中心课程论的主张者的一致观点是强调学生对学科知识的掌握和系统学习、重视学科知识在培养人的理智能力方面的价值。这派课程理论由于与社会生活和生产实际联系不够、过分强调学科的学术性价值、忽略学生的学习感受而受到广泛批判。

（二）活动中心课程论

1. 基本观点

活动中心课程理论的代表人物最早可以追溯到法国思想家卢梭，在现代社会，以美国的约翰·杜威为最著名的代表人物。他们主张教材编排心理学化，学生在经验中学习，在活动中学习。

2. 代表流派：经验主义课程论

以杜威和罗杰斯为代表的经验主义课程论流派认为，以学科为中心的传统课程是不足取的，应代之以儿童的活动为中心的课程。此外，课程的组织应心理学化。

3. 代表人物杜威和克伯屈的观点

在课程的组织形式上，杜威主张心理学化的组织方式。学科的逻辑化的编排方式是专家和行家所使用的结构形式，这种形式期待学生能进一步探索发现。但是由于这种编排方式只考虑到了学习的结果而忽视了学习的过程，无法引起学生的兴趣和需求。而心理学化的编排方式则是依照学生的心理发展规律，贴近学生的经验。杜威课程论的特征如下：第一，课程时刻注意以学生为中心，教材要适合学生实际情况，使学生能理解、选用。第二，注意教材与社会生活的联系。如果教材不和日常生活的现实情况相融合，就没有现实的感觉，学生也就缺乏学习的动机。第三，在学科结构上，主张人文学科与自然学科兼有。第四，强调学科之间的联系和一门学科的多种价值，例如强调阅读、历史等科目之间的关系，强调数学具有训练的价值、逻辑的价值、实用的价值、文化修养的价值、宗教的价值等。杜威对课程的所有主张都是希望学生能够通过经验学习，在经验的改组与改造中认同民主社会的价值观。

极端的活动中心课程论学者美国的克伯屈则主张打破严格的学科界限，废除班级授课制度，摒弃传统的教科书，实行设计教学法。其过程是：(1) 学生根据其兴趣和需要，从实际生活环境中提出学习的目的（要解决的问题）；(2) 制订达到目的的工作计划；(3) 在自然状态下，使用具体材料，通过实际活动去完成这项工作；(4) 检查其结果。

4. 评论

活动中心课程论由于夸大了学生个人经验的重要性，忽视了传统经验，导致学生只能学到一些零碎和片断的知识，而且在教育实践中，教育者往往以遵从理论指导为借口放松了对学生道德和管理上的要求，导致了教育质量的下降。

（三）社会中心课程论

1. 基本观点

社会中心课程理论的代表人物是巴西的保罗·弗莱雷和美国的布拉梅尔德。社会中心课程的目的是为了培养学习者的公民意识和民主意识，进而通过改变社会来建立一种新的社会秩序和社会文化。这种课程理论主张课程是以现实世界中的问题为基础的，内容应围绕当代社会重大问题，而不是学术性科目或学生个体的身心发展和成长。

2. 代表流派：改造主义教育哲学

改造主义教育哲学认为课程的设计标准有二：一是主张学生尽可能多地参与社会，学科课程有一定的价值，但应重在使学生将其所学运用于社会，并从社会中有所收获；二是课程要以广泛的社会问题为中心，学生应对这些问题非常敏感，因此课程应该为认识和解决这些问题提供背景知识，以培养学生的批判意识。

3. 代表人物保罗·弗莱雷的观点

巴西教育学家保罗·弗莱雷的代表著作是《被压迫者教育学》，他提出的主张是"解放教育"或"提问式教育"，目的就是要将教师和学生从"驯化教育"或"银行储蓄式教育"的教学模式中解放出来；他否认人是抽象的、孤立的、与世界没有关联的，也否认世界是脱离人而存在的现实，他认为师生双方处于一种对话的关系之中，教育应该从人与世界的关系出发，针对现实中的问题，共同反思，共同采取行动，以达到认识世界、改造世界的目的。

4. 评论

社会中心课程理论强调要关注社会的问题，课程学习应该深入到社会生活中，这是有进步意义的，但是社会中心课程理论走向了另一个极端，把社会变革的重心放在学生身上，这也是不切实际的，预期的课程目标也难以实现。

二、影响课程开发的因素

知识、社会和学生是制约课程开发的三大因素。

（一）知识

知识是影响课程的重要因素之一。人类在社会实践活动中积累和发展起来的知识经验是学校课程的重要来源，也是学校课程变革与发展的基本前提。知识对课程的影响可以概括为两个方面：首先，中学课程的内容必须随着人类知识的发展而不断地更新和变化。中学课程的知识内容来自于现代各个学科的知识，而各个学科不断地更新和进步，所以中学课程需要充实一些新的内容，精选、删减那些用处不大的内容。其次，人类知识的增长和更新促进了大量新的学科思想和方法的产生。因此必须以接近于现代思想、方法、语言的方式来对各种各样的知识进行重新处理和表述，从而使知识的表现形式更加简洁，使学生能够理解得更加深刻。同时，需要注意的是作为教学科目的学科课程与作为科学的学科是有区别的，作为教学科目的课程是按照学生的心理发展规律编排的，而作为科学的学科遵循的则是学科发展的内在逻辑。

（二）社会

社会对课程影响主要体现在两个方面。

1. 社会需要是课程产生和发展的直接动力

课程是为了适应社会生产的需要而设立的。社会的需要，特别是社会生产的需要，是科学技术发展的强大动力，也是课程选择和接受科技成果的主要准则，它制约着课程发展的速度和方向。随着社会生产的发展，各门学科课程的地位与作用都发生着深刻的变化，相应的课程内容不断地更新，要求也在不断地提高。例如在工业社会，科学知识变得非常重要，因此它在学校课程体系中占有重要的位置。社会在选择标准上决定课程内容的发展变化，在宏观上决定课程结构形式的发展变化。人类的知识经验浩如烟海，不可能全部进入学校成为课程内容，人们只能从中选择出一部分作为学校的课程。因此是社会制定的标准决定了课程内容和课程的阶段、类别和结构。

2. 社会为课程的产生和发展提供了必要条件

社会条件为课程的发展提供了可能。社会生产力的发展水平，社会的政治制度、经济制度、教育制度等都对学校课程既提供了发展的条件，又提出了发展的要求。我们要根据社会所能提供的办学条件，根据社会对各种人才的需求，设计出适应广泛需求的多层次、多类型的课程方案，改革现有课程，使课程与社会同步发展。例如现在我们已经进入知识经济的时代，因此课程改革必须提供适应知识经济发展的内容体系。

（三）学生

学生在微观上决定着课程结构形式。学生是课程实施的对象，课程效果主要是针对学生的学习而言的。学生的身心发展规律和学习规律是课程内容组织的客观依据。在学生的需要和条件中，兴趣、爱好、接受能力和原有的知识能力基础，是影响课程发展的重要因素。课程受学生身心发展阶段（即年龄特征）的制约，因此必须依据学生不同年龄阶段的认知特点，变知识的科学体系为课程的学科体系，按照循序渐进的原则，设计出各级学校的课程和教科书。课程也受学生心理发展水平、个性差异的制约。所以我们根据不同条件、不同个性学生的兴趣和需要，设计多种多样的课程学习计划，编写多套教科书。因此，在课程设计中如何兼顾科学体系的逻辑顺序与学科体系的心理顺序，如何兼顾学生个性特征与一般的心理特征，处理好教育目标与受教育者之间的矛盾，是课程发展要解决的主要问题。

知识、社会和学生并不单一地影响课程的发展变化，而总是综合地决定课程的发展变化。任何一个因素的发展变化，很快就会导致其他两个因素的发展变化，从而形成"三位一体"的发展变化，导致课程内容与形式的整体发展变化。

第三节 课程类型

课程类型是指课程设计的不同种类或方式，是在不同的课程设计思想的指导下产生的。课程设计者的课程观不同，所设计的课程也会有所不同。不同的划分方法就会产生不同的课程类型。

一、学科课程与活动课程

从课程的组织方式看，可以将课程分为学科课程与活动课程。

（一）学科课程

1. 含义

学科课程又称科目课程或分科课程，它是根据学校教育目标、教学规律和一定年龄阶段的学生发展水平，分别从各门学科中选择部分内容，组成各种不同的学科，彼此分离地安排它们的教学顺序、教学时数和期限。

2. 优点

学科课程是对每门学科知识体系的科学安排，易于使各级学校相同或相近学科领域的知识连接起来，使它们成为一个体系，如初中的数学、高中的数学直至大学的数学，实际上是一个逐步递进的连续系列。学科课程易于保证所授知识与技能的完整性、连续性和严密性，也为教师的教学带来方便，只要教师具备学科专业知识和借助课本就能很容易完成教学任务。学科课程在古今中外的教育发展中一直居于显要地位。

3. 缺点

学科课程随着时代的发展，弊端也逐渐显露。第一，科目繁多的学科课程导致总体课程体系臃肿不堪，加重学生的课业负担。第二，学科课程以分门别类的方式组织和编排，而学生的现实生活却是完整的，知识与生活的割裂造成学生认知结构的支离破碎，学科自身的需要与学生的需要和兴趣往往有冲突，当学科教师面临这种冲突时，往往容易牺牲学生的利益，迫使学生服从学科的要求。第三，由于学科划分过细，导致知识面过窄，内容偏深偏难，导致相当一部分学生学业表现较差；而实际上具体的某门学科课程对于该学科的一位未来专家或专业工作者来说是必备的，但对于其他学生来说也许是多余的。第四，各学科相互分离，彼此孤立，造成学习内容相互分离甚至脱节。

（二）活动课程

1. 含义

活动课程又称经验课程，与学科课程相对，它是打破学科逻辑组织的界限，以学生的兴趣、需要和能力为基础，通过学生自己组织的一系列活动而实施的课程。

2. 优点

活动课程具有过程的实践性、活动的自主性、内容的开放性、形式的多样性等特点，它更重视学生在教学过程中的兴趣、需要与创造性，把教学的重心由教师转向了学生。

3. 缺点

活动课程在实践中有很大弊端。首先，活动课程容易导致对系统知识的忽略，在实践中走向"儿童中心主义"。其次，活动课程容易导致对学生思维能力和智力品质发展的忽略，走向"活动主义"，导致对学生的放任自流。

（三）分科课程与活动课程的关系

分科课程与活动课程是学校教育中两种基本的课程类型，我们可以把两者看作是一种相互补充而非相互替代的关系。如果只关注学科的逻辑体系，很容易脱离学生生活实际，不易调动学生学习的积极性；

而活动课程自身往往依学生兴趣、需要而定，缺乏严格的计划，不易使学生系统掌握科学知识。两种课程任何一种在张扬其特长的同时，其短处也就暴露无遗。因此，两类课程在学校教育中均不可或缺。

二、显性课程与隐性课程

以课程的表现形式或影响学生的方式为依据，可以将课程分为显性课程与隐性课程。

（一）显性课程

1. 含义

显性课程也叫显在课程、正规课程，指的是学校有目的、有计划传授的学科，或者说是学校课程表内列入的所有有组织的活动。

2. 特点

区分显性课程与隐性课程的主要标志就是计划性。列入教学计划的学科就是显性课程，这些学科课程分门别类地把不同领域的人类文化知识系统组织起来，在学校教育中起着十分重要的作用，它们是学校教育课程结构的主体，是培养人的主要依据。

（二）隐性课程

1. 含义

隐性课程是学校情境中以间接的、内隐的方式呈现的课程。隐性课程（也称潜在课程、隐蔽课程、无形课程、自发课程等）的概念在20世纪60年代被提出。

2. 与显性课程的区别

隐性课程与显性课程的区别表现有三：一是在学生学习的结果上，学生在隐性课程中获得的知识主要是非学术性的，例如人际交往；而在显性课程中获得的知识主要是学术性的，例如力学。二是在计划性上，隐性课程表现为无计划的学习活动，学生在学习过程中大多是无意地或者潜在地接受隐含于其中的经验；而显性课程则是有计划、有组织的学习活动，学生有意识参与的成分很大。三是在学习环境上，隐性课程是通过学校的自然环境和社会环境进行的；而显性课程则主要是通过课堂教学的知识传递进行的。当前，学校里的隐性课程主要包括三个方面的内容：（1）物质方面的隐性课程。主要指学校中的建筑物、设备、景观和空间的布置等等。（2）制度方面的隐性课程。主要指学校的组织制度、知识的选择、管理评价、利益分配制度等。（3）文化、心理方面的隐性课程。主要指师生关系、同伴关系、校风、班风、教师的行为作风等。不同类型的隐性课程有不同的特点和影响方式，因此，应针对隐性课程的不同范围和不同类型有针对性地进行开发与设计。

3. 影响

隐性课程不仅含有积极影响，也含有消极效果，对学生的身心发展有重要影响。那些非预期的效果时常影响教学的进展，影响受教育者的行为，因而也会引起社会、家庭对此的关注。所以，教师要逐步认识到这些非预期效果的存在，并自觉对产生这些效果的影响予以剖析，使之向有利于实现教育目的的方向转化。教师本人有责任注意分析自身的言行给学生带来的影响，如行为举止、期望、态度、教学风格等。教师要学会注意改变和削弱隐性课程的消极影响，依据一定的价值和规范，建构起有利于学生发展的环境。

三、分科课程与综合课程

根据课程所涉及的课程内容的综合程度，即是单门学科还是多门学科，可以将课程分为分科课程与综合课程。

（一）分科课程

1. 含义

分科课程，又叫学科课程。它根据学校教育目标、教学规律和一定年龄阶段的学生发展水平，分别从各门学科中选择部分内容，组成各种不同的学科，彼此分离地安排它们的教学顺序、教学时数和期限。我国古代教育家孔子把教学内容分为礼、乐、射、御、书、数六科，在古希腊和古罗马的学校中，主要的教学科目是"七艺"，包括文法、修辞、辩证法、算术、几何、天文、音乐，这些都属于分科课程。

2. 优点

分科课程在现代社会的优势就是学科课程的优势。重视每门学科知识体系的科学安排，有助于教学科目的设计与管理，也易于教师的教学，同时更有利于学生简捷有效地获取系统的知识，形成一定的知识体系。

3. 缺点

分科课程的弊端是：第一，分科课程以科学分类为基础，但随着现代科学技术的发展，科学研究的综合化趋势已日渐明显，在原有学科的基础上又出现了大量交叉学科，如果仍然固守分科课程的原有体系，必然会导致学科数量的无限膨胀。第二，分科课程过于重视各门学科各自完整的内容体系，使得各学科之间界限分明，这就割裂了知识之间的有机联系，限制了学生的视野，束缚了学生的思维广度。第三，以知识的逻辑体系安排课程，忽视学生的兴趣和需要。第四，重视书本知识的传授，课程与生活实际和社会实践分离，不利于学生的全面发展。

（二）综合课程

1. 含义

综合课程又称统整课程，是指把若干相邻学科内容加以筛选、充实后按照新的体系合为一体，编写、组织的课程形态。

根据各学科知识综合程度的不同，可以把综合课程划分为相关课程、融合课程、广域课程三种形态。

（1）相关课程也称联络课程，是指两种或两种以上学科在一些主题或观点上相互联系起来，但又维持各学科原来的独立状态。例如语文和历史教学可以联系起来，当历史老师讲到清代史的时候，语文老师便让学生阅读清代文学作品，通过历史背景的介绍可以加深对作品的理解。相关课程可以弥补分科课程彼此分立而且封闭的不足，通过寻求各学科间的内在联系使学生的学习更有意义，也有助于优化学生的认知结构。此外，由于教师了解所联络的科目，因而可以避免不必要的重复。

（2）融合课程也称合科课程，是指将有关的学科合并成一个新的学科。合并后原来的科目不再单独存在，这与相关课程不同。例如，历史、地理、公民融合为综合社会科，物理、化学、生物融合为综合理科（或科学），植物学、动物学、生理学融合为生物学，等等。真正的融合课程并非是原有几门传统学科的拼盘或简单合并，而是有机地整合各门科目的内容，形成一个新的课程体系。

（3）广域课程指的是能够涵盖整个知识领域的课程整体。广域课程和融合课程是很容易令人混淆的概念。两者有相似之处，都是将分支学科组织成为一个新的课程体系，而且被整合的各门学科都不再存在。当然，两者也有区别，广域课程在范围上要比融合课程大一些。融合课程仍限于与原有学科知识相关的领域，而广域课程不仅包括与学科有关的领域，人类的所有知识与认知领域都可以被整合起来。

2. 优点

综合课程是以分科课程改革者的面孔出现的，它针对分科课程过度精细的学科化倾向，力求打破传统学科的界限，以满足科学技术发展日益综合化的需要。综合课程体现了这样一种课程取向：它有意识地运用两种或两种以上学科的知识观和方法论去考察和探究一个中心主题或问题。

四、必修课程和选修课程

以课程管理制度为依据，可以将课程分为必修课程和选修课程。

（一）必修课程

1. 含义

必修课程是指由国家或学校规定的学生必须学习的课程。必修课程突出体现了国家对学生所学课程的共同的基本要求，为学生在德、智、体、美、劳等方面的发展打下一定的基础。

2. 特点

人类社会的群居性特征要求每个人必须具备一些最基本的、共同的文化和心理素养。这些共同的素养的掌握就需要依靠讲求共性、划一的必修课程去实现。必修课程是整个课程系统的基石。因此，世界各国都非常重视必修课程的设置。

（二）选修课程

1. 含义

选修课程是指一个教育系统或教育机构法定的，学生可以按照一定规则自由地选择学习的课程种类。

2. 特点

人是共性与个性的统一体，差异性是个体身心发展的基本规律，每个人都是一个独立的个体，具有独特的个性和需要。为了适应这种差异性，满足个性发展的需要，选修课程应运而生。选修课程就是为了适应学生的兴趣、爱好及劳动就业的需要而开设的，可供学生在一定程度上自由选择的课程。

（三）必修课程与选修课程的改革趋势

从目前世界课程改革的趋势看，充实或完善的选修制度是各国课程政策的重要方向。发展选修制度必须要在观念上有新的认识：首先，选修课程是致力于"个性发展"的课程，所以选修课程的设立应突出基础性、新颖性、实用性和独创性的结合。其次，选修课程与必修课程具有等价性，不存在主次的关系，选修课程不是必修课程的附庸或陪衬。再次，选修课程也有标准的要求。选修课程的学习不是随意的、散漫的、浅尝辄止的学习，而是有共同标准的评估保证的。

五、国家课程、地方课程、校本课程

《国务院关于基础教育改革与发展的决定》和《基础教育课程改革纲要（试行）》都明确提出，为保障课程对不同地区、学校和学生的要求，要实行国家、地方和学校三级课程管理，并进一步指出：国家制定中小学课程发展的总体规划，确定国家课程的门类和课时，制定国家课程标准，宏观指导中小学的课程实施。在保证实施国家课程的基础上，鼓励地方开发适应本地区的地方课程，学校可开发或选用适合本校特点的课程。

（一）国家课程

1. 含义

国家课程是国家教育行政部门规定的统一课程，它体现的是国家意志，是专门为未来公民接受基础教育之后所要达到的共同素质而开发的课程。

2. 特点

国家课程的开发主要根据不同教育阶段的性质与培养目标，制定各个领域或科目的课程标准或教学大纲，编写教科书。它是一个国家基础教育课程计划框架的主体部分，涵盖的课程门类和所占课时比例与地方课程和校本课程相比是最多的。

（二）地方课程

1. 含义

地方课程是国家规定的各个教育阶段的课程计划内，由省一级的教育行政部门或其授权的教育部门依据当地的政治、经济、文化、民族等发展需要而开发的课程。

2. 特点

地方课程在充分利用地方教育资源、反映基础教育的地域特点、增强课程的地方适应性方面，有着重要价值。

（三）校本课程

1. 含义

校本课程是以学校教师为主体，在具体实施国家课程和地方课程的前提下，通过对本校学生的需求进行科学的评估，充分利用当地社区和学校的课程资源，根据学校的办学思想而开发的多样性的、可供学生选择的课程。

2. 特点

校本课程的开发主要依据国家的教育方针、国家或地方课程计划、学校教育哲学、学生需求评估以及学校课程资源，强调以学校为主体和基地，充分尊重和满足学校师生的独特性和差异性，特别是使学生在国家课程和地方课程中难以满足的那部分发展需要得到更好的满足。校本课程是国家课程计划中一个不可或缺的组成部分。

第四节 基础教育课程改革的理念、目标及实施状况

一、基础教育课程改革的理念

当前课程改革的基本理念如下：

第一，倡导全面发展、和谐发展的教育。我国的教育一向以促进人的全面发展为目的，基础教育课程改革在培养目标方面由一维目标转向三维目标，即改变过去对学科知识的单一追求，促进学生在知识与技能、过程与方法、情感态度与价值观上的全面发展，深刻地体现了以人为本的发展理念。

第二，重建新的课程结构，避免强调学科本位，使课程结构具有均衡性、综合性、选择性。当前国

际竞争如此激烈，人类的生产发展面临着严重的困境，自然资源短缺，生态环境破坏，传统的课程结构根本无法应对如此的挑战，因此必须改革课程的基本结构，培养具有高科学素养和人文素养的人。

第三，体现课程内容的现代化，改变过去重视书本知识的现状，关注学生的学习兴趣和经验方面。人类的知识是不断发展的，课程改革必须不断应对知识的发展和变化，因此课程改革强调内容的现代化，这就意味着要更新课程的内容体系，即与学生的现实生活相联系，拆除学校与社会、课程与生活之间的藩篱，这样学生才能真正把学习当成是乐趣而不是负担。

第四，倡导建构学习，从过去的接受学习与死记硬背学习转向强调学生的主动学习、主动探索的学习状态。我国传统的课程内容是与工业社会发展相适应的，与知识经济时代不适应。人类已经进入知识经济时代，知识已经变成一个动词，即获得知识，无论是新知识的获得还是现成知识的掌握都离不开人的参与，因此课程改革要把学生从学习的客体变成学习的主体，把学习的过程变成是探究知识的过程。

第五，形成正确的课程评价观。基础教育要培养的是全面发展的人，因此，要通过课程评价促进人的发展，而不是通过考试对人进行甄别和选拔。所以课程改革强调在评价方面要确立正确的评价观，实现国家发展需要和学生发展需要的平衡，即通过评价选拔出国家发展需要的人才，也通过评价促进人的全面发展，提升人的素质。

第六，促进课程决策的民主化与提高执行过程的适应度。当今世界许多国家都在进行课程改革，这些课程改革的共同趋势之一就是政府参与并领导了改革，因此我国基础教育课程改革过程中政府也扮演了重要的决策者角色，由于我国地域广大，各地差异十分巨大，课程改革不能搞一刀切，所以就更有必要促进课程决策的民主化，当然在实践中也要因地制宜地执行决策。

二、基础教育课程改革的目标

新一轮基础教育课程改革的目标是围绕着人的培养目标来设计和确定的。根据《基础教育课程改革纲要（试行）》的要求，新课程将培养目标定为：要全面贯彻党的教育方针，全面推进素质教育，体现时代要求。要使学生具有爱国主义、集体主义精神，热爱社会主义，继承和发扬中华民族的优良传统和革命传统；具有社会主义民主法制意识，遵守国家法律和社会公德；逐步形成正确的世界观、人生观、价值观；具有社会责任感，努力为人民服务；具有初步的创新精神、实践能力、科学和人文素养以及环境意识；具有健壮的体魄和良好的心理素质，养成健康的审美情趣和生活方式，成为有理想、有道德、有文化、有纪律的一代新人。

基础教育课程改革的具体目标体现在如下六个方面：

（一）基础教育课程功能的转变

改变课程过于注重知识传授的倾向，强调形成积极主动的学习态度，使获得基础知识与基本技能的过程同时成为学会学习和形成正确价值观的过程。其核心在于强调课程的功能要从单纯注重传授知识转变为引导学生学会学习，学会生存，学会做人。

这一目标的基本含义是：要根据基础教育的性质和时代特点，确定哪些基础知识和基本技能是学生终身发展必备的，同时应重新确定新时期基础知识与基本技能的概念。同时要强调学生学习的过程和方法。以前更多关注的是学习的结果，而忽略了学生通过什么样的学习方式和策略来学习。通过死记硬背、题海训练得到的高分，掩盖了学生在学习方式上存在的问题，所以关注学生学习的过程与方式是引导学生学习的关键。要在学习知识的过程中潜移默化地培养学生正确的价值观、人生观和世界观，要引导学生在学习知识的过程中，健全人格，形成正确的价值选择、创新精神和实践能力以及具有社会责任感、终身学习的愿望和能力。

(二) 基础教育课程结构的改革

改革课程结构过于强调学科本位、门类过多和缺乏整合的现状，整体设计九年一贯的课程门类和课时比例，并设置综合课程，以适应不同地区和学生发展的需要，体现课程结构的均衡性、综合性和选择性。

这一目标的基本含义是：通过综合课程的设置来加强学生的创新精神和实践能力的培养，加强学校教育与社会发展的联系，改变封闭办学、脱离社会的不良倾向，培养学生的社会责任感。当然，课程结构的改革还强调了课程的均衡性和选择性，淡化学科界限、强调学科间的联系和综合，以体现培养全面发展的人，并为每位学生个性地健康发展创造了条件。

(三) 基础教育课程内容的改革

改变课程内容"繁、难、偏、旧"和偏重书本知识的现状，加强课程内容与学生生活以及现代社会和科技发展的联系，关注学生的学习兴趣和经验，精选终身学习必备的基础知识和技能。

这一目标的基本含义是课程内容应该切实反映学生生活经验，努力体现时代特点，这种内容的变革将会有效地改变学生的学习生活与现实世界脱节的状况，极大地调动学生学习的主动性和积极性，为学生的终身可持续发展奠定坚实的基础。

(四) 基础教育新课程学习方式的改变

改革课程实施过于强调接受学习、死记硬背、机械训练的现状，倡导学生主动参与、乐于探究、勤于动手，培养学生搜集和处理信息的能力以及交流与合作的能力。

这一目标的基本含义是：要改变学生学习的方式。长期的传统灌输式学习将会使学生变得内向、被动、缺乏自信、恭顺，自然也就制约了人的创造性，在不同程度上影响了人的全面发展。学习方式的改善是以教师教学行为的变化为前提的，因而我们把教师教学行为的变化和学生学习方式的改善视为本次课程改革的重要标志。

(五) 基础教育课程评价的改革

改变课程评价过分强调甄别与选拔的功能，发挥评价促进学生发展、教师提高和改进教学实践的功能。

这一目标意味着要建立促进学生全面发展的评价体系，要全方面全方位地评价学生，发挥评价的教育功能。要建立促进教师不断发展的评价体系，通过评价促进教师的反思，使教师能够从校长、同行、学生、家长等多方面获得信息进而不断提升自己。要把评价看成是一个系统，评价目标多元化、方法多样化是评价的发展方向。

(六) 基础教育课程管理政策的改革

改变课程管理过于集中的状况，实行国家、地方、学校三级课程管理，增强课程对地方、学校及学生的适应性。

这一目标意味着要提高课程的适应性，实现课程的多样化，因此实行了三级课程管理制度。课程管理的权限应根据各级不同的责任与需要作科学合理的划分。各地要在达到国家规定课程的基本要求下，规划、开发并管理好地方课程，发展校本课程。随着教师课程设计能力的提高，校本课程的发展将有更加多样的形式和广阔的前景。

三、基础教育课程改革的实施

（一）课程结构与内容的实施情况

1. 课程结构获得调整

新的课程结构设计了与学科课程相对应的经验课程，与分科课程相对应的综合课程，与必修课程相对应的选修课程，并为开发与国家课程相对应的地方课程和校本课程提供了较大的空间。针对现行课程结构中科目比例失衡的状况，新的课程计划分别将语文所占的比重由原来的24%（1992年）降至20%—22%，将数学由原来的16%（1992年）降至13%—15%，并对其他传统优势科目所占的比重进行了适当的下调。同时，将下调后积累下来的课时量分配给综合实践活动和地方与校本课程。其中，综合实践活动拥有了6%—8%的课时，地方与校本课程拥有了10%—12%的课时。显然，学校课程体系中具体科目比重关系的调整折射出我国开展此次基础教育课程改革的基本思想，即重点培养和发展学生的创新意识与能力、收集和处理信息的能力、主动和自主获取新知识的能力、分析与解决问题的能力、交流与合作的能力以及对自然环境和人类社会的责任感与使命感。

2. 中学课程结构的主要内容

初中阶段设置分科和综合相结合的课程，主要包括思想品德、语文、数学、外语、科学（或物理、化学、生物）、历史与社会（或历史、地理）、体育与健康、艺术（或音乐、美术）以及综合实践活动。积极倡导各地选择综合课程。学校应努力创造条件开设选修课程。在义务教育阶段的语文、艺术、美术课中要加强写字教学。

高中以分科课程为主。为使学生在普遍达到基本要求的前提下实现有个性地发展，课程标准应有不同水平的要求，在开设必修课程的同时设置丰富多彩的选修课程，开设技术类课程，积极试行学分制管理。

从小学至高中设置综合实践活动并作为必修课程，其内容主要包括：信息技术教育、研究性学习、社区服务与社会实践以及劳动与技术教育。

农村中学课程要为当地社会经济发展服务，实行"绿色证书"教育，城市普通中学也逐步开设职业技术课程。

3. 中学的综合课程

中学的综合课程主要有：历史与社会（7—9年级），科学（7—9年级），体育与健康（7—9年级）。

4. 综合实践活动的主要内容

（1）研究性学习

是指学生基于自身兴趣并在教师指导下，从自然、社会和学生自身生活中选择和确定研究专题，主动地获取知识、应用知识、解决问题的学习活动。

（2）社区服务与社会实践

指学生在教师指导下，走出教室，参与社区和社会实践活动，以获取直接经验、发展实践能力、增强社会责任感为主旨的学习活动。

（3）劳动与技术教育

是以学生获得积极劳动体验、形成良好技术素养为主的，以多方面发展为目标，且以操作性学习为特征的学习活动。

（4）信息技术教育

是综合实践活动有效实施的重要手段，也是综合实践活动探究的重要内容。

以上四个方面是国家为了帮助学校更好地落实综合实践活动而特别指定的几个领域，而非综合实践活动内容的全部。四大指定领域在逻辑上不是并列的关系，更不是相互割裂的关系。

5. 课程标准的制定

课程标准（以往称为教学大纲）是课程计划中每门学科以纲要的形式编定的有关于学科教学内容的指导性文件，它具体规定了学科的教学目的与任务，学科知识的范围、深度和结构体系，教学进度以及有关教学法上的基本要求。目前已经出版了各个科目的中学课程标准。新课程标准的特征是：(1)在"课程目标""内容标准"和"实施建议"等方面全面体现"知识与技能、过程与方法以及情感态度与价值观"三位一体的课程功能。(2)关注学生的兴趣与经验，精选学生终身学习必备的基础知识和技能，努力改变课程内容繁、难、偏、旧的现状，密切教科书与学生生活以及现代社会、科技发展的联系，打破单纯地强调学科自身的系统性、逻辑性的局限，尽可能体现各学科课程应首先服务于学生发展的功能。(3)各学科课程标准结合本学科的特点，加强过程性、体验性目标，引导学生主动参与、亲身实践、独立思考、合作探究，从而实现学生学习方式的变革，改变单一的记忆、接受、模仿的被动学习方式，发展学生搜集和处理信息的能力、获取新知识的能力、分析和解决问题的能力，以及交流与合作的能力。

（二）教学改革的基本情况

教学改革是课程实施的重要组成部分。

1. 新教学观的形成

教师的教学观得以转变：变单纯传授知识为在传授知识过程中重视能力培养；变单纯抓智育为德智体全面发展；变以教师为中心为以学生为主体；变平均发展为因材施教，注重发展个性。在教学的过程中，教师和学生都是课程的创造者和开发者，教学成为师生交往、互动、共同发展的过程，教学的重心由此转变为关注人的发展。

3. 新的学生观形成

课程实施者确立了新的学生观，把学生看作是发展的人、独特的人、具有独立意义的人。

4. 新的教师观形成

在课程改革过程中，教师把自己当成是学生学习的促进者，教育教学的研究者，课程的开发者、建设者以及社区型的开放的教师。

5. 新型的师生关系观

师生之间彼此尊重，形成民主的师生关系。

6. 教学制度的变革

建立了以校为本的教学研究制度、科学民主的教学管理制度以及促进教师专业成长的考评制度。

（三）学习方式的变革

课程改革实施过程中，学生的学习方式发生了很大的变化。

1. 主动学习

学生学习转变为"我要学"，即基于自己内在需要进行学习。

2. 独立学习

学生学习转变为"我能学"，教师充分地尊重了学生的独立性，学生独立学习的能力获得提升。

3. 独特学习

学生形成符合自己个性的学习方式，学生的内心世界、精神世界和内在感受获得尊重，由此实现了学生的个性发展。

4. 体验学习

学生通过身体性参与进行学习，其方式有操作、考察、调查、探究等。通过这些方式获得的直接经验有助于学生能力的提升。

5. 以问题为中心的学习

学生在学习的过程中以问题作为出发点，学习的过程成为发现问题、提出问题、分析问题和解决问题的过程。

（四）课程评价的实施

1. 学生评价

学生评价方面发生的变革是：（1）建立了评价学生全面发展的指标体系。评价指标包括学生的学科学习目标和一般性发展目标，例如学生在道德、学习愿望与能力、交流与合作、个性与情感、创新意识与能力等方面实现发展。（2）把质性评价和量化评价结合起来，使学生认识自我、建立自信，从而激发了学生内在的发展动力。常用的学生质性评价工具是档案袋评价，也被称为成长记录袋。（3）综合运用各种评价方法，改变了考试作为评价手段的单一方法，注重对学生提出鼓励性的意见和建议。

2. 教师评价

教师评价方面的变革是：（1）建立了促进教师不断提高的评价指标体系，包括教师的职业道德、对学生的了解和尊重、教学实施与设计以及交流与反思等。（2）实现了以教师"自评"的方式来促进教师的教学反思能力的提升。（3）课程教学评价的方向转向到注重学生在课堂上的行为表现、情绪体验、过程参与、知识获得等方面，而不是教师的表现。

3. 考试改革

在考试内容方面加强了学生与社会实际生活的联系，重视考查学生分析问题和解决问题的能力。在考试方式方面，实行了给予多次机会、综合多种方法的方式。在考试结果方面不公布学生的考试成绩和排名，而是对学生的考试结果进行分析进而提出建设性的改进意见。在升学方面，改变了把考试成绩当成是单一的录取标准的做法，把毕业考试和升学考试分开来看。

（五）课程管理的实施

实行了国家课程、地方课程和校本课程三级管理方式。目前全国各地区各学校均利用可能的课程资源开发出许多具有地方特色的课程。

● 难点解读

1. 不同类型的课程的基本含义

要能够根据具体的课程判定其所属的课程类型，而不仅仅是掌握其基本含义。例如学校的校园文化属于隐性课程，课程表里的课程是显性课程。

2. 影响课程的主要因素

在课程改革的实践中要能够根据影响课程的因素分析出某一个科目的课程变革实际受哪些因素的影

响,并做出评价。例如数学课程内容中增加了统计学的内容是受到了社会发展和数学学科知识发展的影响——现代社会生活中很多方面都需要运用统计学方面的知识。例如运用统计学知识统计一个社区一周丢弃的垃圾袋数量,因此统计学是现代公民必须具备的基本知识。

3. 基础教育改革的六大目标

必须能够表述基础教育改革的六大目标,能举例说明六大目标。例如在初中阶段设计了理科综合课程"科学"和文科综合课程"历史与社会",这都体现了课程结构方面的变革。

4. 课程改革的实施情况

把课程改革的六大目标与课程改革的实施情况结合起来学习。课程改革的实施情况可以以改革的目标为分析维度,对照目标来了解改革的实施情况。

● 案例分析

案例分析1

下面的教材体现了课程改革的哪些理念?

某中学的化学课程自己开发了一个教材,其中包括《化学故事情节》的部分内容:

模块	生活中的化学	天然资源与化学	材料与化学	化学设计
故事情节	生命的元素 燃料的发展	从矿物到元素 大气 聚合物的革命	药品里有什么 聚合物的设计 蛋白质工程	农业方面 颜料的研究 医药研制

情境分析

该教材的编写理念主要体现了两个理念:第一,体现了知识与社会生产生活实际相结合的理念,把化学的基本知识和生产生活实际联系起来。第二,体现了课程管理权力下放的原则,该教材属于校本教材,是学校自己开发的课程资源。

案例分析2

学生通过操作体验获得椭圆定义的优越之处是什么?

某教材有如下一段文字,是关于椭圆的操作体验的:取一条定长的细绳,把它的两端都固定在图版的同一点处,套上铅笔,拉紧绳子,移动笔尖(动点)画的轨迹是一个圆。如果把细绳的两端拉开一段距离,分别固定在图板的两点处,套上铅笔,拉紧绳子,移动笔尖,画出的轨迹是什么曲线?在这一过程中,你能说出移动的笔尖(动点)满足的几何条件吗?

情境分析

学生通过操作和体验能够直观地体会到椭圆的形成,通过自身的操作以及以前的知识储备可以说出满足椭圆的几何条件,由此掌握的椭圆定义能够加深学生的印象,增强学生的直观感受,而且教材如此设计也关注到了学生学习主动性的发挥。

案例分析3

对待学生要一视同仁、充满期待

一位教师描述了自己经历的一件事情。"刚开学时,在一次课堂上,一位表现非常活跃的女学生对我提出了一个要求,即'老师,别问我是谁'。我感到很奇怪,一般学生都希望老师认识自己,进而重视自己。她为什么不想让老师知道自己的名字?莫非她的名字很奇特,或有什么其他的隐情?下课后,我找她了解情况,没想到她的回答让我肃然起敬。'老师,如果您知道我的名字后,一定会去了解我的成绩。假若我的成绩不好,您还会像开始一样喜欢我吗?'"

情境分析

教师应该确立正确的学生观,有的时候,教师知道学生姓名、了解学生以后就习惯性地把学生分成三、六、九等,给学生贴上各种各样的标签,便于管理。这样做并不符合基础教育课程改革的理念,基础教育课程改革应强调以人为本,目的是为了每一位学生的终身发展,因此,教师必须对学生永远都充满希望,不淘汰任何学生,不让任何学生丧失发展的机会。

● 延伸阅读

1. 我国新一轮课程改革的理由

我国基础教育的发展和既往的七次课程改革都取得了巨大的成就,对于促进我国政治、经济、科技、文化等各个方面的发展做出了巨大贡献。与此同时,我们必须实事求是地承认,目前我国基础教育的现状同时代发展的要求和肩负的历史重任之间还存在着巨大的差距。我国基础教育课程已经到了非改不可的地步,其原因如下:

第一,固有的知识本位、学科本位问题没有得到根本的转变,所产生的危害影响至深,这与时代对人的要求形成了极大的反差。工业经济时代学校教育的中心任务是传授知识,因而,系统的知识几乎成为"课程"的代名词。知识之所以占据如此重要的地位,是因为人们赋予了知识一些"神圣"的特征。知识不仅是绝对的,而且也是客观的,因而,知识成为了外在于人的、与人毫无关系的、类似于地下的矿物那样的客观存在物。对于知识而言,人们唯一能够做的事情,就是"发现"。对于学校里的学生而言,他们的任务乃是接受、存储前人已经"发现"了的知识。在这种知识观的指导下,学校教育必然会出现书本中心、教师中心、死记硬背的现象。"课程即教学的科目"或"课程是教学内容和进展的总和"等是人们普遍认同的观点。需要明确指出的是,这里的"教学科目"或"教学内容"主要是教师在课堂中向学生传授分门别类的知识。这种课程观最大的弊端是教师向学生展示的知识世界具有严格的确定性和简约性,这与以不确定性和复杂性为特征的学生真实的生活世界毫不匹配,教育、课程远离学生的实际生活。在实践中,与知识、技能的传授无直接关系的校内外活动,往往被看作是额外的负担而遭到排斥。这种知识本位的课程显然是不符合时代需要的。

知识属于人的认识范畴,是人在社会实践中形成并得到检验的。从这个意义上讲,"知识"更像动词(即知识乃是一种"探究的活动"),而不是名词(即知识是绝对的、不变的"结论")。换言之,无论新知识的获得或是现成知识的掌握,都离不开人的积极参与,离不开认识主体的活动。学生掌握知识的过程,实质上是一种探究的过程、选择的过程、创造的过程,也是学生科学精神、创新精神,乃至正确世界观逐步形成的过程。为此,必须拆除阻隔学校与社会、课程与生活之间融会贯通的藩篱。唯有如此,学生才会感到,学习是生活的需要而不是额外的负担;并且,原先在被迫接受的"学习"活动中处于边缘位置,有时甚至作为教育的消极因素而遭到排斥的情感、体验才能获得与理智同等的地位。

第二，传统的应试教育势力强大，素质教育不能真正得到落实。自1840年鸦片战争以来，始终萦怀于中国人民心中的"强国梦"，伴随于科学技术高速发展的"知识爆炸"，以及普遍存在于"后发型国家"一定发展阶段教育之选拔功能的突显等因素，又使我国学校的课程体系表现出下列一些特征：对于书本知识的热衷追求使学生的学习负担和厌学情绪不断加重，学生为考试而学、教师为考试而教。现在，人们已经把目前我国基础教育课程体系存在的种种弊端概括为"应试教育"。

⋯⋯⋯⋯

我们必须看到，世纪之交，基础教育课程改革在世界范围内受到前所未有的重视。近年来，世界上许多国家特别是一些发达国家，无论是反思本国教育的弊端，还是对教育发展提出新的目标和要求，往往都从基础教育课程改革入手，通过改革基础教育课程，调整人才培养目标，改变人才培养模式，提高人才培养质量。这些国家都把基础教育课程改革作为增强国力、积蓄未来国际竞争实力的战略措施加以推行。邓小平同志在1985年就曾指出："现在小学一年级的娃娃，经过十九年的学校教育，将成为开创21世纪大业的生力军。中央提出要以极大的努力抓教育，并且从中小学抓起，这是具有战略眼光的一着，如果现在不向全党提出这样的任务，就会误大事，就要负历史的责任。"基础教育是关系国家、民族前途和命运的千秋大业，因此，振兴教育，全民有责。我国广大的教育实践工作者、理论工作者以及行政管理工作者正是肩负中华民族伟大复兴的历史重任，胸怀全国每一位学生全面发展的关爱，脚踏实地地投身于这次课程改革中去的。

（资料来源　教育部基础教育司：走进新课程，北京：北京师范大学出版社，2002年，第7—9页）

2. 创造能力的教育

人才培养是学校教育的核心任务，而学校教育与创新人才究竟有什么关系呢？我们可以从学校教育与创造的特点来分析二者之间的关系。创造是什么？就是首创，即创造前所未有的事物。创造不是重复，不是复制已有的事物。创造的特点不是重复、不是模仿、不是复制。然而，学校教育之所以存在至今，是因为学校传授的是可以重复的知识，知识不可重复的话，创造就不存在。由此可以看出，学校教育和"创造"之间有着内在的矛盾。因此，对"学校要培养创造型人才"这种观点要有新的理解。在这里我认为学校教育不应该是"培养"而是"养育"创造型人才。就"创造性能力的养育"问题，我谈四个方面的观点，这四个方面是有内在联系的有机整体。

（1）创造能力是人类固有的本质力量，学校教育最重要的不是"教"学生如何创造，而是"让"学生创造。

创造是人固有的本质力量。亚里士多德指出：创造是人的活动，是人的力量，和超自然力量并没有实质性的关系。我们在探讨创造力的培养的时候，很容易陷入这样一个悖论："世界上第一个人创造第一样东西的时候，是谁教他的呢？"比如小孩学走路，父母的"教"只是使婴儿会走的潜能更好地发挥出来而已，教与不教只是走得早与晚的问题。会走路是人的潜在的能力，而不是教的结果，牛和羊等动物是怎么教也不会直立行走的。

创造的本质是什么？创造的本质是对现实的批判，是人类解决问题的活动。人类在生产实践中产生了实际的问题，解决实际问题的过程就是创造的过程。

⋯⋯⋯⋯

首先

⋯⋯⋯⋯

其次从教师授课方面看，有些教师在课讲完时通常会问学生："同学们还有什么问题没有明白？"如果学生问了简单的问题，教师通常会说"这么简单的问题都不明白"，学生听了就会为自己问了简单的问题而感到羞愧，感到没面子，久而久之就会害怕提问题，最终导致学生不敢再提问题，抑制了学生提问题的积极性和能力，从而压抑了学生的创造性。所以当前的教育不是"如何培养学生的创造性"的问题，而是"如何不压制学生提问题"的问题，是如何发挥各自的主体性的问题。目前我们的学校教育，从老师备课、批作业等方面都有意无意地压制着学生的创造性。比如，今天老师教了学生新的公式，作业也是对该公式的熟练运用，如果学生没有按照老师教的去解题，而是采用了自己独创的解题方式，往往教师在评定作业时不会给学生好的评价，实际上这样做忽视了学生在这一过程中所表现出的创造性。

……

(2) 创造活动中，非智力因素发挥着很大的作用，学校教育培养学生的健全人格就是培养创造性人才。

……

(3) 学校教育应当给学生以必要的基础知识和基本技能。

创造不是胡思乱想，而是对现实的批判，而且不能乱批判，要批判得准确和深刻。批判的准确性是需要有深厚的知识基础的。

……

(4) 学校教育应该给学生以正确的价值导引。

任何反人类、反社会、反进步、反科学的发明创造都是必须加以制止的，创造必须以符合人类社会的共同利益、共同价值观为前提。

……

(资料来源　陆有铨：教育是合作的艺术，北京：北京大学出版社，2012年，第28—130页)

● 强化训练

试题

一、单项选择题

1. 学校墙壁上的挂体、空间的布置属于（　　）。
   A. 显性课程　　　　　　　　　　B. 隐性课程
   C. 学科课程　　　　　　　　　　D. 综合课程

2. 下列关于学科中心课程理论说法错误的是（　　）。
   A. 学科中心课程理论的代表人物有约翰·杜威
   B. 学科中心课程理论主张学习人类文化的精华
   C. 学科中心课程理论忽视社会生产生活实际
   D. 学科中心课程强调知识的逻辑系统

3. 下列关于活动课程的说法正确的是（　　）。
   A. 活动课程的中心是教师
   B. 活动课程一般是必修课
   C. 活动课程关注到了学生的兴趣、需要和经验
   D. 活动课程强调知识本身的逻辑顺序

4. 下列关于中学课程实施说法正确的是（   ）。
    A. 高中不设置综合课程
    B. 高中没有隐性课程
    C. 普通高中不应该开设职业技术课程
    D. 高中以分科课程为主
5. 下列符合新课程改革理念的是（   ）。
    A. 毕业考试和升学考试一起实行，可以降低教育成本
    B. 学生学习的过程应该是一个提出问题、分析问题、解决问题的过程
    C. 公布学生成绩和排名可以让学生知道自己在群体中的位置，进而激发学生学习的积极性
    D. 取消活动课程，因为它容易使儿童放任自流，从而导致对儿童道德发展方面的要求降低
6. 下列不属于学科课程的是（   ）。
    A. 语文   B. 英语
    C. 科学   D. 历史
7. 下列关于隐性课程说法正确的是（   ）。
    A. 隐性课程没有消极影响
    B. 与显性课程相比，隐性课程没有计划性
    C. 隐性课程无法显性化
    D. 隐性课程没有教育意义
8. 下列关于综合课程的观点正确的是（   ）。
    A. 综合课程给学生提供分化的知识
    B. 综合课程只能在小学实施，中学无法实施
    C. 综合课程就是把两个相关的学科知识融合在一起的课程
    D. 综合课程有助于提升学生综合运用知识解决实际问题的能力
9. 下列不属于社会中心课程理论观点的是（   ）。
    A. 其核心观点是注重文化精华的学习
    B. 改造主义教育哲学的课程观属于此派观点
    C. 《被压迫者教育学》是其流派代表作品
    D. 以解决社会问题作为课程的核心
10. 下列关于选修课程的说法正确的是（   ）。
    A. 选修课程的设置满足学生个性发展的需要
    B. 选修课程在中学阶段没有必要设置，应该在大学阶段设置
    C. 选修课程都是与国家考试无关的课程
    D. 必修课程的教师不能开设选修课程

二、简答题
1. 显性课程与隐性课程的区别是什么？
2. 制约课程的因素主要有哪些？
3. 学科课程的缺点是什么？

三、材料分析题
阅读下列材料，并回答问题。
　　某中学开发了校本课程供学生选修，共有三个水平。基础水平课程有汉语语法知识、英语演讲与口

才、英语基础语法等；丰富水平的课程有数学专题拓展、数学史与数学文化、化学微型创新实验；高级水平课程有汽车模型设计、航模设计等。不仅如此，该中学还设计了实验超市、国学、交际与礼仪、人生与职业规划、中学生理财大讲堂、青春期的心理变化与适应等课程。

问题

请运用新课程改革的理念对该中学的校本课程进行评价。

答案及解析

一、单项选择题

1. B 【解析】学校的物质环境与文化都属于内隐的存在，属于隐性课程。
2. A 【解析】约翰·杜威是活动课程理论的代表人物。
3. C 【解析】活动课程的"中心"指的不是教师，而是学生。活动课程可以是选修课。活动课程并不强调知识的逻辑顺序，而是强调儿童的心理发展顺序。
4. D 【解析】根据新课改的要求，高中也要设置综合课程，普通高中开设职业技术课程，任何学校都存在隐性课程。
5. B 【解析】根据新课改的理念与实施要求，毕业考试和升学考试必须分开；教师不能公布学生成绩和排名，以免影响学生的积极性；活动课程虽然有弊端，但是也有优势，不能因此取消。
6. C 【解析】科学是综合课程，不是分科课程，分科课程也被称为学科课程。
7. B 【解析】隐性课程是有消极影响的，例如教师在使用语言时有时无意识地讽刺学生，这就是隐性课程，带有消极影响。有无计划性是显性课程与隐性课程之间的标志性区别。隐性课程可以显性化，教师可以挖掘隐性课程，例如营造学生喜欢的环境氛围就可以促进学生的学习，这就是教师有意识运用隐性课程。隐性课程具有教育意义，教师要充分意识到隐性课程的存在，挖掘隐性教育资源，从而促进学生的发展。
8. D 【解析】综合课程给学生提供的是综合的知识，分科课程提供的是分化的知识。综合课程在中学也可以实施。综合课程不仅仅包括把两个学科知识融合在一起的相关课程，还包括融合课程和广域课程。人类运用知识解决问题的时候都是运用多个学科的知识，而不是某个单一学科的知识，所以有必要设置综合课程，提升学生综合运用知识解决实际问题的能力。
9. A 【解析】注重文化精华的学习的观点属于学科课程中心论的观点。
10. A 【解析】选修课程可以在学校教育的任何阶段设置，可以满足不同儿童不同身心发展特征和不同兴趣爱好的需要。选修课程不一定与国家考试无关，它可以是国家考试某个学科的深化。教师可以根据自己的能力和学校的制度决定开设什么样的课程，没有任何制度表明必修课教师不能开设选修课。

二、简答题

1. 【答案要点】

隐性课程与显性课程的区别表现有三：

第一是在学生学习的结果上。学生在隐性课程中获得的知识主要是非学术性的，而在显性课程中获得的知识主要是学术性的。

第二是在计划性上。隐性课程表现为无计划的学习活动，学生在学习过程中大多是无意识或潜意识地接受隐含于其中的经验的；而显性课程则是有计划、有组织的学习活动，学生有意识参与的成分很大。

第三是在学习环境上。隐性课程是通过学校的自然环境和社会环境进行的，而显性课程则主要是通过课堂教学的知识传递进行的。

【解析】

本题考查的是课程的类型，属于大纲第2条中的内容。

2．【答案要点】

（1）知识：知识在来源上决定课程内容的发展变化。

（2）社会：社会需要是课程产生和发展的直接动力；社会为课程的产生和发展提供了必要条件。

（3）学生：制约课程的学生因素，包括学生的需要和条件。

【解析】

本题涉及课程开发的影响因素，是对大纲中"理解课程开发的主要影响因素，包括儿童、社会以及学科特征等"内容的考查。

3．【答案要点】

（1）科目繁多的学科课程导致总体课程体系臃肿不堪，加重学生的课业负担。

（2）学科课程以分门别类的方式组织和编排，而学生的现实生活却是完整的，知识与生活的割裂造成学生认知结构的支离破碎，学科自身的需要与学生的需要和兴趣往往有冲突，当学科教师面临这种冲突时，往往容易牺牲学生的利益，迫使学生服从学科的要求。

（3）由于学科划分过细，导致知识面过窄，内容偏深偏难，相当一部分学生学业表现较差，而具体的某门学科课程对于该学科的未来专家或专业工作者来说是必备的，但对于其他学生来说也许是多余的。

（4）各学科相互分离，彼此孤立，造成学习内容相互分离甚至脱节。

【解析】

本题考查的是学科课程的缺点，是大纲要求的进一步深化，要求考生能从全方面的角度了解什么是学科课程。

三、材料分析题

【答案要点】

该中学秉持了基础教育课程改革的理念，基础教育课程改革要求课程结构避免强调学科本位，具有均衡性、综合性、选择性，要求课程内容的现代化，改变过去重视书本知识的现状，更加关注学生的学习兴趣和经验。

根据新课程改革的理念该校校本课程有两个特点：

第一，课程类型多样化。该校充分利用了学科课程、综合课程、活动课程、选修课程的优势，为学生的发展搭建了良好的平台。首先，该中学的校本课程有学科课程，例如数学专题拓展，这些课程是对学校常规课程的补充，丰富了国家课程标准规定内容，有利于拓展中学生的视野。其次，该中学的校本课程有综合课程，例如汽车模型设计，它可以促使学生综合运用各学科的知识解决问题。再次，该中学的校本课程有活动课程，例如实验超市，这些活动课程的开设可以促进学生参与实践，在实践中进行体验和获得发展。最后，该中学设置了多种多样的选修课程，供不同学生选择学习。

第二，课程内容关注学生的生活。该中学提供的课程能够丰富学生的学习生活，关注了学生成长中所遇到的社会问题和生长发育问题，体现了对学生的生命关怀。同时注重了学生的个体差异和兴趣，满足了不同水平不同类型学生的发展需要，充分注意到了学校生活与社会生活的联系。这些课程能够极大地调动学生学习的主动性和积极性，可以为学生的终身可持续发展奠定坚实的基础。

【解析】

本题考查的是课程的类型，注重的是对课程类型的判断能力，即知晓某类型课程的核心特点，判断其所属的课程类型，并对课程做出评价。因此，回答这样的问题要求考生对所学知识能够活学活用。

第三章　中学教学

● 大纲表述

1. 了解有关教学过程的各种本质观。
2. 了解教学组织形式的内容及要求。
3. 了解我国当前教学改革的主要观点与趋势。
4. 理解教学的意义。
5. 掌握教学工作的基本环节及要求。
6. 掌握和运用中学常用的教学方法。
7. 熟悉和运用教学过程的基本规律，包括教学过程中学生认识的特殊性规律（直接经验与间接经验相统一的规律）、教学过程中掌握知识与发展能力相统一的规律、教学过程中教师的主导作用与学生的主体作用相统一的规律、教学过程中传授知识与思想教育相统一的规律（教学的教育性规律），分析和解决中学教学实际中的问题。

● 大纲解读

1. 内容来源

本章大纲内容是普通教育学的组成部分，一般的普通教育学教材著作中设有"教学"或"教学过程"章节，对相关内容有所阐述。同时，这部分内容也是专门的教学论和中学教学论教材所研究的内容。此外，也有许多对教学的本质和规律等方面进行阐述的学术论文，涉及的内容更为深化和具体。

2. 内容分析

本章大纲可归纳为六点内容，包括理论、实践教学环节和趋势展望三部分要求。理论部分要求包括掌握教学的意义、各种不同的教学过程本质观、教学过程的基本规律、中学常用的教学方法、各种不同的教学组织形式及其优缺点。实践部分要求掌握教学工作的基本环节及要求，并能够利用有关教学规律的知识分析和解决实践问题。趋势展望部分体现在第六节，要求掌握我国当前教学改革的主要观点与趋势。

3. 内容结构

中学教学
- 教学概述
  - 教学的概念
  - 教学的意义
- 教学过程
  - 教学过程概述
  - 教学过程的本质观
  - 教学过程的基本规律
  - 教学过程的基本阶段
- 教学方法
  - 以语言传递为主的教学方法
  - 以直接感知为主的教学方法
  - 以实际训练为主的教学方法
  - 以引导探究为主的教学方法
  - 以欣赏活动为主的教学方法
- 教学组织形式
  - 教学组织形式概述
  - 教学组织形式的历史演变
  - 教学基本组织形式——班级授课制
  - 教学的辅助组织形式——个别教学与现场教学
  - 教学的特殊组织形式——复式教学
- 教学工作的基本环节及要求
  - 备课
  - 上课
  - 课外作业
  - 课外辅导
  - 学业成绩的检查与评定
- 我国当前教学改革的主要观点和趋势
  - 实施素质教育——我国当前教学改革的主题
  - 坚持整体教学改革和实验——我国当前教学改革的基本策略
  - 建立合理的课程结构——我国当前教学改革的重心

● 学习内容

第一节 教学概述

一、教学的概念

（一）教学的定义

教学是在教育目的的规范下，由教师的教和学生的学所组成的双边活动，是教和学相结合的统一活动。在教学实践活动中，学生在教师有目的、有计划、有步骤的积极引导下，主动用人类积累起来的知识财富丰富自己的精神世界，从而获得知识技能和技巧，实现德智体美劳全面健康发展。

（二）相关概念的解读

1. 教学与教育

教学与教育的关系是一种部分和整体的关系。一方面，教学是教育活动的一部分，是教育的下位概念。学校除了教学活动外，还通过课外活动、社会实践、生产劳动等途径教育学生。另一方面，教学活动是学校教育的基本途径，也是最主要的活动。教育活动的客观规律决定了教育工作必须以教学活动为中心。

2. 教学与智育

教学不等同于智育，两者既有区别又有联系。智育是"五育"中的一"育"，是指向学生传授科学文化知识和技能、培养发展学生智力和能力的教育。在教育教学过程中，教学和智育不能等同。一方面，教学是智育的有效途径，却非唯一途径。只有教学活动、课外活动、社会实践和劳动等途径相融合，才能实现智育目标。另一方面，智育是教学的重要内容，却非唯一内容。教学是教育的基本途径，教育工作包括德育、智育、体育、美育和劳动技术教育五个方面。因此，教学不仅仅是智育的途径，也是"五育"的途径。

二、教学的意义

（一）教学是学校完成教育任务、发挥育人功能的基本途径

教学是学校教育最主要、最基本的方面，是学校的中心工作，也是实现培养目标的最基本途径。学校教育工作必须以教学为重心，这是由教育活动本身的客观规律决定的。在学校工作中，除了教学工作之外，还有总务工作、党务工作、人事工作、后勤工作等，不管什么样的工作，都是为了一个共同的目标——为教学服务，培养全面发展的人。在学校的各种活动中，有教学活动、文体活动、党团活动、社会活动等，其中只有教学活动占用的时间最长，使用的人力物力和信息资源最多，规范性最强，育人功能最全面。

（二）从学生心理发展方面看，教学促进学生的知、情、意、行协调健康发展

教学实践活动对学生心理发展的作用首先体现在知。教学以传授间接知识为主，教师将人类长期实践活动中积累的优秀科学文化知识教给学生，学生在教师的指导下将间接知识转化为个体经验。在知的基础上，学生的情、意也得到同步发展，进而完善自身的品行。例如，语文、音乐、美术、体育、历史等教学课程本身就包含着情感内容；在学习数学、物理等知识的过程中，学生在攻克一道道难题时也磨炼了坚强的意志；教学活动中师生间、同伴间的交流、竞争和合作不断丰富学生的经验，完善学生的品行。总之，教学活动有利于促进学生知、情、意、行的协调发展，促进学生形成完整的人格结构。

（三）从学校教育目的方面看，教学促进学生的德、智、体、美、劳统一全面发展，是实施素质教育的基本途径

素质教育是促进学生德、智、体、美、劳全面健康发展的教育，教学能够有目的、有计划、有步骤地将各方面的知识技能系统地传授给学生，促进学生德、智、体、美、劳等方面的全面发展。以往的教育实践经验证实，教学质量是教育质量和人才质量的保障，只有以教学为主才能实现素质教育目标。

（四）从学校教育实践方面看，教学是系统传授知识和技能的最有效途径

教学是一种严密组织起来系统传授知识和技能的活动，是促进学生全面发展的最有效途径。一方面，这是由学生的认识规律决定的。学生的认识活动是从不知到知、从知之不多到知之较多的复杂发展过程。学习知识技能是一个漫长艰巨的过程，因此需要固定的场所、充足的时间和专门的教育组织者，而教学活动可以为学生提供上述所有条件。另一方面，学生以掌握间接知识为主，通过教学活动，学生可以在最短的时间掌握最丰富的人类科学文化知识。现代社会是一个知识爆炸的时代，要想使学生掌握有效的知识资源，无疑需要改进教学。

（五）从社会发展方面看，教学对社会的发展起促进作用

在不断国际化、信息化的现代社会，综合国力的竞争归根结底是人才的竞争。各国都纷纷将教育提高到关乎国家前途命运的高度，我国在"科教兴国"思想的指导下，在全国全面贯彻实施素质教育，培养学生的科技创新能力。学校教学活动是学校教育的基本途径，教学观念的科学化、教学方法的现代化是国家教育改革成功的关键，对社会的发展有着深远的影响。

第二节　教学过程

一、教学过程概述

（一）教学过程的含义

教学过程是教学活动的启动、发展、变化和结束在时间上的连续展开的程序结构。

（二）教学过程的特点

教学过程是学生在教师的指导下的特殊认识过程，有不同于一般认识论的特点：

1. 间接性

教学过程中学生通过学习人类社会长期积累的优秀科学文化知识间接地认识客观世界，教师以传授教材上的间接知识为主。

2. 引导性

教学过程始终是在教师的引导下进行。只有在知识经验丰富的教师的点拨和引导下，学生才能顺利完成课程的学习。

3. 简捷性

教学过程是一个科学文化再生产的过程，教材上呈现的是筛选后的科学文化知识，学生走的是一条教师指引下的认识捷径。例如，学生可以在一个小时内理解并正确运用一个定理。

4. 双边性

教学过程是师与生、教与学的双边活动，师生在不断地交流和碰撞中实现知识的授受。教学过程既需要教师的指导，也需要学生的积极主动参与。

5. 实践性

教学过程是一种特殊的学习实践过程：实践方式主要是实验、社会实践等；实践的目的不是创造社会财富，而是帮助学生形成对知识的感性认识；实践的内容是经过教师的加工改造的。

6. 全面发展性

学生身心的发展具有阶段性、连续性和全面性的特点，教学过程的价值就在于促进学生德、智、体、美、劳各方面循序渐进地全面发展。

（三）教学过程的功能

1. 传授知识

教学过程就是教师有目的、有计划、分步骤地向学生系统传授知识的过程，传授知识是教学活动的基本功能。教学过程的重要功能就是指引学生探索新知，进而理解领悟并掌握运用知识。

2. 形成技能

传授知识不是教学过程的唯一功能，教学过程的另一个重要功能是形成技能。传授知识与形成技能是相统一的过程，两者并不矛盾，传授知识是形成技能的基础，一定技能的形成也利于知识的学习。

3. 发展智能

在传授知识和形成技能的基础上，教学过程也教给学生独立学习获取知识并将其转化为个体智慧和能力的方法。遗传和文化传承是影响智能的重要因素，而教学是发展智能的重要途径。

4. 培育个性

教学过程还发展学生的情感、动机、态度、意志和身体素质等方面，这些方面都是个性的不同方面。教学过程培育个性的功能应得到充分重视。

5. "教育"功能

"教学永远具有教育性"，这里的"教育"指的是育人。在教学过程中，学生的思想感情、道德品质和价值观等方面都在不断变化，需要教师正确引导和及时教育。

二、教学过程的本质观

教学论研究的核心问题之一就是教学过程的本质，在不同的教学过程的本质观的指导下会形成不同的教学实践。我国教育界对教学过程的本质问题做了大量研究，概括起来包括以下几类：

（一）师生交往互动是教学过程的本质属性

20世纪60年代初"交往说"形成，20世纪90年代初苏联季亚琴科提出了教学的交往本质说。随着我国教育改革的不断实施，越来越多的人接受并不断丰富这一观点。《基础教育课程改革纲要（试行）》

中就指出:"教师在教学过程中应与学生积极互动,共同发展,要处理好传授知识与培养能力的关系。""交往说"认为:师生的交往互动,是教学过程的本质属性,没有师生的交往互动,就不存在真正意义的教学。

(二)教学过程就是学生的特殊认识过程

这一观点由苏联凯洛夫提出,并被我国教育学者广泛接受。"特殊认识过程说"认为:教学过程的本质是学生的特殊认识过程,是教师有目的、有计划、分步骤地向学生传授间接知识的过程。而学生认识客观世界受到很多因素的影响制约,认识对象、认识条件、认识任务等方面的特殊性决定了学生认识过程的特殊性。因此,教学是学生的特殊认识过程。

(三)教学过程是学生各方面全面发展的过程

"认识发展说"扩展了"特殊认识过程说",他们认为:教学过程不仅仅是学生的一个特殊认识过程,也是在此基础上各方面的全面健康协调发展,现代社会的发展要求教学过程从传授知识技能为主转变为促进学生全面发展为主。

(四)教学过程是一种社会实践活动

此观点主张:对教师而言,教学过程就是按照社会要求,有目的、有计划、分步骤地改造学生的实践活动;对学生而言,教学过程就是在教师的引导下,主动掌握科学文化知识,实现自身全面发展的社会化实践活动。但是,"实践说"将教学过程的本质简单等同于社会实践活动有失偏颇。

(五)教学过程是认识和实践相统一的过程

此观点并未将教学过程的本质简单等同于社会实践活动,而是在此基础上提出认识活动和实践活动是一种并列的关系,教学过程不仅仅是间接知识的学习过程,也是教师推进学生社会化的实践过程。这是对"实践说"和"特殊认识过程说"的进一步发展和完善。

(六)教学过程是一种多质性多层次的过程

教学过程的多质性表现为:教学过程是学生知、情、意、行统一发展的过程,教学过程是学生德、智、体、美、劳全面发展的过程,教学过程有心理学、认识论、伦理学、经济学和生理学方面的本质。教学过程的多层次性表现为:教学过程是小学到大学各阶段教学的全过程,是各个科目、各个单元、各个章节的教学的全过程。不同层次的教学过程不能混为一谈,应做出区分。"多重本质说"对教学过程本质的多角度分析开拓了人们的视野,但是本质终究只能是一个,反之就会陷入二元论或多元论。

(七)以育人为本的教学过程本质观

此观点认为:教学过程的本质在于引导学生主动地参与学习活动,使学生在知识能力、情感态度、创新精神等方面都得到主动的发展。要树立育人为本的教学过程本质观,因此既不赞成以学科知识为中心的教学本质观,也不同意"把教学本质定位为交往"。此观点的主要代表人物是华中师范大学廖哲勋教授。

(八)教学从本质上说是一种"沟通"与"合作"的活动

"沟通合作说"认为:教学过程从本质上说是一种"沟通"与"合作"的活动。华东师范大学钟启泉、崔允漷和张华就曾在《为了中华民族的复兴,为了每位学生的发展——基础教育课程改革纲要(试行)解读》一文中详细阐述了这一观点。

三、教学过程的基本规律

（一）间接经验与直接经验相统一的规律

学生的学习内容包括两方面的经验：一是直接经验的获取，学生通过亲身感受体验、实践探索获得直接经验；二是间接经验的获取，主要指人类长期积累的优秀的科学文化知识的获取，多数间接经验是以书本知识的形式呈现，也包括电视、录像带和磁带等。

1. 以间接经验为主组织学生学习

在漫长的人类发展史中，人类已经积累了大量的知识经验，后继者想要适应现代高度的人类文明，必须以人类已有的科学文化知识为基础。学校教学将人类长期积累的文化知识加以筛选，编制成系统化、简洁化的教材，将这些间接经验循序渐进地教授给学生，为学生提供了一条认识客观世界的捷径。

2. 学生个体的直接经验是学习间接经验的基础

学生对客观世界的认识始于直接经验，并通过日常积累的感性经验扩大对客观世界的认识。只有依靠已有的直接经验才能认识未知的间接经验。因此，教学的顺利实施必须以学生已有的直接经验为基础，启发学生将已有的感性经验与书本知识建立逻辑联系。

3. 避免忽视间接知识传授和直接经验积累的偏向

一方面，避免传统的灌输式的教学方式。应该以学生的感性认识为基础，把书本知识与直接经验结合起来。另一方面，避免实用主义教育思想影响下产生的过于重视直接经验积累的偏向。忽视教师的系统讲授，一味地"从做中学"，难以使学生快速系统地掌握大量科学文化知识。这两种偏向都会严重影响教育质量的提高，只有以直接经验为基础，以学习间接经验为主，两者有机结合，学生才能理解掌握书本知识，获得应用知识的能力。

（二）掌握知识与发展智力相统一的规律

掌握知识与发展智力的关系问题一直是人们高度关注的问题，也是教育理论和实践的重要问题。那么如何正确处理两者之间的关系呢？

1. 掌握知识与发展智力是相互依赖、相互转化的关系

一方面，学生智力的发展依赖于知识的掌握，知识的掌握是智力发展的必要条件。在掌握知识的过程中，学生学会了掌握知识的方法，并把这些方法运用到以后的学习和生活中，从而发展智力。正如列宁说的："我们需要用基本事实的知识来发展和增进每个学习者的思考力。"另一方面，知识的掌握依赖于智力的发展，智力的发展是掌握知识的重要条件。智力发展好的学生，具有较强的知识接受力和较高的学习效率，而智力发展差的学生，在学习中会遇到各种各样的困难。

在一定的条件下可以实现知识与智力的相互转化。这些条件包括：第一，教学内容必须是系统的科学知识。第二，具备科学的教学组织形式。第三，科学运用教学实践活动，调动学生的积极主动性。第四，因材施教，培养学生良好的个性品质。

2. 避免只抓知识传授或只重智力发展的偏向

教学过程中如何处理掌握知识和发展智力的关系问题，一直是实质教育论和形式教育论争论的焦点，但是两种观点都有失偏颇。实质教育论认为，智力无需培训，教学的任务是知识的传授；形式教育论则认为知识掌握无关紧要，教学的任务是思维的训练。历史经验已经明确地告诉我们这两者都不利于教学质量的提升。

我们应当明确，发展智力不仅仅与掌握知识的量有关，掌握知识的内容和方法同样影响着智力的发展；发展智力同样是掌握知识的必要条件，是提高教学效率和质量的重要保障。

（三）教师主导作用与学生主体作用相统一的规律

1. 发挥教师主导作用是学生简捷有效地学习和发展的必要条件

教师是教育者，他们接受过专业训练，精通所教的专业知识，了解学生身心发展规律，懂得如何组织并实施教学活动。韩愈就曾在《师说》中写到："古之学者必有师。师者，所以传道受业解惑也。"简短的一句话就揭示了教学工作中存在的一个普遍规律，即教师是整个教学过程的组织者、领导者、指导者和实施者，学生所闻之"道"，所受之"业"和需解之"惑"，都需要教师来解决。

教师的教学主导作用主要体现在：只有在教师的教导下，学生才能以高效简捷的方式掌握大量的知识财富，实现自身的全面发展；学生学习的积极主动性也依赖于教师的指引，依赖于教师的教学艺术、教学方式。

2. 发挥学生主体作用是教师有效教学的重要因素

在教学过程中，学生不仅是教学对象，而且是学习的主体。教师的教对学生而言是外因，而外因通过内因起作用。换言之，教师所教授的所有教学内容，必须经过学生个体的自主观察、积极思考、反复练习和自觉运用，才能转化成为学生自身的才能和品质。在教学过程中，学生学习的积极主动性直接影响着学生的求知欲、自信心和学习效率，进而影响学习效果和身心发展水平。没有学生的积极参与，教师教得无论怎样好，学生视而不见，听而不闻，最终也达不到教学目标。

在教学过程中，学生的主体地位主要表现在：兴趣、爱好、需要等因素影响学生学习的自觉性；学生已有的知识水平、思维方式和价值观等因素影响着学生对知识的掌握和运用以及学习的创造性。

3. 避免忽视教师主导作用和学生主体作用的偏向

关于教学中师生地位和作用问题，在教育史上曾经出现过两种片面的观点。以赫尔巴特为代表的传统教育学派主张"教师中心"；以杜威为代表的现代教育学派则主张"儿童中心"。两学派都把教师主导和学生主体对立起来，事实证明，忽视任何一方都会影响教学质量。

从教学目的、内容、方法、组织方式等方面看，起主导作用的是教师，教师是教学的组织者、指导者和实施者；然而学生是否积极主动学习，则决定着教学过程能否顺利实施。在实际教学过程中，只有将教师主导作用和学生主体作用有机结合，努力构建起友爱合作、民主平等的师生关系，才能实现教学目标，促进学生全面健康发展。

（四）传授知识与思想教育相统一的规律

教学具有教育性，教学过程既是系统传授和学习科学文化知识的过程，又是学生在掌握知识的基础上接受思想品德教育的过程。一直以来"教书"和"育人"都是教学过程中相辅相成的两个方面，两者具有紧密的联系，处理好两者之间的关系非常重要。

1. 学习知识是提高思想水平的基础

学生思想的提高离不开知识的教学过程：第一，知识教学本身就具有教育性。（1）从社会要求方面看，教学活动是按照一定社会的要求来开展的，受社会意识形态的制约，并服务于一定社会的政治制度；（2）从教学内容看，科学知识本身具有思想品德教育的因素；（3）从教学手段看，教学组织形式、教学方法也具有教育因素；（4）从教师的角度看，知识教学是教师本身思想修养的必然体现。教师是具有一定思想观点的人，在教学中总是表现出一定的立场、观点、个性特征，从而对学生产生影响；（5）从学生的角度看，学生的学习目的、思想状况、学习态度，对学习的积极性起着决定性的作用，也具有教育性。第二，知识学习的过程本身就是个艰苦的过程，在这一过程中不仅可以获取知识，还可以磨炼学生的意志，形成良好的道德品质。

教师只有不断引导学生以积极态度对待所学知识,才能提高学生的思想认识。学生只有以积极主动的态度学习知识,科学文化中的教育思想观点才能转化为自身的人生观和价值观,从而真正提高自身的思想认识水平。

2. 学生思想水平的提高推动他们积极地学习知识

学生学习知识的过程是一个能动认识的过程,学生的思想水平影响着学习知识的积极性。在教学过程中,只有不断地对学生进行思想教育,使其端正学习态度,树立远大理想,将学习知识与个人及人类幸福、科技发展和国家富强联系起来,才能激发学生学习知识的积极主动性。

3. 克服只教书不育人或脱离知识搞思想教育的偏向

在教学过程中,教师应将知识教学与思想品德教育有机地结合起来,努力克服两种偏向:第一,防止只教书不育人,完全忽视教学的教育意义,单纯地为使学生获得知识技能进行教学。教师应该注意挖掘教学内容的思想因素。第二,防止教学中进行思想品德教育的自然主义和形式主义倾向,防止过分强调教学的思想教育意义,不顾教学内容的具体特点,生拉硬扯地进行空洞的、贴标签式的思想教育。教师要寓德于教,做到教书育人。

(五)智力活动与非智力活动相统一的规律

智力活动是指学生在教学中为了认识事物、掌握知识而进行的观察、思维、记忆和想象等心理因素的活动。非智力活动主要指在认知事物、掌握知识过程中的兴趣、情感、意志和性格等心理因素的活动。两者是什么样的关系呢?

1. 非智力活动依赖于智力活动并积极作用于智力活动

一方面,在教学过程中,智力活动是非智力活动的基础,非智力活动依赖于智力活动,学生的兴趣、情感、意志和性格是在认知事物、掌握知识的过程中产生和发展的。另一方面,非智力活动又积极作用于智力活动。学生具有主观能动性,他们已有的兴趣爱好、情感意志、性格等心理因素,常作为内驱力作用于智力活动,对学生的学习产生巨大的影响。

2. 按教学需求调节学生的非智力活动才能有效地进行智力活动、完成教学任务

在教学过程中,按教学需求调节学生的非智力活动主要从两方面进行:一方面,不断改进教学,丰富教学内容,使教学过程充满趣味性、民主性和启发性,从而激发学生的求知欲。另一方面,通过科学的教学方法提高学生自学能力,使他们能够按照教学目标调节非智力因素,提高学习效率。

四、教学过程的基本阶段

(一)历史上有关教学过程基本阶段的一些观点

表3—1列出了历史上有关教学过程基本阶段的一些观点:

表3—1 历史上关于教学过程基本阶段的观点

代表人物	观点
孔子	学、思、行相统一
《中庸》	博学之、审问之、慎思之、明辨之、笃行之

(续表)

代表人物	观　点
昆体良	模仿、理论、练习三段法
赫尔巴特	明了、联想、系统、方法四个阶段
杜威	困难、问题、假设、验证、结论五个阶段
凯洛夫	知觉具体事物，理解事物的特点、关系和联系，形成概念，巩固知识，形成技能技巧，实践运用
斯卡特金	提出目的、接受和理解新信息、巩固接受的和初步掌握的信息、学习反馈、知识的检查、总结归纳

（二）我国教育界对教学过程阶段的划分

1. 引起求知欲

教学应从诱发和激起求知欲开始，从做好学习的心理准备开始。在教育史上就有很多的教育家将教学过程的起始阶段定为引起求知欲。此阶段目的在于激发学生的求知欲，不宜费时太多，应该引导学生投入下一阶段的学习。

2. 感知教材

感知教材必须以学生的感性认识为基础，教材是间接经验的汇总，学生只有凭借必要的感性知识，形成了清晰的表象，才能理解书本知识。

3. 理解教材

感知教材是为了理解教材，理解教材是领会知识的核心和关键，也是教学过程的中心环节。理解教材的过程，是学生对感性材料进行思维加工并上升到理性认识的过程，也是培养学生思维能力的过程。

4. 巩固知识

只有在理解的基础上牢记所学基础知识，才能顺利吸收新知识，自如运用已有知识。

5. 运用知识

理解知识和巩固知识是运用知识的基础。理解了知识不等同于会运用知识，牢固掌握知识不等同于掌握技能技巧。因此，在教学过程中，应该重视知识的运用，通过教学性的实践活动培养学生的技能技巧。

6. 检查知识、技能、技巧

教师在教学过程中要随时检查学生知识掌握的情况，而且还要定期进行专门的单元检查，以便了解学生掌握知识的水平，改进教学。与此同时，教师还要培养学生及时对所学知识作自我检查的能力和习惯。

教学实施的过程中还要注意以下几个问题：根据具体情况灵活运用，注意阶段之间的内在联系不要割裂，每个阶段都不容忽视。

第三节　教学方法

中小学课堂教学中使用的教学方法多种多样，这里所阐述的是其中最常用的一些主要的方法。

一、以语言传递为主的教学方法

（一）讲授法

1. 讲授法的概念

讲授法是指教师运用语言向学生系统而连贯地传授科学文化知识的方法，具体包括讲述、讲解、讲读、讲演等方式。讲述侧重在生动形象地描绘某些事物现象，叙述事件发生、发展的过程，使学生形成鲜明的表象和概念，并从情绪上得到感染；讲解主要是对一些较复杂的问题、概念、定理和原则等进行较系统而严密的解释和论证；讲读既有老师的讲、读，也有学生的讲、读，讲和读交叉进行，而且还与学生的练习活动结合；讲演指教师就教材中的某一专题进行有理有据、首尾连贯的论说，中间不插入或很少插入其他的活动，主要用于中学的高年级和高等学校。

2. 运用讲授法的基本要求

（1）讲授既要重视内容的科学性和思想性，同时又应尽可能地与学生的认知基础发生联系；（2）讲授应注意培养学生的学科思维；（3）讲授应具有启发性；（4）讲授要讲究语言艺术，语言要生动形象、富有感染力，清晰、准确、简练，条理清楚、通俗易懂，音量、语速要适度，语调要抑扬顿挫，适应学生的心理节奏。

3. 讲授法的优点和局限

讲授法的优点体现在：第一，有利于大幅度提高教学和效率、提升教学效果。教师容易控制教学进程，能够使学生在较短时间内获得大量系统的科学知识。第二，讲授法有利于帮助学生全面、深刻、准确地掌握教材，促进学生学科能力的全面发展。第三，讲授法有利于充分发挥教师自身的主导作用，使学生得到远比教材多得多的东西。

讲授法的局限体现在：第一，讲授法容易使学生产生依赖和期待心理，从而抑制了学生学习的独立性、主动性和创造性。第二讲授法容易使学生产生"假知"，从而导致知识与能力的脱节，学生听起来好像什么都明白，事后却又说不清，一遇到新问题就会手足无措。第三，讲授法难以贯彻因材施教原则。采用统一资料、统一要求、同一方法来授课，不能充分照顾学生的个别差异。

（二）谈话法

1. 谈话法的概念

谈话法又叫问答法，是一种教师引导学生运用已有的经验和知识回答提出的问题，借以获得新知识、巩固旧知识或检查知识的教学方法。谈话法可以分为复习谈话和启发谈话。复习谈话是指教师通过问答的形式帮助学生复习巩固、系统深化已有知识。启发谈话是指通过提出未知问题，教师引导学生深入思考，获取新知识。

2. 运用谈话法的基本要求

（1）要准备好问题和谈话计划；（2）提出的问题要明确，问题的表述方式应通俗易懂、含义明确、便于理解，问题要富有挑战性和启发性；（3）要善于启发诱导；（4）要做好归纳、小结。

3. 谈话法的优点和局限

谈话法的优点是能集中学生的注意力，激发学生的思维，有利于提高学生的口头语言表达能力。但谈话法如掌握不好，难以控制课堂教学时间。

（三）讨论法

1. 讨论法的概念

讨论法是学生在教师指导下为解决某个问题而进行探讨、辨明是非真伪以获得知识的方法。讨论法主要通过两种方式进行：全班讨论与小组讨论。全班讨论大致经历这样一个过程：教师先提供议题，发起讨论，一名学生提出讨论线索，第二、第三名学生加入，直至全班学生都参与，发表各自的想法，互相补充与修正。小组讨论是由教师确定讨论的主题，教师对全班学生进行分组，学生在小组内进行讨论，教师协调、维持与推进小组活动，为小组讨论提供热情、友好的气氛，同时参加个别小组的讨论。

2. 讨论法的教学功能

讨论法的教学功能主要表现在四个方面：第一，检测和扩展学生所学到的内容，并帮助他们解决问题。第二，培养人际交流技巧。讨论既有师生间的交流，也有学生之间的相互交流，可以不断提高学生的人际交流技能。第三，改变态度。讨论为学生面对一个主题表达自己的态度提供了一个很好的平台，同时也可以认识到其他学生的态度。通过师生间或学生之间不同观点的碰撞，会使学生接受那些合理的富有解释力的观点，改变自己原先的认识和态度。第四，发展批判性思维能力。讨论要求学生在提出并论证自己观点的同时，还要抓住对方论点、论据和论证过程的错误或失误，与对方交流，最后达成共识。经过这样的过程，有助于学生进行批判性思考。

3. 运用讨论法的基本要求

讨论的问题要对学生有吸引力，并有讨论和钻研的价值；讨论的人数不宜太多，一般应以7—10人为好，使学生有更多发言的机会；教师要善于在讨论中对学生启发诱导，充分发挥主导作用，以免离题太远，但不要暗示结论；教师做好讨论小结。

4. 讨论法的优点和局限

优点在于，由于全体学生都参加活动，可以培养合作精神，激发学生的学习兴趣，提高学生学习的独立性。但是在实际操作中讨论法对教师提出了更高的要求，必须正确引导讨论的过程，否则学生容易偏离主题，浪费时间。

（四）读书指导法

1. 读书指导法的概念

读书指导法是指教师指导学生通过阅读教科书、参考书以获取知识或巩固知识的方法。包括指导学生预习、复习、阅读参考书、自学教材等。

2. 运用读书指导法的基本要求

（1）提出明确的目的、要求和思考题，让学生带着任务去思考，提高学生学习的积极性；（2）教给学生读书的正确方法；（3）及时解决学生自学教材中遇到的问题，加强辅导；（4）适时组织学生交流读书心得。

二、以直接感知为主的教学方法

（一）演示法

1. 演示法的概念

演示法是教师在课堂上通过展示各种实物、直观教具或进行示范性实验，让学生通过观察获得感性认识的教学方法。它是一种辅助性教学方法，要和讲授法、谈话法等教学方法结合使用。

2. 运用演示法的基本要求

（1）提前做好演示前的准备工作；（2）要使学生明确演示的目的、要求与过程，主动、积极、自觉地投入观察与思考；（3）引导学生在感知过程中进行综合分析；（4）讲究演示的方法，配合教学适时展示教具，与此同时教师要适当讲解。

3. 演示法的优点和局限

演示法的优点体现在：为学生提供观察学习的机会；缩短理论与实践的距离；教师可在进行视觉呈现的同时与学生言语交流。缺点：费时费力；学生的注意力容易分散，难以达到预期目标；部分教师难以胜任；教室环境影响教学效果；演示失败会影响学生的学习状态和情绪，较难控制教室气氛。

（二）参观法

1. 参观法的概念和分类

参观法指教师根据教学内容的要求，组织或指导学生进行实地观察、调查、研究和学习，从而获得新知识或巩固已学知识的教学方法。参观教学法一般由校外实训教师指导和讲解，要求学生围绕参观内容收集有关资料，质疑问难，做好记录，参观结束后，整理参观笔记，写出书面参观报告，将感性认识升华为理性知识。参观教学法可使学生巩固已学的理论知识，掌握最新的前沿知识。

参观教学法可以分为：准备性参观，即在学习前，学生为将要学习的新知识积累必要的感性经验；并行性参观，即在学习过程中，为使学生把所学理论知识与实际紧密结合而进行的参观；总结性参观，即在学习结束之后，通过参观帮助学生验证、加深理解、巩固强化所学知识。

2. 运用参观法的基本要求

（1）参观的准备，即确定参观场所、了解参观单位有关情况、制订参观计划；（2）参观过程中，在熟悉参观对象的基础上，有组织、有步骤地参观，教师可边提出问题边引导学生仔细观察思考，对学生提出的问题教师要认真回答，必要时可请参观单位有专长的人进行讲解指导，指导学生做好参观笔记；（3）参观结束后，要做好参观总结，检查计划执行完成情况，指导学生做好参观材料的整理研究工作，制成图表、标本、模型或制成卡片，放到陈列室里，供日后观察、教学或课外活动用。

三、以实际训练为主的教学方法

（一）实验法

1. 实验法的概念

实验法是指学生在教师的指导下利用一定的仪器设备，进行独立作业，通过观察事物和过程的发生和变化探求事物规律，获取知识和技能的方法。实验法可分为感知性实验和验证性实验两种。新课进行前做感知性实验，为新知识的讲授做好感性知识的准备；新课程结束后做验证性实验，检验并巩固所学知识。

2. 运用实验法的基本要求

(1) 教师事前做充分准备，进行先行实验，对仪器设备、实验材料要仔细检查，以保证实验的效果和安全；(2) 教师在学生实验开始前，对实验的目的和要求、依据的原理、仪器设备安装使用的方法、实验的操作过程等，通过讲授或谈话做充分的说明，必要时进行示范，以增强学生实验的自觉性；(3) 小组实验尽可能使每个学生都亲自动手；(4) 在实验进行过程中，教师巡视指导，及时发现和纠正出现的问题，进行科学态度和方法的教育；(5) 实验结束后，由师生共同总结或由教师进行小结，并由学生写出实验报告。

（二）实习作业法

1. 实习作业法的概念

实习作业法是学生在教师的指导下，依据教学大纲的要求，在校内外一定场地运用已有知识进行实际操作或其他实践活动，以获得一定知识和技能的方法。实习作业法具有实践性、独立性、创造性，能使学生学到书本上学不到的知识。

2. 运用实习作业法的基本要求

(1) 做好实习的准备，教师要制订详细的实习计划，明确提出具体可操作的步骤和要求，准备好实习器具，编好实习小组。(2) 做好实习前的动员。(3) 实习过程中加强集体和个别指导，使学生明了操作方法及有关注意事项，在必要时教师先给以示范。同时要求学生独立操作，及时小结各步骤的操作情况，及时检查阶段性结果。(4) 做好实习总结，做好总结评定，并写出实习工作总结，以巩固操作的收获。使学生养成良好的实习习惯，培养其实事求是的科学精神。

（三）练习法

1. 练习法的概念

练习法指学生在教师的指导下，反复地完成一定动作或活动，以形成技能、技巧或行为习惯的教学方法。练习法以一定的知识为基础，具有重复性特点。在教学过程中，练习法被各科教学广泛采用。练习一般可分为以下几种：语言的练习，包括口头语言和书面语言的练习，旨在培养学生的表达能力；解答问题的练习，包括口头和书面解答问题的练习，旨在培养学生运用知识解决问题的能力；实际操作的练习，旨在形成操作技能，在技术性学科中占重要地位。

2. 运用练习法的基本要求

(1) 明确练习的目的和要求，提高学生练习的自觉性。(2) 精选练习材料。(3) 教给学生正确的练习方法，按步骤循序渐进，逐步提高。(4) 适当分配练习的分量、次数和时间。(5) 检查练习结果，检查哪些方面有成效、哪些方面存在着缺点或错误，组织一些校正性练习。

四、以引导探究为主的教学方法

（一）发现法

1. 发现法的概念

发现法是指教师不直接把现成的知识传授给学生，而是引导学生根据教师和教科书提供的课题与材料，积极主动思考，独立地发现相应的问题和法则的一种教学方法。

2. 运用发现法的基本步骤

（1）创设问题情境，激发学习的兴趣。（2）学生根据相关材料，对提出的问题作假设。（3）论证假设，在适当时机组织他们进行讨论，互相交流补充自己的发现，最终获得完整深刻的知识。（4）及时反馈和巩固发现结果，并做出总结。

3. 运用发现法的基本要求

（1）教师要努力创设一个有利于学生进行探究发现的良好宽松的教学情境。（2）依据学科教学目标的要求、具体教学内容的特点以及学生已有的和可能的发展水平，选择和确定探究发现的问题与过程。（3）合理有序组织教学，教师积极引导学生的发现探究活动。

4. 发现法的优点和局限

发现法的主要优点有：第一，学生亲身经历知识发生的过程，这对培养他们探索问题的能力和创造性思维能力具有特殊意义。第二，发现法转变了传统课堂中学生被动的状态，有利于激发学生学习的内在动机，激发学生学习的积极主动性。第三，加深了学生对知识间关系的理解，有利于知识的长期保持。

发现法的局限性包括：备课较困难，对教师要求高；教学过程不易控制；费时较多。

（二）任务驱动教学法

1. 任务驱动教学法的概念

任务驱动教学法是学生在教师的帮助下，紧紧围绕一个共同的任务活动中心，在强烈的问题动机的驱动下，通过对学习资源的积极主动应用，进行自主探索和互动协作的学习，并在完成既定任务的同时，引导学生参与学习实践活动。任务驱动教学法是一种建立在建构主义学习理论基础上的教学法，它将以往以传授知识为主的传统教学理念，转变为以解决问题、完成任务为主的多维互动式的教学理念；将灌输式教学转变为探究式学习，使学生处于积极的学习状态，每一位学生都能根据自己对当前问题的理解，运用共有的知识和自己特有的经验提出方案、解决问题。任务驱动教学法可以以小组为单位进行，也可以以个人为单位组织进行，它要求教师布置任务要具体，其他学生要极积提问，以达到共同学习的目的。任务驱动教学法可以让学生在完成任务的过程中，培养分析问题、解决问题的能力，培养独立探索及合作精神。

2. 运用任务驱动教学法的基本要求

（1）创设情境：使学生的学习能在与现实情况基本一致或相类似的情境中发生。（2）确定任务：在创设的情境下，选择与当前学习主题密切相关的真实性事件或问题。（3）自主学习、协作学习：不是由教师直接告诉学生应当如何去解决面临的问题，而是由教师向学生提供解决该问题的有关线索，强调发展学生的自主学习能力。同时倡导学生之间的讨论和交流。（4）效果评价：一方面是对学生解决问题的过程和结果的评价，另一方面是对学生自主学习及协作学习能力的评价。

3. 任务驱动教学法的优点和局限

任务驱动教学法进行技能教学效果不错，改变了传统的教与学的结构，使学生成为真正的学习主体。但局限性也比较明显，如：教学进度不易把握；课堂太活，容易影响干扰他人，课堂管理需要改进；个别学生可能浑水摸鱼，滥竽充数，评价上有困难。

（三）尝试教学法

1. 尝试教学法的概念

尝试教学法是中国教育学会数学教育研究发展中心尝试教学理论研究会理事长邱学华提出的。尝试教学理论的基本观点是"学生能尝试,尝试能成功,成功能创新",特征是"先试后导、先练后讲",重在培养学生的尝试精神、探索精神、创新精神。

2. 运用尝试教学法的基本要求

(1)准备练习,对解决尝试问题所需的基础知识先进行准备练习,然后从准备题引导出尝试题,发挥旧知识的迁移作用。(2)出示尝试题,为学生的尝试活动提出任务,让学生进入问题情境之中。(3)学生自学课本,为在尝试活动中自己解决问题寻找信息。(4)学生尝试练习,教师要及时掌握学生尝试练习的反馈信息,对学习困难学生进行个别辅导。(5)学生讨论,尝试练习中会出现不同答案,这时教师要引导学生讨论。(6)教师讲解,确保学生系统掌握知识。(7)再次尝试,第二次尝试题应与第一次不同,或稍有变化或采用题组形式,之后教师可以进行补充讲解。

3. 尝试教学法的优点和局限

尝试教学法改变了注入式教学,充分发挥了学生的主体作用,使学习成为学生自身的需要。当然,任何一种教学方法都不可能是完美的,尝试教学理论在具体的教学操作模式上还有一定的局限性:运用尝试教学操作模式,学生要有一定的自学能力,因而它在小学低年级应用范围较小;初步概念引入课一般也不适合于应用该操作模式;实践性较强的教材也不完全适于应用该操作模式。此外,尝试教学还存在理论基础有待加强、在小学数学以外的学科运用模式方面还存在各种困难、理论实验不够科学、一些具体做法需要进一步思考等问题。

五、以欣赏活动为主的教学方法

(一)欣赏法的概念和类型

欣赏法指教师在教学过程中创设一定情境或运用一定教材内容和艺术形式,使学生通过体验客观事物的真善美陶冶性情,培养正确态度、爱好、理想和审美力的方法。

根据不同的学科性质,欣赏法分为三种类型:第一,艺术的欣赏,即对于音乐、美术、文学等作品的欣赏,以及对自然风景的欣赏。第二,道德的欣赏,即对于某人某事所表现的道德品格或社会品格的欣赏,例如忠孝、仁爱、信义、公正、诚实等美德。学校中历史、地理、公民、语文等科目内,应当以名人传记、格言、伟人事迹、英雄故事等材料作为欣赏的材料,以养成学生正确的态度,培育高尚的理想和健全的品格。第三,理智的欣赏,即对于真理、正确知识、科学上的发明发现或优美作品的欣赏。在数学、社会科学、自然科学内,教师应该指导学生欣赏科学家探求真理的精神,欣赏正确的学理。这种欣赏教学,可以培养学生缜密的思考能力和浓厚的求知兴趣。

(二)运用欣赏法的基本要求

1. 引起学生欣赏的动机和兴趣

欣赏前,教师先讲述或讲解某作品的创作背景,具备这些知识准备,学生就能产生欣赏的动机和兴趣。

2. 激发学生强烈的情感反应

在欣赏教学中,教师要善于利用各种情境,通过声调和表情的变化,暗示学生,激发学生惊讶、赞叹等一系列情感反应。

3. 因材施教

照顾每个学生的特点,不能忽视学生在欣赏活动中存在的个别差异。

4. 指导学生的实践活动

欣赏教学的最高目的是使学生的情感、意志和理智，透过各种行为表现出来。通过实践活动，学生把审美情感、道德情感、理智情感内化在言行之中。

（三）欣赏法的优点和局限

欣赏法使学生能够获得很好的美感教育，相应地课堂氛围也活跃起来，学生的性情随之也得到陶冶。其局限性是，容易流于形式而忽视课堂教学的主要任务。

第四节 教学组织形式

一、教学组织形式概述

（一）教学组织形式的概念

教学组织形式是指为完成特定的教学任务，教师和学生按一定要求组合起来进行活动的结构。

（二）合理教学组织形式的作用

一方面，有利于提高教学工作的效率，只有将不同的教学方法、手段运用到相应的教学组织形式中，才能充分发挥其作用；另一方面，有利于丰富教学活动，满足不同学生的不同学习要求，从而实现因材施教。

二、教学组织形式的历史演变

在教育史上，教学组织形式的演变历程大致分为三个阶段：

（一）古代学校的教学组织形式

1. 个别教学

在古代，无论是中国还是西方，学校在教学组织形式上普遍采用的是个别化教学。教师面向单个学生进行教学，当教师对某个学生进行教学指导时，其他学生则从事其他活动。

2. 集体教学萌芽

在欧洲中世纪和中国的宋、元、明、清各个时期的学校里，出现了集体教学的萌芽，教师面对的是一组学生，有若干名教师进行教学。这是一种不同于个别教学、区别于集体教学的一种过渡形式，为后来班级教学的出现奠定了基础。

（二）班级授课制的产生

在16世纪的西欧出现了班级授课制的萌芽，夸美纽斯在总结以往教学经验的基础上，在《大教学论》中系统阐述了班级授课制。后来，又经过德国教育家赫尔巴特等人的进一步完善而定型。工业革命以后，随着各国教育规模的扩大，班级授课制得以逐步推广。我国最早采取班级授课制是1862年的京师同文馆。它是这样一种教学组织形式：根据年龄或知识程度把学生编成固定的班级，由教师按教学大纲规定的内容和固定的教学时间表对全班学生进行教学。

（三）教学组织形式的改革与多样化

班级授课制自产生以来，在提高教学效率方面发挥了巨大的作用。然而，班级授课制又存在不少缺陷，在许多具体情况下并不很适用，也不太符合一些教育家的教育理念。因此，许多教育家从自己的教育理念和自己所面对的具体实际出发，不断地对教学组织形式进行新的探索、改革。在这种情况之下，出现了多种多样的教学组织形式，例如：

1. 贝尔—兰喀斯特制

又称导生制，18世纪末，由英国的贝尔和兰喀斯特创立。其基本做法是，教师以教年龄大的学生为主，而后由他们中的佼佼者——"导生"去教年幼的或学习差的学生。在导生制学校中，一个教师在导生的帮助下可教数百名学生。

2. 道尔顿制

由美国帕克赫斯特于1920年提出，在马萨诸塞州道尔顿中学等学校实行的一种个别教学组织形式。其基本做法是：废除课堂讲授，把各科学习内容制成分月的作业大纲，规定各种作业，学生按照自己的情况与教师订立学习公约，然后在教师指导下进行独立学习，考试合格后订立下一个月的学习公约。废除年级制，修业年限、毕业期限都是自由的。

3. 文纳特卡制

这是由美国教育家华虚朋提出，于1919年在伊利诺伊州文纳特卡镇公立学校实行的一种个别教学与集体教学相结合的组织形式。这种组织形式将课程分成两部分。一是指定作业，教学按学科进行，以学生自学为主，适当进行个别辅导，要求每个学生按自己的能力和可能的进度拟订学习计划，并在工作簿上记录进展情况，最后以考试形式检验学习结果，学生自己根据考试成绩决定下一步学习方向。二是团体活动与创造性活动，由文化的和创造性的经验组成，分小组活动或施教，通过手工劳动、音乐、艺术、运动以及商业、编辑、出版等团体活动随机进行，没有确定的程序，也不考试，目的在于发展儿童的社会意识。

4. 分组教学制

19世纪末20世纪初，一些资产阶级教育家为了适应儿童的学习程度和个性差异，对班级授课制进行了改良。分组教学又分为：（1）能力分组，即根据学生能力水平分组教学，学生学习的课程相同，但年限不同。（2）作业分组，即根据学生特点和意愿分组，学生的学习年限相同，但学习课程不同。到20世纪70年代以后，美、英、法、联邦德国等国家的分组教学常采取另外两种方式：（1）外部分组，即按照学生的能力或成绩差异分组，是班级间分组，同一年级中分为不同班级。（2）内部分组，在按年龄分班的基础上，根据学习能力或成绩差异进行分组教学。分组教学能照顾学生的学习水平和能力差异，但同时也给各类学生在心理上造成不良影响。

此外还有特朗普制、小队教学及开放课堂等教学组织形式。近一个世纪，教学组织形式在班级授课制的基础上不断地改进，力求统一集体教学和因材施教。

三、教学基本组织形式——班级授课制

班级授课制又称课堂教学，是将学生按年龄和知识程度编成班级，由教师按固定教学时间表有计划地对全班学生进行上课的集体教学形式。

（一）班级授课制的基本特征

第一，按照学生年龄和知识水平分别编成固定的班级，以"班"为单位进行教学。班级的人数固定，一般是30—50人。

第二，把完成一定教学内容以及使用一定教学手段、教学方法展开的教学活动，按学科和时间分成小的教学单元——课。每节课内容分量不大，大致平衡，彼此连续而又相对完整。

第三，每节课都是在规定时间内进行，这个单位时间称为课时，它可以是30、45或50分钟，但都是统一固定的。每节课间有一定的休息时间。

第四，固定的教学场所。班级授课一般在教室、实验室进行，而且课堂中学生的座次也是相对固定的，但学生的座次安排可采取不同的形式，如圆桌式、会议式、马蹄式等。

（二）班级授课制的优点

1. 有利于扩大教学规模，提高教学效率

与个别教学相比，在班级授课制中一位教师能够同时教很多学生，扩大了教学规模。在提高教学效率的同时，也减少了教育经费的支出。

2. 在班级授课制中，教师是教学的组织者、指导者和实施者，发挥了教师的主导作用

在人格上师生是平等的，但"闻道有先后，术业有专攻"，教师在专业知识、经验及个人素质方面，比学生占优势。班级授课制保证了教学过程中教师自始至终都在指导全班学生的学习。

3. 有利于发挥班集体的教育作用

良好的班集体具有积极的教育作用，学生遇到困难时可以与教师、同学进行多向交流，相互影响、相互启发和相互促进，共同进步。但不是什么样的班级都具有教育作用的。这一班级必须能称得上是一个班集体。马卡连柯认为，作为一个集体必须具备这样几个特征：有共同的奋斗目标，集体的建立与巩固必须以组织性和纪律性作为根本条件之一，具有一定的组织制度的管理机构，有正确的集体舆论。只有称得上是班集体的班级，才能使学生受到集体教育。

4. 有利于科学文化知识的传授，确保学生获得系统的连贯的知识，保证教学质量

班级授课制是按统一课程标准，编制统一课本，实行以分科课程为主的教学。大部分科目都是按知识的逻辑体系进行排列的，这有助于学生掌握系统性和连贯性的知识。

5. 有利于进行教学管理和教学检查

固定的班级人数和统一的时间单位，有利于学校安排各科教学的内容和进度，有利于教学管理。对教师的要求也是大体一致，所以便于检查教师的教学活动，评价教师的教学质量。

6. 有利于促进学生全面健康发展

班级授课制包含德、智、体、美、劳各个方面的教学内容，有专业教师进行教学，学生接受完整的知识，身心可以获得全面、健康、协调的发展。

（三）班级授课制的局限性

1. 教学活动多由教师做主，学生学习的主动性和独立性受到一定程度的限制

教师对课堂的设计、组织和控制极大地限制了学生的独立性，什么时候学习，学习什么，以什么样的速度学习，这些都由教师来安排。学生的独立性、自主性受到限制。

2. 学生的学习主要是接受性学习，不利于培养学生的探索精神、创造能力和实际操作能力

班级授课制更适合讲授式的教学内容，这种学习往往重接受、轻创造，重理论、轻实践，重结果、轻过程，学生的探索机会和实践机会少得可怜，不重视学生创新精神和实践能力的培养。

3. 时间、内容和进程都程序化、固定化，难以在教学活动中容纳更多的内容和方法

某个具体时间教授什么样的内容，学生应该掌握到什么程度，是为了实现一个什么样的目标，在课程标准和教学计划中都有明确而翔实的规定。教师想加入新内容是非常困难的，它涉及的不仅是一个加的问题，还有一个如何压缩已有教学内容的问题。

4. 教学面向全班学生，步调统一，难以照顾学生的个别差异

班级授课制以同年龄的学生组成班级，以学生差异较小或不存在学生差异为前提，但实际上即使是同一天出生的孩子组成班级，还是存在智力、学习风格等各方面的差异，而强调步调统一的班级授课制无法完全解决学生差异的问题。

（四）运用班级授课制的基本要求

1. 班级小型化

小班化教学的核心问题是转变教育观念，为 21 世纪培养身心健康的创新人才。所以小班化教学从理论到实践，从形式到内容，都将发生革命性变革，其最终目的是促进每个学生的个性发展。

2. 分层教学

分层教学是出于对学生差异和个性的充分考虑，为了使更多的学生在原有的基础上得到更有效、合理的发展而实施的一种教学策略。教师在实施班级授课制过程中，为了兼顾学生的个性发展，可将同一班级学生按一定的标准分成各个同质组，在同一课时内对各个同质组分别采用不同的教学方法进行教学。这可以最大程度地照顾到学生发展的个体差异。

3. 与其他教学组织形式相互补充

班级授课制到目前为止仍旧是教学的基本组织形式，自诞生之日起它就在教育教学实践中发挥着重大的作用。但这并不意味着它是最好的教学组织形式。因为，在不同的教育场景下，面临不同的教育对象，往往需要不同的教学组织形式与之相适应。这决定了班级授课制在很多时候需要其他教学组织形式作补充。

四、教学的辅助组织形式——个别教学与现场教学

（一）个别教学

1. 什么是个别教学

个别教学又叫个别辅导，是在课堂教学的基础上教师针对不同学生的情况进行个别辅导的教学组织形式。根据其内容的不同，个别教学可分为两类：一类是对教材的复习和预习中发现的问题的辅导，目的是让学生打下坚实的基础；另一类是对学科内容相关学习中的疑难问题的辅导，目的是拓宽学生的视野，发展学生的思维。

2. 个别教学应注意的问题

个别教学过程中，应注意以下几点：第一，个别教学不是课堂教学，也不是分组教学，它一般是个别进行的，为进行有效指导，教师要了解每个学生的学习情况。第二，个别教学不是以教师的教为主，而是以学生的学为主。在学生自己的独立学习基础上，自己发现问题，在遇到困难的情况时，才求助于教师。第三，在个别教学的过程中，不仅要对学生的知识、技能问题给予辅导，而且要指导学生学会正确的学习和思考方法。第四，平等对待所有学生，个别辅导可以有针对性，但对每位学生提出的问题都应尽量予以回答，要一视同仁。

3. 个别教学的意义

个别教学的意义表现为：(1) 因材施教，促进学生个体充分发展。班级授课制的内容、时间、进程较为固定，每个学生的学习是有其特殊性的，个别指导可以针对个别学生，可以弥补班级授课制的缺陷，使个体得到充分发展。(2) 提升学生学习的积极主动性。在个别教学中，教师将注意力集中于个别学生，学生受到教师重视、关心时，学习的积极主动性会大大提升。

4. 运用个别教学的基本要求

(1) 合理设计教室环境。合理设计教室环境是进行个别教学的物质基础。个别化教学作为适应学生个别差异的教学，为调动每一个学生主动学习的积极性，必须创造一个丰富多彩的对学生富有吸引力的教学环境。尤其要求打破学生排排坐的"秧田式"教室布置，代之以根据教学任务灵活多变的排列组合，充分利用教室的空间。

(2) 充分考虑学生已有的生活经验和个性差异。在个别教学过程中，教师要充分考虑学生已有的生活经验和个性差异，关注不同层次学生的发展。打破传统教学的"整体"教学观的束缚，注重整体与个体并重，因材施教，因人而异，分类指导。

(3) 以学生为中心，建立新型的课堂教学组织过程。个别教学就是要求教学应当以学生为中心，教师要十分关注自己的教育对象，从学生的角度组织教学活动。

(4) 个别教学尤其要关注学困生。越是学困生越需要呵护，关注本身就是最好的教育和鼓励。因此，在个别教学过程中，要拉近师生之间的距离，使他们主动投入到学习活动中来。

（二）现场教学

1. 现场教学的含义和类型

现场教学就是在自然和社会现实活动中进行教学的组织形式。除课堂教学外，为使学生获得必要的直接经验，验证或运用理论知识，学校需要通过自然或社会实践开阔学生眼界，扩大其知识面，激发学生学习的热情，陶冶其品德，培养学生独立工作的能力。现场教学不仅是课堂教学的必要补充，而且是与课堂教学相联系的一种教学形式，是课堂教学的继续和发展。

依据现场教学的目的和任务，可将其分为两类：(1) 根据课程内容的要求，组织学生到有关现场进行教学。部分学科知识，只对学生进行理论阐释，学生很难理解，但现场学习可以增强学生的感性认识，使他们能更深入地理解知识，而且还能增强学生解决实际问题的能力。(2) 学生为了从事某种实践活动，需要到现场学习有关的知识和技能。这常见于一些与生产劳动密切联系的教学，如劳动技术教育、汽车修理等。

2. 现场教学的作用

(1) 有利于学生获得直接经验，深刻理解理论知识。(2) 增强教学的趣味性，使教学更为丰富多彩。(3) 让学生在轻松、愉快的环境下掌握知识、技能，有利于丰富学生的情感世界。(4) 有利于增强学生的动手操作能力，提高学生解决实际问题的能力。

3. 运用现场教学的基本要求

第一，明确教学目的，教师和学生都要明确现场教学要解决什么问题，完成什么任务。第二，充分准备，现场教学前，教师要引导学生做好知识准备，还要动员组织学生，使他们做好心理和物质上的准备。第三，重视现场指导，教师要引导学生从多角度充分感知感性材料，并有针对性地与理论知识相结合，鼓励学生亲自动手操作，发现并解决问题。第四，及时总结，指导学生将在现场感受到的知识系统化。

五、教学的特殊组织形式——复式教学

（一）复式教学的概念

复式教学是把两个或两个以上年级的学生编在一个班里，由一位教师分别用不同程度的教材，在同一节课里对不同年级的学生，采取直接教学和自动作业交替的办法进行教学的组织形式。复式教学是班级教学的一种特殊形式，它保持了班级教学的一切本质特征。其差别在于：当教师给一个年级上课时，其他年级的学生根据教师的指示进行预习、复习、练习或做其他作业。

复式教学具体形式：第一，同室双级异科式，即一个教师在同一节课、同一个教室里，对两个不同的班级讲授不同的科目。第二，同室双级同科式，即一个教师在同一节课上、同一个教室里，对两个不同的班级讲授相同的科目。第三，分室双级异科式，即一个教师在同一节课上、不同的教室里，对两个不同的班级讲授不同的科目。第四，同室一级同科式，即一个教师在同一节课上、同一个教室里，对同一班级讲授相同的科目。这就与普通教学中的分层教学是一样的。

（二）运用复式教学的基本要求

运用复式教学应注意处理好的几对关系：第一，处理好"动"与"静"的关系，即处理好复式班里直接教学和自动作业的关系。第二，处理好"多"与"少"的关系，即由于教学班级多，教学内容多，而直接教学时间少，因此必须突出重点，教学内容和自动作业需要少而精。第三，处理好"点"与"面"的关系，即教师直接教学的某个年级称之为"点"；其他年级就称之为"面"。复式教学中教师要照顾全面，避免形成冲突，妥善处理各类教学突发事件。第四，处理好教师与助手间的关系。

复式教学可以节约师资、教室和教学设备等，它是由于一定地区的教育条件和经济条件落后或不平衡而产生的，利于普及教育。但是复式教学学科多，直接教学时间少，教学任务重，这对教学过程的组织、教学时间的分配和教学秩序的处理等有更多的要求。

第五节 教学工作的基本环节及要求

教学工作主要包括备课、上课、课外作业、课外辅导、学业成绩的检查与评定五个基本环节。

一、备课

备课就是教师上课前的准备工作，要上好课，就要备好课，备好课是上好课的先决条件。

（一）备课的基本内容

备课工作主要包括以下内容：

1. 钻研教材

在解读课程标准的基础上，正确掌握教材编排体系，明确所教学科要求，准确理解教材知识点。钻研教材包括：

第一，明确教学目标，即在钻研教学大纲的基础上，弄清本学科的教学目的，明确本学科教学上的基本要求。

第二，构建合理的知识体系，确定重难点，即教师必须熟练地掌握教科书的全部内容，弄清重点章节和各章节的重点、难点和关键。

第三，合理利用参考书，即教师在认真钻研教科书的基础上，还要广泛阅读有关参考书，以便更好地掌握教科书，并从参考书中选取合适的材料充实教材内容。

2. 了解学生

了解学生基本情况，包括知识基础、技能、兴趣、爱好、学习态度和习惯、健康状况等。具体可分为：了解学生原有的知识和技能水平，了解学生的爱好、需要以及思想状况，了解学生的学习方法和学习习惯等。

3. 研究教法

教师应在备课时研究如何把已经掌握的教材传授给学生，包括如何组织材料、如何确定教法等问题。教学过程中没有固定的教法，教师应该根据具体的教学内容、学生的实际发展水平灵活确定教学方法。

4. 做好教学计划

首先，在每学期或学年开始前制订出该学期（或学年）教学进度计划。具体包括学生情况的简要分析，本学年或本学期教学要求，教学大纲或教科书的章节或课题，各个课题的教学时数和时间的具体安排，各个课题所需的主要直观教具等。

其次，制订好单元教学计划。在学期计划的基础上，教师还要对教学大纲上的一章一个较大的题目或教科书的一课，进行全盘考虑，并在此基础上，制订出单元教学计划。

第三，制订好课时计划（教案）。确定本课时具体的教学目标，包括知识教学目标、思想政治教学目标、情感态度目标等；明确本课时的重点、难点；确定课的结构，划分教学步骤；考虑教学方法的运行，准备好教具并研究其使用方法；考虑教学方法的具体运用和时间的分配。以上是课时计划的主要组成部分。

（二）备课的基本要求

1. 深入了解课标

教师必须按照新课程标准所规定的目标，把课程标准的精神贯彻到每一次课中去。

2. 深入钻研教材

教师必须熟练掌握教材全部内容和组织结构，掌握三基（基本理论、基本知识、基本技能），三性（思想性、科学性、系统性），三点（重点、难点、疑点）。创造性地使用、整合教材。

3. 认真准备教具

上课需要教具，必须提前做好准备。需要在微机室、语音室、多媒体教室上课的，要提前做好课前硬件准备。

4. 积极了解学生

要尽力从每位学生的实际水平出发，因材因人施教，既要面向全体又要分层次提出要求，努力使教学切合学生实际。

5. 精心选择教法

教师要从自身的教学实际出发，灵活运用"自主、合作、探究"等各种教学方法，努力形成自己的教学特色。

6. 认真设计板书

要用简洁的文字或图形，把一节课的中心内容展现于黑板上，以便学生理解、记忆。

7. 合理安排作业

备课时应设计要布置给学生的课后作业，合理安排课后作业的质和量。

8. 认真准备教学资源

教师要努力使教学和学生的实际生活密切联系，每节课所涉及的现实生活资源教师要做到心中有数。

二、上课

（一）一节好课的基本标准

教学工作的中心环节就是上课，要提高教学质量，就必须上好课。上课是一项细致的工作，一节好课，取决于许多条件，其中主要有下列几个方面：

1. **教学目标明确**

教师和学生都要明确这堂课要完成什么教学目标。应既注意知识教育，又注意思想品德教育，只有教师和学生的活动都始终围绕着教学目标进行，才能取得良好的教学效果。

2. **教学内容科学准确**

教学内容科学准确就是保证教材的科学性。在授课安排上，既要注意突出教材的重点难点，又要顾及教材的系统性、连贯性；既要注意新旧教材的联系，又要注意理论与实际的结合。只有这样才能保证教学质量。

3. **灵活运用教学方法**

教学方法的选择要恰当，根据具体的教学内容、学生的实际发展水平灵活确定教学方法。

4. **教学结构严谨**

教学要有组织、分步骤、系统化地进行，整个课程进度要有高度的计划性。什么时候讲、练、演示以及板书写在什么位置，都应安排得非常妥当，课堂教学要紧凑连贯地进行。

5. **语言清晰，教态自然**

教师讲课要运用普通话教学，语言准确、连贯、流畅、通俗生动、富于感情。语速不要太慢也不要太快，音量不要太高也不要太低。如果说话声音太高，学生的听觉经常处在强大的压力之下，就容易使听觉中枢由兴奋转入抑制状态；当然，声音也不能太低，让人听起来费力，这样会降低教学的效果。另外，教师仪表要端庄，情绪要饱满，态度要和蔼。

6. **教学气氛热烈**

在整个教学过程中，教师和学生都应表现出积极的状态，教师充分发挥主导作用，学生充分发挥能动性，师生积极互动。

（二）上课的基本要求

1. **严格遵守课堂教学常规**

教师不准无准备上课，不准私自调课，更不得旷课。教师在课堂上不得喝茶、抽烟，不得临时离岗。如无特殊情况，不准坐着上课，不准做与教学无关的事宜。提前1分钟进入课堂，不准拖堂。

2. **上课要准备充分**

教师携带所需教具、仪器和教材；学生要提前准备学习用具，预习教材。

3. **课堂教学要做到目标明确、重点突出**

   教师要准确把握每节课的重点和难点，要用简洁的语言向学生介绍本节课教学的目标和任务。

4. **教师在课堂上要和学生实现思想的交流和碰撞**

   上课是教与学的互动过程，是师生间思想的交流和智慧的碰撞过程，教师要通过提问、讨论等方式灵活组织教学活动。

三、课外作业

（一）课外作业的作用

学生的作业有课内和课外两种，课外作业是课堂教学的一种延伸，目的在于帮助学生巩固和消化所学知识，并使知识转化为相应技能技巧。

组织好学生课外作业的意义在于，可以培养学生独立工作的能力与习惯，对发展学生的智力和创造才能有着重大的意义，有助于巩固和完善学生在课内学到的知识技能，培养学生独立学习的能力和习惯，提高学生分析问题解决问题的能力。

（二）布置课外作业的要求

教师布置课外作业应该做到以下几点：

第一，作业的内容，要符合教学大纲和教科书的要求，要有启发性、典型性，要有助于学生巩固与加深理解所学的知识，并形成相应的技能技巧。

第二，筛选布置作业，力求做到题量适当、难易适度。教师应该按本门学科教学大纲的要求来确定作业的分量，提倡布置活动性、创新性、实践性的家庭作业，不得布置机械重复和大量抄写的作业，严禁用增加作业量的方式惩罚学生，不要使学生学习负担过重。

第三，向学生提出明确具体的要求，并规定作业完成的时间限制。

第四，教师要认真及时批改学生的作业，把批改作业作为检查教学效果、发现教学中存在的问题、改进教学的重要手段，作业的批语要确切并具有指导性和激励性，书写要规范。批改作业要做好情况记录，及时评讲，解决好学生作业中一些共性问题。

四、课外辅导

（一）课外辅导的概念和基本内容

课外辅导是课堂教学的一种补充形式，是使教学适应学生个别差异、贯彻因材施教的重要措施。课外辅导一般分为个别辅导、小组辅导和集体辅导三种形式。

课外辅导的主要内容包括：第一，教师帮学生解答疑难问题，指导学生做好课外作业。第二，给缺课和基础差的学生补课，帮助他们克服学习上的困难，使他们重拾学习的信心，赶上全班的教学进度。第三，教师可以对成绩优异的学生进行个别辅导，增加作业难度，使学生以更高标准要求自己。第四，对学生进行学习目的、学习态度和学习方法的指导。

（二）课外辅导的基本要求

课外辅导过程中应该遵循的基本要求包括：从学生实际需要与问题出发，确定辅导内容，从而有的放矢地进行，提高课外辅导的效果；因材施教，区别对待每一位学生；要正确处理好课堂教学与课外辅导的关系，教师要集中精力抓好课堂教学，辅导只是一种补充；辅导不局限于教材，还应在学习方法指导和学习目的、态度的教育上下功夫；学校要落实好课外辅导的人员、时间和责任。教师在了解学生的基础上，要拟订辅导计划，落实辅导对象、内容和时间；做好辅导记载，总结经验，改进工作。

五、学业成绩的检查与评定

学业成绩的检查与评定指的是教学过程中教师根据教学目标检查和测试教学效果，对教学过程进行调节、控制，帮助教师改进教学，鼓励学生提高学习成绩的一个重要环节。

（一）学生学业成绩检查与评定的意义

学生学业成绩的检查与评定是教学工作的一个重要环节，它对提高教学质量有着重要的意义。检查与评定学生的学习成绩，对教师来说，可以了解自己的教学效果，改进教学工作，还可借以总结教学经验，不断提高教学质量；对学生来说，能够促进学生巩固和加深所学知识和技能，还能使学生了解自己学习上的进步与缺陷，明确努力方向，不断提高知识水平；对学校来说，通过学生学习成绩的检查与评定，可以了解教师的教学情况和学生的学习情况，并在此基础上改进对教学工作的领导，制定提高教学质量的有效措施；对学生家长来说，可以及时了解子女的学习情况，更好地和学校配合，共同来帮助学生提高学习成绩。

（二）检查学生学业成绩的方法

主要有两种：

1. 考查

口头提问是运用比较普遍的一种考查方法，它的优点是教师能当场了解学生掌握知识的情况；另一种考查方式是检查书面作业，通过书面作业的检查，教师可以从作业中了解学生学习的质量和学习上存在的问题；书面测验也是常用的一种考查方式，可以在一章或一个课题学习完毕以后进行，也可以在学期中进行，它的优点是可以在比较短的时间内普遍地检查每个学生的学习质量。

2. 考试

考试分为口试、笔试和实践考试等，采取哪种方式，应根据不同学科的特点来选择。

（三）学生学业成绩评定的基本要求

1. 要以教学大纲为依据

给学生进行学业成绩评定，要能正确地反映学生实际所达到的水平与教学大纲的要求之间的差距。

2. 要有正确的评定学生成绩的态度

在评定学生的成绩时，要做到客观、公正，对所有学生一视同仁。教师要明确，评定的目的是为了使所有不同层次的学生得到发展，而不是为了区分"好学生"和"差学生"。

3. 要能调动学生学习的积极性

教师要用发展的观点综合评估学生的学业成绩，对学生取得的任何进步都要给予充分的肯定，以调动学生学习的主动性、积极性。

第六节 我国当前教学改革的主要观点和趋势

一、实施素质教育——我国当前教学改革的主题

实施素质教育是我国社会、经济发展对教育提出的客观要求。我们可以发现，在教学领域应试教育弊端百出。在日益高涨的改革浪潮的冲击下，实现由应试教育到素质教育的转变已成为广大教育理论工作者的共识。从静态上讲，素质教育一般应包括对学生的思想品德素质、科学文化素质、身体素质和心理素质的培养与教育，是集上述各种素质的开发、培养和训练于一体的整体性教育。从教育过程的动态发展以及素质教育与应试教育相比较的意义上看，素质教育的实质乃是积极创造和利用一切有利的外部条件，使受教育者能够主动而非被动地将人类科学的、道德的、审美的、劳动的等方面的文化成果内化为自身的较为全面的素养，使身心两方面的潜能都获得提高，使发展呈现出一种生动活泼的态势。

围绕素质教育主题，当前教学改革需要做出新的调整，主要包括以下几个方面：

（一）面向结果与面向过程的教学并重

在面向结果的教学中，教学的直接意义在于使学生取得令人满意的结果，这种教学形式是传统教学所强调的。在面向过程的教学中，教师重视的是引导学生对知识形成理解，同时体验这一知识得以产生的基础及与其他知识的相互联系等。从主动学习的角度看，面向过程的教学会给学习主体带来更高价值。

（二）智力因素与非智力因素并重

在传授和学习知识经验的过程中，智力因素和非智力因素是相互统一的，但两者的作用以及各自的发展并非是一致的。两者的真正统一需要在教学过程中做出专门的努力。

（三）教师指导与学会学习并重

有效的学习，离不开教师的指导，但指导只是手段不是目的。现代教学过程中教师必须教会学生如何学习，这是终身教育的要求，也是确立学生的主体地位的要求。只有学会学习，学生才能真正获得参与到教学过程去的能力。

（四）一般能力培养与创造品质形成并重

众所周知，能力培养已成为了现代教学目标的重心，但是在促进学生一般能力全面提高的同时，教师也应该对学生创造力的发展给予特别关注，创造性已然成为了现代人综合素质结构中十分重要的组成部分。

此外，调整的内容还应该包括科学文化基础的形成与品德培养并重、接受学习与发现学习并重、理论学习与实践活动并重、课内学习与课外学习并重等。

二、坚持整体教学改革和实验——我国当前教学改革的基本策略

整体教学改革和实验是指在一个总的统一而明确的改革目标和实验假说的指导下进行的对教学系统中各种因素、各门学科的协调统一、相互渗透的调整和变革，以实现教学系统的综合改观。有效的教学改革必须是整体改革与单项、单科改革的相互结合。一方面，任何整体教学改革和实验都必须以一系列扎扎实实的单项、单科的教学改革和实验为基础；而另一方面，单项、单科的改革和实验又必须在其发展到一定阶段后及时推进到整体的改革和实验中去，以力求达到整体综合的作用大于单项、单科之和的效果。

纵观近年来我国的教学改革和实验，并未能较好地实现整体变革与单项、单科变革的有机结合。我

国当前教学改革和实验的总体情形是：单项、单科的教学改革和实验已经具备了较扎实的基础，但整体教学改革和实验尚未取得应有的成效。当然，从单项、单科的改革和实验提高到整体的教学改革和实验并不是一个自发实现或简单的转换过程，它需要用整体的观点来审视教学中的问题，进而制定变革的对策。我国当前的整体教学改革和实验应抓住以下两个主要问题：

第一，运用整体性观点，进行教材、教法、学法、考试以及教学环境等方面的全面改革和实验。要视教学为一个整体系统，围绕教学目标和办学方向，综合统筹教学系统各要素间的关系，要使各种教学因素有机地统一协调起来，这样才能产生"整体功能大于部分功能之和"的教学效益，切忌把诸多单项、单科教学改革和实验的简单相加等同于整体教学改革和实验。

第二，提高整体教学改革和实验的可操作性。改革和实验中要抓住教学系统中有关课程内容、教学方法、教学组织形式等具体的实质性问题进行实实在在的变革和调整，要把这些问题置于改革和实验的突出位置上。相比之下，教学过程中要将一些缺乏具体外在形态的不确定因素，如师生间的人际关系、非言语行为、教学氛围、隐性课程等放在辅助性位置上。

三、建立合理的课程结构——我国当前教学改革的重心

课程改革一直是人们关注的焦点之一，很多人视它为全面的教学改革的突破口。更新课程内容和形式，建立合理的课程结构依然是我国当前教学改革的重心，在实施整体改革和实验的策略中，课程的改革是关键。

为满足市场经济发展对人才素质的要求，现阶段课程内容的更新应特别注意以下三点：第一，协调好基础文化课程、劳动技术课程和职业课程间的关系。基础文化课程是学校课程内容的主干，但劳动技术课程和职业课程的性质和地位也不容忽视。第二，协调好课程内容统一性与多样性的关系。市场经济在客观上要求课程和教材的多样化，不同地区、不同学校、不同民族，课程内容应当有所不同。当前对课程内容的统一要求应当体现出一种多层次性，这样统一性与多样性才能很好地协调起来。

与课程内容的更新相比较，课程形式的发展也十分迫切。依照不同的标准，课程的形式可作不同的分类。从课程在教学计划中的排列来看，课程形式可分为必修课、选修课和课外活动；从课程内容的组织来看，课程形式可分为学科课程、综合课程、活动课程、问题课程；从课程的外在表现来看，课程形式可分为显性课程和隐性课程。当前课程形式的丰富和发展将主要围绕三个方面来进行：第一，有效地实现必修课、选修课和课外活动的结合。第二，提高综合课程、活动课程和问题课程在课程体系中的地位。第三，强化隐性课程对显性课程的积极作用，尽可能地把隐性课程纳入到有计划的教学内容中来，从而使两者相互补充、相互促进。

● 难点解读

本章的难点集中于对教学过程本质观的不同理解。

对教学过程本质观的理解非常重要，它直接影响着教师的教学实践。但就目前来看，我国教育界对教学过程本质观的分析呈现出多元化的局面，看法并不统一。我国教育界对教学过程的本质问题做了大量研究，特殊认识过程说、交往互动说、社会实践活动说等观点均从不同维度阐述着对教学过程本质的不同理解，并且在不同的教学过程本质观的指导下，社会上形成了不同的教学实践。

在这部分内容的学习上，应当明确的是：每种教学过程本质观都有其合理成分，难以简单地区分优劣。学习者要能分析不同教学过程本质观的形成视角，并学会综合各种教学过程本质观的合理成分。

案例分析

案例分析 1

《我的幸福》一课的讨论片段

有一个老师给学生们上课,主题是"我的幸福"。她说:"同学们,现在我们每个人都被家人当作珍宝,每个人周围都有爸爸、妈妈、爷爷、奶奶爱着我们;在物质上,我们要什么就有什么;星期天可以游泳,放假了还可以旅游……那么,在这样的生活状态里,我们一定感到很幸福了……"

话音未落,学生们齐声回答:"老师,我们不幸福!"

这个回答显然让老师很意外,老师感觉也非常尴尬。她认为学生没听明白,想使学生回到她所给出的"我的幸福"这一主题上来,于是继续诱导:"老师小时候就不如你们了,因为经济方面的原因,连糖都吃不上。所以老师那时候所向往的最最幸福的事儿就是能够拥有很多很多的糖,一房子糖,甚至一间用糖做成的房子,连书桌、椅子、床、枕头也是用糖做成的,这样,当我想吃糖的时候就伸出舌头随便在哪儿舔一下就可以了。"

学生们一听,全都大笑起来,说:"老师你怎么喜欢吃糖呢,而且还把拥有糖当作最幸福的事情?"

这下,老师彻底懵了,她不明白这些孩子为什么会这样。好半天才反应过来,她问道:"那你们向往的幸福是什么呢?"

这一问,全班同学一下子活跃了,全都举起手来。其中一个同学在文化课学习方面是年级第一,他站起来说:"老师我的幸福是星期六、星期天的早晨可以躺在床上睡懒觉。"另一位同学也抢着喊:"我的幸福是放长假,到沙滩上去玩……"

(资料来源 魏薇等:中外教育经典案例评析,济南:山东人民出版社,2005年,第220—221页)

情境分析

讨论课的实施不是随意的,需要教师掌握一定的教学技巧。课堂上每一个学生都极具差异性,他们的学习能力、表达能力和性格气质都千差万别。教师不能按照自己的主观想法控制讨论过程,也不能把课堂完全交给学生,而是应该因势利导,善于在讨论中对学生启发诱导,充分发挥主导作用,以免离题太远,但不要暗示结论,讨论结束后教师要做好讨论小结。

本案例有助于我们理解讨论法的实施过程和要点。

案例分析 2

英国中学课堂上的提问:注重参与,无标准答案

日前在 Forest Gate Community School,学校副校长给教师们上了一堂别开生面的美术课,原生态地呈现了该校的课堂活动形式。

为让每名学生都能积极思考、参与回答问题,该校课堂提问采取"抽签答题"模式。授课教师手中有一沓写有所有学生名字的签,老师提出问题后让学生抽签,被抽中的学生来回答问题。此外,老师还制作了ABCD等卡片,提出一些有选项的问题,让学生集体举卡片答题。

对此,该校副校长解释说:"这样能让每名学生都思考问题,因为每个人都可能被抽中答题。而卡片答题的模式,能让教师了解到底有多大比例的学生理解授课内容了,是一种双向反馈,便于改善教学效果。"

值得一提的是，除了选择题，提问一般都没有标准答案。在各种课堂上，老师通常采取的教学手段是分组讨论和案例分析，注重让所有的学生参与。老师提出一个问题，学生自由发表意见，意见不一定要达到一致，只要在这个过程中大家有收获就好。

仙桃教师黄平刚说，英国课堂上教师鼓励学生说出自己的想法且尊重他们的想法，孩子们的积极性就被调动起来了，课堂畅所欲言，久而久之，学习和教学就是一件快乐和轻松的事了。

情境分析

我们常常要通过考试判断一个人的学习效果，而标准答案则是判定一个学生对学习内容掌握程度的标尺。但像概括段意、总结中心思想之类的问题只有相对标准的答案，不同的人根据自己的理解程度不一样，所得的答案也会不同。目前很多教学过程中对标准答案的过分强调，限制了人自由思维的能力，湮灭了人的自主和创新意识，摈弃了人的主观意识和感受，这样的教学无法承担起培养学生个性和创新能力的任务。英国的"注重参与，没有标准答案"的课堂，或许能够让我们更加真切地领略到教学的本质。

本案例可用于分析教学的意义。

案例分析3

一支铅笔的用途

纽约市里士满区有所穷人学校，是贝纳特牧师在经济大萧条时期创办的。1983年，一位名叫普热罗夫的法学博士在做毕业论文时发现，50年来，该校毕业的学生在纽约警察局的犯罪记录最低。

对此，普热罗夫做了长时间的调查研究。凡是在该校学习和工作过的人，只要能打听到住址和信箱，他都给对方寄去一份调查表，询问他们：贝纳特学校教会了你什么？在回收的答卷中，74%的人答道：母校让我们明白了"一支铅笔有多少种用途"。

普热罗夫专门走访了调查对象之一，纽约市最大的一家皮货商老板。老板说："是的，当年贝纳特牧师教会了我们'一支铅笔有多少种用途'，我们入学后的第一篇作文就是这个题目。当初，我认为铅笔只有一种用途——那就是写字。后来渐渐知道了，铅笔不仅能用来写字，必要时还可以用作尺子画直线，能作为礼物送人表示友爱，还能当商品出售获利。铅笔的铅芯磨成粉末后可以当作润滑剂，演出时可以充当化妆品。削下的木屑还可以做成装饰画。一支铅笔按比例可以分成相等的若干份，可以做成一副象棋，可以当作玩具车的轮子。在野外遇险时，抽掉铅笔芯还可以当作吸管吮吸岩石缝里的水滴。在遇到坏人时，削尖的铅笔可以当作防身的武器……一支铅笔有无数种用途，并且任何一种用途都足以使我们活下去。我本人原来是电车司机，后来失业了。现在，你瞧，我是皮货商人。"

普热罗夫后来又采访了一些贝纳特学校的其他毕业生，发现无论当年他们的成绩是好是坏，智商是高是低，如今都有一份职业，都生活得快乐而满足。

（资料来源 魏薇等：中外教育经典案例评析，济南：山东人民出版社，2005年，第263—264页）

情境分析

贝纳特牧师的高明之处就在于，在教学中他用朴素、平凡的故事向学生阐述了深刻的做人道理，点燃了学生生活的自信。人是一种渴望幸福的动物，无论成人还是儿童每时每刻都在真切地盼望着过幸福的生活。可能教学的目的并不仅仅在于使人适应和依从生活，更重要的意义在于，通过教学能够使每个受过教育的人热爱生活，进而获得一种幸福的生活。

本案例可帮助我们理解教学过程传授知识与思想教育相统一的基本规律。

案例分析4

让自残式的感化教育走开

《南方都市报》报道：小宇趁老师写板书时和旁边同学说话、做小动作。老师看到后拿起教鞭对着自己手臂狠狠抽了一鞭，胳膊肿起血印子。"你还想让老师受到惩罚吗？"小宇含泪摇头，表示以后课堂上不再犯错误。

《新京报》报道：为感化学生，重新唤回学生的向学意识，海口市一中学校长，曾经三次跪在讲台上为学生上课。在全校的早操上，面对千余师生，他双手合拢重重跪下呼喊："求你们了，不要再玩闹了，好好学习。"

（资料来源　李良智：让自残式的感化教育走开，人民网—教育频道，2007年10月09日）

情境分析

看到这些接连发生的诸如自罚、下跪、宣泄等此类的教育怪招，不禁叫人长叹一口气：我们的教育智慧哪里去了？我们的教学规律又体现在哪里？这些自残式的教育方式，叫人可叹可怜可笑，又叫人痛心。也许对教师而言，出发点是好的，为了维持教学纪律和教学效果，才"良苦用心"，出此下策。但是，教学过程应当遵循基本的规律，只有合规律才能体现出教学的育人价值。发挥教师主导作用是学生简捷有效地学习和发展的必要条件。这些自残式的教学方式可以看作是教师从根本上放弃了自己的主导地位，更毋论成为课堂的组织者、领导者、指导者和实施者。学生学习的积极主动性也依赖于教师的指引，依赖于教师的教学艺术、教学方式、教学质量。

在教学过程中，学生不仅是教学对象，而且是学习的主体。在教学过程中，学生学习的积极主动性直接影响着学生的求知欲、自信心和学习效率，进而影响学习效果和身心发展水平。在教学中，教师需要做的是如何激发学生内心的求知欲望，让学生主动地参与到教学中来，这远比自残式的感化教育让人信服和有效。

本案例可用于理解教学过程的发挥教师主导作用与学生主体作用相统一的基本规律。

延伸阅读

1. 教学过程的本质

课程到底是什么东西？教学到底是怎么一回事？王策三先生在他的论文中阐释了对教学本质的理解，指出课程主要是知识，学生的发展就是对知识展开教学工作的结果。教学工作不是别的，主要就是对知识进行种种"加工"的工作，因此，教学中要"注重知识传授"。

（资料来源　王策三：认真对待"轻视知识"的教育思潮，载于《北京大学教育评论》2004年第3期）

2. 有效教学

钟启泉先生指出，教育改革的核心环节是课程改革，课程改革的核心环节是课堂教学，课堂教学的核心环节是教师的专业发展。"有效教学"是寻求教学效益的活动，是转型教学规范的活动，是关注学生成功的活动。

（资料来源　钟启泉："有效教学"研究的价值，载于《教育研究》2007年第6期）

3. 新课程改革的理论基础

靳玉乐指出，在课程和教学改革中，必须坚定不移地以马克思主义作为我们的指导思想和理论基础。基础教育课程改革的理论基础需要建立在现实的实践条件上，不能盲目地将一些国外的理论进行翻译和组装之后就作为我们进行教育教学改革的理论基础，从我国的基本国情和现实条件出发，以马克思主义作为基础教育课程改革的理论基础，坚持马克思主义全面发展观，全面推进素质教育是我们必然的选择。

（资料来源　靳玉乐，艾兴：新课程改革的理论基础是什么，载于《中国教育报》2005年5月28日）

● 强化训练

试题

一、单项选择题

1. 教学的基本组织形式是（　　）。
   A．班级授课制　　　B．复式教学　　　C．分组教学　　　D．个别教学
2. 学校教育最主要、最基本的方面是（　　）。
   A．课外活动　　　B．智育　　　C．教学　　　D．德育
3. 教学过程的根本目的是（　　）。
   A．传授知识　　　B．养成道德　　　C．培养合格公民　　　D．培养全面发展的人
4. 下面关于教学与教育的关系理解错误的是（　　）。
   A．教学是教育活动的一部分，是教育的下位概念
   B．教学与教育的关系是一种部分和整体的关系
   C．教学活动是学校教育的唯一途径
   D．教育活动的客观规律决定了教育工作必须以教学活动为中心
5. 下面属于以直接感知为主的教学方法的是（　　）。
   A．演示法　　　B．讲授法　　　C．发现法　　　D．练习法
6. 如何理解教学过程的双边性（　　）。
   A．教学过程是师与生、教与学的双边活动
   B．教学过程有时需要教师的指导，有时也需要学生主宰课堂
   C．教学过程是德育和智育并重的过程
   D．只要学生和教师都在场，教学过程就会发生实效
7. 教学工作的中心环节是（　　）。
   A．备课　　　B．上课
   C．课外辅导　　　D．学业成绩的检查和评定
8. 关于教学过程的教育功能表述正确的是（　　）。
   A．教学过程具有育人功能，应当以培养学生的道德品质为主
   B．教学过程需要教师正确引导学生的思想感情、道德品质和价值观
   C．教学过程就是教育过程，教学和教育是一回事
   D．教学过程就是传授知识的过程
9. 孔子对于教学过程基本阶段的表述是（　　）。
   A．学、思、行相统一
   B．博学之、审问之、慎思之、明辨之、笃行之

C．模仿、理论、练习三段法

D．明了、联想、系统、方法四阶段

10．我国当前教学改革的主题是（　　）。

A．开发学生的职能　　　　　　B．实施素质教育

C．培养学生的道德　　　　　　D．培养合格的公民

二、辨析题

1．班级授课制是按照学生年龄和知识水平分别编成固定的班级，以"班"为单位进行教学的教学组织形式。班级的人数在50人以上时，教学效率最高、效果最好。

2．我国最早采取班级授课制的是1862年的京师同文馆。

3．教学工作的基本环节是：备课、上课、课外作业、课外辅导、学业成绩的检查与评定。其中，学生学业成绩的检查与评定是教学工作的中心环节，它决定了教学效果。

4．教学是学校实现教育任务、完成育人功能的基本途径。

5．学生个体的间接经验是学习直接经验的基础。

三、材料分析题

1．阅读下列材料，并回答问题。

张老师五十多岁，用校长的话说，是个非常有带班经验的女教师。有一次张老师在上课过程中发现班级纪律很乱，于是临时组织大家选举谁是班里的大话王。结果，班里的一个调皮的学生胡晓得票最多，得到了大话王的称号。后来只要班里纪律一乱，张老师就要组织大家选一选。班里的同学也都顺水推舟，把票都给了胡晓。于是胡晓真的变成了班里的大话王。用他自己的话说，既然大家都认为我最爱说话，那就选好了。我就是这个样子。

张老师对课堂事件的处理违背了教学的哪个规律？

2．阅读下列材料，并回答问题。

某校贾校长认为一线学校应当身体力行，践行素质教育的要求，切实减轻学生负担，让学生自主发展。学校的老师也认为，多年来在应试教育的压力下，学生学习太苦了，如同炼狱。这样的教育在素质教育和新课改大行其道的情况下应该得到改变。于是，学校的课程表悄悄地发生了变化：周一至周五上午学习语、数、外等课程，周一至周五下午根据上午的学习内容，安排两节课时间组织学生开展社会实践、观摩或自主探究活动。

根据教学规律的相关知识，你认为上述做法是否可行？

3．阅读下列材料，并回答问题。

张立从师范学院毕业了，9月初怀着激动而又忐忑的心情开始了自己职业生涯的第一课。他自我介绍说："同学们，我叫张立，是你们本学期的语文老师。请问大家应该如何称呼我？"

所有学生都异口同声地回答："张老师！"然而其中有一声很响亮的"张立"。随之而来的是学生们你看看我，我看看你，一片嘈杂之声。无意之中，不自觉地说"张立"的学生低下了头。

张立老师非常生气，因为刚做教师就遭遇了挑战，并且直呼教师姓名是非常不礼貌的。他很严厉地批评了这名同学。

如果你是张立老师，如何处理这一教学过程中的突发事件？

122

答案及解析

一、单项选择题

1. A 【解析】班级授课制效率高,有利于发挥教师的主导作用,有利于学生多方面的发展,是教学的基本组织形式。

2. C 【解析】教学是学校教育的中心工作,学校工作必须坚持以教学为主。

3. D 【解析】传授知识、培养道德,养成合格公民的确是教学过程的任务之一,但是教学过程的根本任务指向人的全面发展。

4. C 【解析】教学活动是学校教育的主要途径,但不是唯一途径,除了教学之外还有课外活动等途径。

5. A 【解析】讲授法是以语言传递为主的教学方法,发现法是以引导探究为主的教学方法,练习法以实际训练为主的教学方法。

6. A 【解析】教学过程是师与生、教与学的双边活动,师生在不断地交流和碰撞中实现知识的授受。教学过程既需要教师的指导,也需要学生的积极主动参与。

7. B 【解析】教学工作的中心环节就是上课,要提高教学质量,就必须上好课。

8. B 【解析】教学过程具有育人功能,应当培养学生的德智体美劳全面发展;教育是教学的上位概念,教育包含教学;教学过程承载着多种任务,不只是传授知识的过程。

9. A 【解析】博学之、审问之、慎思之、明辨之、笃行之是《中庸》关于教学过程阶段的表述;模仿、理论、练习三段法是昆体良对于教学过程阶段的表述;明了、联想、系统、方法四个阶段是赫尔巴特对教学过程的划分。

10. B 【解析】实施素质教育是我国社会、经济发展对教育的客观要求,是我国当前教学改革的主题。

二、辨析题

1. 【答案要点】

此说法是错误的。班级授课制是根据年龄或知识程度把学生编成固定的班级,由教师按教学大纲规定的内容和固定的教学时间表对全班学生进行教学。班级的人数固定,一般是30—50人时能够兼顾到教学效果和效率的平衡,如果班级人数过多,在很大程度上会影响教学效果。

【解析】本题考查的是对班级授课制的理解,班级授课制是教学的基本组织形式,教师资格考试大纲要求"了解教学组织形式的内容及要求"。

2. 【答案要点】

此说法是正确的。在16世纪的西欧就出现了班级授课制的萌芽,夸美纽斯在总结以往教学经验的基础上,在《大教学论》中系统阐述了班级授课制。班级授课制在我国兴起的时间是1862年,当时的北京京师同文馆是第一家使用班级授课制的教育机构;在清政府颁布《钦定学堂章程》后,才在全国广泛推广。

【解析】此题考查的是班级授课制的发生、发展历史。

3. 【答案要点】

此说法错误。教学工作的基本环节是:备课、上课、课外作业、课外辅导、学业成绩的检查与评定。教学工作的中心环节就是上课,要提高教学质量,就必须上好课。学业成绩的检查与评定指的是教学过程中教师根据教学目标检查和测试教学效果,对教学过程进行调节、控制,帮助教师改进教学,鼓励学生提高学习成绩的一个重要环节。

【解析】此题考查的是教学工作的基本环节。教师资格考试大纲的要求是"掌握教学工作的基本环节及要求"。

4．【答案要点】

此说法是正确的。教学是学校教育最主要、最基本的方面，是学校的中心工作，也是实现培养目标的最基本途径。学校教育工作必须以教学为重心，这是由教育活动本身的客观规律决定的。

【解析】此题考查的是教学的地位和意义。教师资格考试大纲的要求是"理解教学的意义"。

5．【答案要点】

此说法错误。学生的直接经验是学习间接经验的基础，学校要以间接经验为主组织教学活动。教学的顺利实施必须以学生已有的直接经验为基础，启发学生将已有的感性经验与书本知识建立逻辑联系。

【解析】此题考查的是教学规律中"间接经验与直接经验相统一的规律"。教师资格考试大纲的要求是"熟悉和运用教学过程的基本规律"。

三、材料分析题

1．【答案要点】

张老师的做法违背了传授知识与思想教育相统一的教学规律。

教学具有教育性，教学过程既是系统传授和学习科学文化知识的过程，又是学生在掌握知识的基础上接受思想品德教育的过程。一直以来"教书"和"育人"都是教学过程中相辅相成的两个方面，两者具有紧密的联系，处理好两者之间的关系非常重要。张老师为了维持教学纪律，用刺伤学生自尊心的方法，轻易给学生打上不良的烙印，这种做法不具备教育性，违背了传授知识与思想教育相统一的教学规律。

【解析】

本题考查的是教学规律中的传授知识与思想教育相统一的规律。教师资格考试大纲的要求是"熟悉和运用教学过程的基本规律，并能够分析和解决中学教学实际中的问题"。

2．【答案要点】

上述做法是可行的，它符合了间接经验与直接经验相统一的教学规律。

学生的学习内容包括两方面的经验：一是直接经验的获取，学生通过亲身感受体验、实践探索获得直接经验；二是间接经验的获取，主要指人类长期积累的优秀的科学文化知识，多数间接经验是以书本知识的形式呈现的，也包括电视、录像带和磁带等。

学校教学要以间接经验为主组织学生学习，学生个体的直接经验是学习间接经验的基础，要避免忽视间接知识传授或直接经验积累的偏向。

【解析】

本题考查的是教学规律中的间接经验与直接经验相统一的教学规律。教师资格考试大纲的要求是"熟悉和运用教学过程的基本规律，并能够分析和解决中学教学实际中的问题"。

3．【答案要点】

应当本着教师主导作用与学生主体作用相统一的规律和知识传授与思想教育相统一的规律来处理这一教学事件。

教师不可以用简单的批评来将事件复杂化，而是应当在不影响教学进度的前提下，将这件事情当作对学生进行思想教育的契机。例如：

师：开学的第一节课就有学生直呼我姓名，我很幸运啊。

生：哄笑。

师：名字就是让人叫的嘛，不然起名字有什么用！对不对？

生：对！

师：但是，同学们，无论什么时候直呼老师和家长的名字都是不礼貌的。我理解，你们喊我名字说明了一个问题，那就是大家希望与我倾心交朋友，让我放下老师的严肃面孔，给我一个提示。我会努力和大家沟通好、交流好，做大家的知心朋友！

生：谢谢张老师！

师：同学们，你们做好上课准备了吗？

生：做好了！

【解析】

本题考查的是教学规律中的教师主导作用与学生主体作用相统一的规律和知识传授与思想教育相统一的规律。教师资格考试大纲的要求是"熟悉和运用教学过程的基本规律，并能够分析和解决中学教学实际中的问题"。

第四章 中学生学习心理

● 大纲表述

1. 了解感觉的特性；理解知觉的特性。
2. 了解注意的分类，掌握注意的品质及影响因素；了解记忆的分类，掌握遗忘的规律和原因，应用记忆规律促进中学生的有效学习。
3. 了解思维的种类和创造性思维的特征，理解皮亚杰认知发展阶段论和影响问题解决的因素。
4. 了解学习动机的功能，理解动机理论，掌握激发与培养中学生学习动机的方法。
5. 了解学习迁移的分类，理解形式训练说、共同要素说、概括化理论、关系转换理论、认知结构迁移理论，掌握有效促进学习迁移的措施。
6. 了解学习策略的分类，掌握认知策略、元认知策略和资源管理策略。
7. 理解并运用行为主义、认知学说、人本主义、建构主义等学习理论促进教学。

● 大纲解读

1. 内容来源

本章内容属于心理学领域。第一节认知过程属于普通心理学的内容，在普通心理学教材中通常在前几章予以介绍。第二节学习理论、第三节学习动机、第四节学习迁移、第五节学习策略属于教育心理学的内容，通常被纳入到教育心理学教材的学习心理部分。

2. 内容分析

在教育心理学教材中的学习心理部分一般包括学习理论、学习动机、学习策略和学习迁移等部分。学习理论主要介绍在科学教育心理学诞生后的一百多年的时间中所产生的有影响的学习理论，这些理论从不同视角对学习实质、学习过程、学习动机、学习迁移、学习策略等学习心理的核心问题进行了详细的阐述，这些观点对于今天的教育教学仍有启示意义。学习动机和学习策略是学习心理的两大主题，一个旨在探讨学生愿不愿学习的问题，一个旨在探讨学生会不会学习的问题。各种学习理论对这两大主题都有一定的论述。学习迁移这一部分主要探讨的是"举一反三""融会贯通"的问题，每一种学习理论都论述了学习迁移问题，这一部分又单独列出深入探讨，是因为学习迁移亦是教育心理学中的重要主题。

一般在教育心理学的教材中不会包括"认知过程"这一部分内容，这是因为心理学专业和教育学专业的学生首先要学习普通心理学的课程，"认知过程"是普通心理学的重要内容，是学习"学习心理"的基础。教师资格考试大纲的《教育知识与能力》部分将"认知过程"和"学习心理"这两部分内容整合在一起。大纲中，皮亚杰的认知发展阶段被纳入到"认知过程"这部分内容中，本章在第一节认知过程中不予介绍。因为大纲的"中学生发展心理"部分中亦提到了认知发展理论，而皮亚杰的认知发展阶段论在"中学生发展心理"中介绍更为合适，因此，这部分内容在本章中不再赘述，而将在下一章中进行详细介绍。

3. 内容结构

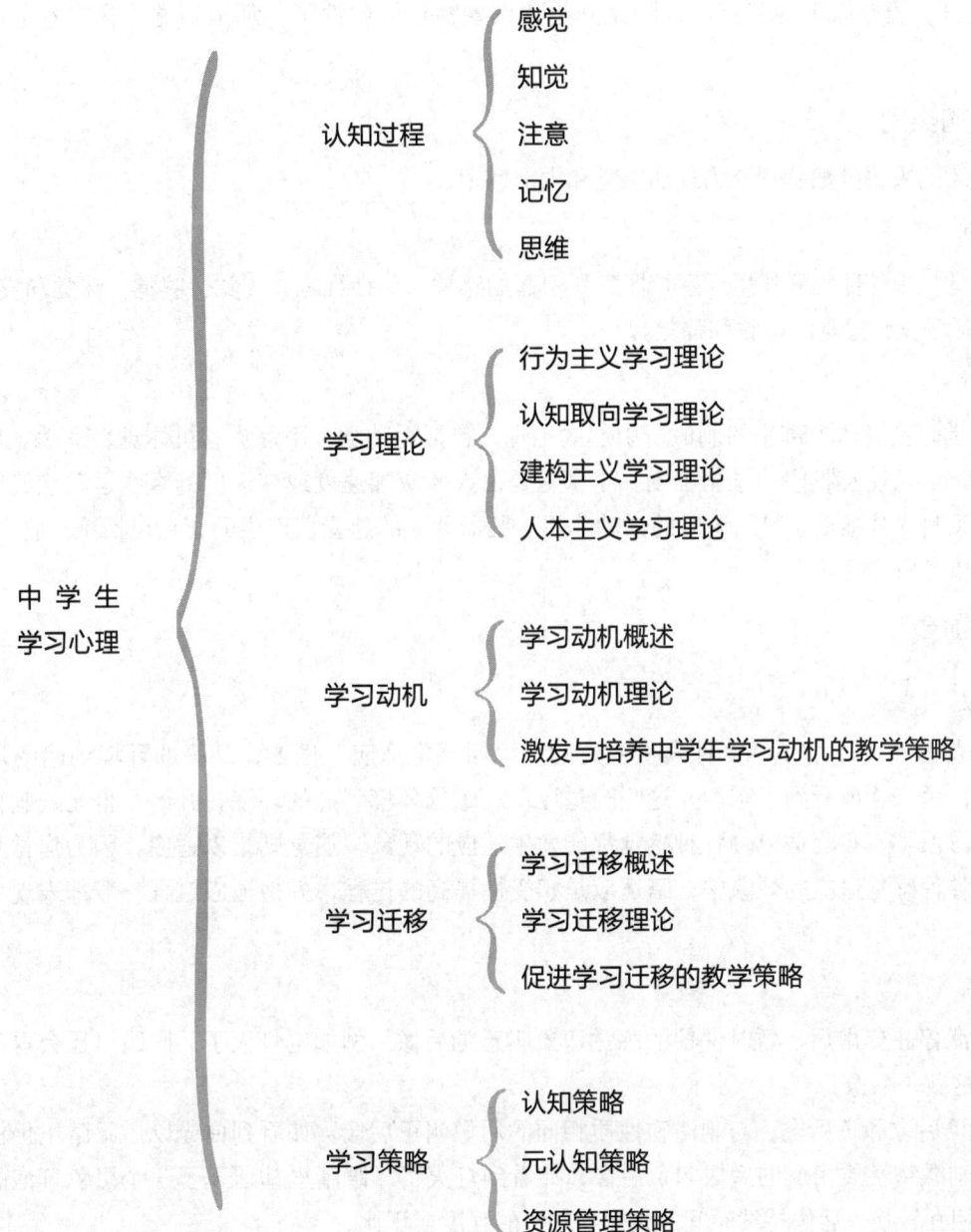

● 学习内容

第一节 认知过程

一、感觉

(一)感觉的定义

作为心理学的专业术语,感觉是指人脑对直接作用于感觉器官的客观事物个别属性的反映。外部世界的刺激是复杂的,我们的感官对于这些刺激的单一属性的最初的认识就是感觉。单一属性指的是刺激的某一属性,如颜色、味道、形状等,而就颜色、味道、形状等属性来说,也是指单一的颜色、单一的味道、单一的形状,也就是说,单一属性就是最简单的刺激单元。最初的认识指的是从时间上来说，外界刺激刚刚进入感觉器官，大脑还未对复杂的刺激进行分析、加工，此时只能对刺激的单一属性进行认识，随着加工的进行，大脑就开始认识事物整体属性了，那是知觉，将在本节的第二部分进行介绍。

（二）感觉的类别

按照刺激的来源可把感觉分为外部感觉和内部感觉。

1. 外部感觉

外部感觉是由外部刺激作用于感觉器官所引起的感觉，包括视觉、听觉、嗅觉、味觉和皮肤感觉（皮肤感觉又包括触觉、温觉、冷觉和痛觉）。

2. 内部感觉

内部感觉是由身体内部来的刺激所引起的感觉，包括运动觉、平衡觉和机体觉。运动觉反映身体各部分的位置、运动以及肌肉的紧张程度。平衡觉是由人体做加速度或减速度的直线运动或旋转运动引起的。机体觉又叫内脏感觉，是由内脏的活动作用于脏器壁上的感受器产生的，它包括饿、胀、渴、窒息、恶心、便意和疼痛等感觉。

（三）感觉现象

1. 感觉适应

在外界刺激持续作用下感受性发生变化的现象叫感觉适应。例如，从亮的环境到暗的环境，开始看不到东西，后来逐渐看到了东西，这叫暗适应；从暗的环境到亮的环境，开始觉得光线刺得眼睛睁不开，很快就习惯了，叫明适应。各种感觉都能发生适应的现象，痛觉则难以适应，因为痛觉具有保护性的作用。在各种感觉适应的现象中，暗适应是感受性提高的过程，其他适应过程一般都表现为感受性的降低。

2. 感觉后像

外界刺激停止作用后，暂时保留的感觉印象叫感觉后像。例如电灯灭了，眼睛里还会看到亮着的灯泡的形状，这就是后像。

后像分正后像和负后像。与刺激物性质相同的后像叫正后像，如看到白光以后眼睛里仍保留着白光的感觉。与刺激物性质相反的后像叫负后像，如看到灯灭了，眼睛里却留下了一个黑色灯泡的形象。正负后像可以相互转换。后像持续时间的长短与刺激的强度成正比。

3. 感觉对比

感觉的对比是指感受器不同部位接受不同刺激，对某个部位的强刺激会抑制其他邻近部位的反应，不同部位的反应差别会被加强的现象。

感觉对比有同时对比和先后对比两种。两种感觉同时发生所形成的对比叫同时对比，如明暗相邻的边界上，看起来亮处更亮，暗处更暗了（即马赫带现象），这是明度的对比；又如，绿叶陪衬下的红花看起来更红了，这是彩色对比现象，彩色对比的效果是产生它的补色。两种感觉先后发生所形成的对比叫先后对比，如吃完苦药以后再吃糖觉得糖更甜了；从冷水里出来再到稍热一点的水里觉得热水更热了。

4. 联觉

一种感觉的感受器受到刺激时，在另一感觉道也产生了感觉的现象叫联觉。如红色看起来觉得温暖，蓝色看起来觉得清凉。

二、知觉

（一）知觉的定义

知觉是人脑对直接作用于感觉器官的客观事物的各个部分和属性的整体的反映。它是各种感觉器官协同活动的结果，并受人的知识经验和态度的制约。同一物体，不同的人对它的感觉是相同的，但对它的知觉却会有差别。例如，看到一把椅子、听到一首乐曲就属于知觉现象。

（二）知觉的基本特性

1. 整体性

人在过去经验的基础上，把事物的各个部分、各种属性结合起来，使知觉成为一个统一的整体的特性。例如，我们在观看体育比赛时会将穿同样队服的运动员知觉为一个整体。

2. 选择性

我们每时每刻所接触的刺激是海量的，人总要根据自己的需要，把一部分事物当作知觉的对象，知觉得格外清晰，而把其他对象当作背景，知觉得比较模糊，这种有选择地知觉外界事物的特性叫作知觉的选择性。被我们选为知觉对象的称之为图形，其他部分称之为背景。图形和背景是可以发生变化的。双关图形就能说明图形和背景是可以相互转化的。

3. 恒常性

在一定范围内，知觉的条件发生了变化，而知觉的映象却保持相对稳定不变的知觉特性叫知觉的恒常性，简称常性。例如，在不同距离看同一个人，尽管他在视网膜上的映象的大小有了变化，但对他的高矮的知觉却可保持不变，这是大小恒常性。除了大小具有恒常性外，颜色、明度、形状也都具有恒常性。知觉常性具有十分重要的意义，使我们对外部世界有较为稳定的认识。

4. 理解性

在知觉外界事物时，人们总要用过去的经验和知识基础对其加以解释，知觉的这种特性叫作知觉的理解性。因此，对于相同的事物，每个人由于经验和知识基础不同，会有不一样的知觉结果。

三、注意

（一）注意的定义

注意是心理活动或意识对一定对象的指向和集中。指向性是指由于能力的限制，心理活动不能同时指向所有的对象，而只能选择某些对象，舍弃另一些对象，因此注意的指向性是指心理活动或意识在一定方向上进行活动。集中性是指心理活动能全神贯注地聚焦在所选择的对象上，即心理活动或意识在一定方向上的紧张度和强度。注意能使所选择的对象处于心理活动或意识的中心，并加以维持，从而能够对其进行有效的加工。

注意不是一种心理过程，而只是伴随着心理活动的一种状态。因为它并不反映任何事物和事物的任何属性，离开了心理过程，注意也就不存在了。

（二）注意的类别

根据引起注意及维持注意的目的是否明确和意志努力程度的不同，可以将注意分为不随意注意、随意注意和随意后注意。

1. 不随意注意

不随意注意是指事先没有目的也不需要意志努力维持的注意，又叫无意注意。不随意注意这个称呼强调了此类注意不需要意志努力，"不随意"中的"意"是"意志"的意思。无意注意这个称呼强调了没有明确的目的维持此类注意，"无意"中"意"是"意图"的意思。强度大的、对比鲜明的、突然出现的、变化运动的、新颖的刺激容易引起不随意注意。

2. 随意注意

随意注意是指有预定目的、需要付出一定意志努力才能维持的注意，又叫有意注意。它是在无意注意的基础上发展起来的，是人所特有的一种心理现象。对于学习和工作来说，它有较高的效率。活动的目的与任务、对活动的兴趣和认识、人的知识经验、活动的组织、人的性格及意志品质等因素会影响随意注意。

3. 随意后注意

随意后注意是一种既有目的又无需意志努力的注意，又叫有意后注意，它一般是在有意注意的基础上发展起来的，兼有不随意注意和随意注意两方面的某些特点。例如，刚开始学习某门学科的时候，不得不付出很大努力去学习，这是随意注意，随着对学习对象的熟悉和兴趣的增加，这时即使不花费多大的意志努力，学习也能继续维持下去，这就成了随意后注意。

（三）注意的品质

1. 注意的广度

（1）注意广度的含义

注意广度是指在同一时间内，意识所能清楚地把握的对象的数量，又叫注意的范围。

（2）影响注意广度的因素

注意的范围受制于刺激的特点和任务的难度等多种因素，简单的任务下视觉注意的广度大约是 7 ± 2 个单位；互不关联的外文字母的注意广度是 4—6 个。

此外，被注意的对象越集中，排列得越有规律，注意的广度也越大。

2. 注意的稳定性

（1）注意稳定性的含义

注意的稳定性是指注意在一定时间内相对稳定地保持在注意对象上，这是注意在时间上的特征。但是，在稳定注意的条件下，感受性也会发生周期性地增强和减弱的现象，这种现象叫作注意的起伏，或注意的动摇。和注意的稳定性相反的注意品质是注意的分散。注意的分散是指注意离开了心理活动所要指向的对象，被无关的对象吸引去的现象。

（2）影响注意稳定性的因素

刺激物的强度和持续时间、刺激物在时间和空间上的确定性、活动内容和活动方式的多样化、对活动结果的了解程度、个体本身的身体状态、个体的情绪和态度等因素影响注意的稳定性。

3. 注意的转移

（1）注意转移的含义

由于任务的变化，注意由一种对象转移到另一种对象上去的现象。注意的转移不同于注意的分散，转移是根据任务的要求，分散则离开了当前的任务。

（2）影响注意转移的因素

注意转移的速度和质量，取决于前后两种活动的性质和个体对这两种活动的态度。

4. 注意的分配

（1）注意分配的含义

注意的分配是指在同一时间内，个体把注意指向于不同的对象，同时从事着几种不同的活动。

（2）影响注意分配的因素

能够分配注意的条件是，所从事的活动中必须有一些活动是非常熟练的，甚至已经达到了自动化的程度。通常，人们是在不同的感觉通道间分配注意，如边听课边记笔记，如果两种任务要求用同一类心理操作来完成，则很难进行注意分配。

四、记忆

（一）记忆的定义

记忆是过去的经验在头脑中的反映。

记忆分为三个阶段，即识记、保持、回忆。记忆从识记开始。识记是学习和取得知识经验的过程；知识经验在大脑中储存和巩固的过程叫保持；从大脑中提取知识经验的过程叫回忆；识记过的材料不能回忆，但在它重现时却能有一种熟悉感，并能确认是自己接触过的材料，这个过程叫再认。识记是记忆的开始，是保持和回忆的前提；保持是识记和回忆之间的中间环节；回忆是识记和保持的结果，也是对识记和保持的检验，而且有助于巩固所学的知识。

从信息加工的角度来看，记忆的过程是人脑对外界信息进行编码、存储和提取的过程。

（二）记忆的种类

1. 感觉记忆、短时记忆和长时记忆

根据信息保持时间的长短，可把记忆分为感觉记忆、短时记忆和长时记忆。

（1）感觉记忆

当客观刺激停止后，感觉信息在一个极短的时间内被保存下来，这种记忆叫感觉记忆或感觉登记。它是记忆系统的开始阶段。感觉记忆的存储时间大约为 0.25—2 秒，感觉记忆的容量较大。

（2）短时记忆

短时记忆是感觉记忆和长时记忆的中间阶段，保持时间大约是 5 秒—2 分钟，存储的容量约为 7 ± 2 个单位。人们对信息的加工发生在短时记忆中，当强调短时记忆的信息加工的功能时，短时记忆被称之为工作记忆。

（3）长时记忆

长时记忆是对经过深入加工的信息的记忆，这是一种永久性的存储，保持的时间从 1 分钟以上到许多年甚至终身，其容量没有限度。

2. 形象记忆、情景记忆、语义记忆、情绪记忆和运动记忆

根据记忆内容的不同，可把记忆分为以下几种。

（1）形象记忆

形象记忆是以感知过的事物的具体形象为内容的记忆。它保持的是事物的感性特征，具有鲜明的直观性。

（2）情景记忆

情景记忆是对个人亲身经历过的、发生在一定时间和地点的事件的记忆。

（3）语义记忆

语义记忆又叫语词—逻辑记忆，是指对各种有组织的知识的记忆。情景记忆和语义记忆的分类是加拿大心理学家图尔文在1972年提出的。

(4) 情绪记忆

情绪记忆是以自己体验过的情绪和情感为内容的记忆。

(5) 运动记忆

运动记忆是以人们操作过的运动状态或动作形象为内容的记忆。

(三) 遗忘的规律

1. 遗忘的时间进程

对识记过的材料既不能回忆也不能再认的现象叫遗忘。德国心理学家艾宾浩斯对学习记忆进行了大量的实验研究，是对记忆进行实验研究的创始人。他以自己为主试和被试，用无意义音节做记忆材料，证明遗忘的进程是先快后慢的。

2. 识记材料的性质对遗忘的影响

有意义的材料比无意义的材料遗忘得慢，形象的材料比抽象的材料遗忘得慢，熟练的技能比不熟练的技能遗忘得较慢。

3. 学习的程度对遗忘的影响

识记过的材料没有一次能达到无误背诵的程度，称为低度学习；如果达到恰能成诵之后还能继续学习一段时间，称为过度学习。低度学习的材料容易遗忘，过度学习的材料比恰能背诵的材料记忆效果更好一些，研究表明150%的过度学习效果最好。

4. 材料的顺序

一般来说，系列材料的开始部分和末尾部分记忆效果好，中间部分容易遗忘。

(四) 遗忘的原因

1. 痕迹消退说

即由于时间的力量，头脑中贮存的信息慢慢减弱直至消失。尽管目前没有独特的例证来说明痕迹消退确实存在，但也没有任何一个实例来表明它不存在。

2. 干扰说

即学习前或学习后所学习的别的内容分散了对当前学习的注意力，从而造成了信息丢失。实验表明，干扰的确存在，而且有两种形式：一个是前摄抑制，指先前学习对后继学习的干扰；一个是倒摄抑制，指后继学习对先前学习的干扰。而那种在学习和回忆系列材料时把中间部分遗忘最多的系列位置效应，就是由于系列材料的中间部分同时受前摄抑制和倒摄抑制的影响。

3. 提取失败说

这种观点认为，遗忘是和提取失败有关，也就是说由于没有对贮存的信息进行充分的精加工或组织，因而找不到适当的提取线索，从而导致了遗忘的现象，信息并非真的"失去"了。

(五) 促进记忆的学习策略

1. 复习策略

(1) 及时复习

因为遗忘的规律是先快后慢，如果学过的东西过了很长时间才去复习，就已经遗忘得差不多了，这时的复习相当于重学，需要付出大量的时间和精力。作为学生，应力争做到当堂复习和当天复习，不要等到考试前才复习，搞突击、开夜车，这无异于临渴掘井，结果只能把自己搞得焦头烂额。

(2) 分散复习

即使做到了及时复习，也不能一劳永逸，复习要多次进行。许多实验证明，同样时间，分散复习优于集中复习。比如复习外语单词，早晨用30分钟集中复习，就不如早、中、晚各用10分钟分散复习效果好。需多次进行的分散复习，一开始间隔时间不宜过长，以后可以逐步加长。

(3) 阅读和尝试回忆相结合

有人通过实验证明，单纯阅读式复习课文的小组成员无论是当时回忆，还是延宕回忆，其记忆成绩都比不上阅读与尝试回忆相结合的小组成员。可见阅读与尝试回忆相结合可以使复习效果大大提高。根据实验结果，对于有意义的学习材料，阅读与尝试回忆的最佳时间比是2:3，2/5的时间用于阅读，3/5的时间用于尝试回忆。换句话说，用于尝试回忆的时间要多于用于阅读的时间。

(4) 部分与整体复习相结合

将文章从头到尾一遍又一遍地记，直至将整篇文章记熟为止，这是整体法；将文章分成几个部分，记熟一个部分，再记下一部分，直至将各个部分都记熟为止，这是部分法；如果将文章从头到尾通读一至数遍，然后再分段通读和记忆，最后再从头到尾通读，直至熟记为止，这是整体—部分—整体法，也称综合法。实验证明，综合法是复习的最佳方法，它的好处显然在于将整体法的"把握全局"与部分法的"各个击破"等优点完美结合了起来。

(5) 运用多种感官协同记忆

运用视觉、听觉、运动觉、触觉等多种感官协同记忆，比单独用一种感官效果好。这是由于运用多种感官给信息提取提供了更多线索。

2. 精加工策略

精加工策略是指人们为了更好地记住所学的东西而对学习材料做充实意义性的添加、建构和生成。开始时教师可以为学生提供精加工的示范和手段，最后要让学生自己形成自发自觉的精加工学习。教师可以使用的精加工手段有：

(1) 使用表象

表象是以类似物的形式来表征所学的内容，它表征的信息具有空间特性。研究表明，表象更节省工作记忆的容量，因为一幅表象只是工作记忆中的一个信息单位，而它所表征的可能不止一个命题。另外，表象直观，便于理解，也便于再现。需要注意的是，表象并不一定就是具体形象的材料，如一些表格和图形所表现的就是抽象材料。运用表象的一个前提性条件是学习者熟悉所学习的材料，学习者对不熟悉的异国风情的油画并不容易形成表象。

(2) 使用类比

对不熟悉的材料可采取用熟悉材料去类比的方式来促进精加工，使新旧知识联系在一起。比较典型的教学策略就是使用比较性先行组织者，把学生熟悉的内容与将要学习的新内容放在一起进行比较。在教学中，教师可以有意识地让学生自己去类推，这样的效果更好一些。

(3) 使用典型例题

虽然学习是要掌握具有一般性的内容，但从学习过程来看，典型例子（如例题、作文）的作用十分重要。研究者对典型例题影响学习的心理机制有不同的看法：一种看法是学习者记住实例，然后用实例去类推；另一种见解是学习者从例子中抽取概括出具有一般性的原理。事实上这两种情况都存在，格拉泽等人的研究表明，同样是学习物理例题，高成绩组的学生自己对例子进行了一些原理性的解释，而低成绩组则只是参照例题。因此教学中应促进的是从例子中抽取一般性的原理，所以选择具有关键特征的典型例题非常重要，并且教师要指导学生发现例题中所包含的原理。

（4）其他精加工策略

教师还可使用向学生提出分析和思考所学材料的问题、让学生用自己的话解释学习材料、围绕对例子的分析和应用进行教学、让学生动手实践等手段，帮助他们积极参与学习活动，促进他们对知识的精加工。

3. 学生要把新知识及时组织和系统化

建构合理、结构清晰、组织优化的知识结构，不仅是学习新知识的良好工具，也是知识能够被顺利高效地提取和运用的有力保障。因此教学过程中要使学生把系列的知识组织起来，构成相互联系的知识体系。具体的方法有：

（1）概念图

概念图是一种由各概念单元（通常用圆圈圈起来）及它们之间的相互关系（通常用线和单词或短语表示）所构成的图解。概念图是网联策略的一种。

若学生在学习中遇到许多概念，这些概念间又存在着各种各样的关系，就可以利用概念图的方式对这些信息进行组织，来促进理解和记忆。另外，教师可以通过查看学生所画的概念图对其学习效果进行检查，并发现其知识掌握上的不足。

（2）群集策略

群集策略又叫归类法，是一种对学习材料进行归类组织，以使之便于记忆的策略。它是聚类策略的一种。

群集策略主要用于自由回忆类的学习任务。自由回忆类的学习任务就是指把所学内容回忆出来即可，不限回忆顺序的任务。如默写中国所有省级行政区的名称就属于自由回忆类的学习任务。

以在个体发展中出现的先后顺序为归类依据，群集策略可分为四种：以音韵归类；以句法归类；以类别归类；随机归类。例如，将笑（xiào）和叫（jiào）归为一类就是按音韵归类，这种归类方法，两岁左右的幼儿就可以掌握；将男人与工作放到一类记忆，属于按句法进行的归类，常出现在3岁儿童中；将男人与男孩归为一类的属按类别归类，常出现在5岁以后的儿童中；随机归类就是根据具体情境，随机选择有效的归类依据来进行归类，这种分类的记忆效果最好。

（3）列提纲

列提纲就是将所学材料的纲目要点列成提纲以促进对材料的学习的一种组织策略。它是概括策略的一种。列提纲有助于对细节的回忆，能收到纲举目张的效果。

列提纲可以按下列步骤进行：学习研究材料，理解其基本思想，并确定自己的学习目标；根据学习目标，勾画或摘录教材的要点或重点部分；考虑材料之间的关系，确定提纲；复述提纲，使用提纲解答问题。

五、思维

（一）思维概述

1. 思维的定义

思维是人脑借助于语言、表象或动作实现的对客观事物间接的、概括的反映，它能认识事物的本质特征和事物之间的内在联系。人的思维具有概括性和间接性两个基本特征。思维的概括性表现在它可以把一类事物的共同特征和规律抽取出来，形成概括性的认识。例如，从众多物体中抽取出它们的数量形成数的概念。思维的间接性是指人们借助于一定的媒介和一定的知识经验对客观事物进行间接的认识，对没有直接作用于感觉器官的客观事物（早起看到地上湿了，判断出昨天晚上下雨了），甚至是根本不能直接感知到的客观事物（如原子核内部的结构）进行反映，对没有发生的事件做出预见（如预测天气的变化）。

2. 思维的过程

（1）分析与综合

分析是在头脑中将事物分解为各个部分或各个属性的过程；综合是在头脑中将事物的各个部分、各种属性结合起来，形成一个整体的过程。分析和综合是思维的基本过程，又是思维过程的两个不可分割、相互联系的方面。

（2）比较

比较是对事物进行对比，确定它们之间的共同点和不同点以及它们之间的关系的过程。

（3）抽象与概括

抽象是在思想上把事物的共同属性和本质特征抽取出来，并舍弃其非本质的属性和特征的过程；概括就是把抽取出来的共同属性和特征结合在一起的过程。

3. 思维的种类

（1）直观动作思维、形象思维与逻辑思维

根据思维的形态，可以把思维分为直观动作思维、形象思维和逻辑思维。直观动作思维，又称实践思维，它面临的思维任务具有直观的形式，解决问题的方式依赖于实际的动作。形象思维是指人们利用头脑中的具体形象来解决问题的思维类型。逻辑思维是指人们运用概念、理论知识来解决问题的思维类型。

（2）辐合思维与发散思维

按照探索问题答案的方向的不同，可将思维分为辐合思维和发散思维。辐合思维是指按照已知的信息和熟悉的规则进行的思维。发散思维是指沿着不同的方向探索问题答案的思维。

（3）直觉思维和分析思维

根据思维活动的直觉性和严密性程度，可将思维分为直觉思维和分析思维。直觉思维是人们在面临新的问题、新的事物和现象时，能迅速理解并做出判断的思维活动。分析思维也就是逻辑思维，它是在面临问题时遵循严密的逻辑规律，逐步推导，最后得出合理结论的思维活动。

（4）常规思维与创造思维

按照思维活动及其结果的新颖性，可将思维分为常规思维和创造思维。常规思维是指人们运用已获得的知识经验，按现成的方案和程序直接解决问题的思维活动。创造思维是面临问题时重新组织已有的知识经验，提出新的方案或程序，并创造出新的思维成果的思维活动。

4. 思维的形式

（1）想象

想象是对头脑中已有的表象进行加工改造、形成新形象的过程，这是一种高级的认识活动。

（2）概念

概念是人脑对客观事物的本质特征的认识。事物的本质特征是决定事物的性质，并使一事物区别于其他事物的特征。

（3）推理

推理是指从具体事物或现象中归纳出一般规律或者根据一般原理推出新结论的思维活动。

(4) 问题解决

问题解决是指在问题情境中超越对所学原理的简单运用，对已有知识、技能或概念、原理进行重新改组，形成一个适应问题要求的新的答案或解决方案。

（二）问题解决

1. 问题解决的过程

(1) 理解与表征问题

要解决问题，首先要弄清楚问题是什么，理解问题情境中信息的含义，并以恰当的符号表征问题。

(2) 选择方法

弄清楚问题是什么之后，就要选择合适的方法解决问题。解决问题的方法有两种类型，分别是算法和启发法。

①算法

算法就是指具有解决此类问题的一系列特定步骤（在教学中往往以公式、定律的组合形式体现），或可对问题进行穷尽一切可能的尝试。清楚规定的问题主要通过算法来解决。无论是简便的公式，还是穷尽一切可能的尝试，算法总能保证问题一定能够得到解决。

②启发法

启发法是指凭借经验尽快地找出一条或多条有效地解决问题的途径而不管是否还有其他途径的问题解决的方法。含糊规定的问题往往用"启发法"。算法不能取代启发法，这是因为有些问题没有算法或尚未发现算法，另外，一些问题虽然有算法，但不如启发法迅速简捷。

主要的启发法有手段—目的分析、逆推法、类推法、爬山法等。手段—目的分析是指将目标划分为许多子目标，将问题划分为小问题后，寻求解决每一个子问题的手段的方法。逆推法是指从目标状态开始逐步递推到初始状态的方法。当从初始状态出发有几条路径可走，但只有一条能达到目标状态时，适合采用该法，如解决几何问题。类推法是指联系以前使用过的方法寻求解答的方法。爬山法是指从起始点出发，逐渐逼近目标的方法。

(3) 执行方案

也就是尝试解答。在这个阶段，或者是把资料放入前一阶段已确定了的算法里，答案自然就获得了；或者是选择执行启发法，结果却很难预期。

(4) 评价结果

当某个解决问题的方案选定并执行之后，还需对问题解决的结果进行核查，以确定问题是否真的解决了。如果有证据表明，问题解决的结果不可靠，就要重新开始问题解决的过程，如果核查结果表明，问题真的解决了，本次问题解决的过程到此就结束了。

2. 影响问题解决的因素

(1) 问题情境因素

①情境刺激的特点

即刺激呈现的方式，如刺激间的距离、位置、时间顺序以及它们之间的关系等。

②定势

定势是由心理操作形成的模式所引起的心理活动的准备状态。也就是人们在过去经验的影响下，解决问题时的倾向性。在问题解决中，定势的影响既可能是积极的，也可能是消极的。积极的影响表现为，解决类似问题时采取惯用方式的倾向能提高解题效率；消极的影响表现为，限制形成假设和解决方案的范围，使解题方法或方向固定化。

③酝酿效应

当人们反复探索问题而仍没有结果时，暂时将问题搁置一段时间后再去研究时，问题就能较快得到解决。这种现象称为酝酿效应。

④功能固着

这是一种从物体的正常功能的角度来思考物体的定势，也就是人们把某种功能赋予某种物体的倾向性。

(2) 个人因素

①有关的知识经验

解决问题者是专家还是新手，有无丰富的相关知识，不仅影响着解题者如何理解问题与能否形成恰当的问题表征，而且影响着他为解题而确立的方向、选择的方法以及解题的速度等。一般来说，知识经验越多，解决问题就越容易。

②智力水平与认知特点

智力中的推理能力、理解力、记忆力、分析能力等对问题解决有重要影响；认知特点，即对问题的敏感性、灵活性、冲动性、反省性等，也影响着问题解决的进程。

③个性倾向性与性格特征

个体的动机、兴趣、意志力、勤奋、创造精神等品质都直接影响问题解决的效率。

（三）创造性与创造性思维

1. 创造性的概念

创造性，也叫创造力，是根据一定目的和任务，运用已知信息，产生出具有社会或个人价值并具有新颖独特成分的产品的一种能力品质。创造力所表现的行为是问题解决的最高形式。

2. 创造性的基本结构

创造性是由多种心理因素构成的复合体，其心理结构具有多维性，主要包括创造性认知品质、创造性人格品质和创造性适应品质。创造性认知品质是指创造性心理结构中与认知加工有关的部分，它是创造性心理活动的核心，主要包括创造性想象、创造性思维和创造性认知策略三个方面。创造性人格品质是有创造性的人所具有的个性品质，包括创造性动力特征、创造性情意特征和创造性人格特质等。创造性适应品质是指个体在其创造性认知品质和创造性人格品质的基础上，通过与社会生活环境的交互作用，表现出来的对外在社会环境进行创造性的操作应对，对内在创造过程进行调试的创造性行为倾向。

3. 创造性思维的特征

创造性思维是创造性认知品质的核心，是指用超常规方法，重新组织已有知识经验，产生新方案和新成果的心理过程。创造性思维具有流畅性、灵活性和独创性等三个特征。流畅性体现了创造性思维能够迅速产生观念的特点，灵活性体现了创造性思维产生的观念具有多样性的特点，独创性则体现了创造性思维产生的观念具有新颖性的特点。

第二节 学习理论

一、行为主义学习理论

行为主义的学习理论强调可观察的行为，认为学习的结果是形成刺激与反应的联结，即 S—R。巴甫洛夫的经典条件反射学说、华生的行为主义观点、桑代克的联结主义、斯金纳的操作条件反射学说以及班杜拉的社会学习理论可囊括在行为主义学习理论的范畴。这些理论从不同角度阐述了S—R的形成过程。

（一）巴甫洛夫的经典条件反射学说

巴甫洛夫（1849—1936），苏联生理学家、心理学家、医师、高级神经活动学说的创始人，高级神经活动生理学的奠基人，条件反射理论的建构者，也是传统心理学领域之外对心理学发展影响最大的人物之一，曾荣获1904年诺贝尔生理学和医学奖。

1. 经典实验

巴甫洛夫在研究狗的消化生理现象时，把食物呈现在狗面前，并测量狗的唾液分泌量。通常狗吃食物时才会分泌唾液，然而，巴甫洛夫偶然发现狗尚未吃到食物，只是听到送食物的饲养员的脚步声，便开始分泌唾液。巴甫洛夫没有放过这一现象，他开始做一个实验。先给狗听一个铃声，狗没有反应，然而在给狗铃声之后紧接着呈现食物，并经反复多次结合后，单独听铃声而没有食物，狗也"学会"了分泌唾液。铃声与无条件刺激（食物）的多次结合使其变成了一个条件性刺激，引起了分泌唾液的条件性反应，巴甫洛夫将这一现象称为条件反射，美国学者将之称为条件作用。

在巴甫洛夫的实验中，他将引起唾液分泌的刺激（指食物）称为无条件刺激（unconditioned stimulus，UCS），将食物引起的唾液分泌称为无条件反应（unconditioned response，UCR），将食物之外的刺激称为条件刺激（conditioned stimulus，CS），食物之外刺激引起的反应称为条件反应（conditioned response，CR）。实验的过程可用下表表示：

表4—1 条件反射过程的阶段

阶段	刺激	反应
1	UCS（食物）	UCR（唾液）
2	CS（铃声），然后UCS（食物）	UCR（唾液）
3	CS（铃声）	CR（唾液）

2. 基本观点

（1）习得律

条件反射是通过条件刺激反复与无条件刺激相匹配，从而使个体学会对条件刺激做出条件反应的过程建立起来的，在刺激物的呈现时间上，条件刺激物的呈现时间要早于无条件刺激物的呈现时间。

（2）消退律

在条件刺激建立以后，如果条件刺激重复出现多次而没有无条件刺激相伴随，则条件反应会变得越来越弱，并最终消失。

（3）自发恢复

经过一段时间后，如果再次呈现条件刺激，条件反应又重新出现，这种现象被称为自发恢复。但这种自发恢复是不完全的，即不能达到原来的强度。而且，自发恢复的反射，只要有几次不伴随无条件刺激，就会迅速消退。

（4）泛化律

条件反射一旦确立，其他类似最初条件刺激的刺激也可以引起条件反射，称为泛化。泛化条件反射的强度取决于新刺激和原条件刺激的相似程度。

(5) 分化律

通过选择性配对和消退，使有机体学会对条件刺激和与条件刺激相类似的刺激做出不同反应的一种条件作用过程称为分化。

(6) 高级条件作用

在条件反射形成以后，条件刺激可以像无条件刺激一样诱发出有机体的反应。这种由一个已经条件化了的刺激来使另外一个中性刺激条件化的过程，叫作高级条件作用。换言之，原来的条件刺激可以在后来的尝试中起无条件刺激的作用。例如，狗在对铃声形成唾液分泌反射之后，把铃声（CS1）与灯光（CS2）配对，也能使狗产生唾液分泌反射。狗对灯光（CS2）形成条件反射的过程，也就是高级条件作用的过程。

（二）华生的行为主义学习观

华生（1878—1958），美国心理学家，行为主义心理学的创始人。他认为心理学研究的对象不是意识而是行为，心理学的研究方法必须抛弃内省法，而代之以自然科学常用的实验法和观察法。华生在使心理学客观化方面发挥了巨大的作用。

1. 经典实验

华生运用条件反射的原理，做了一个婴儿恐惧形成的实验以证明他的观点。实验的对象是原来对兔子无任何恐惧的婴儿。在实验中，当兔子在婴儿面前出现时，同时呈现一种可怕的声音，经多次重复后，婴儿见到兔子就会感到害怕，甚至会泛化到对任何有毛的东西感到恐惧。

2. 基本观点

华生是第一位将巴甫洛夫的经典条件反射学说作为学习理论基础的美国心理学家。他主张一切行为都以经典条件反射学说为基础。他认为学习就是以一种刺激代替另一种刺激建立条件反射的过程，除了出生时具有的几种条件反射（如打喷嚏、膝跳反射）外，人类所有的行为都是通过条件反射建立新的刺激—反应联结（即 S—R 联结）而形成的。

（三）桑代克的联结主义学习观

桑代克（1874—1949），美国心理学家，动物心理学的开创者，心理学联结主义的建立者和教育心理学体系的创始人。他从 1896 年开始在哈佛大学用小鸡、猫、狗、鱼等动物为实验研究的对象，系统地研究动物的学习行为，从而提出了学习心理学中最早也最为完整的学习理论。

1. 经典实验

1898 年，桑代克做了关于猫的学习实验。他把一只饿猫关入迷笼中，笼外放有鱼和肉。笼中有一踏板用绳子和门钮连在一起，只要踏一下踏板，笼门就可打开。猫在笼中用爪抓不到食物，于是乱咬、乱蹦。后来偶然碰到踏板，笼门打开，取到食物。然后又将猫放回笼中，猫仍然需要经过乱咬、乱跳等过程才能逃到笼外，但随着实验次数的增加，猫的无效动作逐渐摒除，打开笼门所需的时间逐渐减少。最后，猫一入笼内，就能打开笼门而取得食物。由此桑代克提出了他的学习理论。

2. 基本观点

(1) 学习的实质

桑代克认为学习的实质在于形成情境与反应之间的联结，因此，桑代克的学习理论称为学习的联结说。

情境（以 S 代表）有时也叫刺激，包括外界情境和思想、情感等大脑内部情境。反应（以 R 代表）

包括"肌肉与腺体的活动"和"观念、意志、情感或态度"等内部反应。所谓联结，就是结合、关系、倾向，指的是某种情境只能唤起某种反应，而不能唤起其他反应的倾向。用"→"作为引起或导致的符号。联结的公式为：S→R。情境与反应之间是因果关系。它们之间是直接的联系，不需要任何中介。

(2) 学习的过程

桑代克认为联结是通过尝试与犯错的过程而建立的，因此桑代克的学习理论也被称为学习过程的试误说。学习的进程是一种渐进的、盲目的、尝试与犯错的过程。在此过程中，随着错误反应的逐渐减少和正确反应的逐渐增加，终于在刺激与反应之间形成牢固的联结。

(3) 学习律

桑代克用不同的动物进行实验，结果相当一致，由此，他认为联结的形成是遵循着一定规律的。桑代克提出的学习律包括准备律、练习律和效果律。准备律是指当学习者有准备而给以活动就感到满意，有准备而不活动则感到烦恼，无准备而强制以活动也会感到烦恼。练习律是指一个已形成的联结，经常使用会增强这个联结的力量，而不用（不练习）则会使联结减弱。效果律是指情境与反应之间的联结因伴随着奖赏的结果而增强，因伴随着惩罚的结果而减弱。

（四）斯金纳的操作条件反射学习观

斯金纳（1904—1990），美国心理学家，新行为主义学习理论的创始人，也是新行为主义的主要代表。

1. 经典实验

1938年，斯金纳在特制的实验箱（斯金纳箱）内研究了白鼠的学习。箱内装有一个杠杆。杠杆与传递食物的机械装置相连接，只要杠杆一被压动，一颗食丸便滚进食盘。白鼠被放进箱内，自由活动，当它踏上杠杆时，有食丸放出，于是吃到食物。它一旦再按压杠杆，食丸又滚出，反复几次，白鼠就学会了按压杠杆来取得食物的条件反射。斯金纳将这种条件反射叫作操作性条件反射，将巴甫洛夫提出的条件反射称为经典性条件反射。

2. 基本观点

斯金纳认为条件反射有两种，即经典性条件反射和操作性条件反射。巴甫洛夫的经典性条件反射是应答性（或刺激性）条件反射过程，是由已知刺激物引起的反应，是强化物和刺激物相结合的过程，强化是为了加强刺激物的；斯金纳的操作性条件反射是反应性条件反射的过程，没有已知的刺激，是有机体本身自发出现的反应，是强化物和反应相结合的过程，强化是为了增强反应的。

斯金纳认为一切行为都是由反射构成的，反射有两种，行为也必然有两种，即应答性行为和操作性行为。因此，学习也分为两种，即反射学习和操作学习。

斯金纳更重视操作学习，他认为操作行为更能代表人在实际中的学习情况，认为人的学习几乎都是操作学习。因此，行为科学最有效的研究途径是研究操作行为的形成及其规律。

操作学习的基本规律是：如果一个操作发生后，接着呈现一个强化刺激，则这个操作的强度（反应发生的概率）就增加。强化刺激又称强化物，强化物可以分为正强化物和负强化物。正强化物是令人愉悦的刺激或活动，负强化物是令人厌恶的刺激和活动。操作发生后呈现正强化物，这是正强化；操作发生后取消负强化物，这是负强化；操作发生后给予负强化物，这是正惩罚；操作发生后取消正强化物，这是负惩罚。

3. 斯金纳学习理论在教学上的应用——程序学习

斯金纳根据强化原理和教学中存在的问题，提出一种新的教学模式——程序学习。程序学习的过程是将要学习的大问题分解成若干小问题，按一定顺序呈现给学生，要求学生一一回答，然后学生可得到反馈信息。问题相当于条件反射形成过程中的"刺激",学生的回答相当于"反应",反馈信息相当于"强化物"。

程序学习的关键是编制出好的程序。为此,斯金纳提出了编制程序的五条基本原理:第一,小步子呈现原则,即把学习的整体内容分解成许多知识片段,把这些知识片段按难度逐渐增加排成序列,使学生循序渐进地学习;第二,积极反应原则,即要使学生对所学内容做出积极的反应;第三,及时强化(反馈)原则,即对学生的反应要及时强化,使其获得反馈信息;第四,自定步调原则,即学生根据自己的学习情况,自己确定学习的进度;第五,低错误率原则,即要使学生尽可能每次都做出正确的反应,使错误率降到最低限度。

斯金纳认为程序学习有如下优点:第一,学习的过程是循序渐进的;第二,学习速度与学习能力一致;第三,及时纠正学生的错误,加速学习;第四,利于提高学生学习的积极性;第五,培养学生的自学能力和自学习惯。

人们对程序学习的非议主要有三个方面:第一,使学生学习比较刻板的知识,难于培养学生的智力;第二,缺少班集体中的人际交往,不利于学生社会化;第三,忽视了教师的作用。

(五)班杜拉的社会学习理论

班杜拉(1925—),新行为主义的主要代表人物之一,社会学习理论的创始人。

1. 经典实验

(1) 抗拒诱惑实验

被试为5岁儿童,实验分为三个阶段。第一阶段,将儿童带入放有玩具的房间,让他们参观,并告诉儿童说:"这些玩具禁止玩,但可以翻字典。"第二阶段,让儿童看一部短的影片。这时,儿童被分为三组,一组为榜样奖励组,看到的影片是:一个男孩在玩一些被告知不准玩的玩具,不久,男孩的妈妈进来了,夸奖他并和他一起玩;一组为榜样训斥组,看到的影片是:男孩在玩被禁止的玩具,男孩的妈妈进入房间后,严厉训斥孩子违反禁令,男孩显出害怕的样子;第三组为控制组,不看影片。第三阶段,让每个孩子都在有玩具的房间单独呆15分钟。实验者通过单向玻璃观察发现:第一组儿童很快屈从于诱惑,约在80秒后便动手玩玩具;第二组儿童能克制7分钟,有的甚至坚持完15分钟而不去玩玩具;第三组即控制组儿童平均克制约5分钟。

这一实验说明抗拒诱惑的行为也可以通过对榜样的观察进行学习和改变。而且,榜样具有替代强化的作用,儿童不必直接受到强化,只要观察榜样受到奖励或惩罚,就能受到间接的替代强化,从而做出相应的反应。

(2) 踢打充气娃娃实验

学前儿童观看一场电影,在电影中,一个人正在踢打一个充气娃娃。第一组儿童看到那个人因为这种行为受到奖励,第二组儿童看到那个人受到惩罚,第三组没有看到任何结果。看完电影后,这些儿童被带到摆有充气娃娃的房间。结果发现,第一组儿童攻击行为最多;第二组儿童攻击行为最少,但是如果他们被告知,模仿电影中的人踢打充气娃娃可得到奖励,他们就会将攻击行为表现出来。第三组的攻击行为多于第二组,少于第一组。

这一实验表明尽管学习已经发生了,但除非情境是合适的或者有引起行为的刺激,否则是不会表现出来的。外在强化或学习者对即将出现的后果的预期会影响表现而不是学习。

2. 基本观点

班杜拉认为儿童的社会性行为是通过对他们生活中他人行为的观察而获得的。观察学习是社会学习的一种最重要的形式。所谓观察学习是指通过观察他人的行为及其后果而发生的替代性学习。

观察学习可分为四个阶段进行，即注意过程、保持过程、运动再现过程和动机过程。在注意过程，学习者注意榜样行为的重要特征，加以正确知觉与选择。在保持过程，学习者把榜样的示范行为象征化，以映象或言语符号的形式保存在记忆中。在运动再现过程，学习者把象征性表象转化为行为。在动机过程，学习者受到强化，使运动再现过程得以发生。所以，这四个阶段并不是依次进行的，动机过程可能发生在运动再现过程之前，班杜拉如此论述，是因为其理论受到斯金纳的影响，将强化的过程放在操作之后。

班杜拉提到的强化分为外部强化、替代强化和自我强化三种。外部强化是对学习行为的一种直接强化，即个体做了某件事情受到他人的强化；替代强化是一种榜样替代的强化，即个体看到榜样做了某件事情受到了强化就好像自己也受到了强化；自我强化是依据自我评价的个人标准对自己的行为进行的自我肯定或自我批判。

二、认知取向学习理论

认知取向学习理论强调整体观，注重人的内部心理过程，注重学习过程中内部心理结构、认知结构或图式的建构。格式塔学派的学习理论、托尔曼的认知—目的说、布鲁纳的认知—发现说、奥苏伯尔的有意义学习理论均可作为认知取向学习理论的代表性学说。

（一）格式塔学派的学习理论

格式塔学派又名完形学派，1912年产生于德国，代表人物包括韦特海默、考夫卡和苛勒。这一学派的学习理论是在研究知觉问题时，针对桑代克的学习理论提出来的。他们强调经验和行为的整体性，反对行为主义的"刺激—反应"公式，于是他们重新设计了动物的学习实验。

1. 经典实验

苛勒（1887—1967），德国著名的心理学家，格式塔心理学的创始人之一。苛勒从1913—1917年在一个岛上对黑猩猩的问题解决行为进行了一系列的实验研究。在一个典型的实验中，把黑猩猩关在笼中，笼外放有香蕉和一长一短的两只木杆。黑猩猩在笼内不能直接抓到香蕉。黑猩猩用"手"抓香蕉失败后，停止活动，四处张望，若有所思。之后，它突然起身，用短杆取得长杆，再用长杆够到了香蕉。这一系列动作是一气呵成的。由此，苛勒认为，黑猩猩对问题的解决是由于突然领悟即顿悟而实现的，学习不是逐渐地试误过程，而是对知觉经验的重新组织，是对情境关系的顿悟。

2. 基本观点

（1）学习的实质

格式塔学派认为，学习是组织一种完形。完形或称"格式塔"指的是事物的式样和关系。学习过程中问题的解决，是通过对情境中事物关系的理解而构成一种完形来实现的。黑猩猩在实验情境中发现关系（木杆是获得香蕉的工具），从而弥补缺口，构成完形，问题得以解决。

（2）学习的过程

格式塔学派认为学习的成功和实现完全是"顿悟"的结果，即突然地理解了，而不是"试误"的过程。顿悟是对情境全局的知觉，是对问题情境中事物关系的理解，也就是完形的组织过程。

格式塔学派用来证明学习过程是领悟而非试误的主要证据有两个：第一，大猩猩从不能到能之间发生了突然的转变；第二，学到的东西能良好地保持，而不是重复出现错误。他们指出，由于桑代克所设置的问题情境不明确，从而导致了盲目地尝试错误学习。

（二）托尔曼的认知—目的说

托尔曼（1886—1959），美国心理学家。托尔曼认为自己是一名行为主义者，他坚持主张理论要用完全客观的方法检验，然而许多人认为他是研究动物学习行为最有影响的认知主义者。他提出中间变量的概念，认为在刺激和环境之间存在中间变量，因此他将行为主义 S—R 公式修改为 S—O—R。

1. 经典实验

（1）期待实验

训练两组白鼠走迷津。甲组白鼠到达目的箱后得到的是葵花籽，乙组白鼠得到的是麦芽糖。结果出现的情况如图 4—1 所示。看来，麦芽糖比葵花籽更受欢迎，因为乙组白鼠跑得比甲组更快些。但训练 10 天后，实验者把两组白鼠的食物对换了一下，即现在甲组获得的是麦芽糖，而乙组获得的是葵花籽。如图所示，两组白鼠则表现出一种明显的对比效应，即原来吃得好、现在吃得差的乙组比原来跑得慢了，而原来吃得差、现在吃得好的甲组比原来跑得更快了。这表明，在有机体的预期没有实现的情况下，即奖励物不如预期的奖励物时，不仅不能保持原有的操作水平，而且还会降低操作水平。在托尔曼看来，有机体对特定目标具有某种预期，这几乎是没有什么疑问的。

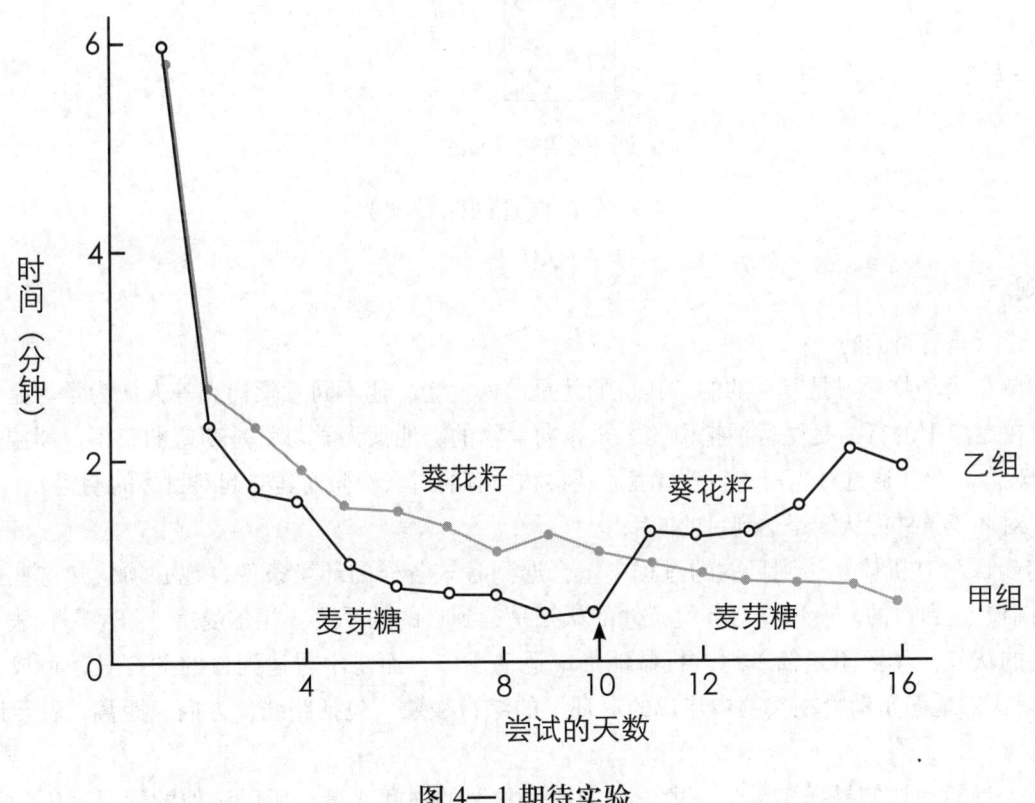

图 4—1 期待实验

（2）迂回路径实验

托尔曼于 1930 年设计并进行了白鼠迂回路径实验。在迷津中设置了白鼠通向食物箱的长短不等的三条通道（见图 4—2）。首先让白鼠在迷津内经过探索，熟悉这三条通道，然后将白鼠放进起点箱内，观察它们的行为。结果发现，白鼠首先选择通向食物距离最短的通道 1，当通道在 A 处堵塞时，它们便在通道 2 和通道 3 中选择了较短的通道 2；而通道 2 必经的 B 处也被堵塞时，它们直接选择了较漫长的通道 3。这样的结果说明白鼠既不是按照预备训练时所形成的选择顺序去做出反应，也不是盲目地选择路径，而是按照它们自己头脑中的"认知地图"去选择路径。

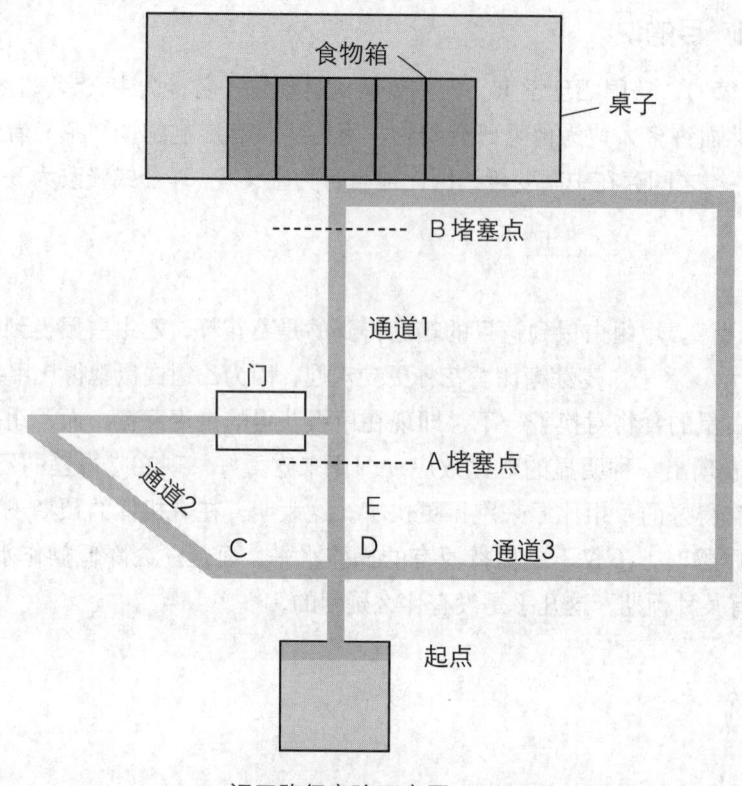

迂回路径实验示意图

图4—2 白鼠迂回路径实验

2. 基本观点

（1）学习是有目的的

托尔曼认为动物学习是有目的的，其目的就是获得食物。他不同意桑代克等人认为学习是盲目的观点。动物在迷津中的行为是受目标指引的，是指向食物的。他认为学习就是期望的获得。期望是个体关于目标的观念。个体通过对当前的刺激情境的观察和已有的过去经验而建立起对目标的期望。

（2）对环境条件的认知是达到目的的手段

托尔曼认为有机体在达到目的的过程中，会遇到各式各样的环境条件，他必须认知这些条件，才能克服困难，达到目的。所以，对环境条件的认知是达到目的的手段。托尔曼用"符号"代表有机体对环境条件的认知。学习不是简单地、机械地形成运动反应，而是学习达到目的的符号，形成"认知地图"。所谓认知地图是动物在头脑中形成的对环境的综合表象，包括路线、方向、距离，甚至时间关系等信息。

总之，目的和认知是托尔曼学习理论中两个重要的中间变量，所以称他的学习理论为认知—目的说。

（三）布鲁纳的认知—发现说

布鲁纳，美国教育心理学家和教育家，当代认知心理学派和结构主义教育思想的代表人物之一，主要从事人的知觉、学习、思维、记忆等一系列研究。

1. 学习的实质

学习的实质在于主动地形成认知结构。认知结构是人的认识活动赖以形成的心理结构。布鲁纳认为认知结构是人对外界物质世界进行感知和概括的一般方式，是在过去经验的基础上形成的，并在学习过程中不断变动。认知结构形成是进一步学习和理解新知识的重要内部因素和基础。布鲁纳把认知结构称为表征，认为表征有三种：动作性表征、映象性表征和符号性表征。这三种表征在儿童智慧发展过程中不断演变，经历三个阶段：第一阶段，婴幼儿时期（1—2岁），主要是依靠动作去应对世界；第二阶段：3—7岁，儿童开始在头脑中利用视觉和听觉的映象表征外界事物，并尝试借助映象解决问题；第三阶段：大约从7岁开始即进入符号表征阶段，这时个体能运用语言、数字等符号代表经验，同时应用这些符号来学习和获得经验。随着个体发展到一定阶段，个体认知结构中三种表征同时存在，相互补充，共同完成认知活动。这三种不同的认知方式体现了三种不同的学习方式。

布鲁纳非常重视人的学习的主动性，认为人的学习是主动学习。具体表现在：第一，重视已有经验在学习中的作用，认为学习者总是在已有经验的基础上，对输入的新信息进行组织和重新组织；第二，重视学生学习的内在动机与发展学生的思维。认为学习的最好动机是对所学材料本身的兴趣，不宜过分重视奖励、竞争之类的外在刺激。他把思维分为分析思维和直觉思维两种，强调教学要把发展直觉思维能力放在重要地位。因为直觉思维是和直觉相联系的创造思维，科学的发明创造往往是从直觉思维开始的。

2. 学习的过程

布鲁纳认为学习一门学科包含着三个差不多同时发生的过程，即新知识的获得、知识的转化和评价。新知识的获得是与已有知识经验、认知结构发生联系的过程，是主动认识理解的过程，通过"同化"或"顺应"使新知识纳入已有的知识结构。知识的转化是对新知识的进一步分析和概括，使之转化为另一种形式，以适应新的任务。评价是对知识转化的一种检验，看对知识的分析、概括是否恰当，运算是否正确等。

3. 学习的内容

布鲁纳认为学生学习应获得各门学科的基本结构。学科基本结构包括该学科的知识结构和学习态度、方法两方面。他指出学习结构就是学习事物是怎样相互关联的。

布鲁纳认为重视学习学科的基本结构是有好处的，其必要性表现为以下几方面：第一，懂得了基本原理，使得学科更容易理解。第二，有助于对学习内容的记忆。他认为记忆的主要问题在于提取，只有有结构、有系统地贮存知识，才有助于提取知识。第三，有助于增进学习中的迁移。他认为掌握了基本原理，就可以把事物作为普遍规律的特例去理解，态度和原理的迁移应成为教学过程的核心。第四，有助于激发学习动机或学习兴趣。他认为学习的最好刺激，乃是对所学材料（好的结构）的兴趣，而不是诸如等级或往后的竞争、便利等外来目标，即好的结构本身具有巨大的吸引力，易使人产生强烈的兴趣和求知欲。第五，能缩小高级知识与初级知识之间的差距。他提出，在智育方面，任何学科都能够以恰当的方式有效地教给任何发展阶段的任何儿童，认为高等数学的概念可以用直观方式教给小学低年级学生，课程设计、教材编写上要重视一门学科基本概念或原理的连续性，还指出打通中小学和大学同一门学科的界限是可取的。

4. 教学模式

布鲁纳提倡发现学习。发现学习就是让学生独立思考，改组材料，自行发现知识，掌握原理、原则。布鲁纳之所以强调发现学习，首先应归因于他对教学目标的看法。他认为，教学不仅应当尽可能使学生牢固地掌握科学内容，还应当尽可能使学生成为自主的思想家，这样的学生当他在正规的学校教育结束之后，将会独立地成长。

（四）奥苏伯尔的有意义接受学习理论

奥苏伯尔（1918—2008），美国心理学家，是认知派的代表人物之一。他从20世纪50年代中期开始致力于有意义言语材料的学习与保持的研究。他在20世纪60年代提出有意义接受学习理论，受到中小学教师的欢迎。奥苏伯尔1976年获得美国心理学会的"桑代克奖"。

1. 基本观点

（1）强调学生的学习主要是有意义的接受学习

奥苏伯尔从两个维度对学习做了区分：从学生学习的方式上将学习分为接受学习与发现学习，从学习内容与学习者认知结构的关系上又将学习分为有意义学习和机械学习。

奥苏伯尔认为学生的学习主要是接受学习，而不是发现学习。接受学习是教师将学习内容以定论的形式直接呈现给学生，教师传授，学生接受。自实行班级授课制以来，接受学习一直是课堂学习的主要形式，但这种学习形式一直被误解为机械学习。奥苏伯尔认为接受学习既可以是有意义的，也可以是机械的，只是因为一些教师使学生进行的是机械学习而采取的又是接受学习方式，才使接受学习被认为是机械的。同样，发现学习既可以是有意义的学习，也可以是机械学习，那种只发现点滴的事实，而不理解其中的规律的发现学习便是机械的发现学习。

奥苏伯尔认为学校中的学习应该是有意义的接受学习和有意义的发现学习，但他更强调有意义的接受学习，认为它可以在短时间内使学生获得大量的系统知识，这正是教学的首要目标。

（2）有意义学习的实质

奥苏伯尔认为有意义学习的实质就是以符号代表的新观念与学习者认知结构中原有的适当观念建立起非人为的和实质性联系的过程。

奥苏伯尔所定义的认知结构是一个人的观念的全部内容与组织，或一个人在某个知识领域的观念的内容与组织。认知结构中原有的知识是"观念的支架"，或称之为起固定作用的观念。有意义学习的过程就是新观念被认知结构中起固定作用的观念同化、贮存并相互作用，原有的观念同时发生变化，新知识纳入原有的认知结构中，从而获得意义的过程。

所谓非人为的、实质性的联系是指新知识与学习者认知结构中已有的表象、已有的意义符号、概念或命题的联系。建立起非人为的、实质性的联系是有意义学习的两个标准。非人为的联系是指新的观念与原有观念建立了内在的联系，而不是任意的联系；实质性的联系是指用不同语言或不同符号表达同一认知内容的联系。

（3）有意义学习的条件

学习者要进行有意义学习必须要具备相应的客观条件和主观条件。客观条件是指学习材料本身必须具备逻辑意义。所谓逻辑意义是指学习材料可以和学习者认知结构中的适当观念建立起非人为的和实质性的联系。主观条件包括三个方面：第一，学习者必须具备有意义学习的心向，即积极主动地把新知识与学习者认知结构中原有的适当知识联系起来的倾向性。第二，学习者认知结构中必须具有同化新知识的适当观念。第三，学习者必须积极主动地使具有逻辑意义的新知识与其原有认知结构中的有关的旧知识发生相互作用，使旧知识得到改造，新知识获得实际意义。

（4）有意义学习的过程

有意义学习的过程即原有观念对新观念加以同化的过程。奥苏伯尔称自己的学习理论为同化论。

原有观念一般通过三种方式对新观念进行同化，即类属学习、总括学习、并列结合学习。

类属学习是把新观念归入认知结构中原有观念的适当部分，并使之相互联系的过程。类属学习过程中，原有观念是总观念，新学习的观念是从属观念，因而这种学习也称为下位学习。类属学习又有两种形式：派生类属学习和相关类属学习。派生类属学习是指认知结构中原有观念是一个总观念，所学的新观念只是它的一个特征或一个例证。相关类属学习是指认知结构中原有观念是一个总的观念，所学的新观念只是原有观念的加深、修饰或限定，通过同化，原有观念的本质要发生变化。例如，小学生理解的数都是正数，学习了负数以后，小学生对数有了新的理解。

总括学习是指在若干已有的从属观念的基础上归纳出一个总观念。总括学习所形成的新观念在概括和包摄程度上高于原有的一些观念，所以也称为上位学习。

并列结合学习是指新观念与认知结构中原有观念既非从属关系，也非包括关系，只是和原有认知结构中的整个内容具有一般的联系。例如，新学习的观念是"质量与能量的关系"，原有观念是"热和体积""遗传和变异""需求与价格"之间的关系。在此条件下，新观念既不能类属于某一特殊关系，也不能总括原有的关系，但它们具有某种共同的关键属性。由于新知识与原有知识具有某种共同属性，因而也可以被原有的知识同化，获得意义。

2. **课堂教学的原则**

奥苏伯尔根据有意义学习的过程，提出了渐进分化和综合贯通两条教学原则。

渐进分化原则是指教学要先教比较一般的或广泛的观念，再将其一步步分解成具体的或初级的观念，通过逐步分化，直到最广泛的观念分解为最初的观念。运用这一原则进行教学的过程被称为演绎教学，它依据的是类属学习过程的规律。

综合贯通原则是指在教学中比较观念间的相同点与不同点，在观念间建立起联系。通过综合贯通，使分化的观念相互联系起来，这一原则保证了总括学习和并列学习过程的进行。

3. **教学策略——先行组织者的使用**

为了促进有意义学习的进行，奥苏伯尔提出了使用"先行组织者"的教学策略。先行组织者是先于学习材料呈现的一个抽象概括水平较高的引导性材料。先行组织者可以是一个概念、一条定律，或一般概括性说明文字，它是新知识与旧知识发生联系的桥梁。先行组织者与学习者认知结构中已有观念相联系，提供一个能将新旧知识联系起来的一般观念，为学习新观念提供一个"观念固定点"，使新知识顺利地纳入到已有的认知结构中去。

奥苏伯尔指出，先行组织者最适宜在两种情况下运用：第一，当学生面对学习任务时，倘若其认知结构中缺乏适当的上位观念可以用来同化新知识，则可以设计一个概括与包容水平高于要学习的材料的先行组织者，使学生获得一个可以同化新知识的认知框架，这样的先行组织者被称为陈述性组织者。第二，当学生面对新的学习任务时，倘若其认知结构中已具有了同化新知识的适当观念，但原有观念不清晰或不巩固，学生难以应用，或者他们对新旧知识之间的关系辨别不清，则可以设计一个对新旧知识的异同点进行比较的先行组织者，这种先行组织者被称为比较性组织者。

三、建构主义学习理论

（一）思想渊源

1. **皮亚杰的建构主义认识论**

皮亚杰（1896—1980），瑞士心理学家。他的建构主义是建立在对西方传统认识论的批判和继承基础之上的。皮亚杰批判了经验论和唯理论这两种传统的认识论。经验论和唯理论在认识的起源问题上，其实都是一种预成论，经验论认为认识预成于外，唯理论认为认识预成于内。皮亚杰的建构主义认识论与预成论是截然不同的，而是一种渐成论。皮亚杰指出，认识既不发端于客体，也不发端于主体，而是发端于联系主体和客体相互作用的动作。概括来说，知识是在主客体相互作用的活动之中建立起来的。

2. 维果茨基的文化历史学说

维果茨基（1896—1934），苏联心理学家。他在心理发展上强调社会文化历史的作用，特别是强调活动与社会交往在人的高级心理机能发展中的突出作用。维果茨基强调，个体的学习是在一定的历史、社会文化背景中进行的，社会可以为个体的学习发展起到重要的支持和促进作用。在教学中，学生通过与教师的交往，观察体现在教师活动中的社会经验，在教师指导下从事某种活动，逐步地把体现在教师身上的经验内化为自己的经验，从而可以独立地从事这种活动，将潜在的发展变成现实的发展，并不断创造新的"最近发展区"。

3. 现实中的教育困境

从现实起源来看，建构主义是针对传统教学的诸多弊端提出来的，有人对传统教学中的知识做了这样的概括：不完整，过于空泛，过于脆弱；惰性，无法在需要的时候运用；不灵活，无法在新的或类似的情境中迁移应用。如何缩小学校学习与现实生活之间的差距，实现学习广泛而灵活的迁移，这是建构主义者所关注的核心问题之一。

（二）不同取向

1. 个人建构主义学习理论

个人建构主义学习理论关注的是学习者个体是如何建构认知（如知识理解、思维技能）或者情感（如信念态度、自我概念）的，其基本观点是：学习是一个意义建构过程。这种取向的建构主义学习理论主要是以皮亚杰的思想为基础发展起来的，与原来的认知学习理论（如布鲁纳、奥苏伯尔的理论）有更大的连续性。根据皮亚杰的思想，学习是学习者通过新、旧经验的相互作用表现的同化和顺应的统一：一方面，学习者需要将新知识与原有知识经验联系起来，从而获得新知识的意义，把它纳入已有的认知结构中；另一方面，原有的知识经验会因为新知识的纳入而发生一定的调整或改组。

2. 社会建构主义学习理论

社会建构主义学习理论所关注的是学习和知识建构背后的社会文化机制，其基本观点是：学习是一个文化参与过程，学习者通过借助一定的文化支持参与某个共同体的实践活动来内化有关的知识。知识不仅是在个体与物理环境的相互作用中建构的，它与社会文化的互动更加重要。这种建构主义学习理论主要是在维果茨基的思想的基础上发展起来的，同时也受到了当代科学哲学、社会学和人类学等学科的影响。

（三）基本观点

1. 知识观

在知识观上，建构主义学习理论在一定程度上对知识的客观性和确定性提出了质疑，强调知识的动态性，具体表现为：第一，知识并不是对现实的准确表征。它只是一种解释、一种假设，它并不是问题的最终答案。相反，它会随着人类的进步而不断地被删除，并随之出现新的假设。第二，知识并不能精确地概括世界的法则。在具体问题中，知识并不是拿来便用，一用便灵，而是需要针对具体情境对其进行再创造。第三，知识不可能以实体的形式存在于具体的个体之外。尽管我们通过语言符号赋予了知识一定的外在形式，甚至这些命题还得到了比较普遍的认可，但这并不意味着学习者会对这些命题有同样的理解。因为这些理解只能由个体基于自己的经验背景而建构起来，它取决于特定情境的学习历程。

2. 学生观

建构主义学习理论强调学生经验世界的丰富性和差异性。学生并不是一无所知走入教室的，在日常生活和以往的学习中，他们形成了丰富的经验。

3. 学习观

(1) 学习的主动建构性

建构主义学习理论认为，学习不是从外界吸收知识的过程，而是学习者建构知识的过程。每个学生都在以自己原有的知识经验为基础建构自己的理解。

(2) 学习的社会互动性

传统观点往往把学习看作是每个学生单独在头脑中进行的活动，往往忽视了学习活动的社会情境，或者至多将它看作是一种背景，而非实际学习过程的一部分。建构主义者强调，学习是通过对某种社会文化的参与内化相关的知识和技能、掌握有关的工具的过程，这一过程常常需要通过一个学习共同体的合作互动来完成。所谓的学习共同体（或称为学习社群），即由学习者及其助学者（包括教师、专家、辅导者等）共同构成的团体，他们彼此交流，分享资源，共同完成学习任务，因而在成员之间形成了相互影响、相互促进的人际关系，形成了一定的规范和文化。

(3) 学习的情境性

传统教学观念对学习基本持"去情境"的观点，认为概括化的知识是学习的核心内容，这些知识可以从具体情境中抽象出来，让学生脱离具体物理情境和社会实践情境进行学习，而所习得的概括化知识可以自然地迁移到各种具体情境中。建构主义者提出了情境性认知的观点，强调学习、知识和智慧的情境性，认为知识是不可能脱离活动情境而抽象地存在的，学习应该与情境化的社会实践活动结合起来。

4. 教学观

教学不能无视学生的以往经验，将要学习的知识直接从外部灌输到他们的头脑中，教师不单是知识的呈现者，他应该重视学生自己对各种现象的理解，倾听他们的看法，洞察他们这些想法的由来，以此为根据，引导学生丰富或调整自己的理解。

由于知识的动态性和相对性以及学习的建构过程，教学不再是传递确定的现成知识，而是要激发出学生原有的相关知识经验，促进知识经验的"生长"，促进学生的知识建构活动，以促进知识经验的重新组织、转换和改造。

具体而言，教学要为学生创设学习环境（包括物的环境和人的环境，物的环境即学习情境，人的环境即学习共同体）和提供支持，促进他们自身建构意义以及解决问题的活动。

(四) 与个人建构主义学习理论有关的学习理论与教育应用

1. 生成学习理论

(1) 基本观点

20世纪80年代，美国心理学家维特罗克（1931—　）提出了著名的人类生成学习过程模型。

维特罗克认为，学习是学习者通过原有的认知结构，与从环境中接受的感觉信息相互作用来生成信息的意义的过程。他认为，人脑并不是被动地学习和记录外界输入的信息，而是主动建构对输入信息的解释，主动地选择一些信息，忽视一些信息，并从中得出结论。

按照维特罗克的模式，学习过程不是先从感觉经验本身开始的，而是从对这一感觉经验的选择性注意开始，经过选择性知觉取得感觉信息，然后再去进行意义的建构，与过去的经验相互作用，理解新信息的意义。在理解过程中，感觉经验不断与记忆经验作对照，得到真正的意义理解。如果与旧有经验发生冲突，则导致长时记忆中认知结构的改变或重组以适应新的经验。维特罗克等人的大量研究表明，任何学科的学习和理解都不像在白纸上画画，学习需要在新旧经验的相互作用中进行。

(2) 促进意义生成的策略

第一，促进学生当前所学的不同知识成分之间的联系。例如，加题目，列小标题，提问题，说明写作目的，总结或摘要，画关系图或列表。

第二，促进学生所学知识与先前知识之间的联系。例如，举例，类比和比喻，证明，述义（用自己的话表达所学知识的意思），推论，应用。

2. 认知灵活性理论

斯皮罗提出的认知灵活性理论重点解释了如何通过理解的深化促进知识的灵活迁移和应用。

(1) 知识的分类

根据知识及其应用的复杂多变程度，斯皮罗等把知识分为结构良好领域的知识和结构不良领域的知识。结构良好领域的知识存在的问题比较有规律，解决这样的问题有明确的规则，如求解正方形的面积。结构不良领域的知识存在的问题没有规律，不能套用明确的规则解决问题。它具有两个特点：知识应用的每个实例中，都包含着许多应用广泛的概念的相互作用（即概念的复杂性）；同类的各个具体实例中，所涉及的概念及其相互作用的模式有很大差异（即实例间的差异性）。

(2) 学习的分类

根据知识的分类，斯皮罗等人将学习分为两种：初级知识获得和高级知识获得。初级知识获得是学习中的低级阶段，要求掌握一些重要的概念和事实。测验的目的是再现学过的知识，实际上就是获得结构良好领域的知识。高级知识获得要求把握概念的复杂性，并灵活地运用到具体情境中，实际上就是获得结构不良领域的知识。

斯皮罗认为，传统教学混淆了高级学习与初级学习之间的界限，将初级学习阶段的教学策略（如将整体分割为部分，着眼于普遍原则的学习，建立单一标准的基本表征等）不合理地推及高级学习阶段的教学中，使教学过于简单化。这主要表现为以下三种偏向：①附加性偏向，将事物从复杂的背景中隔离出来进行学习，误认为对事物的孤立的认识可以推及更大的背景中，忽视具体条件的限制。②离散化偏向，即将本来连续的过程简单地当成一个个的阶段处理。③将整体分割为部分，忽视各部分之间的相互联系。过于简单化使得学生的理解简单片面，这正是妨碍学习在具体情境中广泛而灵活迁移的主要原因，而建构主义就是要寻求适合于高级学习的教学途径。

(3) 高级知识获得的教学模式：随机通达教学

斯皮罗等人根据对高级知识获得的认识提出了随机通达教学。随机通达教学强调对同一内容的学习要在不同时间多次进行，每次的学习都是经过改组的，而且目的不同，分别着眼于问题的不同侧面，这将会使学习者对概念知识获得新的理解。这种教学把概念与具体情境联系起来。每个概念的教学都要涵盖充分的实例，分别用于说明不同方面的含义，而且各实例都可能同时涉及其他概念。在这种学习中，学习者可以形成对概念的多角度理解。

3. 基于问题的学习

(1) 概念

基于问题的学习是一种以问题为驱动力和以培养学习者问题意识、批判性的思维技巧以及问题解决的实践能力为主要目标的学习。基于问题的学习是一种关注经验的学习，它围绕现实生活中一些结构不明确的问题，展开调查，寻求解决方法。基于问题的学习课程能提供真实的体验，这些体验不但有助于各门学科知识的综合化，而且能够培养学生学习的主动性，帮助学生构建知识的框架，并能使学生自然地把在学校学到的知识与现实生活相联系。

(2) 特点

第一，以问题为焦点启动课程。

第二，学生根据对问题的理解开展调查、进行探究。

第三，在基于问题的教学中，教师的角色不再是提供知识，而是创设问题情境，通过提问等方式引导、促进学生进行学习。

(3) 步骤

第一，找寻问题。教师要启发学生思考，必须设置实际困难的情境，或是提供适当的研究问题，以引起学生的思维活动。但教师提出的问题最好能达到以下要求：一是要适合学生的接受程度，适合学生的经验，使学生能够运用自己的经验来解决问题；二是要有教育价值，使学生在研究这个问题后能够获得有用的知识，养成科学思维的方法；三是要切合学生当前需要或未来学习、生活、工作的需要，以引起他们对研究问题的兴趣；四是要为教学目标的实现提供足够的机会；五是能引导学生进行自主学习。

第二，界定问题。问题提出后，教师要用问答的方法帮助学生分析问题，使学生认清问题所在。有时一个大问题可以分解成若干个小问题，然后才便于研究和解答。

第三，提出假设。问题确定之后，教师要鼓励学生根据他们的学识和经验，运用推理和观察的方法提出假设。由于学生经验有限，解决问题的假设不一定一次就正确，教师不要立刻驳斥，而应由全体学生共同讨论，指出错误的地方，探求更好的假设。

第四，选择假设。学生提出假设之后，要用批判的态度来考察这些假设。若发觉一个假设与事实不合，即刻放弃，再考察另一个假设，直到获得合理的假设为止。

（五）与社会建构主义学习理论有关的学习理论与教育应用

1. 维果茨基的内化理论

维果茨基认为人具有其他动物所没有的高级心理机能，其核心特征是人能够利用符号工具。人不仅能够用符号工具完成相互之间的交流，而且能够用符号工具指引、掌握自己的心理过程，即用语言进行思维。人的高级心理机能的发展是社会文化内化的结果。内化是指把存在于社会中的文化变成自己的一部分，来有意识地指引、掌握自己的各种心理活动。内化过程是通过个体浸润到文化中，通过与他人的交往实现的。

2. 认知学徒制

指知识经验较少的学习者在专家的指导下参与某种真实性的活动，从而获得与该活动有关的知识机能。认知学徒制在学习的形式上力求与传统的学徒制接近，而在学习内容上则与传统学徒制不同，传统学徒制的学习内容多属于动作技能，认知学徒制的学习内容则是认知领域的。在认知学徒制的教学中，学习者在参与活动的过程中逐渐由一位新手转变成专家。一般而言，这种教学方式具有下面一些共同要素：

(1) 学生观察专家示范某种活动。

(2) 在专家的辅导下，学生尝试进行这种活动。

(3) 随着活动的进行，外部支持、引导逐渐减少。

(4) 学生不断对进行自己所学到的知识和过程策略进行思考，用语言进行总结。

(5) 学生对自己的进展过程进行反思，将自己当前的活动表现与最初的表现做比较，与专家的做法进行比较。

(6) 学生以新的没有尝试过的方式应用他们所学的知识。

3. 支架式教学

支架式教学中的"支架"本意是建筑行业中使用的脚手架，这里用来形象地说明一种教学模式：

教师引导教学的进行，使学生掌握、建构和内化所学的知识技能，从而使他们进行更高水平的认知活动。简言之，是通过支架（教师的帮助）把管理学习的任务逐渐由教师转移给学生自己，最后撤去支架。

支架式教学在实施上可以先由教师将学生引入一定的问题情境，并提供可能获得的工具，然后由教师为学生确立目标，用以引发情境的各种可能性，让学生进行探索尝试，这种目标可能是开放的，但教师会对探索的方向有很大影响，他可以给以启发引导，可以作演示，提供问题解决的原型，也可以给学生反馈等，但要逐渐增加学生自己对问题探索的比重；最后，教师要逐步让位于学生自己的独立探索，由学生自己决定探索的方向和问题，选择自己的方法，这时，不同的学生可能会探索不同的问题。支架式教学的特征是责任的逐渐转移，即强调教师指导比重的逐渐减少，最终要使学生形成独立发现的能力，将监控学习和探索的责任由教师为主向学生为主转移。

4. 合作学习

合作学习是把学生分成一个个小组，并使他们得以互动的学习方式。这种学习方式和支架式学习的不同之处在于，支架式教学强调有能力的他人对学生学习的促进，合作学习强调同伴之间在学习上的相互促进。当然合作学习也需要教师的引导，否则合作学习可能流于形式，无法实现教学目标。

（1）合作学习的要点

教师的引导要从以下几个方面入手：第一，小组成员能够方便地进行面对面的互动；第二，小组具有良性的内部依赖，每个小组成员都能感受到自己的价值；第三，各小组成员都要承担职责，每个成员最终能够独立学习；第四，小组成员要具有合作技能，如提出意见、达成共识、发动他人参与等；第五，要有成员监控机制，小组成员要监控活动和人际关系，保证小组富有成效地工作。

（2）合作学习的方式

①拼图式教学

将小组的学习任务分配给每一名成员，成员在学习后成了各自那一部分的"专家"，然后让学生在小组内相互教学。后来在拼图式教学的基础上发展出了第二代拼图教学，即增加了"专家小组"，也就是同样任务的学生组成一组，然后回到各自小组进行教学。

②相互提问

多为两个学生组成一个小组，互相就学业任务中涉及的问题提问。教师可为学生提供问题卡片，帮助学生提出合适的问题。

③脚本化合作

阅读教学、解数学题目、修改作文中都可使用。例如，两个学生阅读一段文字后，一个学生进行口头总结，另一个学生对此做出评论，指出疏漏和错误的地方；然后两个人一起精加工这段文字，如建立表象、联系原有的研究、寻求例证、对比等，寻找合适的记忆方法；接下来，继续学习另一段文字，两人交换角色。

四、人本主义学习理论

人本主义主张，心理学应当把人作为一个整体来研究，而不是将人的心理肢解为不能整合的几个部分；应当研究正常的人，而且更应关注人的高级心理活动，如热情、信念、生命尊严等内容。人本主义心理学的学习理论从全人教育的视角阐释了学习者整个人的成长历程；注重启发学习者的经验和创造潜能，引导其结合认知与经验，肯定自我，进而自我实现。人本主义学习理论重点研究如何为学习者创造一个良好的环境，让其从自己的角度感知世界，形成对世界的理解，达到自我实现的最高境界。

（一）马斯洛的人本主义学习理论

马斯洛（1908—1970），美国心理学家，被公认是人本主义心理学的领导人物之一，他以性善论、潜能论和动机论为理论基础，创建了理论化、系统化的自我实现心理学。

在学习方面，马斯洛提出内在学习论，倡导内在学习，反对外在学习。马斯洛认为，外在学习是单纯依赖强化和条件作用的学习，其着眼点在于灌输而不在于理解，属于一种被动的、机械的、传统的教育模式。而内在学习是依靠学生内在驱动、充分开发潜能、达到自我实现的学习。这是一种自觉的、主动的、创造性的学习模式。这种内在教育的模式会促使学生内发地学习，打破各种束缚人发展的条条框框，自由地学他想学的任何课程，充分发挥想象力和创造性。

（二）罗杰斯的人本主义学习理论

罗杰斯（1902—1987），美国心理治疗学家，人本主义心理学的创建者之一，非指导式咨询的创始人，罗杰斯对教育心理学也带来了重要的冲击。

1. 教育目标

罗杰斯认为，情感和认知是人类精神世界中两个不可分割的有机组成部分，彼此是融为一体的。因此，罗杰斯的教育理想是要培养"躯体、心智、情感、精神、心力融会一体"的人，也就是既用情感的方式也用认知的方式行事的情知合一的人。这种知情融为一体的人，他称之为"全人"或"功能完善者"。

罗杰斯认为，在加速变化和充满矛盾的当代世界中，我们正面临着一个全新的教育情境。在这种多变的时代中，要把学生教育成能充分发挥作用的人。教育的目标在于促进学生的发展，使他们能够成为适应变化、知道如何学习的"自由人"（即功能完备者）。

2. 意义学习

罗杰斯认为，可以把学习分成两类：

一类学习是类似于心理学上的无意义音节的学习。学习者要记住这些无意义音节是一项困难的任务，因为它们是没有生气、枯燥乏味、无关紧要、很快就会忘记的东西。所以，它们一方面不容易学习，另一方面又容易遗忘。罗杰斯认为这类学习只涉及心智，是一种"在颈部以上"发生的学习，它不涉及感情或个人意义，与完整的人无关。

另一类是意义学习。所谓意义学习，不是指那种仅仅涉及事实累积的学习，而是指一种使个体的行为、态度、个性以及在未来选择行动方针时发生重大变化的学习。这不仅仅是一种增长知识的学习，而且是一种使每个人各部分经验都融合在一起的学习。"意义学习能把逻辑与直觉、理智与情感、概念与经验、观念与意义等结合在一起。当我们以这种方式学习时，我们就成了一个完整的人，即成了能够充分利用我们自己所有阳刚和阴柔方面的能力来学习的人。"

3. 自由学习

罗杰斯倡导自由学习。他认为，只要教师信任学生，信任学生的学习潜能，并愿意让学生自由学习，学生的才能在无威胁的环境中就会得到最大程度的发挥。

4. 学生中心模式

罗杰斯提出了以学生为中心的教学思想，强调将学生视为教育的中心，学校为学生而设，教师为学生而教。他认为，学生们各有求知向上的潜在能力，只需设置一个良好的学习环境，他们就会学到所需要的一切。因此，他将其非指导咨询理论中的三个基本条件引进教育领域：真诚一致，即在师生关系中，教师应该是一个表里如一、真诚、完整而真实的人；无条件积极关注，即对一个人表示看重、认可、欣赏其价值，而且这种感受并不以对方的某个特点、某个品质或者整体的价值为取舍依据；同理心，即设身处地，感同身受。因此，学生中心模式又称为非指导教学模式。罗杰斯认为，积极的人际关系可以促进个人成长，而教师的角色就是辅导者，只要师生关系良好、观念共享、坦诚沟通，学生就会对自己的学习负责。罗杰斯还认为，教育是具有整合目的和生活意义的不断充实的成长历程。教师和学生是一起成长的，他们都需要在学习中不断获得新的意义与启示。

第三节 学习动机

一、学习动机概述

（一）学习动机的概念

动机是直接推动有机体活动以满足某种需要的内部状态，是行为的直接原因和内部动力。有机体的各种行为和活动都是动机所引起的。学生的学习行为也同样受动机支配，这种动机就是学习动机。学习动机是直接推动学生进行学习的内部动力。一个学生是否想要学习，为什么而学习，喜欢学习什么，以及学习的努力程度、积极性、主动性等，都能够通过学习动机加以说明。

（二）学习动机的功能

1. **激发学习活动的功能**

学习动机能够使学习者进入学习状态，集中注意力进行学习。例如，当学生意识到考试就要来临时，他停止看电视，进入书房开始学习。

2. **指向学习目标的功能**

学习动机使学习者的学习行为指向某一特定目标，有选择地进行学习活动。例如，准备学习的学生进入书房以后，他会根据考试的安排、自己的学习状况选择学习内容。

3. **维持学习活动的功能**

学习动机会使学习者在一段时间内维持学习活动，直到学习目标完成。例如，进行复习的学生会根据复习的进展安排复习活动，达到令其满意的复习效果时停止复习。

（三）学习动机的类型

学习动机可以根据不同的标准划分为不同的类型。

1. **正确的学习动机与错误的学习动机**

根据学习动机的社会意义不同，可以把学习动机分为正确的或高尚的学习动机和错误的或低下的学习动机。例如，为中华之崛起而读书涉及的学习动机是正确的学习动机，为将来享乐而读书涉及的学习动机是错误的学习动机。

2. **直接的近景性学习动机与间接的远景性学习动机**

根据学习动机起作用时间的长短不同，可以把学习动机分为直接的近景性学习动机和间接的远景性学习动机。例如，为明天的考试而学习涉及的学习动机是直接的近景性学习动机，为将来成为科学家而学习涉及的学习动机是间接的远景性学习动机。

3. **主导性的学习动机与辅助性的学习动机**

根据动机起作用的大小不同，可以把学习动机分为主导性的学习动机和辅助性的学习动机。例如，有的学生努力学习有两个原因：主要原因是为了得到父母的表扬，次要原因是为了学习知识，那么这个学生的学习动机包括想得到父母表扬而产生的主导性的学习动机和想获得知识而产生的辅助性的学习动机。

4. 外来学习动机和内在学习动机

根据学习动机的动力来源不同，可以将学习动机分为外来学习动机和内在学习动机。外来动机是指由学习结果或学习活动以外的因素作为学习目标而引发的推动学生学习的动力，学习活动只是达到目标的手段，也称为外部学习动机。比如，一个学生为了得到好的分数、班级的排名，教师的表扬或其他各种奖赏而学习就是外来动机的作用。内在学习动机是指由学习活动本身作为学习的目标而引发的推动学生学习的动力，学习者在学习活动过程中获得满足，也称为内部学习动机。例如，某学生为了弄明白人是怎么产生的而选修了《进化论》课程，激发他的学习动机就是内部学习动机。

二、学习动机理论

（一）强化动机理论

1. 基本观点

强化动机理论是斯金纳的操作性条件反射学习理论关于学习动机的看法。斯金纳作为行为主义者本无意讨论动机问题，但他也无法回避这个心理学中的重要话题。从斯金纳的操作性条件反射学习理论来看，当个体完成某个操作之后，如果给予正强化物或取消负强化物，那么个体做出该操作的概率就会增加，斯金纳认为这就是动机增强了。反之，个体完成某个操作之后，如果给予负强化物或取消正强化物，那么个体做出该操作的概率就会降低，斯金纳认为这就是动机减弱了。由此可以看到，斯金纳提出的学习动机理论可以称为强化动机理论。强化动机强调对学习的外部控制，认为外部强化是激发学生学习的必要条件。由外部强化所引起的学习动机属于外来学习动机。

2. 外部强化的适用性

自20世纪70年代以来，很多研究发现，外部强化虽然能够提高外来动机，但也存在着明显的副作用——损伤某些活动的内在动机。

对于人们本来有兴趣的活动，或者说本来能够由内在动机激发的行为，由于外部强化的介入，尤其是这种强化又太过显眼，简直成为一种"贿赂"时，人们行为的结果看起来似乎就是为了获得外部奖赏，从而损害了内在动机和对活动本身的兴趣。外部奖赏的破坏效果主要出现在所奖励的只不过是完成任务本身，而不是出色地完成任务的情况。比如，只要交了卷，所有学生都可以获得A等成绩，传递了这样一种信息，即不需付出任何努力，无论水平高低，都可以获得同样的好成绩。因此，学生们就会认为只要做了就会有奖赏，而不是因为付出了努力、有能力或答卷质量高，这就损害了内在动机。外部强化对内在动机的损害是以学习者的认知为中介的。研究发现，当学生完成了很容易的学习任务之后获得表扬时，他们会将这种表扬看作是教师认为他们低能的标志，因而损伤了内在动机。另外，外部强化的使用还易使学生的注意范围变窄，只关心考试、分数和奖赏，而忽略对所学内容本身的掌握。所有的老师都会遇到学生提出的一个令人尴尬的问题："老师，你讲的这个内容会考吗？"

根据上述分析，当我们运用外部强化激发学生学习时一定要慎重。对于学生本来有兴趣的学习活动，要避免由于外部奖赏而损害其内在学习动机；对于学生一开始就缺乏兴趣的学习活动，教师可以运用外部强化去激发学习动机并使学生最终对学习活动本身产生兴趣。

（二）需要层次理论

需要层次理论是人本主义心理学家马斯洛提出的动机理论，该理论亦可解释学习动机。

1. 基本观点

需要层次理论是马斯洛于20世纪40年代提出，后经几度修正的动机理论。马斯洛认为，人类的多种需求，可按其性质由低到高分为五个层次：（1）生理需要，指维持生存及延续种族的需要；（2）安全需要，指寻求受保护与免于遭威胁从而获得安全感的需要；（3）社交需要，指人的归属与爱的需要，指被人接纳、爱护、关注、鼓励及支持等的需要；（4）尊重的需要，指被人认可、赞许、关爱等获取并维护个人自尊心的一切需要；（5）自我实现的需要，指在精神上臻于真善美合一的至高人生境界的需要，亦即个人所有理想全部实现的需要。

马斯洛认为只有低层次的需要获得满足之后，高层次的需要才会产生。马斯洛又将五层次需要分为两大类，前四层称之为缺失需要，都是由于生理上或心理上的缺失而导致的，后一种需要称为成长需要。基本需要一旦获得满足，其需要强度就会降低，而成长需要不但不会随其满足而减弱，反而因获得满足而增强，因此，追求自我实现都是永无止境的。成长需要以基本需要为基础，同时又对基本需要具有引导作用。

2. 需要层次理论的应用

从这一理论来看，教育者需尽力满足学生的低层次需要，使其产生自我实现的需要，为了自我实现而去学习。然而，一些学生在基本需要满足后，却未必有自我实现动机。对此，马斯洛认为，学生本身具有两股潜力，一股使其进取向上，另一股使其退缩逃避，究竟何者能够发挥作用，教师无法强制，只能靠学生自己的选择。不过，良好的师生关系，也可能影响学生的选择。因此，为了对学生的学习动机产生积极的影响，教育者除了要建立良好的师生关系外，还要考虑学生的个别差异。

（三）成就动机的期望——价值理论

1. 成就动机的概念

成就动机是指对自认为重要或有所值的工作或活动，个人愿意去做，并力求成功的一种内在推动力量。成就动机是由成就需要所引起的。成就需要是默里在1938年提出的概念。默里将成就需要定义为"克服障碍，施展才能，力求尽快更好地完成困难任务"的驱动力。人们对成就的需要是不同的，有些人从早到晚都劲头十足，另一些人则得过且过，没有雄心壮志。在默里研究的基础上，麦克莱兰和阿特金森继续进行有关成就动机的实验研究。

2. 期望—价值理论

1956年和1957年，阿特金森对成就动机的结构、影响成就动机的各种变量进行了研究，在实验的基础上建立了成就动机的"期望—价值"理论模型。

阿特金森认为某种行为倾向的强度是动机水平、期望和诱因价值三者乘积的函数，即行为倾向的强度＝f（动机水平 × 期望 × 诱因价值），用符号表示为：

$$T = M \times P \times I$$

其中T代表某种行为倾向的强度；M代表成就需要或成就动机水平，阿特金森认为它是人在早期生活中所获得的潜在的、稳定的、普遍的人格特质；P代表期望，是人对成功或失败的主观概率；I代表诱因价值，是人在成功和失败时所体验的满足感。一般来说，课题越难，成功的概率越小，所以，P与I的关系可以表现为：$I = 1-P$。

阿特金森认为人的成就动机由两种成分组成，即追求成功的动机（Ms）和回避失败的动机（Mf）。

追求成功的动机使人产生追求成就任务、追求成功的行为倾向（Ts）；回避失败的动机使人产生回避成就任务、畏惧失败的行为倾向（Tf）。由此，阿特金森分别列举了如下两个公式：

$Ts = Ms \times Ps \times Is$

$Tf = Mf \times Pf \times If$

阿特金森认为，一个人追求成功的动机（Ms）和回避失败的动机（Mf）同时存在，要预测和理解成就行为，必须把这两种相反的动机同时考虑在内。一个人对成就任务最终是趋向还是回避，要取决于 Ts 与 Tf 的强度。把 Ts 与 Tf 加在一起，就可以说明趋向或回避特定成就任务的纯倾向或总倾向。

当 Ms>Mf 时，总的行为倾向（Ts+Tf）为正值，在这种人的成就动机中，追求成功的成分多于回避失败的成分，"追求成功"是其稳定人格特质的一部分。"追求成功者"愿意选择成功机会为 50% 的任务，而对成功可能性很高或很低的任务都不感兴趣。

当 Ms<Mf 时，总的行为倾向（Ts+Tf）为负值，在这种人的成就动机中，回避失败的成分多于追求成功的成分，"回避失败"是其稳定的人格特质的一部分。"回避失败者"倾向于选择非常容易或者非常困难的任务，选择容易的任务可免遭失败，而选择困难的任务，即使失败，也可找到借口，从而减少失败感。与"追求成功者"相反，他们对失败机会多了一半的任务采取回避的态度。

3. 期望—价值理论的应用

成就需要是人的本性，学生也不例外，因此可以使用期望—价值理论提高学生的学习动机。

（1）塑造学生的成就动机

阿特金森认为成就需要或成就动机水平是人在早期生活中所获得的潜在的、稳定的、普遍的人格特质。因此，在儿童早期，父母和教师应注重塑造学生的成就动机，不要束缚学生的探究活动，也不要给学生提供过难的任务，以此尽力提高学生的 Ms 值，降低 Mf 值。

（2）提供适中难度的学习任务

有较高成就动机的学生，最乐意做有挑战的任务，即成功机会为 50% 的学业任务。因此，教师应根据学生的能力，给学生提供适合他们的学业任务，使他们能够投入到学业任务中去。

（四）自我效能感理论

1. 自我效能感的概念

自我效能感是由美国心理学家班杜拉于 1977 年提出的一个概念，指一个人对自己在某一活动领域中的操作能力的主观判断或评价。

当学生感到自己有能力达到所希望达到的目标或取得某一水平的行为结果时，就表明他们具有高水平的自我效能感。自我效能总是和某一特定的领域相联的。例如，有的学生在数学学习领域有较高的自我效能感，但在写作文方面的自我效能感却很低。有些学生在各科学习上有较高的自我效能感，但在体育活动中的自我效能感却很低。

2. 自我效能感的作用

（1）影响活动的选择

自我效能感水平高的人会选择富有挑战性的任务，并期望获得成功。学生在某一方面的自我效能感水平越强，成功的可能性越大，就会越多地选择从事这方面的活动；反之，学生会逃避那些自己感到不能胜任的活动。比如，数学自我效能感较高的学生，会更多地选择数学学习活动。

（2）影响努力的程度、坚持性，决定在困难面前的态度具有高度自我效能感的人自信心强，有助于激发和维持向困难挑战的精神，努力实现目标。相反，自我效能感低的人，怀疑自己的能力，在困难面前缺乏自信，畏首畏尾，不敢尝试。

（3）影响活动时的情绪

自我效能感高的人在活动时情绪饱满，信心十足，体验到的紧张、焦虑和恐惧水平低；而自我效能感低的人则是垂头丧气，充满着紧张、焦虑和恐惧。

（4）影响任务的完成

自我效能感高的学生确信自己能够很好地掌握有关知识和技能，从而集中注意力，适当运用有关学习策略，取得最佳学习效果，完成各种学习任务；自我效能感低的学生则总是担心失败，把思想纠缠在个人不足点上，因此，不能很好地完成学习任务。

总之，自我效能感影响学生的行为，对学生的学习具有动机作用。自我效能感将影响学生面临什么样的挑战、付出多大的努力、坚持多久以及愿意承受多大的压力。

3. 影响自我效能感的因素

（1）行为的成败经验

先前成功的经验会提高自我效能感，不断的成功会使人建立起稳固的自我效能感，多次失败的经验会降低自我效能感。

（2）替代经验

当个体观察到他人取得成功时，其自我效能感会提高，相反，当个体看到他人失败时，其自我效能感会降低。

（3）言语说服

受到他人的鼓励和说服论证，个体的自我效能感会提高。

（4）情绪的唤起

情绪高涨时，个体的自我效能感较高；情绪低落时，个体的自我效能感较低，会觉得自己一无是处。

（5）信息综合

个体根据情境条件判断自己能否完成任务，从而影响自我效能感。

教师应根据上述影响自我效能感的因素提高学生的自我效能感。

（五）成败归因理论

1. 归因的概念

归因是指人们对自己或他人的活动及其结果以及其他社会事件的原因做出的解释或推论。人们对在工作或学习中所经历的成功和失败的原因所做出的解释或推论，即是对成就行为的归因。人们在工作或学习中总会得到成功或失败的结果，大量研究表明，人们对这种结果的认知（即归因）而非结果本身会影响人们此后的学习行为。

2. 维纳的成就行为归因理论

维纳对成就行为的归因理论的研究影响最大，具有代表性。

维纳根据前人的观点从控制的位置的角度把对成就行为的归因划分为内部原因和外部原因。同时，他还提出要增设一个"稳定性"的维度，把行为的原因分成稳定的原因和不稳定的原因。维纳认为，在某些成就任务上成功和失败时，人们倾向于把结果归因于以下四个原因：能力、努力、任务难度和运气。这四个原因可以用稳定性和控制的位置两个维度加以划分（见表4—2）。

表4—2 维纳设想的二维归因模式

稳定性	控制的位置	
	内部的	外部的
稳定的	能力	任务难度
不稳定的	努力	运气

维纳认为，归因不同会引起不同的心理变化，进而会影响以后的成就行为。能力是一个稳定的内部归因，如果将成功归因为能力，会感到自豪，并期望以后还会成功；如果将失败归因为能力，则会感到羞愧，并期望以后仍将失败。努力是一个不稳定的内部归因，如果将成功归因于付出巨大的努力，会增加自豪感，但并不一定期望以后还会成功，一旦放弃努力，可能面临失败；如果将失败归因于缺乏努力，会增加羞愧感，并期望以后通过付出更多的努力获得成功。任务难度是一个稳定的外部原因，如果将成功归因于任务简单，会减少自豪感；如果将失败归因于任务太难，则会减少羞愧感，但期望下次还将是失败的结果。运气是一个不稳定的外部归因，如果将成功归因于运气好，会减少自豪感，也不会期望下次还会成功；如果将失败归因于运气差，会减少羞愧感，但可以期望下次碰到好运而成功。

维纳将他的二维归因模式用于解释成就动机，发现成就动机水平不同的人，其归因模式存在着差异。高成就动机的人把成功归因于能力和努力，他们相信自己有能力，并不断探索与成就有关的新任务，如果失败了，则归因于努力不够，在以后他们会更加努力，并期望着成功；低成就动机的人则往往把学习成功归因于外在的因素（如碰到好运气），而将失败归因于稳定的内部因素（如缺乏能力），这使他们在未来逃避成就任务，并期望再次失败。

3. 维纳的成就行为归因理论的应用

（1）对学生进行归因训练

维纳认为影响学生后继行为的是个体对事件结果的归因而非事件结果，因此，对学生进行归因训练是非常必要的。本节第三部分会进一步讨论归因训练的方法。

（2）根据具体情况引导学生进行合适归因

一般来说，教师应引导学生将学业失败归结为努力不足，将学业成功归结为能力较强或刻苦努力，但也不应一概而论，应根据具体情况、个体差异引导学生进行合适的归因。例如，如果某高三学生在最后一次模拟考试中发挥失常，教师就不应把此次考试失败归因为努力不足，而应告诉他这是发挥不好的结果，并帮助他调整考试状态，教给他应试策略。

（六）习得性无力感理论

1. 习得性无力感的概念

习得性无力感是指由于连续的失败体验而导致的个体对行为结果感到无法控制、无能为力、自暴自弃的心理状态。

2. 习得性无力感产生的过程

习得性无力感理论的提出者塞利格曼认为无力感的产生主要经历的过程包括：

（1）获得"结果是不可控"的失败体验；

(2) 产生"结果不可控"的认知，即无论自己如何反应，都和结果没有关系，结果都是失败；

(3) 形成"将来结果也不可控"的期待，即在以后的行为中，无论自己努力与否也都将面临失败的结果；

(4) 产生无力感。

3. 习得性无力感的危害

无力感产生后表现出对认知、动机和情绪三种心理成分的破坏作用。在认知上，产生个体行为与结果之间无相依关系的期望，即结果不可控、失败无法避免的认知和期待；在动机上，放弃反应，不做尝试，消极被动，对什么都不感兴趣；在情绪上，变得冷漠和抑郁。

4. 习得性无力感产生的原因

研究发现，人们在面临失败以后无力感的产生与否以及产生以后所表现出的各种不同特征均与人们对失败的归因有关。艾布拉姆森和塞利格曼等人在1978年提出了一个以维纳归因理论为基础的修正模式。为了应用归因理论说明习得性无力感，他们首先对维纳的二维归因模式进行了修订，增加了一个普遍性维度，把失败的原因归结为普遍原因和或特殊原因。这样，个体对失败的归因就可以通过控制的位置、稳定性和普遍性三个维度加以说明（见表4—3）。

表4—3 一个考试失败的学生的归因

控制点		内部归因		外部归因	
稳定性		稳定归因	不稳定归因	稳定归因	不稳定归因
普遍性	普遍归因	智力不足	体质不佳	GRE的试题太难	运气不好
	特殊归因	数学能力低	考数学那天刚好感冒	GRE的数学题太难	考数学那天运气不佳

根据习得性无力感的归因理论，内部归因产生个人的无力感，即认为这是自己一个人不能控制的行为结果；外部归因产生全体的无力感，即归因者会觉得除自己以外，别人也都无法控制行为的结果。稳定的归因产生长期的无力感，即无力感的症状会持续较长时间（如几年），不稳定的归因产生短暂的无力感，即无力感的症状只持续较短的时间（如几分钟）便消失。普遍的归因是指在许多不同的情境下都存在的因素，这时会产生普遍的无力感，即无力感的症状会出现在各种情境中（如各种学科的学习）；特殊的归因是指在某种特殊情况下才存在的因素，这时会产生特殊的无力感，即无力感的症状只出现在这一特殊情境中（如只对数学学习产生无力感，但不影响语文学习）。

（七）自我价值理论

1. 基本观点

科温顿在1984年提出的自我价值理论主要用以解释学校中学生放弃努力的原因。具体观点如下：

科温顿关注人们如何评估自身的价值，当自我价值受到威胁时，人们将竭力维护。人们将自我接受作为最优先的追求。这种通过保护和防御来建立一个正面自我形象的倾向就是自我价值的动机。

自我价值是个人追求成功的内在动力。成功会使人感到有价值，失败会使人感到无价值。能力、成功、自我价值感三者之间形成了前后因果连锁关系。有能力的人容易成功，成功的经验给人带来价值感。因此，能力知觉是影响动机的基本因素。个体如果觉得自己是有能力的，那么就认为自己有价值，否则认为自己没有价值。

为了维护自我价值，学生会采取自我价值保护策略。当学生希望通过优异的成绩向别人证明自己是有能力和有价值的而无望时，他们会采取自我价值保护策略，如自我设障、回避挑战、回避必要的学业求助行为、以不良手段捍卫成功以及撒谎。

2. 基于自我价值理论对学生的分类

学生可以分为四类：高驱低避型、低驱高避型、高驱高避型、低驱低避型。

（1）高驱低避型学生的特点

这类学生有无穷的好奇心，对学习有极高的自我卷入水平。他们不断刻苦发展自我，能够孜孜不倦地投入到学习中。学习是他们快乐的手段，也是他们生命的存在方式。学习本身而非外界刺激带给他们一种源于内心的快感。他们自信、机智，是成功定向者。

（2）低驱高避型学生的特点

这类学生更看重逃避失败而非期望成功。他们不喜欢学习，虽然他们不一定存在学习问题或学习困难，只是对课程提不起兴趣。他们看起来懒散，不爱学习的背后隐藏着他们强烈的对失败的恐惧，尤其是面对没有把握成功的任务时，这种恐惧甚至让其必须采用逃避的手段，这类学生被称之为逃避失败者。

（3）高驱高避型学生的特点

具有这种动机的学生同时受到成功的诱惑、充满对失败的恐惧。对任务既爱又恨，既追求又排斥，让他们常常处于一种冲突状态。这种学生通常是教师非常喜欢的学生，学习努力，聪明能干，而且似乎比同龄人成熟一些。表面来看，他们很好，但事实上严重地受着紧张、冲突等精神困扰。他们被称之为过度努力者。

（4）低驱低避型学生的特点

不奢求成功，对失败也不感到丝毫恐惧或者羞愧；内心如同一潭死水，鲜有冲突。对成功表现得漠不关心，不接受任何有关能力的挑战。这种不关心意味着一种放弃，防止了对自己无能的评价。

（八）成就目标定向理论

20世纪80年代末期，德威克提出了成就目标定向理论。所谓成就目标定向，也称成就目标或目标定向，是指个体对自己从事的成就活动的目的或意义的知觉。例如，有的学生希望通过学习获得知识、提高自己的能力，这是掌握目标定向，而有的学生希望通过学习获得高分，以此证明自己聪明，这是成绩目标定向。

1. 个体的能力观与成就目标定向的关系

德威克认为，不同的个体对能力持有不同的看法。有些人认为能力可以通过努力而提高，这种观点可称之为能力的增长观；有些人却认为能力是一种固定的特质，学习和努力只能使个体获得新知识，却无法使人变得更为聪明，这种观点可称之为能力的实体观。

德威克认为，个体的能力观决定了个体的成就目标定向。持能力增长观的个体将成就情境看成是提高自身能力的机会，把对任务的掌握和自身能力的发展作为追求的目标，他们的成就目标定向是学习目标定向或掌握目标定向。持能力实体观的个体将成就情境看成是对自身能力的一种检验和测量，分数能够说明他们的聪明程度，因此他们极力追求高分，避免低分，他们的成就目标定向是成绩目标定向或表现目标定向。

2. 不同类型的成就目标取向个体的动机行为模式

学习目标定向的个体倾向于寻求挑战，试图通过努力提高自己的能力，并将任务的成败归因于努力，将失败视为努力不够，面对失败仍然能够保持积极的情绪，试图通过进一步的努力改变现状，这是一种积极的、适应性的动机模式。

成绩目标定向的个体倾向于对成败进行能力归因，失败时认为自己能力不足，因此会产生焦虑、羞愧等消极情绪，并容易放弃努力，这是一种消极的、不适应的动机模式。

三、激发与培养中学生学习动机的教学策略

在上一部分各种学习动机理论的介绍中已经提及了一些激发和培养学生学习动机的方法，这里对激发和培养中学生学习动机的教学策略做进一步的梳理。

（一）激发与维持外来动机的措施

外部强化可激发外来动机，影响学生的学习行为。在课堂情境中，教师可以运用目标、反馈、评价、表扬、批评、竞赛等各种强化手段激发与维持学生的外来动机。

1. 向学生提出明确、具体的学习目标

学习目标具有指引学习的动机作用。长远目标的动机作用较为稳定和持久，但离开近期具体目标，其功能是无法实现的。所以，在学习的各个环节，教师都要向学生提出明确而具体的目标要求。目标的高低要因人而异，要尽力与个人的学习能力相一致，只有在学生能力范围之内，又具有一定挑战性的目标，才能有最佳的动机激发作用。将近期目标与长远目标相结合，也能进一步提高实现长远目标的动机。

2. 利用学习结果的反馈作用

学生及时了解学习的结果，既可及时看到自己的进步，又可通过反馈看到自己的缺点与不足，这些均可激发起学生进一步努力学习的动机。

3. 正确评价，适当表扬与批评

教师对学生的学习结果进行适当的评价具有强化作用。对学生作业、测验等进行评价时，不仅应打分数、评等级，还应加上有针对性的评语，这样做的效果会更好。

表扬、批评作为学习的外部诱因，能够给学生的学习活动以肯定或否定的强化，从而巩固和发展学生的学习动机。一般来说，对学习结果进行评价，能强化学习动机，对学习起促进作用；适当的表扬效果明显优于批评；批评的效果比不做任何评价要好。

此外，教师的评价、批评与表扬，要考虑到学生的个别差异。对学习成绩较差、自信心较低的学生，应以表扬鼓励为主，使其获得更多的成功机会，逐步树立起学习信心；对于成绩较好但有些自傲的学生，要提出更高的要求，在表扬的同时还应指出其不足。

4. 适当开展竞赛

竞赛是激发学习积极性的有效手段。然而，竞赛必须适当。过于频繁的竞赛不但会失去激励作用，反而会制造紧张气氛，加重学习负担，有损学生身心健康。学习成绩差的学生常因竞赛失败而丧失学习信心。因此，为使竞赛能对大多数学生起到激励作用，必须注意以下几点：（1）竞赛要适量；（2）选择竞赛的方式，使不同学生在竞赛中都有获胜的机会。例如，可以按能力分组竞赛，也可鼓励学生自己和自己竞赛。

（二）激发与维持内在动机的措施

1. 创设问题情境，引起学生的认知矛盾，激发求知欲

创设问题情境是指在教学中提出一些学生用现有的知识和习惯的方法不能立即解决的问题，从而在教材内容和学生的求知心理之间制造一种不协调，引起学生的认知矛盾，把学生引入到与问题有关的情境之中，从而激起学生求知的欲望和积极的思维。

创设问题情境是通过"设疑"引起认知矛盾的方法。创设问题情境的原则包括：（1）问题要小而具体；（2）问题要新颖有趣；（3）问题要有适当的难度；（4）问题要富有启发性。

2. 发现学习也是激发学生内在动机的有效方法

布鲁纳1960年在他的《教育过程》一书中首次提出内在动机的概念并倡导发现学习，认为发现学习有助于使外来动机向内在动机转化。他认为最好的动机莫过于学生对所学材料本身具有一种内在兴趣，具有发现的兴奋感和自信感。学生把"有所发现"作为学习的主要任务，使学生有可能把发现本身作为一种自我奖赏而推动自己学习的活动。例如，在地理课上，当学生具有一定的地理基础知识之后，教师将只标有自然特征和天然资源、没有地名的"空白"地图呈现在学生面前，让学生指出哪一个地区具备建设城市的可能性。学生在讨论中可能会指出许多地方可以建设城市并考虑自然条件等地理因素进行论证，最后再与真实的地图相对照。在这种发现学习中，学生学习地理的兴趣大大提高。发现学习是以学生自己收集、加工、分析信息为主的学习方式，因此，需要学生具备一定的信息加工能力的基础才能进行发现学习。

3. 培养学习兴趣

可以采用下列方法培养学生的学习兴趣：

（1）帮助学生明确学习知识的社会意义

学生一旦理解了知识的社会价值，就会对学习活动产生兴趣。

（2）不断改进教学方法

采用有趣的、变换的方式呈现教学内容有助于激发学生的学习兴趣。例如，可以运用幻灯、电视、电影、多媒体课件等教学手段呈现教材，还可以通过模拟教材内容的游戏、角色扮演等方式进行教学。

（3）组织学生参加课内外实践活动

使学生有机会运用所学知识解决实际问题，从中体验到成功的愉快和学好知识的乐趣。

（4）教师要以自身对所教学科的兴趣和热情给学生以良好的示范

教师应通过言语和行动向学生传递良好的信息，让学生知道教师喜欢所教学科、喜欢学习和钻研并在此过程中获得乐趣和满足，使学生受到影响，产生对该学科的学习兴趣。

（5）不断扩大学生的知识面

使学生在某一领域的知识不断积累，这是对某一具体知识领域产生稳定而浓厚兴趣的基本条件。学生在某一学科上拥有的知识越丰富，基础越扎实，学习起来就越轻松，兴趣会逐渐稳定。相反，学生如果在某一学科上知识基础薄弱，那么随着学习内容难度的加深，学习起来就会越来越索然无味。

4. 利用原有兴趣、动机的迁移

动机迁移是指在学生缺乏学习动力，没有明确的学习目的的情况下，把学生从事游戏等其他活动的兴趣和动机转移到学习上来，从而使学生产生对学习的需要。为此，教师对班级中不愿学习的学生应仔细观察，发现他们的兴趣点，如对体育活动、文娱表演、绘画等的兴趣，然后巧妙地组织有关的活动，将这些兴趣与学习联系起来，转化为学习需要和学习兴趣。

（三）成就动机训练

成就动机是人的社会性动机的一种，是在一定的社会、文化、教育条件下形成的，因而能够通过一定的方法来培养和提高。成就动机训练可以分为几个阶段进行：

1. 意识化

通过与学生谈话、讨论使学生注意到与成就动机有关的行为。

2. 体验化

让学生进行游戏或其他活动，从中体验成功与失败的感受、目标的选择与成败的关系，特别是体验为了取得成功所必须掌握的行为策略、达到目标的途径及自己的行为结果等。

3. 概念化

让学生在体验的基础上理解与成就动机有关的概念，如"成功""失败""目标"以及"成就动机"本身的含义。

4. 练习

实际上是体验化与概念化两个阶段的重复，通过重复练习使学生不断加深体验和理解。

5. 迁移

使学生把学到的行为策略应用到学习场合，不过这往往是一些特殊的学习场合，这一场合要具备自选目标、自己评价、能体验成败等条件。

6. 内化

取得成就的要求成为学生自身的需要，学生可以自如地运用所学的行为策略。

很多研究证明，对成就动机进行训练是有效果的。它的直接效果表现为受过训练的学生对取得成就更为关心，并能够根据自己的实际情况去选择所追求的目标。它的间接效果是能够提高学生各学科的学习成绩。成就动机训练对成就动机较低、学习成绩较差的学生尤为有效。

（四）归因训练

人们在归因方式上存在着稳定的个别差异。一种人对于活动的成功或失败总是归因于自己的能力或努力，这是一种积极的良好的归因方式，也叫理想的归因方式或类型，这种归因方式可以增强成功的期望和行为的动机，并产生积极的情绪体验；相反，也有一些人对于成功和失败总是归因于环境或运气，或者将失败归因于缺乏能力，这是一种消极的不良的归因方式，这种归因方式会降低成功的期望和行为的动机，并产生消极的情绪体验。

归因训练就是通过一定的训练程序，使学生掌握归因技能，有意识地进行归因，逐渐改变不良的归因模式，建立积极的归因模式，从而提高学习积极性。

1. 归因训练的基本步骤

（1）了解学生的归因倾向。可以通过观察、谈话进行，也可以应用问卷测验。

（2）让学生进行某种活动，并取得成败体验。比如，让学生通过数学练习、单元考试、回答问题等取得成败体验。

（3）让学生对自己的成败进行归因。

（4）引导学生进行积极的归因。当学生将成功归因于自己的努力和能力，将失败归因于自己努力不够时，教师要给以积极强化；当学生将成功归于外因，将失败归于缺乏能力或外因时，教师要对学生进行归因指导，告诉学生成功是你努力的结果，而失败则是因为你努力不够。

2. 归因训练要注意的方面

第一，归因训练是给学生以积极的归因反馈，帮助学生寻找有积极意义的归因，而不一定是找学生成败的真正原因。例如，一个学生学习不好的真正原因是因为他脑子笨，如果教师告诉他正是由于他脑子笨而造成他学习不好，那将有害无益。第二，归因训练要与学习策略指导相结合。当一个学生已付出很大的努力而仍然失败时，教师仅仅指出学生努力不够是不具有说服力的。这时应对学生进行学习策略的指导，教给他一些新的方法，然后再激励学生努力去尝试这一新方法。第三，归因训练不是一次就完成的，教师要在学生学习的各个环节，反复训练，直至学生形成稳定而理想的归因倾向为止。

（五）消除学生的无力感

面对那些因在学习上多次失败而变得自暴自弃，产生无力感的学生，我们可以采取以下措施去减轻或消除他们的无力感症状，提高他们的学习积极性。

1. 使学生获得成功经验

无力感的产生通常是在屡遭失败之后，学生感到无法控制结果，并对以后的成功不抱期望。如果使他们获得成功的体验，便打破了失败的连续，使他们感到失败并非不可避免，成功也是可能的，这样，无力感便会减轻或消除。

2. 改变学生的消极归因

人们失败后的归因不同，无力感的特征便不同。相对于其他学生，无力感的学生对他们的成功和失败较少归因于努力。通常，在失败之后，无力感的学生要么将失败归结为能力低，要么归结为外在因素。因此，改变无力感学生的消极归因，对他们进行归因训练，可以减轻或消除无力感。

3. 转移学生对失败的注意力

无力感学生失败后产生焦虑和消极的自我关注，寻找失败的借口，从而分散了对学习任务的注意力，使学习受到影响。因此，当学生在学习上失败后，教师通过口头指导，减轻学生对失败的紧张焦虑，把学生的思维从对失败的消极关注上转移到有关的学习任务上，对减轻或消除无力感是很必要的。

（六）增强学业自我效能感

根据学生学业自我效能感的影响因素的有关研究，在学校中培养学生的学业自我效能感可以采取以下多种方法：

1. 让学生在学习活动中体验到更多的成功

教师在教学中应尽量避免学生得到直接的失败经验（如课堂上被提问回答不上，作业做错题，考试不及格等），而应让学生在学习活动中更多地体验到成功（如正确回答老师的课堂提问，作业做得好，考试成绩理想等）。

2. 为学生提供适当的榜样示范

首先，教师在课堂教学中要为学生提供良好的榜样示范，不但讲清所学知识，而且要具体示范如何运用所学知识解答习题、解决具体问题；其次，为学生提供多个不同水平、不同层次的同伴榜样，例如，请好、中、差不同水平的学生上黑板前成功地演算习题，使不同层次的学生都能从中找到适合自己的榜样，获得效能信息。

3. 指导学生树立适当的学习目标和作业目标

为学生的各种学习都制定一个具体的成绩目标，平时课堂练习或做作业，为学生规定一个作业目标（如十分钟完成六道题），并指导学生学会自己设定适当的学习目标，使学生在实现目标时获得效能信息。

4. **给学生以积极的归因反馈，并指导学生学会适当的自我归因**

将成功与努力和能力相联系、将失败与缺乏努力而不是无能相联系将增强学生的自我效能感。

5. **给学生以适当奖励**

当学生取得进步时，对学生进行奖励，获得奖励便成为学生进步的标志，学生从中获得自己进步的信息，会增强自我效能感。

6. **给学生以学习策略的指导，使学生学会自我监控**

学生在学习活动中能否掌握正确的学习策略，获得相应的学习技能，直接影响到学生的自我效能感。教师要经常对学生进行学习策略指导，并逐步使学生学会对学习进行自我监控，掌握符合自身特点的学习策略。

（七）促进学生成为掌握目标定向的学习者的教学策略

在课程教学中，可以采用下列教学策略使学生成为掌握目标定向的学习者[1]：

1. **关注学习活动有意义的方面**

教师在教学活动中，要注意结合学生的兴趣和需要，说明学习内容的内在价值，帮助学生了解当前学习活动的意义以及对未来目标的影响。如果学生认为所学习的内容是有意义、有价值的，那么他会更努力、更自觉地学习，表现出掌握目标的动机行为模式。

2. **设计新颖多样、富于变化、符合学生兴趣的学习任务**

教师在设计课堂活动时应当遵循多样性、新颖性和参与性原则，设计符合学生兴趣的学习任务。新颖、变化的学习任务不仅容易引起学生的学习兴趣，同时还减少了社会比较的机会，降低了学生把任务成绩简单理解成能力表征的可能性，使学生的注意力能更好地集中在掌握知识、完成任务本身上。

3. **设计具有合理挑战性的任务**

教师在布置学习任务时应当考虑学生已有的知识水平，设计的任务难度要适当。因为太容易的功课可能导致学生的厌倦情绪；太困难的任务则可能导致高焦虑，打击学生的学习信心。适当的任务是那些对学生具有一定挑战性，但是付出一定努力可以完成的任务。

4. **为学生提供一些选择、控制学习活动的机会**

自主定向的课堂气氛有利于培养学生的胜任感，提高学生学习的积极性。因此，在课堂学习中，教师应当给予学生一定的自主权，引导他们主动参与学习活动。

5. **帮助学生发展自主学习能力**

教师在给予学生自主权的同时，也要注意在学生自主学习的过程中给予适当的指导，帮助他们发展一些有效的学习策略。因为，如果在学生的自主学习能力还不完善的情况下，就完全让学生自己制定学习目标、学习计划，自己管理学习活动，可能不仅不能提高其自我效能感和胜任感，反而会使学生手足无措，产生无助感和挫折感。

6. **避免公开评价，淡化学生的能力差异意识**

公开评价是传统课堂中教师常用的方法，其目的在于鼓励优秀的学生，同时激励那些成绩不好的学生。这种评价方式强调了学生之间的能力差异，强化了学生的能力差异概念，容易导致学生将学习成绩看成评价能力的唯一标准。因此，公开的比较也许能在短期之内起到刺激学生学习的作用，但是其最终

---

[1] 郭德俊. 动机心理学：理论与实践 [M]. 北京：人民教育出版社，2005：313—318.

结果是打击了多数学生的学习自信心和学习兴趣。因此，在教学评价活动中，教师应当尽量减少公开评价，尽可能地对学生的作业和考试成绩保密，每个学生可以知道自己的分数，但不鼓励打听他人成绩的行为。如果必须进行公开比较，应尽可能采取多样化的评价标准。

7. 鼓励学生将错误看成学习的一部分

在课堂讲评过程中，教师对错误答案的处理方式影响着学生对错误的性质和作用的看法。如果教师对学生在作业、考试或回答问题时出错表现出不高兴，或者嘲笑、训斥犯错误的学生，可能导致学生形成"错误就意味着失败，是能力不足的表现"的观念；但如果教师在纠正错误时，能通过对错误答案的分析、讨论，帮助学生认识到错误发生的原因，将错误变成学生学习的机会，那么学生也会将错误看成是学习的一部分，在遇到问题时不至于沮丧焦虑或否定自身能力。

8. 提供小组学习的机会

在小组学习中，对学习成绩的比较和评价是基于整个小组的表现，个体间的能力差异被淡化了，教师对每个学生的期待差异也不明显了。这样，即使小组在竞争中落败，也不会导致小组成员对自身能力的低估；一旦小组获得成功，个体的自我评价和他人评价还会提高。另外，小组学习不仅可以提高低成就学生的学习兴趣和自信心，也可以使学生在做"小老师"的过程中，加深对知识的理解和掌握，增强自我效能感。

第四节　学习迁移

一、学习迁移概述

（一）学习迁移概念

学习迁移就是一种学习对另一种学习的影响，即学生获得的知识经验、认知结构、动作技能、学习策略和方法等与新知识、新技能之间所发生的影响。

（二）学习迁移的类别

1. 按迁移发生的领域分类

从迁移发生的领域来看，可以将迁移分为知识的迁移、动作技能的迁移、习惯的迁移、态度的迁移等。如掌握了加、减法的学生，容易学好乘法运算，这就是一种知识的迁移；学会在走路中掌握身体平衡的孩子，会将这种保持身体平衡及移动的技能运用到跑步中去，这就是一种技能的迁移；而一个受到了老师不公正对待的孩子，一提到学习就很厌烦，甚至连游戏也不想参加，这就是一种情感和态度的迁移了。

实际上，按迁移发生的领域对迁移进行划分，还应包括这些领域之间所发生的迁移，例如知识的学习对于动作技能获得的影响，知识的学习对于态度改变的影响。

学生在获得知识的过程中，他们的知识、技能、情感和态度是并行不悖的，因而由学习产生的迁移也是多方面的。美国教育心理学家布鲁纳认为，情感和态度的迁移是教育过程的核心。而在教育实践中，我们看重的大多是属于知识方面的迁移，而忽略了情感和态度方面的迁移，这对于激发和增强学生的学业成就动机是不利的。

2. 按迁移产生的效果分类

从迁移产生的效果来看，可将迁移分为正迁移和负迁移，或称为积极迁移和消极迁移。

所谓正迁移，又可称积极迁移，指的是一种学习对另一种学习的积极影响或促进。如已有的知识、技能在学习新知识和解决新问题的过程中，能够得到很好的利用，产生"触类旁通"的学习效果。孔子要求自己的学生要做到"由此以知彼"，就是要求学生在学习中要多利用正迁移（积极迁移）。

所谓负迁移，又称消极迁移，是一种学习阻碍或干扰了另一种学习，即一种学习对另一种学习产生了消极影响。如学生在学习新概念时，与原有的概念混淆，产生干扰现象，加大了新概念获得的难度，或者歪曲了原有概念。这种迁移对学生带来的消极影响是很严重的。比如掌握了汉语语法的学生，在初学英语语法时，总会因汉语的语法习惯影响对英语语法的学习，度过这个困难时期，英语学习才能柳暗花明。一部分学生要花费很长时间、很大精力才能摆脱这种消极干扰，严重影响了学习效率，甚至影响了自信心。因而，学校的教育教学要促进积极的正迁移，预防消极的负迁移。

3. 按迁移产生的方向分类

从迁移产生的方向上看，可将迁移分为顺向迁移和逆向迁移。顺向迁移是指先前学习对后继学习的影响；反之，后继学习对先前学习的影响则称为逆向迁移。

当学习者面临新的学习情境和问题时，如果利用了原来的知识和技能获得了新知识和解决了新问题，这种迁移就是顺向迁移。用认知派的观点来看，顺向迁移是一种"同化"作用，它是把已有的知识经验运用到同类事物中去，以揭示新事物的意义和作用，从而把新事物纳入到已有的认知结构中去。相反，学习者通过后面的学习，对原有的知识进行补充、改组或修正，这种迁移就是逆向迁移。用认知派的观点来看，逆向迁移是一种"顺应"作用，它是要把已有知识经验用到新的异类事物中，对已有的知识经验进行重新改组，以形成能包含新事物的新的认知结构的过程。

顺向迁移有助于新知识的理解和掌握，逆向迁移有助于已有知识的巩固和完善，因而在教育教学实践中要充分利用这两种迁移，促进学生的学习行为，增强其学习效果。

4. 按迁移产生的情境分类

从迁移产生的情境来看，可将迁移分为横向迁移和纵向迁移。

横向迁移又称水平迁移，是指在内容和程度上相似的两种学习之间的迁移。例如，数学课上学习了三角方程式后能够促进物理课学习计算斜面上下滑物体的加速度。

纵向迁移又称垂直迁移，是指不同难度，不同概括性的学习之间的相互影响。包括较容易、较具体化的学习对难度较高、较抽象的学习的影响和较高层次的学习原则对较低层次的、具体学习情境的影响。在学习中，我们常有这样的经历：遇到一部分较难的内容，怎么学都觉得没有学透，但由于时间的原因，只能往下学习新的更难的内容，出人意料的是，学完了更难的内容回头一看，豁然开朗，原来没学透的内容现在变得一点都不难了。这就是难度较高的学习对难度较低的学习所产生的一种纵向迁移。

5. 按迁移发生的方式分类

从迁移发生的方式来看可以将迁移分为特殊性迁移和一般性迁移。

特殊性迁移是指某种学习的内容只向特定内容发生迁移。也就是说，特殊迁移是指内容相关的两种知识、技能学习之间的迁移。一般来说，特殊迁移是发生在相同或相关的知识领域的迁移。

一般性迁移，又称非特殊性迁移，是指某种学习的内容向广泛范围内容的迁移。也就是说，一般性迁移是指与具体内容无关的领域的学习之间的迁移。常常表现为原则的迁移或者态度的迁移等。这种迁移可能由学习的动机、注意的因素引起，也可以由学习的其他准备活动和方法、学习策略引起。

这两种迁移比较而言，前者发生作用的范围较窄，后者发生作用的范围较宽，这也是一般性迁移被重视的原因。然而，从另一方面来看，特殊性迁移的影响力度较大，已经习得的内容会对与其有关的新的学习内容产生强有力的影响，而习得的原则或态度要想被迁移到新的情境中，可能要在教学中下一番功夫了。

二、学习迁移理论

（一）形式训练说

最古老的迁移理论应首推"形式训练说"。形式训练说源于德国心理学家沃尔夫所提出的官能心理学，"形式"在哲学中的意思是"物质的结构"，在这里指的是人的官能，用今天的话说就是认知能力。该理论认为心理固有的官能只有通过训练才能发展，迁移就是官能得到训练而发展的结果。也就是说，它主张迁移是要经过一个"形式训练"的过程才能产生。这一理论认为，心智是由许多不同的官能组成的整体，这些官能包括注意、意志、记忆、知觉、想象、推理、判断等，每一种官能都是独立的实体，分别从事不同的活动。各种官能可以像肌肉一样，通过练习增强力量和发展。因而形式训练说认为，若两种学习涉及相同的官能，则前次学习会使官能得到提高，并对后来的也涉及该官能的学习产生促进作用，从而表现出迁移效果。

按照形式训练说的这种观点，某个学科可能对训练某种或某些官能特别有价值。因此，这种学说主张学校应把难记的古典语法（如拉丁语等）、深奥的数学及自然科学中的难题作为训练的主要内容，认为这些内容能够训练记忆、推理等心理官能，一旦新的官能在这些学科中得到训练，就可以迁移到其他类似问题的解决中。因此，不必重视实用知识的学习，学习的具体内容是会忘记的，其作用是有限的，重要的在于形式的训练，只有通过形式的训练提高各种官能，才会促进迁移的产生。因而，教育的目的仅在于训练和改进心理的官能，而学习内容不甚重要，重要的是所学习的内容的难度和训练价值。

形式训练说的观点曾在欧美盛行了两百多年之久，后来受到实验研究的挑战。詹姆斯的实验是对形式训练说的初次挑战。他做的是关于诗歌的记忆迁移实验，想了解记忆一个作家的材料是否能促进对另一作家材料的记忆。但其结论与形式训练说相悖，即记忆能力并未因形式训练而得到改善，记忆能力的迁移也不是无条件的、自动的。

形式训练学说关于迁移的解释是从唯心主义的观点出发的，缺乏足够的实验依据。因而必将被更进步的学说代替。但形式训练学说对学校教学课程的确立、教材的选择的影响直到目前仍未完全消除。

（二）共同要素说

形式训练学说受到了许多心理学家的实验的挑战。美国詹姆斯的实验表明，记忆能力不受训练的影响，记忆的改善主要在于记忆方法的改进。后来的一些研究也对形式训练说提出了质疑，其中以桑代克和伍德沃斯的研究最为著名。

桑代克根据自己的实验结果，提出"共同要素说"来解释学习的迁移。桑代克认为，只有当两种训练机能具有相同的要素时，一种机能的变化才能改变另一种机能的习得。也就是说，只有当两种学习在某些方面有相同之处时，才有可能进行迁移。并且，两种情境相同的因素越多，迁移的可能性就越大。后来，伍德沃斯又将桑代克的"共同要素说"修改成为"共同成分说"。这种理论认为前后两次学习只有在内容上有共同元素或共同成分时，迁移才能发生，否则，无论它们所涉及的官能如何相同，也是不能发生迁移的。

桑代克的共同要素说解释了迁移现象中的一些事实，对迁移理论做出了重要贡献，并且对当时的教育界也起过积极的作用，使学校脱离了形式训练说的影响，在课程设置上开始重视应用学科，教学内容也开始与实际应用相结合。但是，共同要素说事实上是从联结主义的观点出发的，所谓共同要素也就是相同联结，那么学习的迁移不过是相同联结的转移而已，这种未能充分考虑学习者的内在训练的观点，仍然具有一定的局限性。用来解释动物学习和人的机械学习有一定的正确性，但用来解释有意义学习就很困难了。

从迁移发生的方式来看，形式训练说阐明的是一般性迁移，而共同要素说则坚持特殊性迁移的有效性。

（三）概括化理论

心理学家贾德经过实验强调原理、原则的概括对迁移的作用。贾德并不否认两种学习活动之间存在的共同成分对迁移的影响，但不同意像共同要素说那样将共同成分看作是迁移产生的决定性条件。他认为，两种活动之间存在共同成分只是产生迁移的必要前提，而迁移产生的关键在于学习者能够概括出两组活动之间的共同原理。而且，概括化的知识是迁移的本质，知识的概括化水平越高，迁移的范围和可能性越大。概括说又称概括原理说。

概括说这一理论解释了原理、法则等概念化知识在迁移中的作用，已涉及较高级的认知领域中的迁移问题，为迁移理论的发展做出了重要的贡献。但概括化经验只是影响迁移成功与否的条件之一，并不是迁移的全部。

根据概括化理论，在课堂中讲授教材时，最主要的是鼓励学生对基本概念、基本原理进行概括。而同样的教材内容，由于教学方法不同，会使教学结果大相径庭，学生的迁移效果也不尽相同。

（四）关系转换理论

在迁移概括说的基础上，格式塔心理学家们做了进一步的研究，对迁移理论做了进一步发展。他们认为，迁移的发生不在于有多少共同因素或掌握了多少原则，而在于能否突然发现两种学习情境中的各种要素构成的关系是否相同或相似，这才是实现迁移的根本条件。也就是说，关系转化说强调个体对关系的"顿悟"是获得迁移的真正本质。

苛勒认为，个体越能发现事物之间的关系，则越能加以概括和推广，迁移的产生也就越普遍。而对事物间的关系的发现是建立在对事物理解后的顿悟的基础上的。对事物的理解力越强，概括的可能性越大，越容易顿悟事物间的关系。

（五）认知结构迁移理论

认知结构迁移理论是奥苏伯尔根据他的有意义言语学习理论（同化理论）发展而来的。奥苏伯尔对认知因素及其影响新的学习（迁移）的主要变量，以及如何操作认知结构变量来影响新的学习的技术进行过长期的理论和实践方面的研究，提出了下列一些关于学习迁移的观点。

1. 迁移的产生

奥苏伯尔认为，所谓认知结构就是学生头脑内的知识结构。广义地说，它是学生已有的观念的全部内容及其组织；狭义地说，它是学生在某一学科的特殊知识领域内的观念的全部内容及其组织。奥苏伯尔认为，学生原有的认知结构是实现学习迁移的"最关键的因素"。当学生已有的认知结构对新知识的学习发生影响时，就产生了迁移。

2. 影响迁移的因素

一切有意义的学习都是在原有学习的基础上产生的，而过去经验对当前学习的影响不是直接发生的，而是通过认知结构的特征发生影响的，这些特征是指学生在一定知识领域内认知的组织特征，如清晰性、稳定性、概括性和包容性等。学生在某一领域的认知结构清晰性、稳定性、概括性和包容性越高，迁移发生的可能性就越大。这说明迁移的发生不仅是由前后两种学习在刺激和反应方面的相似程度决定，还取决于学生的认知结构的组织特征。

认知结构的组织特征和内容方面的特征合起来，称为认知结构变量。奥苏伯尔认为，认知结构有三个变量会影响新的学习，它们是：可利用性、可辨别性和稳定性。可利用性是指在认知结构中有适当的起固定作用的观念可以利用。在认知结构中处于较高抽象概括水平的起固定作用的观念，对于新的学习能提供最佳关系和固定点。可辨性是指新的有潜在意义的学习任务与同化它们的原有观念系统可以区分辨别的程度。稳定性指原有的、起固定作用的观念的稳定性和清晰性。

3. 设计"先行组织者"促进学习迁移

根据影响迁移的因素，奥苏伯尔提出，设计适当的"先行组织者"来影响认知结构变量，这样就可以促进学习的迁移，这是一种重要的教学策略。先行组织者是指在教学之前呈现给学生的一段引导性材料。当学生的原有认知结构中没有同化新的学习内容的观念时，需要让学生先来学习适合的先行组织者，之后学生使用先行组织者同化新的学习内容。

三、促进学习迁移的教学策略

1. 教学目标的确立与加强教材内容的练习

教师在每个单元教学中要确定明确的、具体现实的教学目标，要使学生了解这一目标，这样，学生对于与学习目标有关的知识易于形成联想，有利于迁移的发生。另外，要加强教材内容的练习。学习迁移的产生必须以对学习材料的理解为基础，在理解的基础上才能做到概括和抽象，才能产生迁移。因而对教材内容应加强练习，教师要利用各种方式帮助学生从不同角度去理解教材内容，提供必要的适合学生发展水平的演示和例证。理解和概括是以相当数量的具体经验为基础的，因而练习的作用不可忽视。

2. 加强基本要领和原理的教学

学生掌握科学知识，目的就是要在各种新条件下加以应用，做到举一反三、触类旁通，进而通过广泛的迁移去发展智力和才能。基本要领和原理概括化程度较高，又是一门学科各部分知识的"共同因素"，因此，教师应把教学重点放在基本概念、原理、法则和规律的教学上。

3. 合理安排教材与教学内容

同样的学习内容，如果编排得当，迁移的作用就能充分地发挥，教师的教学也能省时、省力；如果编排不好，迁移的效果就小，而教师的努力也往往事倍功半。

从迁移的角度说，合理编排教材，就是要使教材结构化、一体化、网络化。结构化是指教材内容的各构成要素要具备科学、合理的逻辑关系，能体现出事物的各种内在联系。一体化是指教材的各构成要素能整合成为具有内在联系的整体。网络化是指教材各要素之间上下左右、纵横交叉联系要清晰，要突出各种知识技能的联络点，以利于学习迁移。

4. 创设与应用情境相似的学习内容和学习情境

学习内容和日后运用所学知识的情境相类似，有助于学习的迁移。

在教学过程中，教师要选取那些与原理、原则的具体运用情境相似的学习内容让学生进行理解和学习。使学生能脱离学习原理、原则的背景而把握其实质，并能在遇到该原理、原则适用的背景时，准确地运用原理、原则去学习新知识或解决新问题，即达到对原理、原则的去背景化，以防止学生对某一原理、原则的理解和运用的呆板化。

因此，在允许的情况下，要尽量让学生在真实情境中观察，实践原理、原则的运用；在教学中，教师也应尽量利用直观教具或生动的教学语言、计算机模拟等手段，增加学生的感性认识。

5. 传授与训练正确的学习方法，教会学生如何学习

学习者在原有学习过程中，能否形成一种有组织的、方法得当的思考方式或解决问题的方法，也是

影响迁移的一个重要因素。认知策略反映的是人类认识活动的规律性知识，一般带有很高的概括性，在应用时有很大的灵活性。教师在教学中有意识地教给学生一些认知策略和元认知策略将有助于学生学会如何学习，从而促进学习的迁移。

6. 采用有效教学策略与方法

为促进积极的迁移，在教学中要采取一些有效的教学策略与方法，以促进原理、原则的迁移。

比如，帮助学生辨认所学材料的突出特征就是一种不错的教学策略。教材中的各种概念、原理、公式等都有自己的特征和适用的范围，帮助学生掌握这些特征，教会学生如何去辨认各种现象或需要解决的问题的特点，对于在已有认知结构与新知识间建立起联系，产生迁移是很必要的。

另外，帮助学生调整心态以保持良好的心理状态也是促进学习迁移的一种有效的教学策略。心理状态是一种具有综合心理过程和个性特征的复合体，它是一种具有动力性以及直接现实性特征的心理现象。良好的心理状态对学习迁移有积极的促进作用，而不好的心理状态对学习的迁移会产生消极的干扰或阻碍作用，因而在教学中要帮助学生调整好心理状态，即对待学习要有自信心，要保持适度的焦虑水平和思维活动的紧张度，根据学习任务难度水平的变化，调整好自己的动机水平。这样的心理状态，才能保证思维的灵活性、顺畅性和一定的广度，在学习中才会有助于实现迁移。

促进学习迁移的教学策略还有很多，在此不能一一列举。总之，只要在教学实践中结合具体学科，注意影响学习迁移的诸因素的作用，就能发现更多更好的促进学习迁移的教学策略。

第五节 学习策略

学习策略就是学习者为了提高学习的效果和效率，有目的有意识地制定的有关学习过程的复杂方案。学习策略主要包括认知策略、元认知策略和资源管理策略三种类型。认知策略针对的对象是学习材料或要解决的问题；元认知策略针对的对象是学习者的学习过程；资源管理策略针对的对象是学习者可用的学习资源。

一、认知策略

认知策略是加工信息的一些方法和技术。这些方法和技术能使学习、记忆及问题解决等信息加工活动有效地进行。认知策略可以分为陈述性知识的认知策略、程序性知识的认知策略以及思维与解决问题的认知策略。

（一）陈述性知识的认知策略

陈述性知识是关于事实的知识。在陈述性知识的认知策略中关于理解和保持知识的认知策略很多，常用的策略包括复述策略、精细加工策略和组织策略三种。

1. 复述策略

复述策略是为了保持信息而对信息进行重复的过程。复述策略具体包括以下几种：

（1）把最重要的任务安排在学习时间的首尾

实验研究证明，在学习中有两种干扰现象存在。一种是前摄抑制，即先学习的内容对后学习的内容的干扰作用；另一种是倒摄抑制，即后继学习对先前学习内容的干扰作用。由于这两种干扰存在，在学习和回忆系列材料时，中间部分的记忆效果最差，遗忘最多，因为这部分材料既受前摄抑制的影响，又受倒摄抑制的影响。这种现象被称作系列位置效应。因而，在安排复述时，为了排除干扰，尽量考虑抑制和促进的作用，就不能把重要内容放到学习进程的中间去复述，而要把其放到学习时间的首尾来复述。

（2）及时复习

德国著名心理学家艾宾浩斯1885年对遗忘进行的研究表明学习之后遗忘立即开始，而且开始时的遗忘是很快的，后来逐渐减慢。遗忘的这种先快后慢的规律就要求我们在学习结束后要及时复习。不然，等到遗忘很多时再复习，需要复述的量很大，需要花费很多精力，有时无异于重学一遍。

（3）分散复习

在学习程度相等的情况下，一次学习的材料越多，遗忘越快；材料越少，则遗忘越慢。因而，在复习时要做到分散复习，不要集中复习。

（4）部分与整体相结合

将较长的学习内容分成许多部分有助于记忆。比如，在背诵一篇文章时，将文章分成几个部分，记熟一个部分，再记下一个部分，直至将各个部分都记熟为止，这就叫部分法。然后再将整篇文章用整体法背诵几遍，发现哪部分没背熟，再回头用部分法巩固几遍。这样部分与整体相结合的方法，背诵效果最好。

（5）背诵或自我问答

在学习过程中，采用阅读与回忆相结合的方法进行复述会有很好的记忆效果。另外，在复述中，自设问题，自问自答，对于理解和记忆材料也很有帮助。

（6）过度学习

在达到掌握水平之后，继续进行过度学习，有助于加强记忆和保持。过度学习就是指对学习材料达到恰能背诵之后，再继续学习一段时间。心理学研究表明，在达到100%的学习程度以后，再继续多学几遍并不多余，反而很有必要。一般认为，150%的过度学习是最适宜的，即既能取得一个最佳的记忆效果，又不浪费时间和精力。

除上述复述策略外，回忆与学习之间具有情境相似性和情绪生理状态相似性，对学习材料感兴趣或持积极态度，记忆都会深刻一些。

2. 精加工策略

精加工策略是一种深加工策略，能帮助学习者将信息存储到长时记忆中去。它是通过在新旧信息之间建立联系来实现的。所谓精加工，又称精细加工，就是通过把所学的新信息和已有的知识联系起来，以此来增加新信息的意义，也就是利用已有的图式和知识使信息合理化。而精加工策略就是指人们为了更好地记住所学的东西而对学习材料做充实意义性的添加、构建和生成的策略。精加工策略主要分为两大类：人为联想策略和生成策略。

（1）人为联想策略

当学习材料本身意义性不强时，可以采用人为联想策略，赋予材料以意义，以帮助记忆。主要的人为联想策略有以下几种：

①位置法

位置法就是在学习者的头脑中确定一条熟悉的路线，在这条路线上确定一些特定的点，将要记忆的项目全部视觉化，并按顺序和这条路线上的各个点联系起来，以帮助记忆的方法。

②首字联词法

首字联词法又叫首字母缩略词法，就是利用每个词的第一个字或字母形成一个缩写词或句子来帮助记忆的方法。

首先，当所记内容较长，不容易记时，可以用首字联词化繁为简，帮助记忆。例如，计算机课教学中的初学者通用符号指令代码，其英文是"Beginner's All-purpose Symbolic Instruction Code"，为了方便记忆，大家常取每个词的首字母联成一个词，称其为 BASIC 语言。

其次，当所学习的材料比较枯燥时，可以将每个字母扩展成一个词，用词再连成句子，以帮助记忆。如，学音乐的学生需要记五线谱的 E、G、B、D、F 线时，可以用"Every Good Boy Does Fine"来帮助记忆。

③关键词法

关键词法就是将新词或概念与相似的声音线索词通过视觉表象联系起来，以促进对新词的记忆的方法。

关键词法适用于配对学习。所谓配对学习就是对配对项目的学习，这种学习要求学生将配对的两个项目联在一起记忆，看到第一个项目就能回忆出第二个项目。配对学习在学校中很常见，比如，城市及其物产、名人及其成就、省及省会、外语单词及其汉语意义等。

在学习外语单词时可以使用关键词法，此时关键词法的使用应分为两个阶段：第一阶段，声音联结阶段，就是将外语的词转变成母语的关键词，这个关键词的读音同外语中的发音相像，即是一个谐音词；第二阶段，心像联结阶段，用形成互动关系的心像来把关键词同外文词的意思联系起来。比如，对英文单词"pineapple"及其汉语意思"菠萝"的学习就是一种配对学习，适合使用关键词法。第一阶段，进行声音联结，找出一个与 ['painæpəl] 读音相似的汉语关键词"皮难剖"；第二阶段，形成心像联结：菠萝的皮太难剖了。脑海里就会浮现出自己费力剖菠萝皮的情景，这样就使关键词"皮难剖"同英文词"pineapple"的汉语意思"菠萝"联系起来了。以后，一看到"菠萝"就会想到"皮难剖"（['painæpəl]）了。这样就会增强学习效果。

④谐音联想法

谐音联想法就是用相同或相似的读音将无意义材料变成有意义的材料以帮助记忆的方法。运用这种方法的例子很多。例如，马克思的诞辰是 1818 年 5 月 5 日，年月日是无意义的材料不好记，可以用谐音联想法处理成：马克思一巴掌一巴掌打得资产阶级呜呜直哭。这样把马克思的诞辰同他是资本主义的掘墓人的伟大历史地位结合起来，就容易记住了。

⑤歌谣口诀法

歌谣口诀法就是利用编制歌谣口诀的方式来帮助记忆的方法。歌谣口诀法的编制可通过形象化的方法来进行。如《拼音字母歌》中的一段：6 是玻（b），反 6 是的（d），一门讷（n），二门摸（m）……就通过形象化的方法将汉语拼音编成了歌谣，容易记忆。歌谣的编制还可通过简缩的方式来进行。比如《二十四节气歌》"春雨惊春清谷天，夏满芒夏暑相连，秋处露秋寒霜降，冬雪雪冬小大寒"，就是用简缩的方式将二十四节气编入歌谣中帮助人们记忆的。运用歌谣口诀法，歌谣最好自己编，编时要精练准确，富有韵律。另外，要善于运用现成的歌谣口诀，这样可以节省时间。

⑥形象联想法

形象联想法就是将无意义的材料通过联想和头脑中生动奇特的形象结合起来，从而促进记忆的方法。有人又将形象联想法称为视觉想象法。形象联想法的使用要求使用者一定要大胆想象，但不能胡思乱想，要有章可循。例如，记"蚕蛹、机枪、大米"这三个词，可以想象有人将蚕蛹当子弹装进了机枪，一开枪，打出的是一粒粒大米。这种在卡通片中常出现的有趣情景会使人很久不忘这三个词。

(2) 生成策略

生成策略又称内在联系策略，适用于意义性较强的学习材料，它强调积极整合新信息于已有的认知结构中去，要教给学生一些具体的加工新信息的方法。在学习过程中做摘录与画线、列提纲与标题、提问、记笔记等都是常用的生成策略。下面主要介绍摘录与画线、记笔记两种生成策略。

①摘录与画线

摘录和画线就是通过将材料重要部分摘录下来或画上线的方法来突出重点，能使学生快速找到并复习课文中的重要信息，促进记忆。

②记笔记

记笔记就是将所学信息进行适当的记录以促进理解和记忆的方法。记笔记的作用主要表现在三个方面：首先，记笔记可以引导注意，明确重点；其次，记笔记可以帮助学习者对学习材料进行组织，建立材料间的内在联系，笔记不仅是信息的外部存储工具，还能促进新信息的精细加工和整合；再次，记笔记可以帮助学习者在所呈现的信息与已有知识间建立起外在联系，有助于信息学习的迁移。

记笔记时有三种方式可供选择：第一，尽可能完整地记录；第二，按材料顺序做概要记录，但缺乏组织性；第三，有组织地做提纲式笔记，必要时记下一些定义、表格、图解等。其中，最后一种记笔记的方式效果最好。

选择了好的记笔记方式后，还要注意以下要点才能完成高质量的笔记。第一，准确记录。如果首次记录发生错误，以后将很难改正，因为对知识的第一印象很难改变，根深蒂固。第二，详略得当。对越不熟悉的内容，笔记要越详细；对越不易找到参考资料的内容，笔记要越详细。相反，对熟悉或易找到参考资料的内容略记就可以。第三，层次分明。记录内容要条理清楚，有层次，分段分条，不要将几个问题掺杂在一起记录。第四，多留空白。在每页的上下左右，都要留适当的空白，左右侧的空白可适当留大些，以便随时加上自己的理解。第五，提高速度。笔记有时是边听边记的，这就需要有相应的速度，不然就会影响听讲效果。可以用符号和缩写来帮助提高速度。

3. 组织策略

组织实质是一种编码过程，但比编码更复杂，层次更高，是对信息进行更深度的加工。组织策略是将学习材料分成一些小的单元，并把这些小的单元置于适当的类别中，从而使每项信息和其他信息联系在一起。下面选取几种常见的组织策略加以介绍。

（1）概念图

概念图是一种由各概念单元（通常用圆圈圈起来）及它们之间的相互关系（通常用线和单词或短语表示）所构成的图解。

若学生在学习中遇到许多概念，这些概念间又存在着各种各样的关系，就可以利用概念图的方式对这些信息进行组织，来促进理解和记忆。另外，教师可以通过察看学生所画的概念图对其学习效果进行检查，并发现其知识掌握上的错误。

（2）群集策略

群集策略又叫归类法，是一种对学习材料进行归类组织，以使之便于记忆的策略。

群集策略主要用于自由回忆类的学习任务。自由回忆类的学习任务就是指把所学内容回忆出来即可，不限回忆顺序的任务。如默写中国所有省级行政区的名称就属于自由回忆类的学习任务。

按在个体发展中出现的先后顺序及归类依据，群集策略可分为四种：①以音韵归类；②以句法归类；③以类别归类；④随机归类。例如，将笑（xiào）和叫（jiào）归为一类的属于按音韵归类，这种归类方法两岁左右的幼儿就可以掌握；将男人与工作归为一类的属于按句法归类，常出现在3岁儿童中；将男人与男孩归为一类的属于按类别归类，常出现在5岁以后的儿童中；随机归类就是据具体情境，随机选择有效的归类依据来进行归类，这种分类的记忆效果最好。

（3）列提纲

列提纲就是将所学材料的纲目要点列成纲要以促进对材料的学习的一种组织策略。列提纲有助于对细节的回忆，能收到纲举目张的效果。

列提纲可以按下列步骤进行：①学习研究材料，理解其基本思想，并确定自己的学习目标；②根据学习目标，勾画或摘录教材的要点或重点部分；③考虑材料之间的关系，确定提纲；④复述提纲，使用提纲解答问题。

（二）程序性知识的认知策略

程序性知识告诉我们如何做某件事，它可以被认为是由"如果……那么……"的条件陈述句组成的，其形式是：如果某个条件适合，那么就采取某个行动。

在学习某一个过程时，存在两个主要的障碍。第一个就是工作记忆存储量的限制。为克服这一局限，可以利用一些记忆辅助手段，如把过程当中包含的步骤写下来。当然，重要的是成功地完成这一过程，而不是记住这些步骤。第二个潜在的问题是学生缺少必备的知识。在学习某一过程时，要确保学生已经具备所必需的知识和技能。同时还要加强练习，练习中反馈是必不可少的，不仅要找出反应的对错，还要纠正错误。

程序性知识的教学程序可以分为四个方面：第一，写出所要教的过程；第二，对学生进行前测，评估学生的必备知识；第三，给学生演示这一过程，并且确保学生每天都做一小会儿练习；第四，对练习给以正确的反馈。

（三）思维与解决问题的认知策略

思维与解决问题的认知策略是指一般性的普遍适用的思维方法。它不同于解题思路，但它指引着具体的解题思路。解决问题不同阶段有不同的策略。

1. 表征问题阶段的策略

该阶段的策略有：(1) 内隐表征策略，即在分析和理解问题的条件、要求、障碍的基础上，在头脑中形成整个问题的结构的策略。(2) 外显表征策略，即通过外部行为，如画图、批注等辅助内隐表征的策略。

2. 解答问题阶段的策略

该阶段的策略有：(1) 双向推理，即充分利用熟悉条件进行顺向推理，重视运用未知条件来进行逆向推理。(2) 克服定势，进行扩散性思维，即解决问题时，要思维灵活，从多种角度看问题，从多种途径寻找答案。(3) 要善于评价不同思路，选择最优思路进行集中思维。

3. 思路总结阶段的策略

解答阶段完成之后，我们找到了问题的答案。此后我们的任务是检验答案是否正确，但更重要的任务是总结解题的思路，进行"反思"。主要策略有：(1) 思考自己是否已把握与此题有关的知识结构，是否达到了通过练习掌握知识的目的。(2) 回忆自己的解题思维过程，找出其中的问题。一般来说在解题之前要考虑眼前的题与自己过去解过的题有什么相似之处，但解题之后，则要考虑眼前的这个题和过去解过的问题有什么不同。(3) 思考还有没有更简洁的思路和更佳的解决办法。最好能和同学的解题思路相比较，体验别人的思路和技巧。

二、元认知策略

元认知策略是指个体为实现最佳的认知效果而对自己的认知活动所进行的调节和控制。认知策略是学习过程中不可缺少的；元认知策略则监控和指导认知策略的运用。也就是说，可以教学习者使用许多不同的策略，但如果他没有必要的元认知技能来帮助决定在某种情况下使用哪种策略或改变策略，那他就不是成功的学习者。元认知策略主要包括计划策略、监控策略和调节策略。

（一）计划策略

计划策略指学习前对学习目标、过程等方面进行规划与安排的元认知策略。包括设置学习目标、安排时间、预测重点和难点、提出待回答的问题以及分析如何完成学习任务等。

（二）监控策略

监控策略指学习过程中根据学习目标对学习进程、所采用的方法、效果、学习计划实施情况等方面进行有意识监视的元认知策略。监控策略主要包括领会监控、策略监控与注意监控。

1. 领会监控

领会监控主要指调控学习过程的元认知策略。包括警觉自己在理解方面的问题，监视自己的速度与时间，审视目标是否达到，对材料进行自我提问等。

2. 策略监控

策略监控主要指调控自己对策略的使用的元认知策略。包括有意识地根据学习任务策略，审视所使用的策略的有效性等。

3. 注意监控

注意监控指调控自己的注意过程的元认知策略。包括对学习过程注意力的自我管理，有选择地对主要信息加以注意，有意识地抑制分心等。

（三）调节策略

调节策略指根据学习进程的实际情况对学习计划、学习进程、所用的策略等进行调整的元认知策略。包括调整预先的目标或计划，改变所使用的策略，有意识地矫正学习行为，局部目标尚未达到时采取补救措施等。

三、资源管理策略

资源管理策略是辅助学生管理可用的环境和资源的策略。它主要包括时间管理策略、学习环境管理策略、努力管理策略、学业求助策略等。成功地使用这些策略可以帮助学生适应环境以及调节环境以适应自己的需要。

（一）时间管理策略

学习总是在一定时间条件下进行的，因此时间是学习得以进行的首要资源，有效的时间管理可以促进学习，并增强自我效能感；低效的时间利用会降低学习效率，并降低自我效能感。时间管理策略就是合理安排时间的学习策略。有效的时间管理策略包括：

1. 确立有规律的学习时段

每天只要预留固定的几个小时学习，那么学习就不需要每天重新计划，而会成为一种习惯化的活动。

2. 确立切合实际的目标

很多学生倾向于低估完成一个学习任务所需的时间，因此他们应该多预留一些完成任务的时间，直到具有比较精确的估计能力为止。

3. 使用固定的学习区域

当学生在一个采光良好、远离噪声、没有分心因素、能够集中注意力的地方学习时，他们的时间利用会更有效。有些学生发现图书馆是学习的好地方，而有些学生则在家里营造一个高效读书的空间。

4. 分清任务的轻重缓急

当学生有很多事情需要做时，应分清事情的轻重缓急，先完成相对重要的事情。通常要先解决困难的科目，然后再完成相对容易的科目，因为人们的注意力往往是在开始的时候更为专注。

5. 学会对分心事物说"不"

当他人想和你聊天而不是学习时，必须准备好以一种并不冒犯的方式对他们说"不"。

6. 自我奖励学习上的成功

可以把完成学习任务后就可以做自己喜欢的其他活动作为奖励，来提高自己的注意力。喜欢的其他活动包括食物奖励、看电视、拜访朋友或者与朋友聊天等。但关键是要保证各种奖励是在学习目标实现之后才可以得到。

（二）学习环境管理策略

学习不仅需要时间，也需要空间，学习环境管理策略就是合理安排学习空间的学习策略。每个人要根据自己的特点找寻、建立可以提高学习效率的学习空间。例如，有的人乐于与他人聊天，那么他必须找到一个学习气氛好、可以与他人讨论和沟通的场合进行学习。

（三）努力管理策略

学习者在学习时的投入程度、情绪状态会极大地影响其学习效率和学习效果，努力管理策略是调整学习者努力状态的学习策略。例如，将学业成功归因于努力、调整心境、自我强化等都属于努力管理策略。

（四）学业求助策略

学业求助策略是指学生在学习过程中遇到困难时，向他人请求帮助的行为。学业求助策略是一种重要的社会支持管理策略。学生在学习过程中遇到问题需要向别人求助时有三种表现，一种是进行执行性求助，一种是进行工具性求助，一种是回避求助。执行性求助是指学生在面对本应自己解决的问题时，不经努力就直接向老师或同学询问正确答案或要求帮助者代替自己完成任务。工具性求助是指学生向帮助者询问有关问题解决的一些信息，期望利用这些信息以达到自己解决问题或实现目标的目的。回避求助是指学生虽然需要帮助却不主动求助。在这三种表现中，只有工具性求助是有益于学习的学习策略。

● 难点解读

1. 不要混淆同一词语作为心理学术语和在生活中的含义

例如，在心理学中感觉是指人脑对直接作用于感觉器官的客观事物个别属性的反映，也就是外界信息瞬间输入大脑的过程，在生活中则经常是"认为""觉得"的意思。在心理学中表象是指当刺激物不在眼前时在头脑中出现的相似物，在生活中则经常是"表面现象"的意思。在心理学中人格指的是个人独特的心理特征，而在生活中人格却和品德的含义类似。在心理学中性格指的是个体对现实的态度及其相应的行为方式，在生活中提到性格往往和内向、外向联系起来，其实内向和外向属于人格结构中的一部分，是和性格并列的一个人格成分。在心理学中气质和我们平常所说的脾气或秉性类似，而在生活中则是风度的意思。在心理学中动机是一种中性的词汇，在生活中使用动机时则常含意图不轨的意思。在心理学的语境中如果不能将这些术语的意思和生活中使用时的含义区分开来，那么就无法理解与此相关的心理学原理了。

2. 感觉和知觉的区分

感觉是指人脑对直接作用于感觉器官的客观事物个别属性的反映。知觉是直接作用于感觉器官的客观事物的整体在人脑中的反映。从字面来看，一个是人脑对于客观事物个别属性的反映，一个是人脑对于客观事物整体的反映。例如当我们看到一个苹果时，如果只注意到颜色或大小则属于感觉，如果有整体的认识则属于知觉。但是我们更应该清楚的是"个别属性"和"整体属性"获得机制的不同。感觉是外界信息直接输入大脑的过程，知觉则不仅包括外界信息输入大脑的过程，还包括头脑中已有信息参与的过程。因为知觉是对事物整体属性的反映，而这个整体属性不仅受到外界信息的影响，还必然受到个体头脑中已有信息的影响，这就是知觉基本特性中的理解性。

3. 对于记忆的理解

记忆是过去的经验在头脑中的反映。我们在日常生活中也是这么理解记忆这个词的含义的。但是我们对于记忆的理解一定要了解记忆的过程，即记忆的过程包括识记、保持、回忆和再认。因为，我们只有了解了记忆的过程，在促进学习记忆时，才能采取更有效的策略，帮助学生将识记、保持和回忆三个过程联系起来。识记的方法有效才有利于信息的保持，也有利于个体将存储在头脑中的信息提取出来，达到事半功倍的效果。

4. 正确区分正强化、负强化和惩罚的含义

强化是行为主义者斯金纳的理论体系中最为重要的概念，指的是个体的某个反应发生的概率增加的现象。对于这个概念不难理解，可是我们经常将正强化、负强化和惩罚混淆，特别是负强化和惩罚区分不清。要弄清楚这三者之间的区别，首先我们要了解强化物的概念，它是指个体反应之后获得之物，当个体获得它之后，其反应概率增加，那么它就是正强化物，反之，则是负强化物。这也就是说，负强化物是个体不愿意得到之物。正强化指的是个体完成某个反应之后得到正强化物之后的反应。负强化则是指个体完成某个反应之后取消原来给予个体的负强化物后的反应。惩罚则是个体完成反应之后给予其负强化物或取消之前给予个体的正强化物。因此，我们要注意到，首先强化是名词，是对个体的某种反应概率增加的现象的描述，不管是正强化还是负强化，反应概率都增加了，只是反应概率增加的原因不一样。而惩罚是动词，指的是对受罚者的制裁，当然它的结果和强化对应，即反应概率降低。其次，我们要注意到造成负强化的原因是取消了负强化物，这和惩罚是完全相反的。

5. 深入理解各种学习理论和学习动机理论

不同的心理学家提出了不同的学习理论和学习动机理论，这些理论的提出者试图用这些理论解释一切学习现象，而这么多的理论的提出恰恰又说明了没有哪一种能够解释一切学习现象。这说明了学习现象的复杂性、学习类型的多样化、学习者差异之大。在学习这些理论的时候要思考这些理论的适用性，即他们在何种学习情境中适用，否则我们可能会无所适从，出现南辕北辙的效果。

● 案例分析

案例分析 1

三天能记住五千个单词吗？

小明的英语成绩不太好，最令他苦恼的是他记不住单词。一天，小明的妈妈看到一家教育培训机构正在进行记忆单词培训班的招生宣传，这家教育机构声称他们通过单词记忆策略的教学能够使学生三天记住五千个单词，小明的妈妈听到这个宣传喜出望外，立即给小明报了名，为小明即将解决英语学习成

绩差的问题而高兴。可是，事情并不如她预期的那么好，小明通过参加培训班的学习，记住的单词量并没有大幅提高，英语成绩一点也没有进步。这是为什么呢？

情境分析

作为家长或者教师我们都希望孩子或学生在学习上能够达到事半功倍的效果，能够在最短的时间里学得最快、最好。然而我们也要对学习进行科学的分析，根据心理学和教育学原理，理性地看待学习方法，有的时候最聪明的方法可能是最笨的方法，最笨的方法却是最聪明的方法。

对于记忆单词来说，想要在三天之内记住五千个单词，恐怕只有少数"天才"才能完成这样的任务，对于大多数人来说都是很难完成的，除非这五千个单词是我们早就学会的单词。因为对于单词的记忆无非要采用如下几种策略：一种是维持性复述，就是反复背诵，这种方法需要进行大量的重复，根据艾宾浩斯的遗忘曲线，要经常复习，才能达到长时间储存的目的。第二种精致复述，这种方法是对所要记忆的单词进行一些加工和修饰，使其和其他信息联系起来，有利于我们在需要这些单词的时候提取他们。例如，我们要记住"merchant"这个单词，可以在"merchant"和"商人"之间用"摸钱的"联系，这样我们就更容易记了。但用这个方法也需要学习者花费时间进行加工，虽然比第一种方法花费的时间少，但也需要学习者在记忆单词的时候储存更多的信息量，这种方法只会有利于我们提取单词，未必能够提高我们记忆单词的效率。第三种策略是在句子中记忆单词，这种方法能够使我们学以致用，是较佳的学习策略，然而效率也未必是高的。由此看来，很多记忆单词的策略更多的是提高我们记忆单词的效果，而非效率。我们也可以通过词根记忆策略等手段提高我们的单词记忆效率，但希望在短时间内记住大量单词并能运用它们是不现实的，是不符合心理学规律的。

案例分析 2

高分低能为哪般？

近些年来，教育成了众矢之的，我们经常听到的一个对于教育的批评是，今天教育出的学生很多都是"高分低能"，分数考了不少，但是能力却很低。果真如此吗？从本章学习的内容可以对此进行解释吗？

情境分析

学生的分数很高，但在生活中和工作中却表现出较低的能力，说明考试考核学生的方面和生活、工作中对于个体的要求的方面是不一致的。学生考试成绩高，不一定能够很好地解决生活、工作中的问题。学生考试成绩低，未必不能很好地解决生活、工作中的问题。在本章第三节关于思维的介绍中提到一种思维形式是"问题解决"，实际上教育的一个很重要的目的就是培养学生的问题解决能力，也就是当学生面对一个此前没有遇到的困境时，他能够根据以往学过的知识和技能走出这个困境。我们在今天的教育教学中，可能告诉了学生很多知识并教会了他们很多技能，但是对于问题解决的能力的培养却忽视了，他们遇到做过的题目可能会做，但是遇到未见过的题目则无所适从了，这也是为什么很多学生在生活和工作中表现低能的原因了，因为生活和工作中遇到的问题在学校中多数都没有碰到过。因此，我们在教育教学中不能只让学生成为知识的存储器，也要教会他们如何生成知识、利用知识。

案例分析 3

小明为什么不爱学习了？

小明是小学四年级的学生，读小学以来成绩一直不错，学得也比较轻松。上个学期，爸爸为了激励他，告诉他如果期末考试每科成绩都能够达到90分，就带他外出旅行。小明听了爸爸的话，比平时更加努力学习，最终达到了爸爸的要求，暑假爸爸也带他到他向往已久的地方旅行。这个学期开学以来，小明却不像上学期那么努力了。爸爸一让他学习，他就问爸爸如果这个学期他还能考到90分寒假能不能带他去旅行，当爸爸说不行时，他便垂头丧气起来。小明为什么不像以前那么爱学习了呢？

情境分析

斯金纳的强化原理能够帮助我们解释这种现象。小明本来比较喜欢学习，能够在学习过程中感受到乐趣，此时推动他学习的动机类型是内在学习动机，即受到学习活动本身的推动而进行学习的动机。当爸爸对于他的学习成绩给予奖励时，他将他的学习活动和外出旅行联系起来了，此时推动他学习的动机类型是外来学习动机，即受到学习活动本身之外的因素推动而进行学习的动机。受到此种学习动机的推动进行学习存在一种弊端，就是要激励学习者学习必须要对强化过程进行安排，一旦不再对学习者的行为给予强化物，学习者就可能放弃学习。小明就属于这种情况。因此，父母和教师是要慎用外部强化物的，当学生没有内在学习动机时，我们可以通过施加外部强化物激励其学习，在这个过程中逐渐拉大外部强化物施加的间隔时间，使学生渐渐对于学习活动本身感兴趣，不再对外部强化物有所依赖。

● 延伸阅读

1. 什么是注意缺陷多动障碍

注意缺陷多动障碍（ADHD）是指儿童智能正常，但主要表现为与年龄不相称的注意力分散、不分场合的过度活动、情绪冲动的一组症候群。注意缺陷多动障碍也有不少界定，比较公认的是巴克雷在1990年的定义：

注意缺陷多动障碍是一种发展性的异常，主要特征是发展性的、不恰当的不专注、多动和冲动。这通常出现于童年早期阶段，是慢性长期的，这问题并不是由于神经生理、感官、语言、动作障碍、智能障碍或是严重情绪困扰所直接造成，而这些症状多会造成遵守规则行为或维持固定表现上的相关困难。

此外，巴克雷针对ADHD的症状提出了五项区分性特征：

(1) 不专注

不能专心或注意力问题包括多种，例如警觉、选择性注意、持续性注意、分心、注意广度等。根据巴克雷的研究结果，发现ADHD儿童的注意力问题多出现在对刺激的警觉性上，以及注意力的维持；但分心的程度上与一般儿童异常区别不显著。巴克雷认为ADHD儿童的不专注问题到底是因为容易分心，还是因为被高吸引力的刺激吸引之后难以规范自己的行为，尚有待探讨。注意力问题可能出现在课堂学习情境中，也可能出现在下课或自由活动的情境中。

(2) 行为抑制困难或冲动

文献中对冲动也有多种提法，包括快速对情境做出不正确的反应，例如冲动地给出错误的答案；无法延迟对需求的满足，例如想要什么就马上去拿；无法遵守规范或指示，或者无法在社会要求的情境中控制自己的行为，例如不能轮流游戏。

（3）多动

ADHD 儿童最明显的症状是多动，其活动过多的表现除了动作之外，也包括说话、无法安静、动个不停，而且他们的活动通常与当时情境无关，活动过多的表现除了白天如此，通常晚上睡眠也是如此。因此，有人形容 ADHD 儿童像一个小马达似的动个不停。

（4）适应行为习得缺陷

一般儿童可以通过习得的良好行为来规范自己的行为，而 ADHD 儿童则不然。他们常常表现出无视规则的存在，反抗或不守规则，或者是不受先前惩罚经验的教训，缺乏秩序感和责任感。巴克雷认为这可能与行为抑制困难有关。可是也有学者认为这不属于 ADHD 儿童的主要症状，可能是由于不专心所致。

（5）成就表现不稳定

ADHD 儿童难以经由先前习得的经验来规范自己，以保持稳定的表现，或者是因为冲动或不专注。ADHD 儿童在成就表现上极不稳定，在功课、作业和考试上常常如此，因此容易被认为是偷懒。

（资料来源　吴增强：多动症儿童心理辅导，上海：上海教育出版社，2006年，第2—3页）

2. 布鲁纳的螺旋式课程理念

布鲁纳认为，教师成功地组织学习材料的途径是发展一种螺旋式课程。这种课程是从学习者已有经验的基本知识开始，并在这个基础上增加更复杂的和更精细的类目和编码，在教学向前进的时候，它经常返回去在以前理解的基础上提高。

布鲁纳曾提出这样令人震惊的假设："任何学科都能够用在智育上是诚实的方式，有效地教给任何发展阶段的任何儿童。"这乍一听很像是教育万能论的论调，其实不然，布鲁纳这个假设实际上反映了他根据儿童智力发展水平进行系统教学，并将学科的基本概念、原理尽早地教给学生这样一种教育思想。为此，布鲁纳首先深入地研究了儿童智力发展的规律，发展的阶段性及其特征。其次，布鲁纳从教材编写的角度探讨了如何使教学内容适合于学生智力发展水平的问题，这也就是其著名的螺旋式课程设计思想。

布鲁纳认为，如果尊重成长中儿童的思想方法，如果想方设法把材料转译成儿童的逻辑形式，并极力鞭策诱使他前进，那么，就很可能在他的早年接受这样的观念和作风，以使他在日后的生活中成为有教养的人。从教材内容来说，由于社会的迅速发展，大量的新知识信息的不断涌现，一个人在有限的时间里不可能掌握所有的人类知识、文化遗产，正如本杰明·富兰克林所说，如果能把一切有用的知识和一切供装饰用的知识都教给学生，那该多么好啊！可惜知识是无穷的，而学生的时间都是有限的。因此，应该向他们建议，要学习那些多半是最有用的和最具装饰性的知识。这样，就要求课程建设应反映社会公认的值得其成员不断关心的那些重大问题、原理和价值等内容。

从学生方面而言，教育工作者应了解和尊重儿童的认知发展特点，通过一定的手段将学习材料转化为适合儿童学习的形式，如映象形式、动作形式等。如在布鲁纳看来，如果使物理学中的一些基本概念，通过儿童自己所能触摸到的具体材料来教学，那么这些物理学中的基本概念完全可以为七到八岁的儿童所接受。

从教学结果来说，布鲁纳认为早期的基本概念、原理教学，有助于产生广泛的迁移，使学生的学习事半功倍，并使学生最终成为社会的栋梁之材。这也就是布鲁纳强调学科基本结构、基本概念教学，进行螺旋式课程设计的出发点和依据。

（资料来源　张爱卿：放射智慧之光：布鲁纳的认知与教育心理学，武汉：湖北教育出版社，2000年，第114—115页）

3. 外部强化对内在动机影响的实验研究

蒂西在1971年和1972年用谜语做了一系列的研究。通常，解谜语是人们感兴趣的活动，被认为是由内在动机激发的。在一次实验中，蒂西将大学生被试分成三组去解谜语。甲组被试事先被告知，他们解开谜语能得到钱；乙组被试在解完谜语之后被告知，他们因为这样做而得到钱；丙组被试得不到任何提示，也不给钱。解完一些谜语后，实验者让三组被试分别单独呆一会儿，在这段时间里，他们可以自由地做他们想做的任何事情。结果发现，甲组被试很少会自动返回到解谜语上去，他们似乎对解谜本身已不再感兴趣，相反，丙组被试对解谜仍然很感兴趣，愿意继续解谜的人更多。有趣的是，乙组被试在解谜之后才被告知金钱奖赏，因此，他们实际上并没有为钱而解谜，所以内在动机并没有因此减弱，他们仍然继续解谜。莱珀等人1973年在幼儿园进行的一项研究也得到类似的结果。儿童中有一部分人本来是很喜欢用彩笔绘画的，但实验者对其中的一部分孩子进行了奖励，每画一张就送给他们每人一个小奖杯。结果，当孩子们知道用彩笔画画再也不会得到奖励时，他们就不再继续画了。莱珀认为这是因为这些儿童失去了对绘画的内在兴趣。

（资料来源 路海东：教育心理学，长春：东北师范大学出版社，2002年，第273—274页）

4. 学习策略教学的基本原则

(1) 遵循特定性原则，确保教学的学习策略具有针对性和有效性

选择合适的策略学习内容是策略教学的第一步，也是非常关键的一步。每种学习策略都有特定的适用范围，每个学习者的年龄特征、智力水平和元认知发展水平决定了他对学习策略的掌握和运用的水平。选择教学的学习策略应符合特定学生的发展水平，确保所教授的是学生可以接受掌握的策略。

(2) 遵循具体化、操作化原则，制定一套外显的、可以操作的训练程序

学习策略，尤其是认知策略、元认知策略，是个体对自己的内在过程的内隐的调控活动，但是可以从他的学习行为中反映出来。如果把内隐的学习策略具体外化为一系列操作程序，使学生能感受到、体验到，将有助于学生的学习掌握。

(3) 遵循效能性原则，引导学生体会策略的效力，激发学习的内在动机

学习和使用策略是艰巨的学习过程。陈述性知识必须通过大量的练习才能转化为程序性知识并迁移到与原先的学习任务不同的新任务中去。进行这样的学习，若学生没有强烈的要求改进自己学习的愿望（即学习动机），是难以奏效的。只有当学生明确地意识到策略的有效性，外在指导的策略才会内化为学生自己的策略，他们才会倾向于经常使用学得的策略，迁移才可能发生。因此，在教学过程中，教师要注意通过演示、讲解、讨论等教学方法，突出所教的学习策略在学习和解决问题中的作用和价值，使学生认识到学习策略对学习具有改善作用。另外，教师还可以让学生比较、评价自己使用策略和不使用策略条件下的学习成绩，从而看到策略应用所带来的效力，增强对策略有效性的认识，增加其运用的自觉性。

(4) 遵循程序性知识的学习原则，进行大量的反复练习

学习策略由一系列操作步骤构成，本质上是一种程序性知识，因此其教学程序应符合程序性知识的学习规则。除了应让学生掌握策略的陈述性知识外，更重要的是让学生通过在各种学习任务和不同的情境中进行大量的策略练习，促使学习策略从陈述性阶段向程序性阶段转化。这些练习必须有连续性，通过一系列彼此联系的练习，帮助学生完成知识的转化。此外，练习还必须有变化，只有经过在变化的情境中练习，策略才能获得迁移，才能灵活运用。

(5) 遵循少而精的原则，每次只教少量的策略

由于学习策略的掌握遵循程序性知识的学习规律，掌握一项学习策略需要大量的练习和时间。因此，

策略训练不宜密集进行,每次不能教得太多。比较有效的方法是:①适当地延长训练内容的间隔,以使学习者有充分的消化、理解时间;②策略的学习是一个过程,需长期进行,学习者在一定程度上掌握策略后,训练仍不能停止,还要通过一些变式的练习,巩固所学的策略;③每次训练只能围绕一个中心进行,切忌贪多。

(6) 遵循学习策略的监控原则,指导学生监控策略的使用

学习策略是学习者在学习过程中采取的具体的学习方法或技能以及对自身的学习活动进行监控以提高学习活动水平的技能,监控是学习策略的最重要的特征。因此,学生对策略运用过程做出主动的监控非常重要。所以,在学习策略的教学过程中,必须进行策略使用的监控训练。

(7) 遵循学科渗透式教学模式,在具体情境中教授学习策略

学习策略的教学模式主要有两种:专门的学习策略教学和学科渗透式的学习策略教学。专门的学习策略教学指不涉及特定的知识领域,脱离各种教学内容的单纯的学习策略训练,学习一般的学习规则、方法、技巧及调控方式,如信息选择策略、信息组织策略。学科渗透式的学习策略的教学,指将学习策略教学与学科内容结合起来,通过学科教材内容进行迂回的策略教学。近年来的研究表明,学习策略一般不宜作为一门独立的课程来教,而应该作为学生面临的实际学习任务的一部分,渗透在学科教学中进行教学。不同的学科所教授的策略应该有所偏重。例如,语文教学中重点传授阅读理解策略;数学教学中重点传授分析、归纳、推理策略;历史课上着重传授知识的编码、记忆策略等。

(8) 遵循长期性原则,长期系统地进行学习策略的教学

学习策略所包括的策略种类繁多,而且重要的学习任务往往需综合运用一系列的学习策略。这些策略的结合被称为策略系统。学生要掌握某种策略系统,必须对该系统中每种具体策略都进行充分的练习,学习策略的教学需要长期的、坚持不懈的努力。

(资料来源 李晓东:教育心理学,北京:北京大学出版社,2008年,第72—75页)

● 强化训练

> 试题

一、单项选择题

1. "入芝兰之室久而不闻其香,入鲍鱼之肆久而不觉其臭"涉及的感觉现象是( )。
   A. 感觉适应   B. 感觉对比   C. 感觉后像   D. 联觉
2. "红杏枝头春意闹"这句诗中涉及的感觉现象是( )。
   A. 感觉适应   B. 感觉对比   C. 感觉后像   D. 联觉
3. 孩子们在看天上的白云时,经常会说看到了各种小动物。这体现的知觉特性是( )。
   A. 选择性   B. 整体性   C. 理解性   D. 恒常性
4. 人们知觉时经常遵循接近律、相似律和连续律。这体现的知觉特性是( )。
   A. 选择性   B. 整体性   C. 理解性   D. 恒常性
5. 人脑对外界输入的信息进行编码、存储和提取的心理过程是( )。
   A. 感觉   B. 知觉   C. 注意   D. 记忆
6. 当儿童看到了不同的桌子之后,形成了"桌子"的概念。这体现的思维特征是( )。
   A. 间接性   B. 抽象性   C. 概括性   D. 理解性
7. 提出并深入研究条件反射的心理学家是( )。

A．桑代克　　　　B．斯金纳　　　　　C．巴甫洛夫　　　　D．华生

8. "望梅止渴"体现的学习现象是（　　）。

　　A．经典条件反射　B．操作条件反射　　C．社会学习　　　　D．习惯化

9. 斯金纳是一位环境决定论者，他所强调的环境是（　　）。

　　A．物理环境　　　B．文化环境　　　　C．强化安排　　　　D．刺激配对

10. 布鲁纳认为学习的实质是形成（　　）。

　　A．图式　　　　　B．认知地图　　　　C．学科基本结构　　D．认知结构

11. 在下列各种学习动机中属于内在动机的是（　　）。

　　A．获得解答　　　B．获得高分　　　　C．获得老师表扬　　D．获得成就

12. "知之者不如好之者，好之者不如乐之者"，这一论述强调的学习动机类型是（　　）。

　　A．内在动机　　　B．外部动机　　　　C．社会交往动机　　D．自我提高动机

13. 下面心理学家提出的理论可以作为学校中奖优制度根据的是（　　）。

　　A．布鲁纳　　　　B．斯金纳　　　　　C．托尔曼　　　　　D．罗杰斯

14. 对于一个长期遭受学业失败的学生，当他在一次考试中取得较好的成绩，教师引导其进行合适的归因，能够取得最佳教学效果的原因类型是（　　）。

　　A．能力　　　　　B．努力　　　　　　C．任务难度　　　　D．运气

15. 学习骑自行车后不利于学习骑三轮车，这种迁移属于（　　）。

　　A．顺向负迁移　　B．顺向正迁移　　　C．逆向正迁移　　　D．逆向负迁移

16. "举一反三"这个成语中蕴含的学习心理是（　　）。

　　A．学习动机　　　B．学习策略　　　　C．学习迁移　　　　D．学习过程

17. 在学习"merchant—商人"这一单词时，学生加入了中介词，成了"merchant—摸钱的—商人"。该学生使用的策略是（　　）。

　　A．精细加工策略　B．组织策略　　　　C．复述策略　　　　D．计划监控策略

18. 某学生画出某门课程的知识结构图帮助自己学习，其所用的学习策略属于（　　）。

　　A．注意策略　　　B．复述策略　　　　C．组织策略　　　　D．精加工策略

二、辨析题

1. 奥苏伯尔认为学校里的学习必然是有意义学习。
2. 强化总是能够提高学生的学习动机。

三、简答题

1. 简述学习动机的强化理论并分析这一理论在实践中发生的作用。
2. 简述学习迁移的概括化理论及其教育意义。

四、材料分析题

阅读下列材料，回答问题。

　　张明是初中二年级的学生，他在小学时学习成绩不错。到了初中以后成绩开始下滑，他越来越不爱学习，每天从学校回到家里以后不认真完成作业，大量的时间用在网络游戏上。

问题

如果你是他的老师，请用两种教育心理学的理论帮助他。

答案及解析

一、单项选择题

1. A 【解析】在同一感受器中，由于刺激的持续作用或一系列刺激的连续作用，导致对刺激的感受性的变化，这种现象叫感觉的适应。在刺激停止后，感觉印象仍暂留一段时间的现象，叫感觉后像。感觉的对比包括同时对比和先后对比，同时对比是指感受器不同部位接受不同刺激，对某个部位的强烈刺激会抑制其他邻近部位的反应，不同部位的反应差别被加强的现象。先后对比是指同一感受器先后接受不同的刺激的作用而产生的对比现象。联觉是指一种感觉的感受器受到刺激时，在另一感觉道也产生了感觉的现象。本题中涉及的是感觉适应现象。

2. D 【解析】联觉是指一种感觉的感受器受到刺激时，在另一感觉道也产生了感觉的现象。本题中，视觉感受器受到了刺激，在听觉感受器产生了感觉，因此属于联觉现象。

3. C 【解析】知觉的选择性是指人不可能同时把接触到的外部事物纳入为知觉对象，而总是根据当前的需要有选择地把其中一部分作为知觉对象，把它们构成一个整体，使之得到清晰的知觉。知觉的整体性是指人在过去经验的基础上把由多种属性构成的事物知觉为一个统一的整体的特性。知觉的理解性是指个体在对现时事物的知觉中，需有以过去经验、知识为基础的理解，以便对知觉的对象做出最佳解释和说明的特性。知觉的恒常性是指知觉系统能在一定范围内保持对客观事物的稳定的认识的特性。本题中孩子们的知觉依赖了过去的经验，因此体现了知觉的理解性。

4. B 【解析】知觉的整体性是指人在过去经验的基础上把由多种属性构成的事物知觉为一个统一的整体的特性。

5. D 【解析】记忆是在头脑中积累和保存个体经验的心理过程，运用信息加工的术语讲，就是人脑对外界输入的信息进行编码、存储和提取的过程。感知觉是对信息的输入。注意是心理活动或意识对一定对象的指向和集中。

6. C 【解析】思维是借助语言、表象或动作实现的对客观事物概括的和间接的认识，是认识的高级形式。思维具有概括性、间接性的特征。概括性是指在大量感性材料的基础上，把一类事物共同的特征和规律抽取出来，加以概括。间接性是指人们借助于一定的媒介和一定的知识经验对客观事物进行间接的认识。儿童在接触各种桌子之后形成桌子的概念，反映了思维的概括性。

7. C 【解析】桑代克提出的是联结主义观点。斯金纳提出的是操作条件反射的观点。巴甫洛夫提出并详细研究了条件反射。华生是明确提出行为主义的心理学家。

8. A 【解析】"望梅止渴"现象与巴甫洛夫研究中狗看到喂狗的人或喂狗的盘子也有唾液分泌的现象是完全一致的，只不过"望梅止渴"这一典故中涉及了第二信号系统的条件反射。

9. C 【解析】斯金纳强调要通过强化塑造人的行为。人的行为的获得都可通过强化来解释。

10. D 【解析】虽然图式、认知地图和认知结构具有相同的内涵，但布鲁纳明确提出学习的实质是主动地形成认知结构。布鲁纳认为学生应该掌握的学习内容是学科基本结构，通过对学科基本结构的掌握发展认知结构。

11. A 【解析】学习的内在动机是指在学习过程中推动学习者的力量来自于学习活动本身。与此对应的是学习的外来动机，推动学习者学习的动力来自于学习活动之外，例如分数、表扬等。

12. A 【解析】"知之者不如好之者，好之者不如乐之者"这句话强调兴趣在学习中的重要作用，与学习的内在动机论述的情形是一致的。

13. B 【解析】斯金纳提出的理论是强化理论，强调奖励在学生学习中的作用。布鲁纳强调内在动机在学习中的作用。托尔曼认为强化不是影响学习的关键因素。罗杰斯强调应使学生认识到学习内容对个人的价值，从而推动他们学习。

14. A 【解析】对于一个长期遭受学业失败的学生而言，树立信心是第一位的，因此选项A最为合适。对于长期取得学业成功的学生，再次取得好成绩，选项B效果更好，能够使其戒骄戒躁，继续努力。

15. A 【解析】在这一学习情形中，先前的学习对后面的学习产生了影响，这是顺向迁移。先前的学习对后面的学习产生了不利的影响，这是负迁移。

16. C 【解析】当学习者能够将学到的内容运用到不同的情境中的时候，学习迁移就发生了。

17. A 【解析】精细加工策略是指把新信息与头脑中的旧信息联系起来，寻求字面背后的深层次意义，或者增加新信息的意义，从而帮助学习者将信息储存到长时记忆中去的学习策略。

18. C 【解析】组织策略是指发现部分之间的层次关系或其他关系，使之形成某种结构以达到有效保持之目的的一种学习策略。

二、辨析题

1. 【答案要点】

这种表述是错误的。

虽然奥苏伯尔强调学校里的学习应该是有意义学习，但是有意义学习必须具备一些前提条件。

(1) 客观条件

学习材料本身必须具备逻辑意义，即材料本身与人类知识范围内的有关观念可以建立非人为的和实质性的联系。

(2) 主观条件

①学习者必须具备有意义学习的心向，即积极主动地把新知识与学习者认知结构中原有的适当知识联系起来的倾向性。②学习者认知结构中必须具有同化新知识的适当观念。③学习者必须积极主动地使这种新知识与他已有的知识发生相互作用，结果是原有知识得以改造，新知识获得了实际意义，即具有了心理意义。

因此，在奥苏伯尔看来教师应尽力使学校里的学习成为有意义学习。

【解析】

本题考查的是奥苏伯尔有意义接受说的内容。奥苏伯尔提出有意义接受学习理论，认为学校里学习应该以教师讲授的方式进行，因为只有这样学生学习的效率才是最高的，同时又要使这种学习方式是有意义的，因此他强调教师应该了解学生已有哪些知识，在此基础上进行教学，忽视了学生新旧知识之间的联系，有意义学习便无从发生。

2. 【答案要点】

这种表述是错误的。

斯金纳使用强化理论对学习本身的论述就是对学习动机的论述。个体的行为因受到强化而发生的概率增加就是动机增强，个体的行为因受到惩罚而发生的概率降低就是动机减弱。

当个体缺失学习动机时，使用强化原理对学生的学习行为进行强化，可增强学生的学习动机。

当个体具有强大的内在学习动机时，使用强化原理奖励学生的学习行为，可能使学生的学习与强化物联系起来，会削弱学生的内在学习动机。

【解析】

本题考查的是学习动机的强化理论的内容。在分析斯金纳的强化理论对激励学生学习的作用时，要联系到学习的内在动机和外来动机的分类的内容，既要看到强化对外来动机的激发作用，又要看到它对内在动机的削弱作用。

三、简答题

1. 【答案要点】

(1) 学习动机的强化理论

斯金纳使用强化理论对学习本身的论述就是对学习动机的论述。个体的行为因受到强化而发生的概率增加就是动机增强，个体的行为因受到惩罚而发生的概率降低就是动机减弱。

(2) 学习动机的强化理论的作用

当个体缺失学习动机时，使用强化原理对学生的学习行为进行强化，可增强学生的学习动机。

当个体具有强大的内在学习动机时，使用强化原理奖励学生的学习行为，可能使学生的学习与强化物联系起来，会削弱学生的内在学习动机。

【解析】

本题考查的是学习动机的强化理论的内容。在分析斯金纳的强化理论对激励学生学习的作用时，要联系到学习的内在动机和外来动机的分类的内容，既看到强化对外来动机的激发作用，又要看到它对内在动机的削弱作用。强化原理是一剂良药，但要对症下药。

2. 【答案要点】

(1) 学习迁移的概括化理论

迁移产生的关键在于学习者能够概括出两组活动之间的共同原理。概括化的知识是迁移的本质，知识的概括化水平越高，迁移的范围和可能性越大。

(2) 学习迁移的概括化理论的教育意义

为了促进学生学习的迁移，应教给学生适应某些情境的原理原则。

【解析】

本题考查的是学习迁移理论的内容。所有迁移的理论都在讨论的问题是两种学习之所以能够发生迁移，它们之间到底有什么样的关联。学习迁移概括化理论强化两种学习可以用同一原理解释。

四、材料分析题

【答案要点】

(1) 使用斯金纳的强化原理帮助他养成良好的学习习惯。

首先，帮助他确立目标。例如，第一个月，他每天回到家里学习一个小时。第二个月，他每天回到家里学习两个小时。

其次，确立强化物。确定张明按照事先确立的计划去学习后得到的强化物。

再次，执行上述确定的方案。

第四，检视效果。

第五，根据上述方案取得的效果对方案进行修订。

(2) 使用马斯洛的人本主义学习理论激励他为自我实现而学习。

首先，关心他，尊重他，使他自尊的需要得到满足。

其次，在满足他低层次需要的基础上，引导他为自我实现而努力学习。

【解析】

本题考查的是强化原理和人本主义学习理论的内容。任何一个教育心理学理论都不可能解决教学中所遇到的所有问题，学习这些理论时要注意理论之间的联系，思考这些理论的适用性。

第五章 中学生发展心理

● 大纲表述

1. 掌握中学生认知发展的理论、特点与规律。
2. 了解情绪的分类，理解情绪理论，能应用情绪理论分析中学生常见的情绪问题。
3. 掌握中学生的情绪特点，正确认识中学生的情绪，主要包括情绪表现的两极性、情绪的种类等。
4. 掌握中学生良好情绪的标准、培养方法，指导中学生进行有效的情绪调节。
5. 理解人格的特征，掌握人格的结构，并根据学生的个体差异塑造良好人格。
6. 了解弗洛伊德的人格发展理论及埃里克森的社会性发展阶段理论，理解影响人格发展的因素。
7. 了解中学生身心发展的特点，掌握性心理的特点，指导中学生正确处理异性交往。

● 大纲解读

1. 内容来源

本章的知识内容属于心理学中普通心理学和发展心理学的研究范畴。其中，情绪分类、情绪理论、人格特征、人格结构等属于普通心理学领域的内容；认知发展理论以及中学生认知发展特点、中学生情绪发展特点、人格发展理论以及中学生人格发展特点、中学生身体及性心理的发展特点都属于发展心理学的内容。普通心理学的内容是了解发展心理学内容的基础。

2. 内容分析

只有了解和掌握中学生认知、情绪和人格发展的特点，才能够正确认识并分析中学生常见的认知的、情绪的、人格的以及两性心理方面等问题。在此基础上，教师就能够指导学生理性处理学习中遇到的各种问题、有效调节情绪、塑造良好的人格和正确看待两性关系。本章内容正是围绕中学生认知发展、情绪发展、人格发展以及性心理发展等四个方面展开的。

3. 内容结构

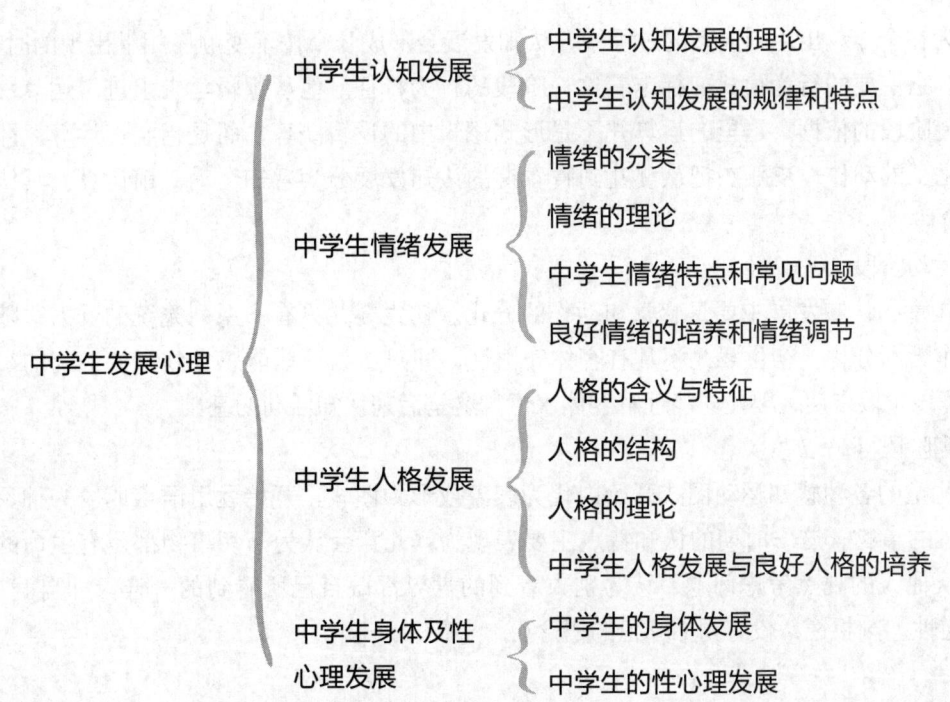

● 学习内容

第一节 中学生认知发展
一、中学生认知发展的理论

认知是指人获得知识的活动，其中包括个体在认识事物过程中表现出的感知觉、注意、记忆、思维和想象等心理活动。从信息加工的角度来说，对感知觉、注意、记忆、思维和想象等心理活动的认知过程包括信息的输入、转换、编码、加工、存储和使用等过程。个体通过认知过程建构在头脑中形成的知识体系则被称为"认知结构"。

个体的认知结构和认知能力发生变化与完善的过程被称为认知发展。中学生的年龄一般在十一二岁到十七八岁之间，该阶段的个体正处于青春期，他们的认知发展伴随着生理和心理的迅速发展而出现显著的改变。

（一）皮亚杰的认知发展理论

1. 建构主义发展观

瑞士心理学家皮亚杰认为人的发展是一个适应的过程，个体在与环境的不断相互作用中建构对于外部世界的理解。每一个体都有其认知结构，皮亚杰称之为图式。皮亚杰认为最初的图式来源于先天的遗传，表现为一些简单的反射，如握拳反射、吸吮反射等。随着成长，为了适应周围的世界，个体逐渐地丰富和完善自己的认知结构，形成了一系列的图式。个体的适应则包括同化和顺应两种过程。借助同化过程，个体可以把新的经验纳入到已有的图式中去，而通过顺应过程，可以使个体改变自己的原有图式以适应外部世界。例如，小孩最初关于"狗"的图式会包括所有的四足动物，但慢慢会认识到"狗"的图式过于宽泛，于是主动做出调整。皮亚杰认为个体的心理发展，就是以同化和顺应的方式在与外部世界相互作用的同时，建构并调整自己的图式以不断达到平衡的过程，个体也正是在平衡与不平衡的交替中不断建构和完善自己的认知结构，实现认知的发展。

2. 认知发展阶段论

皮亚杰认为在个体从出生到成熟的过程中，认知发展会形成几个按不变顺序相继出现的时期或阶段。每一个阶段都有它主要的行为模式，标志着这一阶段的行为特征。他从逻辑学中引进"运算"的概念作为划分认知发展阶段的依据。这里的运算并不是形式逻辑中的逻辑演算，而是指心理运算，即能在心理上进行的、内化了的动作。皮亚杰把从婴儿到青春期的认知发展分为感知运动、前运算、具体运算和形式运算等四个阶段。

（1）感知运动阶段（0—2岁）

这一阶段儿童的认知发展主要是感觉和动作的分化。初生婴儿只有一系列笼统的反射，随后的发展使得感觉与动作渐渐分化。初生婴儿不具有客体守恒性，即只认为那些能感觉到和接触到的东西才是真实存在的。到了该阶段末期，婴儿才能理解客体永恒，这是后来认知活动的基础。

（2）前运算阶段（2—7岁）

这个阶段儿童的各种感知运动图式开始内化为表象或形象图式，开始运用语言或较为抽象的符号来代表他们经历过的事物。这一时期的认知特点主要表现为：儿童会认为一切事物都是有生命的，即万物有灵论；不能从他人的观点考虑问题，认为别人看到的世界都跟自己所看到的一样，即自我中心主义；思维具有不可逆性、刻板性；没有物体守恒的概念。

(3) 具体运算阶段（7—11岁）

这个阶段儿童的认知结构中已经具有抽象概念，因而能够进行逻辑推理；获得了长度、体积、重量和面积等的守恒概念，所谓守恒指儿童认识到客体在外形上发生了变化，但其特有的属性不变。不过，这个阶段儿童的思维仍需要具体事物的支持。

(4) 形式运算阶段（11岁以上）

这个阶段儿童的思维是以命题形式进行的，能够运用抽象的、符合形式逻辑的（演绎的或归纳的）推理方式去思考和解决各种问题；能根据事实灵活解释规则。

在皮亚杰看来，虽然并不是所有的儿童都能够在同一年龄完成相同的阶段，但是儿童发展的各个阶段顺序是一致的，前一个阶段总是达到后一个阶段的前提。阶段之间的发展是逐渐的、持续的。随着儿童从低级向高级阶段发展，他们将由一个不能思维，仅依靠感觉和运动认识周围世界的有机体逐步发展成一个具有灵活思维和抽象推理能力的独立个体。

3. 对教育的启示

首先，皮亚杰认为知识的获得是儿童主动探索和操纵环境的结果，学习是儿童进行发明与发现的过程。因此，教育的目的并非增加儿童的知识，而是设置充满智慧刺激的环境，让儿童自行探索，主动掌握知识。这就意味着教育者们要注意在教育中发挥学生的主体性，不要强行灌输知识，而应该设法给学生呈现一些能够引起他们的兴趣、具有挑战性的材料，并允许他们依靠自己的力量去解决问题。

其次，皮亚杰认为认知发展是呈阶段性的，且各个阶段是顺序不变的。儿童在不同的认知发展阶段认识和解释事物的方式是不同的。因此，要了解并根据儿童各阶段的认知特点来设计教学，不能给予明显超出他们认知发展水平的学习材料，如果忽视儿童的认知发展阶段，一味按照成人的想法和要求，只会给儿童带来压力和挫折，让他们感到学习是一件痛苦的事，而不是有趣的事，从而扼杀儿童学习的欲望与好奇心。

最后，皮亚杰对认知发展阶段的划分不是以个体年龄为标准的，不同的个体在认知发展的速率上是不同的，有快有慢，因此，同样年龄的儿童其认知发展水平并不一定相同。这就提示教育者在教学中要注意个别差异，做到因材施教。

（二）维果茨基的认知发展理论

1. 文化—历史发展观

苏联心理学家维果茨基提出"文化—历史发展理论"来解释人类心理本质上与动物不同的那些高级的心理机能。他认为，工具的使用，引起了人的新的适应方式，即物质生产的间接方式，而不像动物一样是以身体的直接方式来适应自然。在人的工具生产中凝结着人类的间接经验，即社会文化知识经验，这就使人类的心理发展规律不再受生物进化规律制约，而受社会历史发展的规律制约。工具本身不属于心理的内容，但是这种间接的"物质生产的工具"，会导致在人类的心理上出现"精神生产的工具"，即人类社会所特有的语言和符号。生产工具和语言符号就使得间接的心理活动得以产生和发展。其中，生产工具指向外部，引起客体的变化；而符号则指向内部，影响着人的行为。因此，人在改造自然时也改变着人自身的性质。

维果茨基强调人类文化在个体发展中起着重要的作用，并以他的文化—历史发展观来解释认知发展的实质。对维果茨基来说，所谓认知的发展就是指：个体从出生到成年的心理是在环境与教育影响下，在低级的心理机能的基础上，逐渐向高级的心理机能转化的过程。低级的心理机能是人和动物共同具有的，如感知觉、机械记忆、冲动性的意志等，而高级的心理机能则是随意主动的、概括抽象的、以语词符号为中介的、受社会规律制约的和高度个性化的，如思维、抽象记忆、理智性意志等。他进一步认为，心理机能由低级向高级转化的动力来源于三点：一是社会文化历史的发展，儿童在特定文化的社会中获取知识经验，是受社会规律制约的；二是个体的发展，儿童在与成人交往过程中通过掌握高级的心理机能的工具——语言、符号，使其具有了能对行为进行调节、表达需求并向思维转化的功能；三是不断内化的结果，高级心理机能首先作为外部形式的活动而形成，然后才出现内化，转化为内部的、能在头脑中默默进行的智力活动。

由此可见，维果茨基对儿童认知发展的看法，是与他的文化—历史发展观密切联系在一起的。

2. "最近发展区"理论

维果茨基根据其社会文化促进认知发展的观点提出了"最近发展区"理论。所谓最近发展区，是指儿童实际认知发展水平与他可能达到的认知发展水平之间的差距。前者由儿童独立解决问题的成就来确定（如已学会个位数相加不进位）；后者则是指在成人的指导下或是与能力较强的同伴合作时，该儿童表现出来的解决问题的成就（如帮他学习个位数相加进位变成十位数）。因此，实际认知发展水平代表儿童认知发展现时的能力，最近发展区的上限则代表儿童认知可能发展的最大潜力。这两种水平之间的差异就是最近发展区。维果茨基认为，研究儿童的认知发展，不能只注重儿童的实际认知发展水平，而更应特别注重其最近发展区。

3. 对教育的启示

维果茨基提出的最近发展区的概念对于教育具有重要的启示，它告诉我们"教学应该走在发展的前面"。教学要尽量创造最近发展区。由于教学应着眼于儿童的潜能发展，教师就不应只给儿童提供一些他们能独立解决的作业，而应布置一些有一定难度，需要在得到他人的适当帮助下才能解决的任务。这样，教学活动就不只刺激儿童已有的能力，而且推动了他们的发展。不过，同时应避免在儿童尚未掌握好当前的能力时，就把儿童推向更高一级的发展，并且教师或其他成人所提供的帮助也要适当，否则会造成儿童依赖的心理。

二、中学生认知发展的规律和特点

（一）中学生感知觉的发展

1. 感知的自觉性增强

中学生感知事物的自觉性逐步增强，能自觉地根据教学要求有意识、有目的地去感知有关事物。随着自我控制能力的发展，这种自觉性越来越持久。

2. 感知的精确性提高

中学生感知事物的精确性不断提高。在空间知觉上，能较熟练地掌握三维的空间关系；在时间知觉上，可以更精确地理解较短的单位，如月、周、时、分等；知觉精确性的提高使得中学生对客观事物细节的感受性逐渐增强。

3. 感知的概括性明显发展

中学生感知事物的概括性明显发展。有研究发现，初中二年级是知觉概括性发展的一个转折点。学生在观察细节的感受能力、辨别事物差异的准确率、理解事物的抽象操作方面不断发展。

（二）中学生记忆和注意的发展

1. 记忆的目的性增加

中学生有意识记随目的性增加而迅速发展。低年级中学生的无意识记常常很明显，具体表现为对感兴趣材料识记得比较好，而对无趣材料识记得比较差。随着教学要求的变化，学生逐渐学会根据教材内容，独立地提出识记目的和任务，并能自觉检查识记效果，主动选择识记方法，使得有意识记日益发展。

2. 意义识记能力提高

中学生的意义识记能力不断提高。进入中学以后，随着学习内容的增多、加深以及学生抽象逻辑思维能力的发展，中学生的意义识记明显增加，开始超过机械识记，并呈直线上升的趋势。相反，机械识记的使用则越来越少，其效果也越来越差。

3. 抽象记忆高速发展

中学生的抽象记忆快速发展。初中学生在抽象记忆发展的同时，具体形象记忆也在发展，但发展的速度已慢于前者；到了高中时期，抽象记忆发展迅速，而具体形象记忆则开始出现下降的趋势。

4. 注意进一步发展

中学生的有意注意进一步发展，注意的稳定性和集中性增强，注意的分配和转换品质也有较大提升。绝大多数学生具有一定的注意分配的能力。他们可以边听老师讲课、边记笔记。

（三）中学生思维的发展

1. 抽象逻辑思维得到发展

中学生思维的主要形式是抽象逻辑思维，其发展的突出特点是由"经验型"上升为"理论型"。初一学生的抽象逻辑思维虽然占优势地位，但总体上仍属于"经验型"，还需要直接的感性经验支持；初二是中学生思维发展的关键时期，他们的抽象逻辑思维开始由"经验型"向"理论型"转化。这种转化大约会持续到高中一二年级。

2. 思维的独立性与批判性得到发展

中学生思维的独立性和批判性有了很大的发展，但是容易产生片面性和表面性的不足。

（四）中学生想象的发展

1. 想象的有意性增强

中学生想象的有意性迅速增强。初中二年级到三年级是学生空间想象力发展的加速期或关键期，而到了高中时期，学生的想象则大多是有意识、有目的的。

2. 想象的创造性增加

中学生想象的创造性成分在不断增加。创造想象是根据一定的目的、任务，在脑海中创造出新形象的心理过程。这一能力的发展需要中学生凭借积累的知觉材料，进行深入的分析、综合、加工、改造，在头脑中进行创造性的构思。

3. 想象的现实性得到发展

中学生想象的现实性在不断发展。想象的内容比较符合现实，富有逻辑性。中学生的想象具有现实性、兴趣性，有时也带有虚构的特点，而要达到理性的想象一般要到高中阶段。

第二节 中学生情绪发展

一、情绪的分类

（一）基本情绪的分类

基本情绪是人和动物共有的，心理学一般认为存在四种基本情绪：快乐、愤怒、恐惧和悲哀。

1. 快乐

快乐是指所期待的目标得以实现或需要得到满足之后，内心的紧张状态解除时所产生的一种轻松、满足的情绪体验。快乐在强度上又可细分为愉快、兴奋和狂喜。

2. 愤怒

愤怒是由于外界事物或对象再三妨碍或干扰，使个体的愿望受到压抑、目的受到阻碍，从而累加起来的紧张情绪。愤怒也有程度上的差别，一般的愿望无法实现时，会感到不快或生气；遇到不合理的阻碍或恶意破坏时，愤怒会急剧爆发，个体甚至不能自我控制，出现攻击行为。

3. 恐惧

恐惧是一种企图摆脱和逃避危险情境而又无力应付时产生的情绪体验。因此，恐惧的产生除了存在危险情境以外，还与个人排除危险的能力和应付危险的手段有关。

4. 悲哀

悲哀，也称悲伤，是指由于自己心爱的事物失去或理想和愿望破灭而产生的情绪体验。悲哀的程度取决于失去的事物对自己的重要性和价值。悲哀时带来的紧张的释放，会导致哭泣。

（二）情绪状态的分类

情绪状态是指在特定时间内，情绪活动在强度、紧张水平和持续时间上的综合表现。通常有三种典型的情绪状态：心境、激情和应激。

1. 心境

心境是一种比较微弱又较持久的情绪状态。通俗来说就是指心情。心境具有弥散性，它不是关于某一事物的特定的体验，而是以同样的态度体验对待一切事物。当心情愉悦时，喜笑颜开，看什么都美好；当心情不佳时，神色沮丧，看什么都心烦。因此，良好积极的心境有助于提高工作学习的效率；消极不良的心境会使人沉闷，妨碍工作学习，影响身心健康。

2. 激情

激情是一种持续时间短、表现强烈、失去自我控制力的情绪状态。这种情绪状态通常是由对个人有重大意义的事件引起的。重大成功之后的狂喜、受到不公正对待之后的大怒、亲人突然死亡引起的悲痛等，都是激情状态。激情状态常伴有明显的生理反应和外部表现。如狂喜时手舞足蹈，大怒时暴跳如雷，悲痛时哭得死去活来等。但当激情宣泄之后，人又会很快平息下来，甚至出现精力衰竭的状态。激情既存在积极的一面，可以激发内心能量，提高工作效率；也有消极的一面，激情中的人任性而为、不计后果，对自身和他人都具有很大的破坏性和危害性。

3. 应激

应激是出乎意料的紧急事件和危急事件所引起的情绪状态。如在日常生活中突遇火灾、地震、歹徒抢劫等事件。人在应激状态下，会引起机体的一系列生理变化，如肌肉紧张、心率、呼吸以及腺体活动明显变化。这些变化有助于个体适应急剧变化的环境刺激，维护机体功能的完整性。应激的生理反应大致相同，但外部表现可能有很大差异，有的人沉着冷静，急中生智，全力以赴地去应付突变，从而化险为夷；而有些人则惊慌失措，一筹莫展，或者盲目行动，加剧了事态的严重性。这与人面临的情境及人对情境的认知评价和应对能力有关。

（三）情感的分类

情感是同人的社会性需要相联系的主观体验，是人类所特有的心理现象之一。人的社会性情感主要包括道德感、理智感和美感。

1. 道德感

道德感是根据一定的道德标准去评价自己或他人思想、意图和行为时所产生的主观体验。它是一种高级形式的社会情感,包括助人利他的互助感、对祖国的自豪感和尊严感、对敌人的仇恨感、对集体的责任感等。

2. 理智感

理智感是人在获取知识的活动中认识和评价事物时所产生的情绪体验。例如,人在探索未知的事件时产生的求知欲、认识的兴趣和好奇心;在解决问题过程中出现的迟疑、惊讶、焦躁以及问题解决后的喜悦、快慰;在评价事物时坚持己见的热情;为真理献身时感到的幸福与自豪;由于违背和歪曲事实真相而感到羞愧等都属于理智感。

3. 美感

美感是根据一定的审美标准去欣赏和评价事物时所产生的情感体验。人的审美标准既反映事物的客观属性,又受个人的思想观点和价值观念的影响。因此,美感既可以由客观情境的自然特性引起,比如,自然景象或人造景观;也可由社会行为特性引起,比如,善良、淳朴、诚实、坚强、公正坦率、不徇私情、有自我牺牲精神的品质和行为都是美的,而那些损人利己、虚伪、胆小怕事、两面三刀、狡猾奸诈等品质和行为则是丑陋的。

二、情绪的理论

(一)詹姆斯—兰格的外周情绪理论

美国心理学家詹姆斯认为,情绪就是对身体变化的知觉,先有机体的生理变化,然后才有情绪。在詹姆斯看来,悲伤乃由哭泣而起,愤怒乃由打斗而致,恐惧乃由战栗而来,高兴乃由发笑而生。另一位丹麦生理学家兰格认为,情绪是内脏活动的结果。他强调情绪与血管变化之间的关系,当植物性神经系统支配作用加强,血管扩张,就产生愉快;而当植物性神经系统活动减弱,血管收缩或器官痉挛,就产生恐怖。

总之,外周情绪理论认为情绪与机体的生理变化直接联系,情绪刺激引起身体的生理反应,而生理反应进一步导致情绪体验的产生。该理论强调了外周生理活动在情绪产生中的作用,有其合理的一面;但是,该理论片面强调植物性神经系统的作用,忽视了中枢神经系统的调节、控制作用,因而引起了较多争议。

(二)坎农—巴德的丘脑学说

美国心理学家坎农针对詹姆斯—兰格理论提出三点质疑:第一,机体的生理变化在发生上相对缓慢,不足以说明情绪迅速发生、瞬息变化的事实;第二,机体的生理变化在各种情绪状态下并无多大差异,因此根据生理变化难以分辨各种不同的情绪;第三,机体的某些生理变化可由药物引起,却并不产生真正的情绪体验。

坎农提出,情绪的中心不在外周神经系统,而在中枢神经系统的丘脑。他认为,当刺激引起的感觉信息传到皮层时,唤醒处于抑制状态的丘脑,导致特定模式的情绪产生。丘脑同时将神经冲动向上传至大脑产生情绪的主观体验,向下传至交感神经引起机体的生理变化,如血压升高、心跳加快、瞳孔放大、内分泌增多和肌肉紧张等,所以身体变化和情绪体验同时发生。

坎农的情绪学说得到巴德的支持和发展，故被称为坎农—巴德丘脑学说。该理论强调丘脑被唤醒的过程是情绪产生的机制，提出了情绪的特定脑中枢，因此比詹姆斯—兰格理论前进了一步。但是，丘脑学说忽略了外因变化的意义以及大脑皮层对情绪发生的作用。

（三）阿诺德的评定—兴奋学说

美国心理学家阿诺德认为刺激情境并不直接决定情绪的性质，他强调认知评价在情绪中的作用，通过认知评价来确定刺激情境对人的意义，进而引起特定的情绪体验。比如，在森林里看到老虎会产生恐惧，而在动物园里看到关在笼子里的老虎却不产生恐惧。

阿诺德认为情绪刺激作用于感觉器官产生的神经冲动上传至丘脑，在丘脑更换神经元后再传到大脑皮层，在大脑皮层中产生对情境的认知评估。这时只要情境被评估为对有机体有足够重要的意义，皮层兴奋即下行激活丘脑系统，并影响自主神经系统而发生器官的变化。同时，外周变化的反馈信息又通过丘脑传到大脑皮层，并与皮层最初的评估相结合，使纯粹的认识经验转化为情绪体验。

（四）沙赫特的认知—激活理论

美国心理学家沙赫特提出情绪受环境影响、生理唤醒和认知过程三种因素制约，其中认知因素对情绪的产生起关键作用。沙赫特等人通过实验证明环境影响和生理唤醒都不能单独地决定情绪，只有认知过程利用过去经验和当前环境信息对自身生理唤醒状态做出合理解释，才能决定情绪的产生。

（五）拉扎鲁斯的认知—评价理论

拉扎鲁斯认为情绪是人与环境相互作用的产物，在情绪活动中，人不仅接受环境中的刺激事件对自己的影响，同时要调节自己对于刺激的反应。因此，需要不断地评价刺激事件与自身的关系。拉扎鲁斯提出三个层次的评价：初评价、次评价和再评价。

初评价是指人确认刺激事件与自己是否有利害关系，以及这种关系的程度。只要人们处在清醒的状态下，这种评价随时随地都会发生，这是人的生存适应的一个重要方面。

次评价是指人对自己反应行为的调节和控制，它主要涉及人们能否控制刺激事件，以及控制的程度，也就是一种控制判断。

再评价是指人对自己的情绪和行为反应的有效性和适宜性的评价，实际上是一种反馈性行为。如果再评价结果表明行为是无效的或不适宜的，人们就会调整自己对刺激事件的次评，甚至初评，并相应地调整自己的情绪和行为反应。

（六）情绪的动机—分化理论

以往的情绪理论均强调情绪的起源和发生，却忽视了情绪的作用和功能。以汤姆金斯和伊扎德为代表的动机—分化理论认为情绪具有重要的动机性和适应性的功能，汤姆金斯认为，情绪就是动机，他否定了把动机归结为内驱力的看法，着重指出内驱力信号需要一种放大的媒介才能激发有机体去行动，起这种放大作用的正是情绪过程；而且情绪是比内驱力更加灵活和强有力的驱动因素，它本身可以离开内驱力信号而起到动机作用。

伊扎德提出，情绪是一种基本的动机系统，是人格系统的组成部分。人格系统共有六个子系统：内稳态、内驱力、情绪、知觉、认知、动作。这些子系统可组合成四种类型的动机结构：内驱力、情绪、情绪—认知相互作用、情绪—认知结构。在这庞大的动机系统中，情绪是核心，无论是与内驱力相联系的情绪，或是同知觉、认知相联系的情绪，抑或是蕴含在人格结构中的情绪特质，都起重要的动机作用。各种情绪体验是驱动有机体采取行动的动机力量。伊扎德更从进化的观点提出多种情绪的分化是进化过程的产物，使得情绪具有灵活多样的适应功能。

三、中学生情绪特点和常见问题

（一）中学生情绪特点

1. 情绪的稳定性提高

由于神经系统功能的进一步完善和社会经验的日益丰富，中学生的情绪爆发频率降低、情绪的控制能力提高、情绪体验时间延长，主导心境渐渐趋于平静，并且持续时间较长。情绪的稳定性逐步提高。

2. 情绪体验丰富性增加

中学生的身体机能和心智能力快速发展，接触社会的机会增多，他们的情绪体验开始变得丰富和细致。与自我相关的各种情绪和情感，比如自卑、自豪、自尊、自立等都迅速发展起来。他们能体验到许多深刻而细腻的情感和情绪变化；能够领会故事中人物的情感发展过程，领会当事人的心境和感受；对自己生活中重要人物比如要好的朋友、父母和老师的情感更加深厚，学会体谅对方、体察对方的感受和心情。

3. 情绪表现出明显的两极波动

中学生的自控能力提高，但由于身心发展还未成熟，情绪表现出明显的两极化现象。比如，当盼望的目标达到和需要得到满足之后，他们会极度兴奋和激动，表现为欣喜若狂、大喊大叫等；而当愿望不能达成或受到阻碍和干扰时，他们又会极度愤怒和冲动，表现为暴躁、激愤、狂怒等。中学生的情绪在两极之间也会快速转换，比如他们可能因为某事表现出强烈的愤怒或失望，但很快会因另一件高兴的事情而转换情绪。

4. 情绪的隐蔽性增大

随着中学生社会化逐渐完成、心理日趋成熟，他们的外部表情与内心体验出现不一致。情绪外露性减少，隐蔽性增加。学生的情绪表达已经能够顾及自己的形象和当时的情境，能够有意识地掩饰、修整和控制自己情绪表达的方式和程度。与此同时，为了掩饰与理想形象不一致的真实情绪，他们常会要求自己按照理想自我认为的最应该表达的情绪来表现给别人看。

（二）中学生常见的情绪问题

1. 抑郁情绪

抑郁是由社会、心理因素引起的一种持久的情绪低落状态。中学生的抑郁情绪多半是由于学习或生活中各种各样的烦恼造成的。比如，学校适应不良、学习遇挫、与同伴出现纷争、与父母沟通困难等都会给中学生带来烦恼。一方面，面对这些烦恼无计可施会让他们内心郁闷，愁眉苦脸；另一方面，中学生往往有强烈的独立意识，面对挫折和失败而不去向父母和老师求助，从而产生强烈的孤独感和无助感。处于抑郁情绪状态下的中学生总是显得内心愁苦，缺乏愉快感，思维迟钝，注意力不集中，记忆力减退，动作缓慢，疲乏无力，常感到不顺心，对什么事情都没有兴趣且缺乏信心，有时还伴有失眠或昏睡、体重下降、饮食过多或过少等生理变化。

2. 焦虑情绪

焦虑是指当一个人预测将会有某种不良后果产生，或模糊的威胁出现时的一种不愉快情绪，表现为紧张不安、忧虑、烦恼、害怕。任何对人的身心构成威胁的情境都可以引起焦虑。如疾病的威胁、对个人自尊心的挫伤、超过个人能力限度的学习与工作上的压力、人际交往中的矛盾冲突、生活中的挫折等，都可以引起人的焦虑。焦虑会使人处于持续紧张的状态，终日惶恐、忧心忡忡、提心吊胆、坐卧不安，过分敏感、容易激动、注意力不集中，对外界事物缺乏兴趣。有时还伴有失眠多梦、胃肠不适。担心考不好所引起的考前焦虑是中学生焦虑的一个主要来源。

3. 恐惧情绪

恐惧是对某种特定对象或境遇产生了强烈、非理性的害怕，一般并不导致危险或威胁。中学生由于神经系统功能还不稳定，认知能力、意志品质存在偏差和缺陷，社会经验和社交技能欠缺，对心理压力的承受力较弱，因此，在人际交往中会遇到各种问题和挫折，表现出害羞、局促不安、避免目光接触、不敢在公开场合讲话等，造成社交恐惧；在某些特殊情境中出现特异性的恐惧，如一些中学生对学校产生恐惧，害怕看到校门、害怕见到老师和同学、回避学校生活。当处于恐惧状态时，不仅会出现明显的紧张、焦虑，甚至愤怒等情绪反应，有时还常伴有心悸、出汗、头痛、头晕等强烈的生理反应。

4. 易怒

所谓易怒就是指容易冲动、急躁，爱发脾气。中学生常常会表现出兴奋过度或紧张过度，表现为情绪反应过敏，情绪的自我控制能力减退，激惹性增高，即使是轻微的刺激，也容易引起强烈而短暂的情绪反应。从生理角度来说，愤怒易导致高血压、心脏病、溃疡、失眠等疾病；从心理角度而言，愤怒会破坏人际关系，阻碍情感交流，使人内疚，情绪低沉。

5. 冷漠

冷漠是指情感冲动强度较弱、情感表现淡漠的心态。具体表现为对外界刺激缺乏相应的情感反应，对亲友冷淡，对周围事物失去兴趣，面部表情呆板，内心体验贫乏，严重时对一切都漠不关心，与周围环境失去情感上的联系。造成情感冷漠的主要原因是外界刺激、打击或遭受挫折。一些中学生由于在生活中碰了几次钉子，受到些挫折和打击，就变得心灰意冷，原来生活的热情消失了，对一切事物的兴趣也没有了，对周围一切都漠然处之、麻木不仁了，看不到生活的希望和曙光，不能寻觅到挚友和知音，也激发不起生活的热情和兴趣，终日伴随自己的只是内心深处的孤寂、凄凉和空虚。这种对人和事都采取漠视和冷淡态度的人，不仅会丧失青春活力，而且容易误入歧途。

四、良好情绪的培养和情绪调节

（一）良好情绪的标准

1. 能够准确表达自身感受

能够准确地表述出对周围环境的心理感受，良好的情绪首先要求能够对周边的环境做出准确的表述，这种对自己心理感受的准确表达，不仅仅要表达出自己的积极情绪，同时也要表达出自己的消极情绪。

2. 能够客观评价周围环境

良好的情绪表现在对周围环境的评价上，对周围环境的评价要客观、适当，如果表现得过于激烈或者过于消沉，则属于不良情绪。

3. 能够恰当转移情绪

良好的情绪还会表现在情绪的转移能力方面。如果兴奋的情绪停止，那么兴奋状态就不应该再延续下去；如果悲伤的情绪停止，那么就不该再继续悲痛。

4. 情绪表现符合年龄特点

良好的情绪还需要与年龄特征相符合。如果一个人的情绪表现超出了自己的年龄范围，那么，也不是良好的情绪。比如,一个成年人如果遇到小麻烦还经常会哭,就不符合他的年龄特点,此时的悲伤表现就不正常。

(二)良好情绪的培养

1. 培养对生活和工作的热爱

一个人对生活的意义有着正确认识,就会热爱生活。这样的人往往情绪稳定,充满乐观主义精神。如果一个人富有事业心、热爱工作,在完成一件有意义的工作后,就会体验到满足感与成功感。这样的人可以避免把精力消耗在生活琐事上,因此,精神生活充实,在遇到困难或挫折时,能够正确对待并积极克服;而那些对工作毫无兴趣,整日患得患失的人,常常会情绪低落、表现消极。

2. 学会正确处理人与人之间关系的技巧

人与人之间关系友好,会引起满意而愉快的情绪反应,使人心情舒畅;人与人之间关系紧张,则会引起不满意、不愉快的情绪反应,使人心情抑郁不快。

3. 要善于把心中的不快表达出来

如果心理上的冲突引起情绪变化,长期压抑在心中,就可能影响神经系统的功能而引起疾病。人在情绪苦闷的时候,可以找朋友谈心,倾吐心中抑郁,心情就会恢复平静,释放紧张情绪。

4. 学会控制自己的情绪

人的情绪是受人的意识和意志控制的。因此,人都要主动地控制自己的情绪,善于驾驭自己的情绪。任意放纵消极情绪滋长,经常发怒,将导致情绪失调,引起疾病。

5. 培养幽默感

幽默感是调剂人的紧张情绪、适应环境的有力工具。幽默感能缓解愤怒和不安情绪,使情绪变得轻松。

(三)情绪调节的方法

1. 转移法

转移法就是把注意力从引起不良情绪的事情转移到其他事情上,这样可以使人从消极情绪中解脱出来,从而激发积极愉快的情绪反应。比如,当我们心情低落时,可以听听音乐、散散步,这样可以将我们的注意力转移到音乐上和周围的景物上,缓解心情。

2. 发泄法

当我们出现不满和悲伤等激烈的情绪时,可以采用合理的发泄方法将这些情绪发泄出去。发泄情绪的方法和途径有很多种,比如哭、喊、诉说、打骂象征物等。在宣泄情绪的过程中,要非常注意"度",也就是宣泄要适当,不能缓解了情绪,伤害了身体。

3. 控制法

控制法就是我们要懂得克制自己的情绪,并且努力把克制、忍让变成一种自觉的行为。控制情绪的方法主要有:(1)自我暗示法,比如,上台表演之前跟自己说,"别紧张,我一定行!"也许你就会成功。(2)自我激励法,比如,生病时,可以想,"和别人比起来,我只不过是在人生的道路上多了一道坎坷,多了一次磨炼自己的机会,从这个意义上来说,生病也是一种幸运!"(3)心理换位法,通过转变思考问题的角度找出解决问题的方法。比如,拿到考卷感到考题很难,很多都不会做,因此紧张焦虑起来,越紧张越不会做。如果我们转变一下思考方式,"我感觉难,大家都难,我要是考不好,别人也都会考不好。"也许会缓解紧张，使情绪稳定下来。

4. 升华法

一个人能够树立正确的人生观，他就会对人生充满信心，就会心胸宽广，热爱生活，有良好的人际关系。这样，情绪自然是健康、积极的。比如，当遇到不顺的事情时，正确的对待方式是鼓励自己：不能样样顺利，但我可以事事尽心！

第三节 中学生人格发展

一、人格的含义与特征

（一）人格的含义

"人格"在日常生活中常被使用，比如，从社会学意义上可以说"他有健全的人格"，从道德角度上可以说"他的人格高尚"等。心理学中的"人格"是指一个人具有的不同于他人的独特的、稳定的、持久的心理特征或特质。人格与人们稳定的和持久的特质有关，包括个体感知自我、世界和他人方式的一致性；体验和处理个人的情绪的一致性；行为方式的一致性。人格、个性和性格这三个概念有时被看作是等同的，不过，与人格相比，个性更多强调个别差异，表明个体的独特性和个别性；性格属于人格的一部分，指人的品行与具有道德评价含义的心理品质。

（二）人格的特征

1. 独特性

个体的人格是在遗传、成熟、环境、教育等先后天环境交互作用下形成的。不同的遗传、生存及教育环境，形成了各自独特的心理特点，我们经常所说的"人心不同，各如其面"就是指的这个意思。如有的人开放自然，有的人顽固自守，有的人沉默寡言，有的人豪爽，有的人谨慎等。环境会使某一人格品质在不同人身上表现出不同的含义。如独立性这一人格特质，作为缺乏父母爱护的家庭中成长的孩子，独立带有靠自己努力的含义；而在一个民主型家庭成长的孩子，独立则作为健全人格培养的重要部分。

2. 稳定性

人格的稳定性是指那些经常表现出来的特点，是一贯的行为方式的总和。正如人们所说：江山易改，本性难移。一个人的某种人格特质一旦稳定下来，要改变是较为困难的事，这种稳定性还表现在人格特征在不同时空下的一致性。例如一个性格外向的大学生，他不仅仅在家庭中非常活跃，而且在班级活动中也表现出积极主动的一面，在老师面前同样也能自然地表现自己，不仅大学四年如此，即使毕业若干年再相逢，这个特质依旧不变。

3. 统合性

人是极其复杂的，人的行为表现出多元性、多层次的特点。人格的组合千变万化并非死水一潭。各种人格结构的组合变化使人格表现得异彩纷呈。在每个人的人格世界里，各种特征并非简单地堆积，而是如同宇宙世界一样，依据一定的内容、秩序与规则有机组合起来。人格的有机结构具有内在一致性，受自我意识的调控。当一个人的人格结构的各方面彼此和谐一致时，人们就会呈现出健康的人格特征，否则就会出现各种心理冲突，导致人格分裂。

4. 功能性

人格是一个人生活成败、喜怒哀乐的根源。正如人们常说的"性格就是命运"。人格决定了一个人的生活方式，甚至有时会决定一个人的命运。人们常常使用人格特征解释某人的言行及事件的原因。面对挫折与失败，有志者认真总结经验教训，在失败的废墟上重建人生的辉煌；而怯懦的人一蹶不振，失却了奋斗的目标。当人格功能发挥正常时，表现出健康而有力，支配着人的生活与成败；当人格功能失调时，就会表现出懦弱、无力、失控甚至变态。

二、人格的结构

人格是一个复杂的结构系统，它包括许多成分，其中主要包括气质、性格、认知风格、自我调控等方面。

（一）气质与性格

1. 气质

气质是表现在心理活动的强度、速度、灵活性与指向性等方面的一种稳定的心理特征，也就是人们平时所说的脾气、秉性。人的气质差异是先天形成的，受神经系统活动过程的特性制约。孩子刚出生时，最先表现出来的差异就是气质差异。气质是人的天性，无好坏之分。

2. 性格

性格是人们对现实和周围世界的态度，并表现在他的行为举止中。性格主要体现在对自己、对别人、对事物的态度和所采取的言行上，表现了一个人的品德，受人的价值观、人生观、世界观的影响。性格是一种与社会相关最密切的人格特征，具有道德评价的含义。性格主要是在后天社会环境中逐渐形成的，有好坏之分。不过，性格也受个体的生物学因素的影响。比如，大脑额叶受损的病人，性格就会发生明显变化，从谦谦有礼变得粗言鄙语。

（二）认知风格

认知风格是指个人所偏爱使用的信息加工方式，也叫认知方式。例如：有人喜欢与别人讨论问题，从别人那里得到启发；有人则喜欢自己独立思考。认知风格有多种分类，包括场独立型和场依存型、冲动型和沉思型、同时型和继时型等。

1. 场独立型和场依存型的认知风格

场独立型的人在信息加工中对内在参照有较大的依赖倾向，他们的心理分化水平较高，在加工信息时，主要依据内在标准或内在参照，与人交往时也很少能体察入微。而场依存型的人在加工信息时，对外在参照有较大的依赖倾向，他们的心理分化水平较低，处理问题时往往依赖于外部环境（"场"），与别人交往时较能考虑对方的感受。

2. 冲动型和沉思型的认知风格

具有冲动型认知风格的人反应快，但精确性差。他们面对问题时总是急于求成，不能全面细致地分析问题的各种可能性，不管正确与否就急于表达出来，有时甚至没有弄清楚问题的要求，就开始解答问题。而沉思型的人反应虽然很慢，却很仔细、准确，他们喜欢深思熟虑，虽然答案相对准确，但效率较低。

3. 同时型和继时型的认知风格

具有左脑优势的个体在解决问题时会表现出继时型的认知加工风格，他们能一步一步地分析问题，每一步只考虑一种假设或一种属性，提出的假设在时间上有明显的先后顺序，解决问题的过程像链条一样，一环扣一环，直到找出问题的答案；而具有右脑优势的个体则表现出同时型的认知加工风格，同时考虑多种假设和可能性去解决问题，解决的方式是发散式的。比如，许多数学操作、空间问题的操作都依赖于这种同时型的认知方式。

（三）自我调控系统

自我调控系统是人格中的内控系统或自控系统，对人格的各种成分进行调控，保证人格的完整、统一、和谐，包括自我认知、自我体验、自我控制三个子系统。

1. 自我认知

自我认知是对自己的洞察和理解，包括自我观察和自我评价。自我观察是对自己的感知、思想和意向等方面的觉察，自我评价是对自己的想法、期望、行为及人格特征的判断与评估，这是自我调节的重要条件。如果一个人不能正确地认识自我，只注意到自身的不足，觉得处处不如别人，就会产生自卑心理，丧失信心，做事畏缩不前；相反，如果一个人过高地估计自己，便会骄傲自大、盲目乐观，导致工作的失误。因此，自我认知是调节和完善人格的重要前提。

2. 自我体验

自我体验是伴随自我认知而产生的内心体验，是自我意识在情感上的表现。当一个人对自己作积极的评价时，就会产生自尊感，作消极的评价时，会产生自卑感。自我体验可以使自我认知转化为信念，进而指导一个人的言行。自我体验还能伴随自我评价，激励适当的行为，抑制不适当的行为。如一个人在认识到自己不适当的行为后果时，会产生内疚、羞愧的情绪，进而制止这种行为的再次发生。

3. 自我控制

自我控制是自我意识在行为上的表现，是实现自我意识调节的最后环节。比如，当学生意识到学习对自己发展的重要意义，便会激发起努力学习的动机，在行为上表现出勤奋刻苦的精神。自我控制包括自我监控、自我激励、自我教育等成分。

三、人格的理论

（一）特质理论

该理论认为特质是决定个体行为的基本特性，是人格的有效组成元素，也是测评人格常用的基本单位。

1. 奥尔波特的人格特质理论

奥尔波特首次提出了人格特质理论。它把人格特质分成共同特质和个人特质。共同特质是在某一社会文化形态下，大多数人或一个群体所共有的相同的特质。而个人特质指的是个体身上所独具的特质。个人特质又分为首要特质、中心特质和次要特质。首要特质是一个人最典型、最有概括性的特质，会影响一个人各方面的行为；中心特质是构成个体独特性的重要的特质，每个人身上大约有5—10个中心特质；次要特质是个体的一些不太重要的特质，在一般情况下并不表现出来，往往只在特殊的情况下才表现出来。

2. 卡特尔的人格特质理论

卡特尔用因素分析的方法对人格特质进行了分析，提出了基于人格特质理论的一个理论模型。模型分成四层：个别特质和共同特质位于最上层，与奥尔波特的特质理论观点相同。然后是表面特质和根源特质,其中表面特质是从外部行为直接可以观察到的特质,而根源特质是制约表面特质的潜在基础,是人格的内在因素。接下来是体质特质和环境特质,体质特质由先天的生物因素决定,而环境特质由后天的环境因素决定,它们都属于根源特质。最后是动力特质、能力特质和气质特质,动力特质具有动力特征,使个体朝向某一目标,包括生理驱力、态度和情操;能力特质表现在知觉和运动方面的差异,包括流体智力和晶体智力;气质特质是决定一个人情绪反应速度与强度的特质。

3. 现代特质理论

(1) 艾森克依据因素分析法提出了人格的"三因素模型"。他认为人格三因素包括外倾性、神经质、精神质。外倾性表现为内、外倾向的差异;神经质表现为情绪稳定性上的差异;精神质表现为孤独、冷酷、敌视、怪异等负面人格特征。这三个因素的不同程度结合构成了千姿百态的人格特点。

(2) 塔佩斯运用词汇学方法对卡特尔的特质变量进行再分析,发现五个相对稳定的人格因素,即外倾性、宜人性、开放性、责任心、神经质,被称为五大人格。外倾性表现为热情、社交、果断、活跃、冒险、乐观等特质;宜人性反映出信任、直率、利他、依从、谦虚、移情等特质;开放性反映出想象、审美、情感丰富、求异、创造、智能等特质;责任心显示了胜任、公正、条理、尽职、成就、自律、谨慎、克制等特质;神经质反映了情绪的稳定性,包括焦虑、敌对、压抑、自我意识、冲动、脆弱等。

(3) 特里根等人用不同的选词原则,获得了七个因素,即正情绪性、负情绪性、正效价、负效价、可靠性、宜人性、因袭性,构成了七因素模型。

(二) 类型理论

类型理论主要用来描述一类人与另一类人的心理差异,即人格类型上的差异。类型理论主要有三种:

1. 单一类型理论

单一类型是根据一群人是否具有某一特殊人格来确定的。例如,T型人格理论认为具有好冒险、爱刺激的人格特征的一类人属于T型人格。如果冒险行为朝向健康、积极、创造性方向,属于T+亚型,而如果冒险行为朝向破坏性质,属于T-亚型。

2. 对立类型理论

依据某一人格特性的两个相反方向来确定的。例如,A—B型人格认为,性格急躁,缺乏耐性,成就欲高,上进心强,有苦干精神,工作投入,有时间紧迫感和竞争意识,动作敏捷,说话快,生活处于紧张状态,社会适应性差,属于A型人格;性情温和,举止稳当,对工作和生活的满足感强,喜欢慢节奏的生活,可以胜任需要耐心和谨慎思考的工作的人属于B型人格。内—外向人格学说认为,内向的人常把兴趣和关注点指向主体,爱自我剖析,做事谨慎,深思熟虑,交往面窄,有时会出现适应困难;而外向的人则把兴趣和关注点指向外部客体,他们注重外部世界,情感外露,热情,当机立断,独立自主,善于交往。

(三) 精神分析人格理论

1. 人格结构理论

精神分析学派创始人弗洛伊德(1856—1939)认为人格结构中有三个成分:本我、自我和超我。本我是原始的无意识的先天本能或欲望,是基本的驱力源,包括性与攻击等,本我以非理性的方式工作,遵循"快乐原则",不受现实和道德的约束而满足其原始欲望;自我是从本我中逐渐分化出来的,在人格中代表现实性一面,其主要作用是调节本我与超我两者的矛盾,它遵循"现实原则"并以合理的方式来满足本我的要求;超我是人格结构的最高层次,是由于个体在生活中接受社会文化和道德规范的教养而逐步形成的，是社会化的结果，超我遵循"道德原则"，它的作用在于抑制本我的冲动、对自我进行监控和追求完善的境界。弗洛伊德指出当本我、自我、超我三者处于协调时，人格表现出一种健康状态；三者失调时，就会引发心理疾病。

2. 人格发展理论

弗洛伊德的人格发展理论认为，成人的人格很大程度上取决于早期的童年经验。在童年的不同发育阶段，本我、自我和超我的共同的发展动力是一致的，即源于心理性欲或力比多的满足。他将性本能的能量称为力比多，并把它看成人类行为的最重要的动力。据此，弗洛伊德认为人格发展的顺序依次经历五个心理性欲发展时期：口唇期、肛门期、性器期、潜伏期和生殖期。

口唇期（0—1岁）阶段，儿童的口腔部分是能够引起他快乐的主要部位，口腔部分的满足与否会成为形成他人格特征的重要因素。如果这一时期出现问题，个体的人格发展就会受到挫折。比如，断奶过早可能形成一种"口唇人格"。拥有接受性口唇人格的个体表现为过分依赖他人，非常容易轻信。如果儿童的满足受到父母严格的限制，可能会发展出表现为野心勃勃、攻击性很强的攻击性口唇人格。每个人都会经历口唇期的阶段，到成人后抽烟、饮酒、嚼口香糖的快感都是口唇快感的延伸。

肛门期（1—3岁）阶段，这一时期肛门成为儿童获得快乐的来源。儿童能够控制自己的肌肉活动和排泄行为，如果这一时期受到创伤，则会形成"肛门期人格"。比如，若父母采用严厉高压的态度约束这个阶段的儿童，他们会不排泄，以此激怒父母，在今后形成顽固、吝啬等性格；若儿童在该阶段因大小便控制不好而经常受到讥讽和嘲笑，则可能发展出羞怯的性格。

性器期（3—6岁）阶段，此时，儿童已经注意到性器官的不同，并对其他人的生理构造也产生兴趣，从中得到快乐。这一阶段的儿童已经有了对性别的初步认识，弗洛伊德特别强调男孩子面临着俄狄浦斯情结，也称恋母情结，并会出现阉割焦虑。同时，女孩子也面临着相似的问题。成功解决这些问题，儿童就会建立对同性的认同感，超我会获得发展。

潜伏期（6—12岁）阶段，儿童的性驱力被压抑在潜意识中，这种压抑是生理的自然发展，而不是文化的外在压力所致。这一时期儿童对异性的兴趣很少。

生殖期（12岁以后）阶段，青少年对异性再度产生兴趣，此时青少年具有生育能力，攻击和性本能变得活跃。如果前面各阶段发展正常，此时他们将融合各阶段中的快乐源泉，形成成熟和健康的成人性活动，奠定成人的行为模式。

（四）埃里克森的社会性发展阶段理论

埃里克森认为，儿童人格的发展是一个逐渐形成的过程，它必须经历一系列顺序不变的阶段，每一阶段都有一个由生物学的成熟与社会文化环境、社会期望之间的冲突和矛盾所决定的发展危机，每一次危机的解决都同时包含积极的和消极的因素，积极因素较多则得以积极地解决，消极因素较多则只能消极地解决。

1. 婴儿前期（0—1岁）

这一阶段的主要发展任务是获得信任感，克服怀疑感，表现为基本信任和不信任的心理冲突。此时的婴儿开始认识人，当孩子哭或饿时，父母的出现对建立信任感有重要作用。具有信任感的儿童怀有希望，富于理想，敢于冒险，具有强烈的未来定向，在人格中形成希望品质。反之则不敢希望，时时担忧自己的需要得不到满足。

2. 婴儿后期（1—3岁）

这一阶段的主要发展任务是获得自主感，克服羞耻感，表现为自主与害羞、怀疑的冲突。这一时期的儿童掌握了大量的技能，如爬、走、说话等，儿童开始有意志地决定做什么或不做什么。因此，会与父母发生冲突，第一个反抗期出现了。此时的父母如果听之任之、放任自流，将不利于儿童的社会化。反之，若过分严厉，又会伤害儿童的自主感和自我控制能力。一旦父母对儿童的保护或惩罚不当，儿童就会产生怀疑，并感到害羞。

3. 幼儿期（3—6岁）

这一阶段的主要发展任务是获得主动感，克服内疚感，表现为主动与内疚的冲突。这一时期的幼儿开始探究他们将成为什么样的人。如果父母鼓励儿童的行为和想象力，儿童便会发展出较多的创新和进取精神，儿童就会形成主动性，反之，若父母对儿童的行为和想象力不能很好地理解和引导，儿童被嘲笑、挖苦，甚至惩罚，则难以建立自信心，产生内疚甚至罪恶感。

4. 童年期（6—12岁）

这一阶段的主要发展任务是获得勤奋感，克服自卑感，表现为勤奋与自卑的冲突。在这一阶段，如果儿童的努力得到赞赏和强化，勤奋感便得以发展；反之，若儿童的努力得不到关心，并受到责骂、嘲笑和反对，就会产生自卑感。

5. 青春期（12—18岁）

这一阶段的主要发展任务是形成角色同一性，防止角色混乱，表现为自我同一性和角色混乱的冲突。这一阶段是儿童向成人转变的过渡阶段，儿童必须思考有关自己和社会的各种信息，确定自己的努力方向。如果儿童做到了这一点，就获得了自我同一性，发展为成人。

6. 成年早期（18—30岁）

这一阶段的主要发展任务是获得亲密感，避免孤独感，表现为亲密与孤独的冲突。只有具有牢固的自我同一性的青年人，才敢冒与他人发生亲密关系的风险。因为，与他人发生爱的关系，就是在把自己的同一性与他人的同一性融为一体。通过自我牺牲或损失，在恋爱中建立真正亲密无间的关系，从而获得亲密感，否则将产生孤独感。

7. 成年期（30—60岁）

这个时期的主要发展任务是获得繁衍感，避免停滞感，表现为繁衍与自我专注的冲突。在这一时期，人们要生育孩子，培养下一代。在对下一代、对别人的关心过程中，个人形成关心的品质，能理解别人的问题和需要，给人关心帮助而不求报答。

8. 成熟期（60岁以上）

这一阶段的主要发展任务是获得完善感，避免失望或厌恶感，表现为自我调整与绝望期的冲突。由于衰老过程，人的体力、身心健康每况愈下，为此他们必须做出相应的调整和适应，被称为自我调整与绝望感的心理冲突。当老人们回顾过去时，可能怀着充实的感情与世告别，也可能怀着绝望走向死亡。如果一个人的自我调整大于绝望，他将获得智慧的品质。

四、中学生人格发展与良好人格的培养

（一）影响人格发展的因素

1. 生物遗传因素

遗传因素影响人格的发展方向。遗传因素对人格的作用程度随人格特质的不同而异。通常在智力、

气质这些与生物因素相关较大的特质上，遗传因素的作用较重要；而在价值观、信念、性格等与社会因素关系密切的特质上，后天环境的作用可能更重要。身高、体重、体型和外貌等生理因素对人格的心理特征会有影响。生理成熟的早晚也对人格发展与形成产生影响。

2. 家庭环境因素

家庭间的差异和不同的教养方式对人格发展有较大的影响。家庭间的差异包括家庭结构、经济条件、居住环境、家庭氛围等。家庭教养方式一般分为三类：权威型教养方式，父母在子女的教育中表现得过于支配，孩子的一切都由父母来控制。在这种环境下成长的孩子容易消极、被动、依赖、服从、懦弱，做事缺乏主动性，甚至会形成不诚实的人格特征。放纵型教养方式，父母对孩子过于溺爱，让孩子随心所欲，父母对孩子的教育有时出现失控的状态。在这种家庭环境中成长的孩子多表现为任性、幼稚、自私、野蛮、无礼、独立性差、唯我独尊、蛮横胡闹等。民主型教养方式，父母与孩子在家庭中处于一种平等和谐的氛围当中，父母尊重孩子，给孩子一定的自主权和积极正确的指导。父母的这种教育方式能使孩子形成一些积极的人格品质，如活泼、快乐、直爽、自立、彬彬有礼、善于交往、富于合作、思想活跃等。

3. 学校教育因素

学校教育在学龄儿童人格的形成与发展中具有重要作用。学校是一种有目的、有计划地向学生施加影响的教育场所，学生在学校除了接收系统的科学知识，还会发展坚持性、主动性等人格特征和形成科学的世界观。班级的集体氛围可以影响学生人格的形成与发展。良好的校风和班风能够促使学生养成积极性、独立性、遵守纪律等品质。教师对学生的人格常具有指导定向作用，教师在教育活动中为学生塑造了学习的榜样，教师的言行对学生的人格会产生潜移默化的影响。有研究表明，面对不同的教师，学生常有不同的行为表现，教师的公正性对学生也有非常重要的影响。

4. 社会文化因素

每个人都处在特定的社会文化环境中，文化对人格的影响极为重要，特别是后天形成的一些人格特征。社会文化塑造了社会成员的人格特征，使其成员的人格结构朝着相似性的方向发展，这种相似性具有维系社会稳定的功能，又使得每个人能稳固地"嵌入"在整个文化形态里。通过社会文化的塑造功能，不同文化的民族有其固有的民族性格。比如，中华民族是一个勤劳勇敢的民族，"勤劳勇敢"的品质便是中华民族共有的人格特征。不过，社会文化对个人的影响力因文化的强弱而异，这要看社会对顺应的要求是否严格，越严格，其影响力越大。

（二）中学生人格发展的特点

1. 具有矛盾动荡性

卢梭曾说："青年时期是一个狂风暴雨的危险时期。"中学生的身体发育与心理发展的不平衡，使得他们很容易处在矛盾动荡之中。随着自我意识的不断发展和抽象逻辑思维能力的提高，中学生喜欢独立探索和思考一些问题，精力充沛，敢于幻想，不愿循规蹈矩，按部就班，他们希望独立自主地学习和生活，但与此同时由于社会经验不足和认知水平发展不够成熟，他们又无法做到真正的独立，很多时候需要成人的帮助，这时便体现出独立性和依赖性的矛盾；中学生已经能够调节和控制自己的行动，有了一定的自觉性和目的性，但由于意志品质方面的不成熟，仍表现出见异思迁，有始无终，惧怕困难，常常与人作不成熟的辩论等，表现出自觉性和幼稚性的矛盾；处于青春期的中学生内心世界日趋复杂，不轻易将自己的内心活动表露出来，不和家人说话，但同时，却又很希望有人来了解和关心自己，十分渴望与他人交往，表现出封闭性与开放性的矛盾。

2. 具有浪漫主义热情，但易冲动

中学生时期是一个半幼稚半成熟的时期，他们对人和事的认识、评价和感悟不深刻、不全面、不透彻，往往以偏概全。中学生容易怀疑一切，产生不满情绪，反抗周围的人和事，有人把这一时期称为否定期，他们开始顶撞父母和老师，反抗大人给他们定下的种种限制，情绪易冲动，好走极端路线。中学生的理想往往充满浪漫色彩，大多是一种朦胧而美好的憧憬与向往，中学生的理想不太稳定，当发现理想与现实不符或期望落空时，容易做出过分的举动，如无端动武，大喊大叫，喧哗聒噪，损坏公物，打架斗殴，等等。有时又会因一点挫折而心灰意冷，破罐子破摔，从一个极端到另一个极端。

3. 独立感与成人感增强

中学生有了自己特有的精神风貌和别具一格的人格特征，喜欢自我表现和发表自己的看法。伴随着生理的逐渐成熟，"独立感"和"成人感"的意识不断增强，渴望摆脱成人的控制，迫切要求独立自主。中学生的"独立感"还表现在他们的情感不太外露，即使对自己最亲近的人也不太乐意暴露他们的内心世界，因此成年人要想了解中学生的心理比较困难。中学生由于身体迅速成熟，从外表上看一下子似乎由一个儿童变成一个成人，他们好像突然地意识到自己是个大人了，"成人感"的增强使他们希望参加成人的活动，享受与成人同样的权利。如果其他人仍把他们当作小孩子对待，他们便会产生强烈的不满情绪，认为家长或老师是在对自己加以束缚和监视。

4. 自我意识明显发展

中学生的自我意识产生质变，他们开始关注"自我"，关心自己与他人的内心世界，逐步从行动的动机、道德品质和人格特点等方面来评价自己和他人的行动。他们能进行自我调控，自我反省，以及自我发展，自我完善和自我教育，有意识地形成优良的人格品质，消除不良的人格特点，能较为全面、客观、辩证地认识，评价和看待自我，能有意识地协调自己的心理与行动、自己的人格倾向性与人格心理特点。由于自我认识水平的提高，自我体验程度的加深，自我调控能力的增强，中学生的人格随之趋于成熟和稳定。

（三）中学生良好人格的培养

1. 控制和调节自身情绪

保持开朗的心境，学会控制和调节自己的情绪，保持积极、健康的情绪状态。

2. 控制自身行为

加强意志磨炼，自觉主动地控制自己的行为，养成良好的行为习惯，培养经受挫折的耐受力，不盲目冲动，不消极低沉，始终保持乐观的生活态度。

3. 完善自身性格

注意性格完善，自觉检查修正自己的性格特点，培养健康的性格模式。

4. 培养良好思维品质

养成良好的思维品质，培养独立分析问题和解决问题的能力。

5. 树立正确的理想

进行理想教育，培养良好的情操，加强思想品德修养，树立科学的世界观、人生观，注重社会实践，提高自身综合素质。

第四节 中学生身体及性心理发展

一、中学生的身体发展

(一)身体外形的变化

中学生阶段是身体发育的第二个高峰,最突出的发育特征是身体外形的明显变化,特别是身高和体重,他们的身体迅速长高,体重迅速增加。通常,中学生的身高和体重有一段加速增长的时期,女生的加速期一般要早于男生。中学生身体各部分的发育速度并不均衡,通常四肢先开始发育,然后是躯干的发育。此外,身体形态上还存在着性别的差异,通常男生的肩膀变宽、臀部相对较窄、肌肉更发达;女生的肩膀较窄、臀部变宽、富有女性的曲线美感。

(二)生理机能的变化

由于身体生长速率的增加,个体的基础代谢率也随之增加,从而对心肺等内部器官的功能也提出了更高的要求。中学生的心脏重量和大小均增加,血管加长,血管壁加厚,到16岁左右,心搏率已达成人水平。肺活量也随年龄的增长而上升。心肺系统功能不断增强,血液输送氧气和营养的能力得到提升,使得中学生具有较大的体力和耐力。中学生阶段,大脑组织无论在量上还是在质上都在发展并日臻成熟。大脑两半球和同一半球神经结构之间的联系在不断加强,脑组织的网状结构的髓鞘化一直持续到成年中期。脑和神经系统发育的基本成熟,奠定了中学生的心理发展特别是抽象逻辑思维发展的物质基础。

(三)性的发育与成熟

性的发育和成熟是中学生身体发育的突出特点。性的成熟包括第一性征和第二性征的成熟。第一性征的成熟是指性器官、性机能的发育成熟;第二性征的成熟是指性的体形、体态的出现。男生的第一性征一般在13岁开始出现显著变化,睾丸体积增加,重量增大,内部结构逐渐发育完善,能够产生精子,分泌雄性激素,并开始出现遗精现象;女生则从十一二岁开始,卵巢发育加快,重量增大,能够产生卵细胞,分泌雌性激素,出现月经初潮。第一性征发育的同时,中学生的第二性征也开始出现。男生主要表现在胡须、腋毛等毛发的生长,喉结突出,声音变粗,声调较低等;女生的第二性征则主要表现在骨盆宽大、乳房增大、声调较高等方面。

二、中学生的性心理发展

随着中学生第一性征和第二性征的出现,他们性心理产生了一系列变化并表现出明显的性心理特点。从性意识的萌芽到爱情的产生与发展大致可以分成三个阶段。

(一)对异性的疏离与排斥

处在小学高年级及中学低年级的学生,由于对性别、性角色心理认同的增强,以及第二性征的出现,男女生理出现了明显差别,使得他们对自身所发生的急剧变化感到茫然与畏惧,对异性产生了心理封闭,本能地对异性产生了暂时的疏远,同性交往的趋向增强。常表现为:不愿与异性同桌,与异性同桌划分"三八线",在活动中躲避与异性接触,对比较接近的男女同学进行嘲讽等现象。由于女生的生理发育要比男生提前,这时男生就会对女生的变化由开始的惊奇、尴尬到后来的逐渐疏远,甚至由此可能产生自卑心理;但是等到男生发育达到成长高峰时,女生又出现一种"相见不相识"的陌生感。这些现象反映了学生在与异性交往中的不安与羞涩,不过,这是一段短暂的、引发日后对异性兴趣与爱恋的前奏曲。

（二）对异性的关注与接近

短暂的疏远与相斥之后，是渐浓的关注与接近。大约在初中二三年级逐渐明显，表现为刻意修饰打扮自己，并以各种理由接近异性。少数大胆者会从眉目传情发展到写纸条、写信示爱。此阶段的少男少女正处于钟情、思春的朦胧状态，其对异性的关注具有明显的好奇性、试验性、模仿性和盲目性，其交往指向多是泛泛的，大多是因相互的好感自然吸引。这表明随着青少年对自己和异性性生理、性心理的了解与适应，他们之间的交往障碍逐渐消除。

（三）对异性的追求与爱恋

随着对异性关注的增多和接近的频繁，高年级的学生已经能感受到异性吸引的情感撞击和性欲的冲动。他们进入了异性向往期，即男女之间又有了一种喜欢接近的需要，他们愿意一起学习、工作和活动，并且希望与自己年龄相当的异性接触，想办法吸引他们的注意力。具体表现为：一方面，青少年学生刻意地修饰打扮自己，想以良好的自我形象吸引异性的注意。另一方面，他们以各种理由接近异性，以各自的优点来博取异性的喜欢，例如送生日礼物、送贺年卡等，少数人还会大胆地写信以表达爱慕之情。当这种心理较为专一地指向某一异性时，便有了纯洁而幼稚的初恋，并产生相应的追求行为。

● 难点解读

本章的难点主要在于对心理学的相关理论的理解，主要包括：

1. 认知发展理论

本章重点介绍了皮亚杰的认知发展阶段论和维果茨基的认知发展理论。其中，皮亚杰根据认知的发展水平区分了四个发展阶段，分别是感知运动阶段、前运算阶段、具体运算阶段和形式运算阶段。这四个阶段是按固定的顺序依次发展的。这种观点对教育的启示意义就在于教师应根据学生的不同阶段的认知发展特点去教。维果茨基在他的理论中提出了最近发展区的概念，认为实际的认知发展水平和认知可能发展的最大潜力之间存在着最近发展区，教育应据此进行。这种观点给教师的教学指明了方向，指导教师如何促进学生进一步发展。皮亚杰和维果茨基理论的比较见本章"延伸阅读"部分。

2. 情绪理论

本章介绍的詹姆斯—兰格的外周情绪理论强调了生理反应引起情绪反应；坎农—巴德的丘脑学说强调了生理反应和情绪反应同时发生；阿诺德的评定—兴奋学说强调了刺激情境和认知评价共同引起情绪反应；沙赫特的认知—激活理论强调了环境影响、生理唤醒和认知过程共同决定了情绪的产生；拉扎鲁斯的认知—评价理论强调了个体通过不断地评价刺激事件与自身的关系，才产生相应的情绪反应；情绪的动机—分化理论强调情绪的心理动力作用，成为驱动有机体行动的动机。这些理论强调了情绪的不同侧面，帮助我们更为全面地了解情绪。

3. 人格的结构

人格的结构包括先天就会表现出来的气质、后天逐渐形成的性格、加工外部信息的认知风格（这里要注意认知风格在不同的个体之间存在差异）以及自我调控系统（调节控制人格的各成分以保证人格的整体性）。人格是一个较为宽泛的概念，它指的是每个个体所具有的独特特性，而每个人所具有的独特特性可以从上述所提及的各种人格结构中体现出来。

案例分析

案例分析 1

《少年维特之烦恼》节选

十一月三日

上帝知道！我躺上床的时候常常怀着这样的愿望，有时甚至是希冀：不要再醒过来。但是早上我睁开眼睛，又看见了太阳，我心里是多么痛苦呀！我的情绪竟会如此反复无常，要是能归咎于天气，归咎于第三者或一次事业的失败，那么我心中难以忍受的不满意的重负就可以减轻一半。我真痛苦呀！我真切地感觉到，一切罪过全在我一人——不，不是罪过！够了，藏在我心里的一切痛苦之源也正是当初那个一切幸福之源。当初我感情充沛，到处游荡，所到之处，全都是天堂，我的心里可以深情地容纳整个世界，现在的我难道已不是当初的我了？这颗心现在已经死了，从中再也流不出欢乐来了，我的眼睛已经干涸，再也不能以清凉的泪水来滋润我的感官，我怯生生地把额头紧锁。我很痛苦，我失去了生命中的唯一欢乐，失去了我用以创造周围世界的神圣而生气勃勃的力量；这个力量现在已经消逝！——我从窗户里眺望远处的山峦，但见太阳升上山顶，冲破浓雾，照耀着宁静的草地；一条河蜿蜒曲折地经过树叶凋落的柳林缓缓向我流来，——哦！倘若这壮美的大自然像一幅漆画凝固在我的眼前，然而这欢乐却不能从我心里抽取一滴幸福来注入我的头颅，那么，我这个汉子站在上帝面前不犹如一口干枯的井和一只漏水的瓶！我常常倒伏在地，祈求上帝赐我眼泪，就如在赤日炎炎、土地干裂之时农人向上苍求雨一般。

但是，唉，我感觉到，无论我们怎么苦苦祈求，上帝也不会赐给我们雨水和阳光，可是当年呢，我想起来心里就难受，那时为什么就如此幸福？那时我耐心地等待他的圣灵到来，满怀虔诚和感激的心情来领受他倾洒在我身上的欢乐。

情境分析

这是节选自歌德的名作《少年维特之烦恼》的内容。从这段的描写中可以明显地看到处于青春期的少年内心的矛盾和苦闷。当遇到事业和爱情的挫折，情绪从最初的高涨一下子跌落到低谷。这种情绪上的两极波动，正是青少年的特点之一。如果处理不当，就会和维特一样，最终走上自杀的道路。

案例分析 2

罗斯福总统的育儿经

罗斯福是美国历史上唯一一个连任四届的总统。他不仅治国有略，而且教子有方。他的四个儿子在二战中浴血征战，连立战功，之后又都跻身美国政坛。

罗斯福十分注重培养孩子的独立人格，甚至认为孩子在思想上也应该是独立的。当二战正愈加激烈时，儿子问他该怎么办。他说："要我告诉你该怎么做，那你应该首先认清我是一个怎样的父亲。你们的事是你们自己的事，我从不干预。"

罗斯福还竭力反对孩子依赖父母过寄生的生活。他从不给儿子任何资助，让他们凭着自己的能力去开辟事业，赚他们该赚的钱。但在钱财的支配上，他绝不让孩子放任自流。儿子在一次旅行中买了匹好马，却没有了回程的路费，便打电话要求父亲帮助。他回答说："你和你的马游泳回来吧！"儿子只能卖掉马，买票回家。从此他懂得了不能无计划用钱的道理。让世人钦佩的是罗斯福身为总统，却从不庇护孩子，让孩子享有特权。二战开始后，他把儿子全都送上了战场，并告诫说："拿出良心来，为美国而战！"

"对儿子，我不是总统，只是父亲。"罗斯福的这句话曾在美国人心中产生过不小的震撼，这也是他一贯遵循的教子原则。

> **情境分析**

罗斯福的育子故事告诉我们，独立人格的形成需要父母从生活的点滴中去培养。正如著名的教育家陶行知先生所说："让孩子出自己的力、流自己的汗、吃自己的饭才是英雄汉。"然而，现实中，我们不少家长"心太软"，对孩子的一切大包大揽，让孩子形成了饭来张口、衣来伸手、上学接送、放假陪读等等习惯，如同温室中的花朵，患了"软骨症"，见不了世面，经不了风雨，结果这样的子女难以独立，这种现象着实令人担忧。因此，如何培养孩子的独立人格，应成为家长重要的必修课。

● 延伸阅读

1. 维果茨基认知发展理论与皮亚杰认知发展理论的比较

维果茨基的认知发展理论与皮亚杰的认知发展理论的主要区别见下表：

主题	维果茨基	皮亚杰
社会文化环境	极力强调	不太注重
建构主义	社会建构主义者	认知建构主义者
阶段	没有提出普遍的发展阶段	非常重视阶段
发展方向	由外向内内化	由内向外展开
关键过程	最近发展区、语言、对话、文化工具	图式、同化、顺应、运算、守恒、分类、假设演绎推理
语言的作用	重要作用：语言在塑造思维的过程中发挥巨大的影响	最小：主要由认知引导语言
对教育的观点	教育起着核心作用，帮助儿童掌握文化工具	教育只是锻炼儿童已经萌芽的能力
教学中的应用	教师是推动者和引导者，不是指挥者；让学生向教师和能力更强的同伴学习	教师是推动者和引导者，不是指挥者；支持儿童探索自身世界并发现知识

（资料来源 约翰·桑切克著，周冠英，王学成译：教育心理学，北京：世界图书出版公司，2007年，第57页）

2. 青春期是普遍存在的吗？

玛格丽特·米德1925—1926年在波利尼西亚群岛上的萨摩亚岛深入当地少女中间研究了69名少女的青春期生活，并写成著作出版《萨摩亚人的成年——为西方文明所作的原始人类的青年心理研究》。她发现对萨摩亚少女而言，青春期并不是一段困难、动荡的时期，她们没有美国少女经常表现出的心情压抑、情绪波动、强烈的挫折感等心理冲突，而是心情平和、情绪稳定。"我们发现，在其生命全程中，我们必须对这一问题予以否定的回答。已达青春期的萨摩亚姑娘同她们尚未成年的妹妹们的主要区别仅限于在姐姐身上已表现出某种生理变化尚未在妹妹身上出现而已。但除此之外，在那些正经历青春期的姑娘们与那些还要过两年才达到青春期的少女们、或那些两年前就达到青春期的女性之间，并不存在其他巨大的差异。"（米德，1988）萨摩亚少女由于没有父母的约束，没有因性的困惑而产生的闷闷不乐，因此丝毫没有西方社会所见到的那种紧张、抗争和过失。在萨摩亚，青春期本身没有被社会重视，社会对青少年的态度或期待也没有因为他们进入青春期而发生变化。青春期不仅未经任何仪式而在文化上被忽视了，而且在孩子的情感生活中也毫无重要性可言。因此，米德指出，青春期只是一个文化意义上的事实，生理上的共同变化并不能得出同样的结果，可由文化的差异给出不同的青春期定义，不是所有青少年在青春期都会出现心理危机。

（资料来源　张帆：人类学与社会心理学的结合：玛格丽特·米德之文化决定论综述，载于《社会科学评论》2007年第3期）

● 强化训练

试题

一、单项选择题

1. 个体可以把新的经验纳入到已有的图式中去的过程属于（　　）。
   A．同化　　　　　　　　　　　　　B．顺应
   C．建构　　　　　　　　　　　　　D．运算
2. 弗洛伊德认为人格结构中的自我遵循的工作方式是（　　）。
   A．快乐原则　　　　　　　　　　　B．道德原则
   C．现实原则　　　　　　　　　　　D．生存原则
3. 下列哪一项不属于人类的基本情绪（　　）。
   A．快乐　　　　　　　　　　　　　B．恐惧
   C．愤怒　　　　　　　　　　　　　D．惊讶
4. 下列说法正确的是（　　）。
   A．人的气质是在后天社会环境中逐渐形成的
   B．性格是先天形成的，受神经系统活动过程的特性所制约
   C．认知风格是指个人所偏爱使用的信息加工方式
   D．自我调控系统是人的内控系统或自控系统，与个体的人格无关
5. 埃里克森的社会性发展阶段理论认为人格的发展分为（　　）。
   A．二阶段　　　　　　　　　　　　B．四阶段
   C．六阶段　　　　　　　　　　　　D．八阶段
6. 下列的发展属于第一性征的是（　　）。
   A．男生长胡须　　　　　　　　　　B．女生出现月经初潮
   C．女生乳房增大　　　　　　　　　D．男生声音变粗
7. 汶川地震期间的人们处于一种特定的情绪状态，属于（　　）。
   A．悲伤　　　　　　　　　　　　　B．应激
   C．心境　　　　　　　　　　　　　D．激情
8. 下列的情绪理论中，不认为认知评价在情绪的产生中起作用的是（　　）。
   A．詹姆斯—兰格的外周情绪理论　　B．阿诺德的评定—兴奋学说
   C．沙赫特的认知—激活理论　　　　D．拉扎鲁斯的认知—评价理论

9. 父母与孩子在家庭中处于一种平等和谐的氛围当中，父母尊重孩子，给孩子一定的自主权和积极正确的指导。孩子很容易形成一些积极的人格品质，如活泼、快乐、直爽、自立、彬彬有礼、善于交往、富于合作、思想活跃等。这种家庭教养方式属于（   ）。

   A．权威型教养方式　　　　　　　B．放纵型教养方式
   C．民主型教养方式　　　　　　　D．自由型教养方式

10. 生病时想："和别人比起来，我只不过是在人生的道路上多了一道坎坷，多了一次磨炼自己的机会，从这个意义上来说，生病也是一种幸运！"这种调节情绪的方法属于（   ）。

    A．转移法　　　　　　　　　　　B．发泄法
    C．控制法　　　　　　　　　　　D．升华法

二、简答题

1．什么样的情绪表现才属于良好的情绪？
2．简述影响人格发展的因素有哪些？
3．请比较外周情绪理论和丘脑学说的异同。

三、材料分析题

阅读下列材料，回答问题。

学生A的父亲常年在外经商，平时无暇顾及儿子的学习与生活。A自小在爷爷奶奶的宠爱下长大。今年父母由于感情问题离异，A被判归父亲抚养。最近，老师发现A无论在课堂上还是各种活动中，小到一次课堂发言，大到学校组织的活动，都显得没有热情，参与意识淡漠，甚至总是傻傻地一直盯着某处。平时不能跟同学合群，沉默寡言，独来独往，偶尔也流露出想和同学们交往的思想，但显得不知所措，不自觉地流露出自卑，不喜欢读书，不想上课，逃课、旷课时有发生，在上课的时候经常趴在桌子上睡觉、看窗外。

请问，上述材料中的学生出现了何种情绪问题？结合该材料谈谈如何培养该生的良好情绪？

答案及解析

一、单项选择题

1. A 【解析】本题考查了对皮亚杰理论中相关概念的理解。皮亚杰认为借助同化过程，个体可以把新的经验纳入到已有的图式中去。

2. C 【解析】本题考查了弗洛伊德人格结构的：本我、自我和超我的概念。本我是原始的无意识的先天本能或欲望，是基本的驱力源，包括性与攻击等，本我以非理性的方式工作，遵循"快乐原则"，不受现实和道德的约束而满足其原始欲望；自我是从本我中逐渐分化出来的，在人格中代表现实性一面，其主要作用是调节本我与超我两者的矛盾，它遵循"现实原则"并以合理的方式来满足本我的要求；超我是人格结构的最高层次，是由于个体在生活中接受社会文化和道德规范的教养而逐步形成的，是社会化的结果，超我遵循"道德原则"，它的作用在于抑制本我的冲动、对自我进行监控和追求完善的境界。弗洛伊德指出当本我、自我、超我三者处于协调时，人格表现出一种健康状态；三者失调时，就会引发心理疾病。

3. D 【解析】本题考查了关于情绪的分类问题。基本情绪是人和动物共有的，心理学一般认为存在四种基本情绪：快乐、愤怒、恐惧和悲哀。

4. C 【解析】本题考查了人格结构的相关内容，主要包括气质、性格、认知风格、自我调控的概念。气质是表现在心理活动的强度、速度、灵活性与指向性等方面的一种稳定的心理特征，也就是人们平时所说的脾气、秉性。人的气质差异是先天形成的，受神经系统活动过程的特性所制

约。性格是人们对现实和周围世界的态度，并表现在他的行为举止中。性格主要体现在对自己、对别人、对事物的态度和所采取的言行上，表现了一个人的品德，受人的价值观、人生观、世界观的影响。性格是一种与社会相关最密切的人格特征，具有道德评价的含义。性格主要是在后天社会环境中逐渐形成的，有好坏之分。不过，性格也受个体的生物学因素的影响。认知风格是指个人所偏爱使用的信息加工方式，也叫认知方式。自我调控系统是人格中的内控系统或自控系统，对人格的各种成分进行调控，保证人格的完整、统一、和谐，包括自我认知、自我体验、自我控制三个子系统。

5. D 【解析】本题考查了对埃里克森的社会性发展阶段理论的了解，他把人格的发展分为婴儿前期（0—1岁）、婴儿后期（1—3岁）、幼儿期（3—6岁）、童年期（6—12岁）、青春期（12—18岁）、成年早期（18—30岁）、成年期（30—60岁）、成熟期（60岁以上）。

6. B 【解析】本题考查了身体发展的特点。第一性征的成熟是指性器官、性机能的发育成熟；第二性征的成熟是指性的体形、体态的出现。男生的第一性征一般在13岁开始显著变化，睾丸体积增加，重量增大，内部结构逐渐发育完善，能够产生精子，分泌雄性激素，并开始出现遗精现象；女生则从十一二岁开始，卵巢发育加快，重量增大，能够产生卵细胞，分泌雌性激素，出现月经初潮。第一性征的发育同时，中学生的第二性征也开始出现。男生主要表现在胡须、腋毛等毛发的生长、喉结突出、声音变粗、声调较低等；女生的第二性征则主要表现在骨盆宽大、乳房增大、声调较高等方面。

7. B 【解析】本题考查了情绪状态的种类。情绪状态是指在特定时间内，情绪活动在强度、紧张水平和持续时间上的综合表现。通常有三种典型的情绪状态：心境、激情和应激。心境是一种比较微弱又较持久的情绪状态。激情是一种持续时间短暂、表现强烈、失去自我控制力的情绪状态。应激是出乎意料的紧急事件和危急事件所引起的情绪状态。

8. A 【解析】本题考查了对情绪理论的掌握情况，詹姆斯—兰格的外周情绪理论认为，情绪与机体的生理变化直接联系，情绪刺激引起身体的生理反应，而生理反应进一步导致情绪体验的产生。阿诺德的评定—兴奋学说强调认知评价在情绪中的作用，通过认知评价来确定刺激情境对人的意义，进而引起特定的情绪体验。沙赫特的认知—激活理论提出了情绪受环境影响、生理唤醒和认知过程三种因素所制约，其中认知因素对情绪的产生起关键作用。拉扎鲁斯的认知—评价理论强调认知评价的作用。

9. C 【解析】本题考查了关于家庭因素对人格形成的影响。家庭教养方式一般分为三类：权威型教养方式，父母在子女的教育中表现得过于支配，孩子的一切都由父母来控制。在这种环境下成长的孩子容易形成消极、被动、依赖、服从、懦弱，做事缺乏主动性，甚至会形成不诚实的人格特征。放纵型教养方式，父母对孩子过于溺爱，让孩子随心所欲，父母对孩子的教育有时出现失控的状态。在这种家庭环境中成长的孩子多表现为任性、幼稚、自私、野蛮、无礼、独立性差、唯我独尊、蛮横胡闹等。民主型教养方式，父母与孩子在家庭中处于一种平等和谐的氛围当中，父母尊重孩子，给孩子一定的自主权和积极正确的指导。父母的这种教育方式能使孩子形成一些积极的人格品质，如活泼、快乐、直爽、自立、彬彬有礼、善于交往、富于合作、思想活跃等。

10. C 【解析】本题考查了情绪调节的方法。情绪调节方法包括：转移法就是把注意力从引起不良情绪的事情转移到其他事情上，这样可以使人从消极情绪中解脱出来，从而激发积极愉快的情绪反应。发泄法是当我们出现不满和悲伤等激烈的情绪时，可以采用合理的发泄方法将这些情绪发泄出去。发泄情绪的方法和途径有很多种，比如哭、喊、诉说、打骂象征物等方法。控制法就是我们要懂得克制自己的情绪，并且努力把克制、忍让变成一种自觉的行为，包括：自我暗示法、自我激励法和心理换位法。升华法是指当一个人能够树立正确的人生观时，他就会对人生充满信心，就会心胸宽广，热爱生活，有良好人际关系。这样，情绪自然是健康、积极的。

二、简答题

1．【答案要点】

（1）能够准确地表述出对周围环境的感受，良好的情绪首先能够对周边的环境进行准确的表述，准确地表达出自己的感受，不仅仅表述出自己的积极情绪，同时也要表达出自己的消极情绪。

（2）良好的情绪表现在对周围环境的评价上，对周围环境的评价要客观、适当，如果表现得过于激烈或者过于消沉，则属于不良情绪。

（3）良好的情绪表现在情绪的转移能力上。也就是说，如果兴奋的情绪停止，那么兴奋不再延续，如果悲伤的情绪停止，那么不再悲痛。

（4）良好的情绪还表现在年龄特征上。如果一个人的情绪表现超出了自己的年龄范围，那么，也不是良好的情绪。

【解析】

本题考查的是对良好情绪标准的掌握情况，共包括四条，即准确表达自身感受、客观评价周围环境、适度转移情绪以及表现符合年龄特点的情绪。

2．【答案要点】

（1）生物遗传因素。影响人格的发展方向。对人格的作用程度随人格特质的不同而异，通常在智力、气质这些与生物因素相关较大的特质上，遗传因素的作用较重要。一些生理因素也会对人格的心理特征有影响。生理成熟的早、晚也对人格发展与形成产生影响。

（2）家庭环境因素。家庭间的差异和不同的教养方式对人格发展有较大的影响。比如，权威型教养方式，父母在子女的教育中表现得过于支配，孩子的一切都由父母来控制。在这种环境下成长的孩子容易消极、被动、依赖、服从、懦弱，做事缺乏主动性，甚至会形成不诚实的人格特征。放纵型教养方式，父母对孩子过于溺爱，让孩子随心所欲，父母对孩子的教育有时出现失控的状态。在这种家庭环境中成长的孩子多表现为任性、幼稚、自私、野蛮、无礼、独立性差、唯我独尊、蛮横胡闹等。民主型教养方式，父母与孩子在家庭中处于一种平等和谐的氛围当中，父母尊重孩子，给孩子一定的自主权和积极正确的指导。父母的这种教育方式能使孩子形成一些积极的人格品质，如活泼、快乐、直爽、自立、彬彬有礼、善于交往、富于合作、思想活跃等。

（3）学校教育因素。学校教育在学龄儿童人格的形成与发展中具有重要作用。学生在学校除了接收系统的科学知识，还会发展坚持性、主动性等人格特征和形成科学的世界观。良好的校风和班风能够促使学生养成积极性、独立性、遵守纪律等品质。教师对学生的人格常具有指导定向作用，教师在教育活动中为学生塑造了学习的榜样，教师的言行对学生的人格会产生潜移默化的影响。

（4）社会文化因素。文化对人格的影响极为重要，特别是后天形成的一些人格特征。社会文化塑造了社会成员的人格特征，使其成员的人格结构朝着相似性的方向发展，这种相似性具有维系社会稳定的功能，又使得每个人能稳固地"嵌入"在整个文化形态里。通过社会文化的塑造功能，不同文化的民族有其固有的民族性格。不过，社会文化对个人的影响力因文化的强弱而异，这要看社会对顺应的要求是否严格，越严格，其影响力越大。

【解析】

此题考查了影响人格发展的因素，中学生阶段的人格成长主要受生物遗传、家庭环境、学校教育以及社会文化等因素的影响。

3．【答案要点】

（1）两种理论的相同点

①这两个理论都属于较早期的情绪理论。

②这两个理论都认为情绪的发生与生理变化密切相关。

（2）两种理论的不同点

①情绪产生的神经机制不同，外周情绪理论认为植物性神经系统起作用，而丘脑学说则认为丘脑过程起作用。

②情绪体验与生理变化发生的先后不同，外周情绪理论认为生理变化先于情绪体验，而丘脑学说认为二者同时发生。

【解析】

本题旨在考查对詹姆斯—兰格的外周情绪理论和坎农—巴德的丘脑学说的掌握情况，这两个理论都属于情绪的早期理论。

三、材料分析题

【答案要点】

（1）该生存在的情绪问题

冷漠是指情感冲动强度较弱、情感表现淡漠的心态。这种情绪问题是初中学生中常见的。冷漠具体表现为对外界刺激缺乏相应的情感反应，对亲友冷淡，对周围事物失去兴趣，面部表情呆板，内心体验贫乏，严重时对一切都漠不关心，与周围环境失去情感上的联系。从本材料中的描述可以看到，学生A在课堂上和参加活动时没有热情、不爱参与，且总是"傻傻地一直盯着某处"，平时也不合群、沉默寡言、不爱听课等等，这些表现正符合冷漠的外部表现。而造成情感冷漠的主要原因是外界刺激、打击或遭受挫折。在这里，学生A的冷漠正是由于父母的长期不管和离婚这些外部刺激造成的。因此，综上所述，材料中的这个学生表现出的情绪问题属于冷漠现象。

（2）培养该生情绪的方法

对于学生A来说，培养其良好的情绪，应该从如下方面入手。①培养他对生活和学习的热爱，教师、同学和他的父亲首先应该多与其沟通，让他感受到生活的温暖，建立学习的信心，逐步走上生活和学习的正常轨道；②设法让学生A融入班集体，进而学会正确处理人与人之间关系的技巧；③多倾听他的要求，引导学生A把心中的不快表达出来；④学生A应多与同学和老师交流，消除自卑感，并能够有效控制自己的情绪；⑤在前述基础上，让其意识到培养自己的幽默感对维护良好情绪的重要性。

【解析】

本题主要考查了对初中生的情绪问题以及良好情绪的培养方法的掌握和理解。冷漠是指情感冲动强度较弱、情感表现淡漠的心态。造成情感冷漠的主要原因是外界刺激、打击或遭受挫折。

第六章 中学生心理辅导

● **大纲表述**

1. 了解心理健康的标准，熟悉中学生常见的心理健康问题，包括抑郁症、恐惧症、焦虑症、强迫症、网络成瘾等。

2. 理解心理辅导的主要方法，包括强化法、系统脱敏法、认知疗法、来访者中心疗法、理性—情绪疗法等。

● **大纲解读**

1. 内容来源

本章的内容属于心理学中心理咨询和治疗这门学科的研究领域。

2. 内容分析

本章知识主要包括心理健康的概念、中学生常见的各种心理问题以及对这些心理问题进行矫正的方法和技术。第一节首先明确心理健康的概念和标准，然后了解中学生常见的各种心理健康问题；第二节针对这些心理健康问题，讲解心理辅导的各种方法和技术，让教师了解并能采取一定的措施解决中学生遇到的各种心理问题。

3. 内容结构

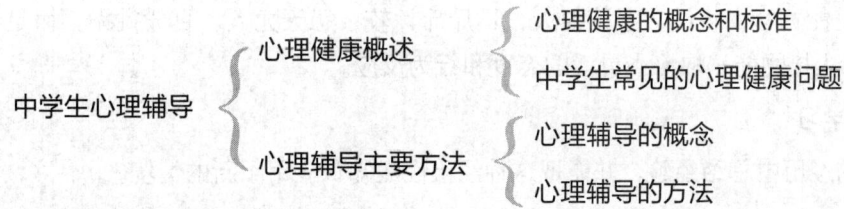

● **学习内容**

第一节 心理健康概述

一、心理健康的概念和标准

（一）心理健康的概念

联合国世界卫生组织（WHO）在1989年将健康定义为："健康乃是一种在身体上、心理上和社会适应方面的完好状态，而不仅仅是没有疾病和虚弱的状态。"这个定义指出人的健康不仅受生物因素的制约，也受心理因素和社会因素的影响。

心理健康已经成为现代健康概念中一个不可或缺的部分。从广义上讲，心理健康就是一种高效而满意的、持续的心理状态。从狭义上讲，心理健康是指个体的基本心理活动的过程内容完整、协调一致，即认识、情感、意志、行为、人格完整和协调，能适应社会，与社会保持同步。

心理健康在人生发展的不同时期表现出很强的阶段性。如果个体顺利适应相应阶段的发展任务，则其心理发展会是健康的，否则，就会变得不健康。比如，同样进入青春期，有的孩子适应得好，顺利度过，健康快乐地进入下一个人生发展的阶段；而有的孩子适应得不好，或加入了不良团伙，或表现出一些不良行为，面临着心理危机。而一个面临心理危机的青春期学生，如果得到及时有效的关注与帮助，在其后的发展中就很容易摆脱心理危机而走上心理健康发展的道路。

（二）心理健康的标准

如何判断一个人心理是否健康呢？心理学家从个体心理的发展水平及其功能的角度提出若干为大多数人所共同具有和认可的评价心理健康的标准，目前较为公认的关于心理健康的十条标准是：

1. **具有充分的安全感**

   安全感是人的基本精神需求之一。如果一个人在正常的环境里疑神疑鬼、过分敏感、焦虑，稍有不顺心就感到大祸降临，对身旁的人不信任，产生不安全感，这样的心理就是不健康的。

2. **能充分了解自己，并对自己的能力做出恰如其分的判断**

   能正确地评价自身，认识自己，了解自己，是衡量心理健康的一条重要标准。

3. **生活的目标切合实际**

   由于物质条件有一定的限度，如果生活目标定得太高，必然会产生挫折感，不利于身心健康。

4. **不脱离现实环境**

   心理健康的人能够面对现实、接受现实，并能够主动地去适应现实，改造现实，而不是逃避现实，沉湎于不切实际的幻想与奢望。

5. **能保持人格的完整与和谐**

   健康的人格是能宽容、悦纳、善待他人，不斤斤计较、怨天尤人、百般挑剔，而是有自知之明，能正确评价自我，待人接物能采取恰当灵活的态度和行为反应。

6. **善于从经验中学习**

   学会从过去的经历中总结经验，并能把这种经验性的知识应用于新的情境。

7. **能保持良好的人际关系**

   乐于和善于与人交往，能和大多数人建立良好的人际关系，重视友谊，不拒绝他人的关心和帮助。与人相处时热情、坦诚、尊重、信任、宽容。

8. **能适度地发泄情绪和控制情绪**

   情绪是人对客观事物是否符合需要所产生的一种主观体验。人有喜怒哀乐等不同的情绪体验。心理健康的人总能体验到愉快、乐观、开朗、满意等积极情绪，虽也会有悲伤、忧愁、愤怒等消极情绪，但一般持续时间不长。不愉快的情绪必须释放，以求得心理上的平衡，否则，就会引起心理健康的问题。

9. **在不违背社会规范的条件下，能适度地满足个人的基本需求**

   个人需要的满足如果违背社会规范，将会使个体受到良心的谴责、舆论的压力乃至法律的制裁，心理健康也便无从谈起了。

10. **在不违背社会规范的条件下，能有限度地发挥自己的才能与培养兴趣爱好**

    个人才能的发挥与兴趣爱好的培养不能妨碍他人和集体的利益，否则，既影响自己的生活，也会加剧人际矛盾，损害身心健康。

二、中学生常见的心理健康问题

中学生正处于人生发展的特殊阶段——青春期，在这一时期，他们的生理急剧变化，性意识萌发，同时，在心理上也常会发生很大的改变，渴望独立的心情强烈。这种身心发展的不平衡常会导致中学生情绪冲动、行为鲁莽、不计后果，因而容易遭受挫折，而一旦处理不当就会引起心理健康问题。此外，一些环境因素也容易造成中学生的心理健康问题。比如，来自学习方面的压力，学习压力一旦达到一定程度就会造成精神上的萎靡不振、厌学以及考试的焦虑，从而导致食欲不振、失眠、神经衰弱、记忆力下降、思维迟缓等；来自人际关系方面的压力，主要包括处理与教师、同学以及父母之间的关系，一旦处理不当就会造成学生的信任感、归属感和安全感降低甚至缺乏，出现对抗教师和父母的行为，对同伴产生敌意并特立独行。在这些内外因素的影响下，中学生很容易出现各类心理健康问题。

（一）抑郁症

1. 概念

抑郁症是由社会、心理等因素引起的一种以持久的情绪低落状态为特征的心理问题，常伴有焦虑、沮丧、压抑、苦闷、躯体不适感和睡眠障碍。

2. 特点及表现

有这类心理问题的学生一般能适应学校生活，但心理压抑、情绪苦闷，而且持续时间较长，对身心健康的危害较大。生活中具体表现为：(1) 兴趣衰退。学生对生活的兴趣明显减退，不仅对学校、社会中各种新鲜事物不感兴趣，而且自己以前的兴趣爱好也基本丧失。(2) 缺乏自信。自我评价过低、妄自菲薄，并有内疚、后悔等自责倾向。比如，虽然学习成绩较好，但坚持认为自己学习很差，以后肯定不能毕业。(3) 精力衰退。自感疲惫无力，不能进行复杂思考和较强运动。比如，这些学生往往感到听课、做作业时，头脑无法兴奋起来，大脑一片空白，体育课甚至日常生活无力或不想去承受，有力不从心之感。(4) 封闭退缩。不愿交往，情绪苦闷且封闭，不诉说也不写日记。虽能维持和其他同学、老师的一般交往，但被动勉强，交往内容表面化，不做稍深的情感交流，这些学生的退缩往往出于自卑和认为任何人都无法帮助自己。(5) 躯体不适。伴有躯体症状，如头疼、背痛、肢体酸痛等，还有失眠等睡眠障碍，有些学生有食欲不振和消化不良之感。(6) 悲观失望。觉得生活中一切都没什么意义，感到前途渺茫；想前进、想成功，但看不到光明和目标；有时下决心改变自己，但没有付诸行动的勇气；无望、无助感强烈，甚至感到活着没意义，产生轻生的念头。

（二）恐惧症

1. 概念

恐惧症是指对某些特定的事物、情境，或在人际交往时产生异常恐惧并主动回避以消除不安的心理问题。

2. 特点及表现

中学生中比较常见的恐惧症是社交恐惧和特异性恐惧。其中，社交恐惧的主要特点是在人际交往中自感害羞、脸红，怕跟人目光对视或怕被别人的目光注视，局促不安、尴尬、笨拙、迟钝，怕成为别人的耻笑对象，以致不能正常交往。具体表现为不敢在公开场合讲话，看着对方即自感面红耳赤、表情异样，怕被对方觉察，从而回避目光相遇，严重者会发展到足不出户。而特异性恐惧则是各种和个体自身活动的特异性有关的恐惧，如飞行恐惧、注射恐惧等。一些中学生则有学校恐惧，如害怕看到校门、害怕见到老师和同学、回避学校生活。

（三）焦虑症

1. 概念

焦虑症是指一种无明确对象、无法摆脱的焦虑状态，可分为急性焦虑和慢性焦虑两种形式。

2. 特点及表现

急性焦虑也称惊恐发作，以突如其来的惊恐体验为典型特征，有"大祸临头"之感，并伴有心跳加快、呼吸困难、头晕目眩等，还可能有出汗、发抖、腹痛等。急性焦虑的具体表现为发作急剧，很难预料，但持续时间不长，发作后虚弱无力，但焦虑体验不明显，数日后恢复。慢性焦虑又称广泛性焦虑，是一种持续性的紧张和不安，具体表现为在学习、活动时心烦意乱，记忆和思维受阻；交往中紧张、易激惹；遇事时惊慌失措，往坏处想等；明知客观上并不存在威胁、危险和失败结局，但无法控制，惶惶不可终日；同时出现心悸、口干、出汗、脸色苍白以及震颤、发抖、肉跳、紧张性疼痛和睡眠障碍、梦中惊醒等现象。

（四）强迫症

1. 概念

强迫症是一种以强迫观念、强迫冲动或强迫动作为主要表现的心理问题。

2. 特点及表现

强迫症的主要特点是自己能意识到这些表现不合理、不必要，但不能控制和摆脱，深为焦虑和不安。有强迫观念的人具体表现为，在头脑中反复回旋某歌曲的旋律或别人对自己说的话、做完作业或考完试后总觉得写错了字或做错了题、上学路上总怀疑忘带书或文具、总是担心考试失败或挨老师批评、担心自己会发胖、看到小刀就会想到会割破手、脑中总是出现一些如"1+2为什么等于3"或"先有鸡还是先有蛋"等无实际意义的想法。有强迫冲动和强迫动作的人具体表现为，在考试时总觉得想要大小便，但并不去上厕所；看到老师或父母总是想辱骂或打架，但表面上却顺从平静；反复检查自己每一次作业或每一份试卷；总是在路上数石块数或步数。

（五）网络成瘾

1. 概念

"网络成瘾综合征"于1994年由纽约的一位精神医生格登伯格提出，是指由于对互联网过度依赖而导致明显的心理异常症状以及伴随的生理性受损的现象。

2. 特点及表现

多数人认为网络成瘾的特点与沉溺赌博、酗酒、吸毒等无异，有百害而无一利。有网络成瘾问题的中学生具体表现为缺乏自控能力，容易整天沉溺于网络，对网络有一种心理上的依赖感；在使用网络过程中不能有效地控制时间，经常无节制地花费大量时间和精力上网；从网络中获得满足感和愉悦感，使网络几乎成为现实社会的替代品，沉湎于网上的虚拟世界，由此出现一些人格方面的障碍，导致个体心理生理受损，比如食欲不振、头昏眼花、情绪低落、精力难以集中等，严重的可导致神经紊乱，免疫功能降低，引发心血管疾病、抑郁症及眼睛方面的疾病等。

第二节 心理辅导主要方法

一、心理辅导的概念

"辅导"一词源于英文的"guidance",是引导与辅助的意思。心理辅导依据咨询心理学中的理论,采取专业的技术和方法去解决各种心理健康问题。它是一种帮助人的过程和方法,辅导者帮助受辅导者正确认识自己,接纳自己,进而欣赏自己,并克服成长中的障碍,改变自己的不良意识和倾向,充分发挥个人潜能,迈向自我现实。对中学生进行心理辅导,还需要学校辅导教师运用心理学的专业知识和技能,给学生以合乎其需要的协助与服务,帮助学生正确认识自己,发现自我价值,发挥本身潜能,发展个性特长,协调人际关系,克服成长中的障碍,增强与维持学生心理健康,使其在学习、人际关系和生活的各个方面可以良好适应。

二、心理辅导的方法

(一)强化法

1. 基本原理

强化是心理学里的一个重要概念,是指任何有利于个体行为反应概率增加的事件。强化可分为正强化、负强化和惩罚三种手段。正强化是指那些施加某种影响并有助于行为反应概率增加的事件;负强化是指那些去除某种不利的影响并有助于行为反应概率增加的事件;惩罚是指为减少或消除某种不良行为再次出现的可能性而在此行为发生后所跟随的不愉快事件。在心理辅导中,强化法正是系统地应用强化的手段去增加和巩固学生的适应性行为,减弱或消除学生不适应行为的一种心理矫治方法。

2. 操作程序

使用强化法时,首先,要明确治疗的目标,即辅导者希望改变的行为;然后,监控这一行为发生的频率、程度,并确定行为的直接结果;接着,设计一个新的行为结果取代原来的不良行为结果,比如原来的目标行为被批评,新的行为结果可以设计为表扬或奖励,这样目标行为就会得到建立和巩固;最后,实施强化。

3. 适用情况

强化法适用于行为矫治。一般地,使用正强化的手段,可以有效地塑造和巩固良好行为。例如,当学生表现出对某一学科的学习兴趣时,可以及时给予鼓励或奖赏(教师称赞学生或表现出高兴的样子),这会强化学生对该学科的兴趣。在应用正强化的手段时,辅导者应注意选择符合被辅导者需求、对其具有足够吸引力的奖励。使用负强化和惩罚可以减少或消除不良行为。例如,当学生讨厌学习某一学科,不及时完成作业时,就罚其加倍写作业,这属于惩罚的手段,而一旦某一次学生及时完成作业,则不罚写作业,这属于负强化的手段。

(二)系统脱敏法

1. 基本原理

系统脱敏法是一种重要的行为矫正技术。这种方法要求在充分放松的状态下,让学生逐渐暴露在感到焦虑的情境中,并通过心理的放松状态来对抗这种焦虑情绪,使其对焦虑情境的敏感性逐渐减轻,直至完全消失。在这一过程中,一个人在放松状态下的各项生理生化反应指标,如呼吸、心率、血压、肌电、皮电等,都会表现出与焦虑状态下完全相反的变化,这两种状态相互抑制,不能共存,表现出交互抑制作用。这就是系统脱敏法所依据的基本原理。

2. 操作程序

使用系统脱敏法时,首先,建立焦虑或恐惧的等级层次。让学生依据自己感到焦虑或害怕的程度,对各种刺激情境进行排序;其次,进行放松训练,使学生达到全身肌肉能够迅速进入松弛状态为合格;最后,实施脱敏,要求学生在全身放松之后,从焦虑等级层次中最低的一个焦虑情境开始,要求学生想象引起他焦虑的情境。如果学生体验到焦虑,就停止想象,进行放松;然后再想象同一刺激情境,直到不再感到焦虑为止。这样,就可以接着想象焦虑等级层次中更高等级的情境,直到想象最高等级的焦虑情境时也不出现焦虑反应或只有轻微反应为止。

通常,每次脱敏训练需30—50分钟,每周做2—3次,每次完成2—3个焦虑情境即可。一次想象训练一般不超过4个等级,如果在某一级训练中仍出现较强的焦虑反应,则应降级训练,直到完全适度。

3. 适用情况

系统脱敏法特别适用于焦虑症和恐惧症的治疗。

(三)认知疗法

1. 基本原理

"认知"是指一个人对一件事或某个对象的认识和看法。个体的认知对他的情绪和行为有重要影响。例如:不同的中学生在面对老师的批评时,有的人会认为老师批评得对,自己应该改正行为,而有的人则认为老师是有意针对自己,找自己的毛病,因此会感到愤怒和不满,还有的人则认为自己总是做错,得不到老师的认可,因而产生自卑的心理。对相同事件的不同认知会滋生不同的情绪,从而影响人的行为反应。根据认知疗法专家贝克的说法:"适应不良的行为与情绪,都源于适应不良的认知。"因此,认知疗法强调认知过程决定了个体的行为特点,个体的情绪和行为的产生依赖于其对周围环境的认识,而这种认识又受个人的信念、假设观念等认知因素的作用和影响。认知疗法就是通过改变人的认知过程和这一过程中所产生的观念来纠正个体的适应不良的情绪或行为,从而矫正这些适应不良的情绪和行为。

2. 操作程序

在运用认知疗法时,辅导者应帮助学生消除他们歪曲的认知,与他们共同努力重建认知结构,重新评价自己,重建对自己的信心,更改认为自己"不好"的认知,从而达到改善自己的情绪与行为的目的。认知疗法一般遵循这样的程序:

首先,辅导者要向被辅导者说明一个人的看法与态度是如何影响其心情及行为的。

其次,帮助他去检查他所持有的对自己、对他人以及对四周环境的看法,从中发觉跟被辅导者的心理问题有密切关系的一些"看法"或"态度",并协助他去检查这些看法或态度与一般现实的差距,指出其错误的认知。例如,一些很聪明、自尊心强、害怕失败的学生对考试的要求很高,如果不能考第一就认为自己是失败者,会产生自卑、沮丧、焦虑、抑郁等情绪。这类学生的错误认知就是认为自己必须名列前茅才是成功。纠正这样的认知就要求此类学生能认识到,"考试的成绩不完全等于自己的能力"。让他们充分认识到人的能力的局限性,正确认识失败,失败并不意味着以后永远不会成功,要降低自己的目标,降低自己的期望,增强对失败的耐受性。

最后,督促被辅导者去练习更换这些看法或态度,重建"好"的认知,进而产生健康的心理与适应性的行为。

3. 适用情况

认知疗法较适用于抑郁症、焦虑症、恐惧症、强迫症等。

（四）来访者中心疗法

1. 基本原理

来访者中心疗法是由美国人本主义心理学家罗杰斯创立的。人本主义心理学强调人的价值和潜能，认为人的本质是好的，若在良好的环境下让他的潜能自由发展，将会是健康而富有建设性的，人是积极主动的，有自我实现和自我指导的潜能。因此，来访者中心疗法假设：人是理性的，能对自己负责，有了解自身问题的能力，而且，我们自己有解决这些问题的潜能。该疗法使来访者通过观察自身而不是注重外部影响，来求得成长和完善。这样，他们不需要来自辅导者的过多干预和指导就能够发生变化。他们对辅导者的需要是理解、真诚、支持、接受、关心和积极的评价。

2. 操作程序

来访者中心疗法的一般步骤是：（1）来访者求助，来访者存在心理问题或情绪困扰，并渴望得到帮助。（2）辅导者向来访者说明来访者中心疗法，告诉来访者辅导只是提供一个场所或一种气氛，不提供解决问题的答案，但辅导者会帮助来访者自己解决问题或找到答案。（3）鼓励来访者情感的自由表现，辅导者通过真诚、理解、关怀促进来访者自由表达。（4）辅导者要能接受、认识来访者的消极情感，并帮助来访者对自己有更清楚的认识。（5）来访者充分地暴露出消极的情感后，积极的情感开始出现。（6）辅导者要对来访者积极的情感给予接受和认识，但不给予任何评价。（7）来访者开始接受真实的自我，由于辅导者给予来访者一种理解与关怀的氛围，使来访者有机会重新考虑自己并达到接受真实的自我的程度。（8）帮助来访者认清要采取的新的行为和决定。（9）来访者对自己的问题有了新的认识和决定，就产生了最初的疗效。（10）辅导者引导来访者达到一种更完全、更正确的自我了解，并开始新行为的尝试。（11）来访者当前的问题得到解决并开始对自己充满信心，表明来访者走向成熟。（12）治疗结束。

罗杰斯指出，这12个步骤不是截然分开的，而是相互关联、有机地结合在一起的。来访者中心疗法强调辅导者与来访者之间应建立融洽的关系，在辅导过程中不给予评价和指导，而是要无条件地积极关注来访者所表达的情感内容。

3. 适用情况

来访者中心疗法较适用于解决人际交往上的、情绪方面的心理冲突。

（五）理性—情绪疗法

1. 基本原理

理性—情绪疗法是美国著名心理学家艾利斯创立的一种心理治疗理论与方法，其核心是ABC理论。在ABC理论中，A代表诱发事件，B代表个体对这一事件的看法、解释和评价，即信念，C代表继这一事件后个体的情绪反应和行为结果。一般情况下，人们认为是外部事件A直接引起了情绪和行为反应C，但理性—情绪行为疗法并不这么认为，它认为诱发事件A只是引起情绪和行为反应C的间接原因，而人们对诱发事件的信念、看法、解释B才是引起人的情绪和行为反应C的更直接的原因。如果我们对诱发事件的信念是合理的、现实的，那么，由此产生的情绪行为是适应的，否则，非理性的信念就会产生情绪困扰和不适应的行为。人体的认知系统产生的非理性、不合理的信念，是导致其情绪障碍和行为问题的根本原因。

2. 操作程序

理性—情绪疗法一般遵循如下一些步骤：第一步，心理诊断，这是治疗的最初阶段，辅导者要与被辅导者建立良好关系，探知其问题所在，并根据问题性质及相应的情绪反应分类，进而找出最迫切需要解决的问题；第二步，领悟阶段，主要帮助被辅导者认识到自己不适当的情绪或行为表现是什么，并指出产生的原因是自身存在不合理信念，责任在于自身；第三步，修通阶段，主要采用与不合理信念辩论的方法动摇被辅导者的非理性信念，经常使用夸张或挑战式的发问要对方回答坚持某一看法的依据，通过辩论使得他们不能为其非理性信念自圆其说，从而认清其信念的不合理性，进而放弃这些不合理的信念，改变对外部事件的认知，这也是该疗法最重要的一步；第四步，再教育阶段，不仅帮助被辅导者摆脱旧有思维方式和非理性信念，还要帮助他们学会以合理的思维方式代替不合理的思维方式，以避免重新产生不合理的信念。

3. 适用情况

理性—情绪疗法适用于各种神经症和某些行为障碍的患者。

● 难点解读

本章的难点在于理解心理辅导的主要方法的原理，它们源于心理学的一些主要理论流派，如行为学习理论、人本主义理论等。只有真正理解了这些方法的原理，才能灵活掌握每种方法的具体技术。因此，对心理辅导主要方法的原理的理解非常重要。

1. 强化法

心理学的行为主义学习理论强调强化的作用，认为人的行为主要是后天习得的，行为的保持是由于其结果被强化所致。强化则指任何有利于个体行为反应概率增加的事件。

2. 系统脱敏法

心理学家认为，人体肌肉的放松状态与焦虑情绪状态是一种对抗过程，一种状态的出现会抑制另一种状态出现，表现出交互抑制作用。

3. 认知疗法

认知疗法借助于认知心理学的兴起而受到重视，该方法根据人的认知过程会影响情绪和行为的理论假设，强调认知过程决定了个体的情绪和行为，认知过程又依赖于其对周围环境的认识，同时这种认识又受个人的信念、假设观念等认知因素的作用和影响。

4. 来访者中心疗法

来访者中心疗法假设：人是理性的，能对自己负责，有了解自身问题的能力，而且，我们自己有解决这些问题的潜能。这种理论假设源自人本主义心理学强调人的价值和潜能的观点。

5. 理性—情绪疗法

该方法是在临床实践中逐步发展起来的。它认为人既是理性、合理的，又可以是非理性、不合理的。当人们依据理性去思维和行动时，他们就会是精神愉快而富有成效的，而人体的认知系统产生的非理性、不合理的信念，则是导致其情绪障碍和行为问题的根本原因。

案例分析

案例分析 1

害怕面对异性的女孩

莉莉是一名15岁的初中二年级女生。第一次看到莉莉的人都会觉得这是一个文静、内向的女孩子。不过，一旦深入了解就会发现她对异性有着莫名的恐惧感。在面对异性的时候，她总是手脚发抖，额头直冒冷汗，不敢正视对方的眼睛，而且说话时还会出现比较严重的口吃现象。因此，她总是尽量避开人群。然而，在面对同性的时候，她则变成了一个谈吐自如、幽默风趣的女孩。在家里，莉莉有个弟弟，莉莉的父亲是一名普通工人，性格暴躁，有重男轻女思想，对这个弟弟极为偏爱，总是把弟弟的过错推到莉莉头上，对女儿经常打骂。长期的折磨使得莉莉对父亲产生了恐惧感，进而恐惧异性，不敢接近异性。即使在父亲过世后，她还是害怕接近异性。莉莉身材微胖，从小到大没穿过裙子，在校时，总爱独来独往。一次，班上男生私下议论她的身材时，被她听到，使她产生了强烈的自卑感。此后，更是避开有异性的人群，连走路也是无意识地低着头。

经过激烈的内心争斗，她找到了心理咨询老师。老师了解了情况后对其进行了辅导。首先，培养自信心。老师发现莉莉喜欢打羽毛球，于是让她参加学校羽毛球队，每次打球，她都表现得很出色。同时，挖掘其更多长处，让莉莉能正视自己，抛弃自卑感。

然后，让女同学陪着她，在人群外远远地观察人群中的异性。当远观人群不再恐惧时，让女同学陪着她，到人群中去倾听人们的交谈，看他人的交往。不久之后，在女同学的陪伴下，她不再害怕人群了。

接下来，让莉莉自己到人群中去与异性相处，没有同性陪伴，她虽然表现出不再恐惧人群，但还是不敢和人群中的异性交往。于是，由同性同伴陪着，让她与亲戚中的男孩相处、交往。当她敢于和这些熟悉的男孩交谈时，则进一步让她与亲戚中的男性长辈相处。经过一段时间，莉莉在这些场合可以不再需要同性同伴陪同了。

再接下来，让莉莉自己与本班男生交往。当她不再害怕本班的男生时，让其与教她的男教师相处、交谈，直到消除她对熟悉的男性的恐惧感为止。当对熟悉的男性不再有恐惧感后，让她与女伴一起与陌生男性交往。一开始由女伴主导发言，慢慢过渡到由莉莉自己发言。

最后，让莉莉独自与陌生男性交往。一开始，莉莉还是很紧张，慢慢地可以正常交流，说话的时候也敢看异性的眼睛了。

情境分析

这是一个社交恐惧症的案例。辅导者根据被辅导者的行为表现以及生活经历确定了其属于社交恐惧症。随后，在让被辅导者建立起自信心后，使用系统脱敏法进行矫治。辅导者首先确定了能引起莉莉恐惧感的几个层次，由低到高分别是由同性陪同与人群交往、独自与人群交往、与熟悉的异性交往、与陌生的异性交往；然后，让被辅导者亲自进入这些类型的情境中，逐步减轻其恐惧感。最后，使被辅导者可以与异性正常交往。

案例分析 2

迷恋网络的男孩

小强是一名15岁的初中二年级男生。小强性格内向，不太爱讲话，情绪较稳定，对人对事较随和，没有冲动行为，不过做事不够积极主动，集体活动也经常不参加，无论是平常上学，还是参加集体活动，小强都经常迟到。在家中，他是独生子，父母都在菜市里卖菜，早出晚归，虽然父母很关心他的学习，但经常无暇顾及。在班级中，小强喜欢画画，但也不参加班上墙报小组搞墙报。初一上学期成绩中等，但由于迷恋上网，初一下学期成绩开始严重下滑。

　　班主任通过了解和分析，认为小强学习的自觉性、主动性较差，缺少参加集体活动的积极性，性格内向，放学后总是闷在家里上网，上学迟到、早退，集体活动常不参与，学习成绩也严重受影响，属于网络成瘾问题。于是，班主任制订了一系列辅导的任务：

　　第一，给予适当的学习和工作任务。安排他担任生物课代表，动员其参加班上宣传小组工作，鼓励他积极参加集体活动和与人交往，培养集体责任感和活动能力。

　　第二，与家长联系，通过家访、电话联系、到菜市面谈等多种方式，与家长沟通，共同商讨解决办法。

　　第三，个别谈心，进行心理疏导。主要围绕他的内向性格特点，帮助他剖析自己。

　　第四，通过班会、集体活动，让他在集体氛围中认识到沉迷网络的危害，学会健康的休息和放松方式。

　　第五，期末在写评语时，及时肯定他的成绩和进步，增强其自信心和奋发进取的精神。

　　经过辅导，小强已经不再沉迷网络，上课也不迟到了，还积极参加集体活动，参加绘画比赛并获奖，学习的自觉性、主动性也增强了。

情境分析

　　这是一个初中生网络成瘾的案例。初中生小强由于家庭约束少、自身自觉性较差，因而沉迷网络，造成学习成绩急剧下滑。辅导者发现后，及时采取一系列措施，通过与家长沟通，增加家庭约束，增加在学校中的关注，转移兴趣点等多种方式，成功地把学生的注意力转移到学习上来，戒除了网瘾。

延伸阅读

1. 中国心理学会制定的临床与咨询工作的基本原则

　　（1）善行：心理师的工作目的是使寻求专业服务者从其提供的专业服务中获益。心理师应保障寻求专业服务者的权利，努力使其得到适当的服务并避免伤害。

　　（2）责任：心理师在工作中应保持其专业服务的最高水准，对自己的行为承担责任。认清自己专业的、伦理及法律的责任，维护专业信誉。

　　（3）诚信：心理师在临床实践活动、研究和教学工作中，应努力保持其行为的诚实性和真实性。

　　（4）公正：心理师应公平、公正地对待自己的专业工作及其他人员。心理师应采取谨慎的态度防止自己潜在的偏见、能力局限、技术的限制等导致的不适当行为。

　　（5）尊重：心理师应尊重每一个人，尊重个人的隐私权、保密性和自我决定的权利。

　　（资料来源　中国心理学会临床与咨询心理学专业机构与专业人员伦理守则制定工作组：中国心理学会临床与咨询心理学工作伦理守则，2007年编制）

2. 网络成瘾的类型

　　（1）网络游戏成瘾

　　网络游戏成瘾通常是指沉溺于不同的网络游戏，体验刺激、惊险的过程，获取成就感及自我价值感的网络成瘾类型。

(2) 网络关系成瘾

网络关系成瘾通常指沉溺于通过网络聊天来结识朋友，进行社会交往实验的网络成瘾类型。以女性占多数。

(3) 网络色情成瘾

网络色情成瘾通常指沉迷于成人话题的聊天室和网络色情网站，或沉迷于网上虚拟性爱等活动的网络成瘾类型。

(4) 网络信息成瘾

网络信息成瘾指强迫性地浏览网页以查找和收集对自身学习、生活并无实际意义的各类信息，并实施强迫、偏执性的"快餐式"阅读的网络成瘾类型。

(5) 网络交易成瘾

网络交易成瘾通常指以一种难以抵抗的冲动，着迷于在线赌博，网上交易或者拍卖、购物、参与网上讨论等而不能自拔的网络成瘾类型。

(资料来源　陶然等：网络成瘾探析与干预，上海：上海人民出版社，2007年，第132—136页)

强化训练

试题

一、单项选择题

1. 下列选项中不属于联合国世界卫生组织（WHO）认为的影响健康的因素的是（　　）。
   A．生物因素　　　B．心理因素　　　C．运动因素　　　D．社会因素
2. 在脑内反复回旋某歌曲的旋律、脑中总是出现一些如"1+2为什么等于3"或"先有鸡还是先有蛋"等无实际意义的想法，以上表现出的心理问题属于（　　）。
   A．强迫症　　　B．恐惧症　　　C．抑郁症　　　D．焦虑症
3. 去除某种不利的影响并有助于行为反应概率增加的事件，这属于强化中的（　　）。
   A．消除　　　B．正强化　　　C．负强化　　　D．惩罚
4. 适用于抑郁症治疗的方法是（　　）。
   A．强化法　　　B．认知疗法　　　C．系统脱敏法　　　D．来访者中心疗法
5. 来访者中心疗法的创立者是（　　）。
   A．艾利斯　　　B．华生　　　C．斯金纳　　　D．罗杰斯
6. 理性—情绪疗法是一种心理治疗的技术，其创立的理论依据是（　　）。
   A．交互抑制作用　　B．ABC理论　　C．强化原理　　D．认知过程的改变

二、简答题

1. 简述心理健康的标准。
2. 简述中学生常见的心理问题。
3. 简述理性—情绪疗法的操作程序。

三、材料分析题

阅读下列材料，回答问题。

典型个案：张某，男，初三学生。该生小学经常考第一，但常和别人打架，几乎天天有人找上门。父亲一生气就打他，他几乎天天挨打，但仍旧不改。到了初中，他学习仍然很好，但仍恶习不改，把同

学打成重伤,使其住院,还常和老师闹别扭,甚至和校长打了一架,被学校开除,辍学在家。后来,父亲去学校赔礼道歉,校方同意复学。在家长及老师的严厉"管教"下,从此他做事非常谨慎,除了和同学互相问候,其他的什么都不说,偶尔和同学们在一起玩,也不像以前那样,生怕得罪了人,并且还出现了敏感多疑的现象。干什么事都思前想后,每干完一件小事,都重新想一遍该不该这样做。到了后来,特别是考试时开始焦躁,如看到笔头有点小裂缝,就用透明胶粘起来,虽不影响写字了,但还是老觉得别扭,老是想它。心里知道没事,不应该想,可是又总是想,心里很烦躁,影响了考试。后来又发展到看到衣服上有点脏或有点小线头之类的也想。这一毛病持续了半年多。再后来,对学习上本不该想的问题胡思乱想,如对"3是6的1/2"与"3是6的1/2倍"产生怀疑,心里也知道它们意思一样,但还是怀疑,就查找各种资料。这样无休止的怀疑弄得他头昏脑胀,十分难受。

问题

该学生出现的心理问题属于什么类型?可以采取什么方法进行矫正?

答案及解析

一、单项选择题

1. C 【解析】本题考查的是对健康定义的了解。联合国世界卫生组织(WHO)认为:"健康乃是一种在身体上、心理上和社会适应方面的完好状态,而不仅仅是没有疾病和虚弱的状态。"这个定义指出人的健康不仅受生物因素的制约,也受心理因素和社会因素的影响。

2. A 【解析】本题考查的是对各种心理问题症状表现的认识程度。有强迫观念的人具体表现为,在脑内反复回旋某歌曲的旋律或别人对自己说的话、做完作业或考完试后总觉得写错了字或做错了题、上学路上总怀疑忘带书或文具、总是担心考试失败或挨老师批评、担心自己会发胖、看到小刀就会想到会割破手、脑中总是出现一些如"1+2为什么等于3"或"先有鸡还是先有蛋"等无实际意义的想法。有强迫冲动和强迫动作的人具体表现为,在考试时总觉得想要大小便,但并不去上厕所;看到老师或父母总是想辱骂或打架,但表面上却顺从平静;反复检查自己每一次作业或每一份试卷;总是在路上数石块数或步数。

3. C 【解析】本题考查的是对强化法理论的一些概念的理解。正强化是指那些施加某种影响并有助于行为反应概率增加的事件;负强化是指那些去除某种不利的影响并有助于行为反应概率增加的事件;惩罚是指为减少或消除某种不良行为再次出现的可能性而在此行为发生后所跟随的不愉快事件。

4. B 【解析】本题考查的是各种心理辅导方法的使用情况。认知疗法适用于抑郁症、焦虑症、恐惧症、强迫症的治疗。

5. D 【解析】本题考查的是考生对心理学家的了解程度。罗杰斯创立了来访者中心疗法。

6. B 【解析】本题考查的是心理辅导方法的理论基础。ABC理论是理性—情绪疗法的理论基础;交互抑制作用是系统脱敏法的理论基础;强化原理是学习理论的理论基础。

二、简答题

1.【答案要点】

心理健康的标准包括:

(1) 具有充分的安全感

(2) 能充分了解自己,并对自己的能力做出恰如其分的判断

(3) 生活的目标切合实际

(4) 不脱离现实环境

(5) 能保持人格的完整与和谐

(6) 善于从经验中学习
(7) 能保持良好的人际关系
(8) 能适度地发泄情绪和控制情绪
(9) 在不违背社会规范的条件下，能适度地满足个人的基本需求
(10) 在不违背社会规范的条件下，能有限度地发挥自己的才能与培养兴趣爱好

【解析】
本题考查的是对健康标准的掌握情况。健康的标准包括十条，为多数心理学家所公认。

2．【答案要点】
中学生常见的心理问题包括：

(1) 抑郁症。抑郁症是由社会、心理等因素引起的一种以持久的情绪低落状态为特征的心理问题，常伴有焦虑、沮丧、压抑、苦闷、躯体不适感和睡眠障碍。有这类心理问题的学生一般能适应学校生活，但心理压抑、情绪苦闷，而且持续时间较长，对身心健康的危害较大。

(2) 恐惧症。恐惧症是指对某些特定的事物、情境，或在人际交往时产生异常恐惧并主动回避以消除不安的心理问题。中学生中比较常见的恐惧症是社交恐惧和特异性恐惧。

(3) 焦虑症。焦虑症是指一种无明确对象、无法摆脱的焦虑状态，可分为急性焦虑和慢性焦虑两种形式。

(4) 强迫症。强迫症是一种以强迫观念、强迫冲动或强迫动作为主要表现的心理问题。这类人自己能意识到这些表现不合理、不必要，但不能控制和摆脱，深为焦虑和不安。

(5) 网络成瘾。网络成瘾是指由于对互联网过度依赖而产生的明显的心理异常症状以及伴随的生理性受损的现象。一般认为网络成瘾的特点与沉溺赌博、酗酒、吸毒等无异，有百害而无一利。

【解析】
此题考查的是对中学生心理健康主要问题的了解，抑郁症、恐惧症、焦虑症、强迫症和网络成瘾是中学生易出现的几种主要心理健康问题。

3．【答案要点】
理性—情绪疗法一般遵循如下一些步骤：

第一步，心理诊断，这是治疗的最初阶段，要与被辅导者建立良好关系，探知其问题所在，并根据问题性质及相应的情绪反应分类，进而找出最迫切需要解决的问题；

第二步，领悟阶段，主要帮助被辅导者认识到自己不适当的情绪或行为表现是什么，并指出产生的原因是自身存在不合理信念，责任在于自身；

第三步，修通阶段，主要采用与不合理信念辩论的方法动摇被辅导者的非理性信念，经常使用夸张或挑战式的发问要对方回答坚持某一看法的依据，通过辩论使得他们不能为其非理性信念自圆其说，从而认清其信念的不合理性，进而放弃这些不合理的信念，改变对外部事件的认知，这也是该疗法最重要的一步；

第四步，再教育阶段，不仅帮助被辅导者摆脱旧有思维方式和非理性信念，还要帮助他们学会以合理的思维方式代替不合理的思维方式，以避免重新产生不合理的信念。

【解析】
本题旨在考查对理性—情绪疗法具体操作流程的掌握情况。该方法是由美国著名心理学家艾利斯创立，他认为人的认知系统产生的非理性、不合理的信念，是导致其情绪障碍和行为问题的根本原因，而通过某种方式改变其不合理的信念就可以改善被辅导者的情绪和行为。

三、材料分析题

【答案要点】

(1) 该学生存在的心理问题

强迫症是一种以强迫观念、强迫冲动或强迫动作为主要表现的心理问题。这类人自己能意识到这些表现不合理、不必要，但不能控制和摆脱，深为焦虑和不安。有强迫观念的人具体表现为，在脑内反复回旋某歌曲的旋律或别人对自己说的话、做完作业或考完试后总觉得写错了字或做错了题、上学路上总怀疑忘带书或文具、总是担心考试失败或挨老师批评、担心自己会发胖、看到小刀就会想到会割破手、脑中总是出现一些如"1+2为什么等于3"或"先有鸡还是先有蛋"等无实际意义的想法。有强迫冲动和强迫动作的人具体表现为，在考试时总觉得想要大小便，但并不去上厕所；看到老师或父母总是想辱骂或打架，但表面上却顺从平静；反复检查自己每一次作业或每一份试卷；总是在路上数石块数或步数。从这段材料的描述可以知道，张某每干完一件小事，都重新想一遍该不该这样做，已经严重到影响正常的生活和学习，比如，笔头有点小裂缝，虽然修复了但总是反复想，导致内心烦躁影响考试，又比如对"3是6的1/2"与"3是6的1/2倍"产生怀疑，心里虽然知道它们意思一样，但还是怀疑，无休止，最终被弄得头昏脑胀，十分难受。从这些表现可以判断该学生的问题属于强迫症。

(2) 对该生可以采取的辅导方法

对该学生可以采用认知疗法对其进行辅导。辅导者通过帮助他解除其歪曲的认知，并共同努力重建认知结构，重新评价自己，重建对自己的信心，更改认为自己"不好"的认知，从而达到改善自己的情绪与行为的目的。具体地，首先，辅导者先告诉该学生，一个人的看法与态度会影响其心情及行为；其次，帮助他去检讨他所持有的对自己、对他人以及对四周环境的看法，并指出他小时候的经历与他现在的心理问题有密切关系，小时候打架并被父亲惩罚造成了他现在的一些错误认知。让他明白，现在做的事情不需要反复确认，也不会受到惩罚。最后，督促他去练习更换这些看法或态度，重建"好"的认知，进而产生健康的心理与适应性的行为。

【解析】

本题旨在考查对心理健康问题的强迫症的了解以及相应的辅导方法。强迫症是一种以强迫观念、强迫冲动或强迫动作为主要表现的心理问题。主要特点是自己能意识到这些表现不合理、不必要，但不能控制和摆脱，深为焦虑和不安。

认知疗法就是通过改变人的认知过程和这一过程中所产生的观念来纠正个体的适应不良的情绪和行为，从而矫正这些适应不良的情绪和行为。适合于对强迫症的心理辅导。

第七章　中学德育

● 大纲表述

1. 了解品德结构，理解中学生品德发展的特点。
2. 理解皮亚杰和柯尔伯格的道德发展理论，理解影响品德发展的因素，掌握促进中学生形成良好品德的方法。
3. 熟悉德育的主要内容，包括爱国主义和国际主义教育、理想和传统教育、集体主义教育、劳动教育、纪律和法制教育、辩证唯物主义世界观和人生观教育等。
4. 熟悉和运用德育过程的基本规律（包括德育过程是具有多种开端的对学生知、情、意、行的培养提高过程；德育过程是组织学生的活动和交往，对学生多方面教育影响的过程；德育过程是促使学生思想内部矛盾运动的过程；德育过程是一个长期的、反复的、不断前进的过程），分析和解决中学德育实际中的问题。
5. 理解德育原则，掌握和运用德育方法，熟悉德育途径。
6. 了解生存教育、生活教育、生命教育、安全教育、升学就业指导等的意义及基本途径。

● 大纲解读

本章主要由品德及其发展理论、中学德育的基本理论、与德育有关的教育活动三部分内容构成。

1. 内容来源

（1）品德及其发展理论

这部分内容主要来自于教育心理学教材中的"品德的培养"以及发展心理学教材中"品德的发展"相关章节，另外，一些德育原理教材对此部分的内容亦有介绍。

（2）中学德育的基本理论

德育的基本理论是教育学中的核心内容，考生要结合《教育学》《教育学原理》教材中"德育"章节中的内容进行学习，也可以通过《德育原理》加深对德育内容的理解。教育学方面的教材可以参考王道俊、王汉澜主编的《教育学》（人民教育出版社，1999年）、杨兆山主编的《教育学》（东北师范大学出版社，2006年），德育原理方面的教材可参考檀传宝主编的《德育原理》（北京师范大学出版社，2007年）。

（3）与德育有关的教育活动

生存教育、生活教育、生命教育、安全教育、升学就业指导等是近年来出现的教育理念和教育活动，与德育密切相关。生命教育部分可参考冯建军的《生命与教育》（教育科学出版社，2004年），生存教育、生活教育等可参考罗崇敏的论文《全面实施"三生教育"建设现代教育价值体系》（《昆明学院学报》2009年第1期），以及其他作者的相关论文。

2. 内容分析

德育是全面发展教育的重要组成部分，但是德育在教育理论体系中又具有特殊的地位。在传统的教育学体系中，德育是与教育学原理、教学论、学校管理学并列的四大内容之一。因此，在教育学或教育学原理教材中往往单设一章或两章专门加以论述，也有专门的德育原理方面的教材。

由于德育是思想品德教育的简称，关于品德及其结构和品德发展的理论是德育理论及实践的基础和前提，主要包括品德及其结构、品德发展的理论、中学生品德发展的特点、影响品德发展的因素、中学生品德的培养方法五方面的内容。其中，国外关于品德发展的理论和中学生品德发展的特点需要重点掌握。

中学德育的基本理论是本章中的核心内容。包括德育内容、德育过程、德育原则、德育方法和德育途径五部分内容，其中德育内容、德育过程、德育原则和德育方法是重点内容，需要重点掌握。每部分内容中都需要掌握核心的概念和具体的内容。

生存教育、生活教育、生命教育、安全教育、升学就业指导等与德育有关的教育活动是近年来国内倡导的教育理念和教育活动，之所以倡导这些教育理念，是因为长期以来，我国缺少对学生生存、生活、安全等方面的教育，导致我国的儿童、青少年缺少基本的生存、生活和安全常识和技能，缺少对生命的体认以及对自我生命和他人生命的尊重，在升学就业方面也缺少独立的见解。这部分内容是近年来教育学中的热点问题，需要引起关注。

3. 内容结构

中学德育
- 品德的发展与培养
  - 品德及其结构
  - 品德发展的理论
  - 中学生品德发展的特点
  - 影响品德发展的因素
  - 中学生品德的培养方法
- 德育内容
  - 爱国主义和国际主义教育
  - 理想和传统教育
  - 集体主义教育
  - 劳动教育
  - 纪律和法制教育
  - 辩证唯物主义世界观和人生观教育
- 德育过程
  - 对学生知、情、意、行的培养提高过程
  - 组织学生的活动和交往过程
  - 对学生多方面教育影响的过程
  - 促使学生思想内部矛盾运动的过程
  - 长期的、反复的、不断前进的过程
- 德育原则
  - 知行统一原则
  - 因材施教原则
  - 发扬积极因素克服消极因素原则
  - 严格要求与尊重信任相结合原则
  - 正面教育疏通引导原则
  - 集体教育与个别教育相结合原则
  - 教育影响的一致性和连贯性原则
- 德育方法
  - 说服教育法　榜样示范法
  - 实践锻炼法　自我修养法
  - 陶冶教育法　品德评价法
- 德育途径
  - 教学　团队活动
  - 劳动　课外活动
  - 班主任工作
- 与德育相关的教育活动
  - 生存教育　生活教育
  - 生命教育　安全教育
  - 升学就业指导

学习内容

第一节 品德的发展与培养
一、品德及其结构

（一）道德与品德的含义

1. 道德的定义

道德是由社会舆论和内心驱使来支持的、反映一定群体共同价值的社会行为规范的总和。道德是一种社会现象，在社会集体生活中，人们为了维护共同的利益，协调彼此间的关系，便产生了调节行为的各种准则或规范。人们不仅根据这些准则来评价一个人的行动，而且也依据这些准则来支配自己的行动。道德对人的行为的调节和支配作用是依靠舆论的力量和内心驱使来实现的。道德与法律不同，法律虽然也是人的一种行为规范，但法律是依靠强制的手段使人遵守的规范。

2. 品德的定义

品德是道德品质的简称，是个人根据一定的道德行为规范行动时所表现出来的稳固的特征或倾向。品德是一种个体心理现象，是人的个性中的一部分，是个性心理特征中具有道德评价意义的部分。品德是一个人的道德意识（道德认识、道德情感和道德意志等）与道德行为的统一体；品德表现在道德行为之中，离开了道德行为就无所谓品德。

3. 道德与品德的关系

（1）道德与品德的区别

第一，道德的产生发展和变化服从于整个社会发展规律，不以个别人的存在或个人行为的好坏为转移；品德的形成和发展除受社会发展规律制约外，还受个体心理发展规律的制约，它有赖于某一个体的存在，是一种个体的现象。

第二，道德是一种社会现象，是伦理学、社会学研究的对象；品德是心理现象，是心理学、教育学研究的对象。

（2）道德与品德的联系

第一，品德的内容来源于社会道德。当一个人把一定的社会道德规范内化成他个人的道德信念和道德意向并体现在自己的言行中时，就形成了品德。因此，离开了道德，就没有品德可言。

第二，社会道德又是通过个体的品德而存在的。许多个人的品德就构成或影响着社会道德面貌或风气，品德是社会道德现象的组成单位。

（二）品德的心理结构

品德的心理结构是指道德品质的心理成分及其相互关系。由于品德心理结构的复杂性，有关品德心理结构的研究还存在着各种不同观点。我国心理学界比较流行的是品德的四要素说，即认为品德是由道德认识、道德情感、道德意志和道德行为等心理成分构成的有机整体。

1. 道德认识

道德认识是指对道德行为规范及其意义的认识。道德认识包括对道德概念、原则、观点等道德知识的了解和掌握，以及运用这些道德观念去分析道德情境，对人对事做出是非、善恶等道德判断和评价。道德认识发展的最高水平是形成道德信念。

2. 道德情感

道德情感是伴随着道德认识所产生的一种内心体验。也就是人在心理上所产生的对某种道德义务的爱慕或憎恨、喜好或厌恶等情感体验。道德情感在内容上是极其丰富多样的，如责任感、义务感、集体荣誉感、爱国主义和国际主义情感等。

道德情感是个人道德行为的内部动力之一。道德情感是在道德需要的基础上产生的情感体验。道德需要的产生又是以道德认识为前提的。道德需要在一定的情境条件下就可以转变为道德动机。因此，道德动机是在道德认识和道德情感两种心理成分的作用下产生道德需要，并以某种情境条件为诱因而产生的推动个体道德行为的动力。在道德动机中，既有道德认识的成分，又有道德情感的成分。

3. 道德意志

道德意志是在自觉执行道德义务的过程中，克服所遇到的困难和障碍时所表现出来的意志品质。道德意志表现为人利用意识的能动作用，通过理智的权衡去解决道德生活中的动机冲突并采取相应的行动。对符合道德规范的动机，自觉地、坚决果断地付诸行动；对不符合规范的动机则自觉地、果断地抑制，表现为强大的自制力。

可见，道德意志在道德动机转化为道德行为的过程中起着十分重要的作用。而且，道德信念的形成也离不开道德意志。当人们的道德认识建立在牢固坚实的基础上，并具备了炽热的道德情感、顽强的道德意志时，就形成了坚定的道德信念。道德信念是道德认识的最高表现形式，是道德认识、道德情感和道德意志三者的"结晶"，是品德内化的标志。一个人形成道德信念后，就可以从自己的社会义务和社会责任出发，有效地实行道德的自我控制，独立地给自己规定职责，要求履行这些职责，并对自己的行为做出自我评价。

4. 道德行为

道德行为是人在一定的道德意识支配下所采取的有道德意义的行动。它是实现道德动机的手段，是人的道德认识、情感和意志的外在具体表现。

道德行为主要包括道德行为方式和道德行为习惯。道德行为方式是通过练习或实践而掌握的道德行为技能。而道德行为习惯则是一种自动化的道德行为。

道德行为是道德品质的重要标志。看一个人的道德品质如何，不在于他能说出多少动听的大道理，而在于他是否言行一致，他的道德行为是否具有一贯性。

品德结构中知、情、意、行四种心理成分是彼此联系、互相促进的。其中，道德认识是基础，是道德情感产生的依据，并对道德行为具有定向调节的作用，道德情感与道德意志是构成道德动机和道德信念的重要组成部分，是道德认识向道德行为过渡的中间环节；道德行为是品德的最重要标志，道德行为既是道德认识、道德情感和道德意志的外在具体表现，又可以通过道德行为巩固、发展道德认识，加深、丰富道德情感，促进道德意志的锻炼。可见，知、情、意、行四种成分在品德结构中的地位和作用是各不相同的。各种成分在彼此联系中不断发展和变化，使得个体的品德结构由表层向深层，由不稳定状态向稳定状态逐渐发展和过渡。

二、品德发展的理论

（一）道德认识取向的品德发展理论

1. 皮亚杰的道德发展理论

皮亚杰对儿童道德认知发展的研究成果主要集中在他于1932年出版的《儿童的道德判断》一书中。

他把儿童关于社会关系的认识、道德认知和判断看作是道德品质的核心。

(1) 对儿童道德认知发展的具体研究

皮亚杰是从儿童对规则的态度、对行为责任的判断、儿童的公正观念以及对惩罚公正性的判断几个方面对儿童道德认知发展过程进行研究的。

①从单纯的规则到真正意义的准则

皮亚杰对儿童道德判断的研究是从考察儿童对规则的态度开始的。他不是研究儿童对从成人那儿接收来的道德准则的态度，而是研究儿童在玩弹子游戏时对游戏规则的态度。他和他的合作者分别同日内瓦5—13岁的孩子们玩弹子游戏，向儿童提出这样一些问题，如"这些规则是从哪里来的？""这些规则每个人都必须遵守吗？"以此来考察儿童的规则意识和对规则的执行情况。观察发现，年幼儿童虽然都说自己是按规则进行游戏的，而实际上却是各自按照自己的想象去执行规则，玩着"自己"的游戏，而不理会规则的规定。年长一些的儿童由于产生了真正的社会交往和社会合作，逐渐意识到有义务去遵从这些规则，只有在此时，单纯的规则才变成了行动的准则，规则才成为对儿童行动具有约束力的东西。

②从客观责任到主观责任

皮亚杰采用对偶故事法，研究儿童在面临一定的道德情境时是如何对行为责任进行判断的，是从行为意向去判断，还是从行为结果去判断？对偶故事涉及过失行为和说谎行为。下面是一个对偶故事的实例。

故事一

一个叫约翰的小男孩正在他的房间里玩，妈妈叫他去吃饭。他走进餐厅时，门后有一把椅子，椅子上有一个盘子，盘子上有15个杯子。约翰推门时无意间碰到了盘子，打碎了15个杯子。

故事二

有个叫亨利的小男孩。一天，妈妈出去的时候，他想偷吃饭橱里的果酱。他爬到椅子上去拿果酱，但是够不着。他使劲够，结果碰掉了1个杯子，杯子碎了。

针对以上对偶故事，要求儿童回答：这些孩子的过失是否相同？这两个孩子中哪一个更不好，为什么？

结果发现，年幼儿童往往根据行为造成的客观损失后果的大小来判断行为的严重程度，即注重行为的客观责任；年长儿童则能够根据行为者的意向来判断行为，即注重行为的主观责任。这两种道德判断形式有部分重叠的现象，随着年龄的增长，主观责任感逐渐取代客观责任感而取得支配的地位。这一过程正是道德法则内化的过程。

③从服从的公正到平等和公道的公正

皮亚杰利用教师和家长偏爱顺从他的学生和孩子的日常事例编制一些故事，要不同年龄的儿童对这种偏爱行为是否公平做出判断。结果发现，7岁、10岁、13岁是儿童公正观念发展的几个主要时期。这三个阶段的儿童在进行公正判断时，分别以服从、平等、公道为标准。7岁前的孩子认为听话的行为就是好的行为，按自己意愿行事就是坏的行为。分不清服从和公正的区别。10岁左右的孩子认为平等（公平）的行为就是公正的。13岁左右的孩子已能用公道不公道作为道德判断的标准。这意味着他们已不是根据单纯的、僵化的规则来判断，而是考虑到他人的具体情况，出于同情和关心来做出道德判断。公道是一种高级的平等，是公正的高级形式。

公正观念的发展与儿童的社会交往和社会合作的发展有关。儿童的公正观念不能在成人的约束和强制的条件下得到发展，它的发展恰恰要以成人放弃约束和强制为代价。

④从抵罪性惩罚到报应性惩罚

皮亚杰以儿童日常生活中常犯的过错行为为内容，设计了一些惩罚的故事，每个故事后都提出了2—3种惩罚方式供儿童选择，以便了解：在儿童心目中什么样的惩罚最公正？什么样的惩罚最有效？结果表明：年幼儿童认为犯了过错，遭到成人惩罚是理所当然的。所犯错误的内容与惩罚的性质可以无关，惩罚就是为了抵罪，最严厉的惩罚是最有效的。年长儿童认识到，犯错无须从外部施加强制性惩罚，因为过错行为本身就为社会或群体所不容，犯错的人会被同伴嫌弃。犯错的内容与惩罚的性质有着密切的关系。有效的惩罚应该是报应性惩罚。例如，损坏了别人的东西，应该用赔偿来惩罚。

(2) 儿童道德发展阶段

通过上述研究，皮亚杰归纳出儿童的道德判断发展规律：从他律道德走向自律道德。具体来说，儿童的道德发展可以划分为三个阶段。

①前道德阶段（5岁之前）

儿童在5岁之前处于无道德规则阶段，社会规则对他们没有约束力。其行为受行为结果支配，他们只做规定的事情，因为他们想避免惩罚或得到奖励。这一阶段的儿童既不是道德的，也不是非道德的。随着年龄的增长他们才能对行为做出判断。

②他律道德阶段或道德实在论阶段（5—10岁）

在5岁到10岁之间，儿童进入他律道德阶段。"他律"是受另一个人管辖之意。他律道德阶段具有如下特点：

第一，道德绝对主义的观点。这一阶段的儿童认为规则是不可改变的，个体必须服从权威。

第二，他律道德只关心行为的客观效果，不关心主观动机。

第三，在对错误行为进行惩罚的方式上，他律阶段的儿童主张抵罪式的惩罚。

第四，他律阶段的儿童相信存在着一种内在公正，个体违反了社会规则，就免不了要以这样或那样的方式受到惩罚。

③自律道德阶段或道德相对论阶段（10岁或11岁以后）

这一阶段儿童的道德认知特点包括：

第一，道德相对论的观点。这一阶段的儿童认识到，社会规则是由他人制定的，规则可经过协商进行修改。儿童以自己内在的价值标准进行道德判断。

第二，这一阶段的儿童把行为者的主观意图作为道德判断的基础。

第三，在如何惩罚违规行为的问题上，自律阶段的儿童赞成报应性的惩罚。

第四，自律的儿童不再相信内在公正。他们从经验中知道，违反社会规则的行为如果没有被发现就不会受到惩罚。

皮亚杰认为，正如在儿童的认知发展中存在着一个不变的发展顺序一样，儿童的道德发展也是一个不变的顺序，即从他律道德到自律道德。儿童必须经历他律道德阶段才能发展到自律道德阶段，而不可能越过他律阶段直接进入自律阶段。

(3) 儿童道德发展的机制

皮亚杰认为促进儿童从他律道德向自律道德过渡的主要认知转变机制是认知矛盾。同伴间的不同意见就会造成认知矛盾，比如，在儿童游戏过程中，有关游戏规则的争论会使儿童逐步认识到游戏规则并非是上帝制定的或者是不可改变的，规则不过是儿童游戏的一种契约，只要大家同意，规则是可以改变的。这就促进了儿童从他律向自律的过渡。

皮亚杰认为儿童道德认知由他律水平逐渐发展到自律水平，取决于两个条件，认知成熟和社会经验。第一个条件认知成熟指的是逻辑思维能力的发展、自我中心主义倾向的削弱，这使儿童能够从多个方面思考道德问题。第二个条件社会经验指的是同伴之间、儿童与父母之间的交往。特别是当儿童与他人之间建立起平等的关系时，有利于儿童道德认知的发展。因为这样他们就能够不再盲从权威并学会尊重他人、学会与他人进行协商。

2. 柯尔伯格的道德发展理论

美国心理学家柯尔伯格（1927—1987）吸收了皮亚杰关于道德发展理论的精华，并对它进行了扩展。

（1）道德两难故事法

柯尔伯格继承了皮亚杰的研究路线，运用"道德两难故事法"对儿童的道德判断问题进行了大量的追踪研究（每隔3年重复一次，追踪到二十二三岁）和跨文化研究。所谓道德两难故事，就是故事中的主人公遇到困境，必须在下面两者之间做出选择：遵守规则、法律或权威人物的要求；为了满足人的需要，采取某些与这些规则和命令相冲突的行动。柯尔伯格让儿童和青少年在这种选择中发表自己的看法。下面是一则道德两难故事：

道德两难故事举例——海因茨偷药

在欧洲，一名妇女得了一种特殊的癌症，快要死了。医生说只有一种药或许能挽救她的生命。这种药就是本城药剂师最近刚发现的一种镭。每一剂药的成本是400美元，药剂师要价4000美元。患病妇女的丈夫名叫海因茨，他找到他所认识的每一个人去借钱并尝试了每一种合法的手段，但他最终也只能筹到总共2000美元，仅够药价的一半。他告诉药剂师说他的妻子快死了，求药剂师将药便宜些卖给他或者让他以后再付钱。但是药剂师说："不行，我发明这种药就是要用它赚钱。"所以，在走投无路的情况下，海因茨感到绝望并考虑砸开药店为他妻子偷药。

当将这样一个道德两难故事呈现给孩子们之后，让他们接着回答与故事有关的下述问题：

(1) 海因茨应该偷药吗？为什么？

(2) 他偷药是对的还是错的？为什么？

(3) 海因茨有责任或义务去偷药吗？为什么？

(4) 人们竭尽所能去挽救另一个人的生命是不是很重要？为什么？

(5) 海因茨偷药是违法的。他偷药在道义上是否错误？为什么？

(6) 仔细回想故事中的困境，你认为海因茨最负责任的行为应该是做什么？为什么？

（2）儿童道德发展阶段

柯尔伯格根据对儿童和青少年的访谈资料，认为儿童的道德判断是按三个水平、六个阶段向前发展的。

柯尔伯格提出的儿童道德发展的三个水平、六个阶段如下。

①前习俗水平（幼儿园及小学低中年级）

处于这一水平的儿童的道德判断着眼于人物行为的具体结果和自身的利害关系。包括两个阶段：

第一阶段，服从与惩罚的道德定向阶段。这一阶段的儿童以惩罚与服从为导向，由于害怕惩罚而盲目服从成人或权威。道德判断的根据是是否受到惩罚，认为凡是免受惩罚的行为都是好的，遭到批评、指责的行为都是坏的，缺乏非善恶的观念。

第二阶段，相对的功利主义的道德定向阶段。这一阶段的儿童对行为好坏的评价首先是看能否满足自己的需要，有时也包括是否符合别人的需要，稍稍反映了人与人之间的关系，但把这种关系看成类似买卖的关系，认为有利益的就是好的。

②习俗水平（小学中年级以上—青年、成年）

处于这一水平的儿童能了解、认识社会行为规范，意识到人的行为要符合社会舆论的希望和规范的要求，并遵守、执行这些规范。包括两个阶段：

第三阶段，人际和谐（或好孩子）的道德定向阶段。此阶段的儿童以人际关系的和谐为导向，对道德行为的评价标准是看是否被人喜欢、是否对别人有帮助，是否会受到赞扬。为了赢得别人的赞同，当个好孩子，就应当遵守规则。

第四阶段，维护权威或秩序的道德定向阶段。此阶段的儿童以服从权威为导向，服从社会规范，遵守公共秩序，尊重法律的权威，以法制观念判断是非，知法守法。

③后习俗水平（青年期人格成熟之后）

处于该水平的个体道德判断超出世俗的法律与权威的标准，而以普遍的道德原则和良心为行为的基本依据。包括两个阶段：

第五阶段，社会契约的道德定向阶段。这一阶段的个体认识到法律、社会道德准则仅仅是一种社会契约，是大家商定的，是可以改变的。一般他们不违反法律和道德准则，但不用单一的规则去评价人的行为，表现出一定的灵活性。

第六阶段，普遍原则的道德定向阶段。此阶段个体判断是非不受外在的法律和规则的限制，而是以不成文的、带有普遍意义的道德原则如正义、公正、平等、个人的尊严、良知、良心、生命的价值、自由等为依据。

（二）道德情感取向的品德发展理论

1. 精神分析学派关于道德情感发展的论述

与认知派的代表人物强调道德判断和推理的情况不同，精神分析学派代表人物有关个体道德发展的论述，更多地涉及道德情感的作用。

良心概念是弗洛伊德道德发展观的核心。他在许多场合，详细分析了产生于童年期的良心和内疚感问题。他认为儿童之所以产生良心不安和内疚感，是因为他们从一出生就表现出原始的性欲。我们知道，当一个人做了一件他意识到是"很坏的"事情时，他就感到犯了罪。而有时候，即使是只有点"想干坏事"的念头也会使人产生罪恶感。这是为什么？其实，邪恶往往根本不会损伤自我；相反，邪恶行为有时也可以是某种他所期望的、能给他带来快乐的东西。人在做了坏事或有了做坏事的念头时会产生罪恶感，这一定是有一个强有力的人物在影响着他。人这时候之所以放弃做"邪恶"的事情，原来是出于一种害怕失去爱的动机。假如一个人失去了他所依赖的人的爱，他将要冒被那个强有力的人惩罚的危险。弗洛伊德称这种害怕失去爱而不干坏事的良心为"坏良心"，它属于良心发展的第一阶段。在小孩子身上表现为害怕父母等成人的惩罚；在成年人身上，表现为害怕人类群体和社会舆论的指责。具有"坏良心"的人其实是允许自己做坏事以获得想得到的东西，只要不被别人知道，不遭受惩罚就行，所以这种人的焦虑只和害怕被发现有关。

只有当人们形成了超我，并且由超我把那些外界的权威人物内化之后，真正的良心才能出现，这是良心发展的第二阶段。超我是儿童通过自居作用、自我惩罚等将父母的指责和社会批评内化而成。到了良心发展的第二阶段，实际干坏事和希望干坏事之间的差别已经消失了。因为实际干坏事，能被发现；干坏事的念头，也会被发现，没有什么东西能够隐瞒超我。此时，内心的超我取代了外界的强有力的人物——如父母、老师，来对自我实施内心的惩罚。

因此，内疚感有两个根源，一个是对权威的恐惧，另一个是对超我的恐惧。起初，对本能冲动的克制是由于害怕某个外部权威。儿童只要克制了本能冲动，就可以不失去成人的爱。因为此时他只要脱离了来自外界权威惩罚的威胁，内心就没有了内疚感。但是对超我的恐惧就不同了。仅仅克制本能是不够的，因为即使克制了本能，愿望还保留着，这些"做坏事"的愿望无法瞒着超我，所以个人还能体验到内疚感，体验到内疚感导致内心世界的永久性紧张。这就是说，为了达到人类社会的文明和进步，人们付出了巨大的代价：每个人都增强了内疚感而丧失了幸福感。

2. 威尔逊与凯根对道德情感的研究

詹姆斯·威尔逊认为道德起源于自然的情感，而道德推理和判断并不重要。在适当的家庭环境中，早期经验可以促进这种作为构成道德元素的自然的情感的产生。进化已经为依恋或依附行为做了精心安排。除了为获得生殖功能而进行的自然选择及自私倾向外，人还存在着具有生物学基础的依恋倾向，其表现为社会能力。这种内在的社会能力是构成道德生活的四种关键"情感"的主导成分。这四种情感是：同情、公正、自我控制、义务或良心。道德行为主要是由情感和习惯所决定的。道德的第一元素是本能地和反射地引导行为的道德情感，第二元素是反映人的特质或倾向的行为习惯。这两个元素的形成使人表现出道德敏感性，具有这种道德敏感性的人就比较容易养成社会责任感。

凯根认为不同历史时代和文化中的普通人主要是通过情感来判断是非的。情感是稳定的，但它可以通过历史环境和文化来改变道德内容，从而造成道德的形式和内容的区别。例如，启蒙运动后西方文化中建立在自由基础上的道德被看作是一种"根本的善"。这意味着个人享有以下一些自由：与他人签订契约，拥有私有财产，言论自由及维护个人利益。但在此前的历史时期或在当代社会其他文化中，个人自由并不是道德的一部分，自由并不比关心他人或群体合作的义务更为重要。在凯根看来，道德的不同内容和五种具有进化基础的情感同时存在。这五种情感多是不愉快的，即焦虑（过度害怕受到惩罚、社会的否定评价和失败）、移情、责任和内疚、"疲乏"或厌倦、困惑或不确定感。避免不愉快，得到愉快，是最主要的道德动机。而由违背社会规范所带来的情感反应的强度，决定了该社会规范的性质。如果违背某种社会规范造成了强烈的情感反应，可能导致肉体上的痛苦，则该规范就会保持道德标准的性质；另一些规范因为相对不太重要而且可以改变，违背了也只会带来较弱的情感反应，如应该穿什么衣服，应该如何拿筷子等，只能被视作社会常规。

3. 移情与道德行为关系的研究

二十世纪七八十年代，心理学家开始从移情的角度研究道德情感的发展。移情是指设想自己处在他人位置，了解他人想法，体验他人情绪情感的一种心理反应。

(1) 移情的本质及其发展特点

霍夫曼认为移情是一种生物学倾向，是自然选择的产物。但其发展仍然要经历四个阶段：

① 早期移情阶段

该阶段的特点是婴儿感到"全身心的焦虑"，其中混杂了自己的感情和另一个人的感情。例如一个 11 个月大的女孩看到一个小孩摔倒和哭叫，她自己就好像要哭。

② "自我中心"移情阶段

此时儿童虽能意识到他人和自己身体是不同的，但不能区分他人和自己的内部状态。他们已能关心处于痛苦中的另一个人。例如一个 18 个月大的孩子要他的妈妈去安慰一个哭泣的孩子，虽然那个孩子的妈妈也在场。

③ "对另一个人感情的移情"阶段

两三岁时出现的角色采择技能使儿童能把自己的感情和他人的感情区分开来，儿童已能对有关另一个人的情感线索进行反应，对痛苦之外的各种情感发生移情。

④ "对另一个人生活状况的移情"阶段

儿童开始意识到自我和他人都能以各自独立的经历和身份生活。不但能在自己熟悉的情境中体验到移情，而且能在自己不熟悉的个人和群体生活的环境中产生移情。

(2) 移情的作用

移情是亲社会行为的动机基础，是亲社会行为的内部中介。表现出亲社会行为的孩子，无论男女，都比未表现出亲社会行为的孩子，具有更高的移情分数。

移情还对侵犯行为具有抑制作用。研究者曾以 88 名大学生为被试，首先对他们进行一次移情反应测验，据此将他们分为高移情被试和低移情被试。一周后让他们参加另一项研究。实验者把每一名被试与一名实验者同伴配对，并指定实验者同伴为"学生"，被试为"教师"。当"学生"阅读一篇材料后，要接受测验。同时，给"教师"一份测验答案，让其在"学生"答题出错时予以惩罚，即由"教师"选择 7 个强度电压之一来对"学生"实施"电击"。实际上"学生"并未真正受到电击，"学生"受到电击后发出的痛苦声音是由仪器模仿出来的、与电击强度相应的声音。实验有两种条件：在直接的条件下，"学生"与"教师"彼此可以看见；在非直接条件下，双方避开视线，但可清楚地听到对方的声音。研究结果显示，低移情被试在两种条件下侵犯行为数量（电击数量、电击强度水平）相同；高移情被试在直接条件下比在非直接条件下的侵犯行为数量要少，且所选择的电击强度水平也比低移情被试要小得多。

（三）道德行为取向的品德发展理论

班杜拉是社会学习理论的创立者，该理论从道德行为的角度对道德发展进行了解释。

1. 有关道德行为形成的实验研究

(1) 攻击反应的学习实验

1961 年，班杜拉等人进行了攻击反应实验，被试为 72 名 3—5 岁的儿童。每次实验者将一名儿童带入实验室。实验室内的一角放有玩具娃娃和一些修理工具，一个成人站在那里。在一种条件下，儿童看到成人拿起玩具娃娃，拳打脚踢。同时还喊着："打你的鼻子""打倒你"。在另一种条件下，儿童看到成人只是安静地收拾修理工具，而没有攻击玩具娃娃。然后，把儿童带到另外一个装有玩具的房间，让儿童单独玩耍玩具 20 分钟。实验者通过单向玻璃观察儿童的反应，结果发现儿童倾向于模仿成人的动作。那些观看成人攻击行为的儿童对玩具又打又踢，还说了些侵犯性的话。该实验说明儿童通过对榜样的行为的观察学会攻击反应。

(2) 抗拒诱惑实验

该实验为沃尔斯特等人 1963 年所做。被试为 5 岁儿童，实验分为三个阶段。第一阶段，将儿童带入放有玩具的房间，让他们参观，并告诉儿童说：这些玩具禁止玩，但可以翻字典。第二阶段，让儿童看一部短的影片。这时，儿童被分为三组，一组为榜样奖励组，看到的影片是，一个男孩在玩一些被告知不准玩的玩具，不久，男孩的妈妈进来了，夸奖他并和他一起玩；一组为榜样训斥组，看到的影片是，男孩在玩被禁止玩的玩具，男孩的妈妈进入房间后，严厉训斥孩子违反禁令，男孩显出害怕的样子；第三组为控制组，不看影片。第三阶段，让每个孩子都在有玩具的房间单独呆 15 分钟。实验者通过单向玻璃观察发现：第一组儿童很快屈从于诱惑，约在 80 秒后便动手玩玩具；第二组儿童能克制 7 分钟，有的甚至坚持完 15 分钟而不去玩玩具；第三组即控制组儿童平均克制约 5 分钟。这一实验说明抗拒诱惑的行为也可以通过对榜样的观察进行学习和改变。而且，榜样具有替代强化的作用，儿童不必直接受到强化，只要观察榜样受到奖励或惩罚，就能受到间接的替代强化，从而做出相应的反应。

(3) 言行一致实验

米斯切尔等于 1966 年做过一个实验：把儿童被试分为两组，玩有规则的滚木球游戏，投中得分，得

20分以上就可获奖。实际上，如果严格遵守游戏规则，得分机会很少，如果不严守规则，就可投中得分。一开始，两组儿童分别和一位成人一块玩。第一组成人扮演言行一致的角色，既要求儿童遵守规则，自己也严守规则。第二组成人扮演言行不一致的角色，严格要求儿童守规则，自己则常常不守规则。这时两组得分差别不大，说明第二组被试并没有立刻按成人的低档标准行事。第二阶段：实验者有意让两组儿童分别单独玩这种游戏，并自报成绩。结果发现：第一组儿童得分很少，表明他们还是严守规则的，而第二组儿童得分高。表明他们一旦离开成人，就会仿效成人，不严格执行规则。第三阶段，实验者让两组儿童一块玩，结果发现：第一组儿童由于受第二组儿童的影响，也降低了标准。这个实验说明，身教重于言教。教育者只在口头上要求儿童，而做起事来言行不一，那么，儿童接受和模仿的是不良行为。而且不管是成人还是同辈的不良行为对儿童均有影响。

2. 社会学习理论的基本观点

班杜拉通过实验和理论总结后认为：人的社会行为是人借助于内部因素与环境相互作用的结果，也就是儿童对榜样行为进行观察学习的结果。观察学习是社会学习理论的一个核心概念。也就是说，在班杜拉看来，道德行为主要是依靠观察榜样的行为而获得的。

三、中学生品德发展的特点

根据有关研究与理论，可以将中学生品德发展的基本特征归纳为以下几点。

（一）逐步形成以自律为形式、运用信念来调节行为的道德品质

在整个中学阶段，学生的品德迅速发展，处于伦理形成时期。伦理是人与人之间的关系以及必须遵守的行为准则，它是道德关系的概括，伦理道德是道德的最高阶段。

1. 道德认识发展特点

（1）形成道德信念与道德理想

中学阶段是道德信念和道德理想的形成和以此指导行为的时期。中学生逐渐掌握伦理道德并遵从它，表现为独立、自觉地依据道德信念、价值标准等去行动，使学生的道德行为更有原则性和自觉性。

（2）自我意识增强

在品德发展的过程中，中学生更加关注自我道德修养，并努力加以提高。可以说中学生对自我道德的反省性和监控性有明显的变化，这为产生自觉的道德行为提供了较好的前提。

2. 道德情感发展特点

道德情感的形式大致可以分为三种，分别是直觉的道德情感体验、与道德形象相联系的情感体验、与道德理论相联系的情感体验。直觉的道德情感体验是由人对某种道德情感的直接感知而引起的。其特点是产生迅速突然，往往对道德准则无明显的意识性。这种情感体验对人的行为有迅速定向的作用。在它的影响下，人可能会做出道德的行为，也可能出现冲动性行为或消极行为。这种情感体验表面上缺乏明显的自觉性，但和一个人过去的经验有很大联系，是以一定的道德认识为基础的。与道德形象相联系的情感体验是由人对道德形象的感知，通过想象引起共鸣，受到感染而产生的情感体验。例如，学生了解了屈原、岳飞、文天祥、黄继光、董存瑞等人物的形象，会产生对英雄的敬慕与爱国主义情感，了解了雷锋、赖宁等人物事迹会唤起社会责任感和自我牺牲的精神。这些道德形象本身是以社会道德规范的化身而存在的，通过这些形象学生能够更具体地领会道德要求及其深刻的社会意义，从而扩大道德经验，增加道德情感体验，而且，由于这些形象本身又具有鲜明的生动性和强烈的感染力，往往使学生毕生难忘，并成为产生道德行为的动力。与道德理论相联系的情感体验是清楚地意识到道德理论、道德要求及

其意义，与理论认识相结合而产生的情感体验。这种情感体验具有较大的自觉性和概括性，表现得比较深沉和持久。这种情感的产生和发展受到人的认识理解水平、心理成熟水平、思想、志向等多种因素的影响。

儿童道德情感形式的发展存在着年龄特征。小学儿童以直觉的道德情感体验及与道德形象相联系的情感体验为主，易受情境的影响；比较肤浅、脆弱、不稳定、自觉性较低。随着年龄的增长，到小学高年级约有半数左右产生具有较高概括性和自觉性的理论型道德情感，到初中三年级以后，在良好的班集体中，与道德理论相联系的道德情感体验基本占优势。

3. 道德意志发展特点

中学生由于自我意识的发展，道德意志不再单纯受外部因素的影响，更主要的是靠内心的自觉性来调节。中学生的道德意志水平比小学阶段有所提高，但仍不完善。中学生（特别是初中生）自觉运用道德原则支配行动的能力还不强，抗诱惑力也较差。

4. 道德行为发展特点

（1）道德行为习惯逐步巩固

由于不断地实践、练习，加之有较为稳定的道德信念的指导，中学生逐渐形成了与道德伦理相一致的、较为定型的道德行为习惯。

（2）品德结构更为完善

中学生的道德认识、道德情感与道德行为三者相互协调，形成一个较为完善的动态结构，不仅使他们按照自己的道德准则去行动，而且使道德准则逐渐成为稳定的个性心理结构的一部分。

（二）品德发展由动荡向成熟过渡

1. 初中阶段品德具有动荡性

从总体上看，初中即少年期的品德虽然具有伦理道德的特性，但仍旧不成熟、不稳定，具有动荡性。

中学生道德观念的原则性、概括性不断增强，但带有一定程度的具体经验特点；道德情感表现丰富、强烈，但又经常变动；道德行为有一定的目的性，渴望独立自主行动，但愿望与行动常有距离。这个时期，既是人生观开始形成的时期，又容易发生品德两极化的现象。不良品德、违法犯罪多发生在这个时期。

2. 高中阶段品德发展趋向成熟

高中阶段或青年初期的品德发展进入了自律阶段，到了应用道德信念来调节道德行为的成熟时期，表现在能自觉地运用一定的道德观点、信念来调节行为，并初步形成人生观和世界观。

总体来看，初中生的伦理道德已开始形成，但具有两极分化的特点。高中生的伦理道德的发展具有成熟性，可以比较自觉地运用一定的道德观念、原则、信念来调节自己的行为。

3. 青少年品德发展是存在着关键期和成熟期的

初中二年级是中高阶段品德发展的关键期。在这一时期，学生品德发展两极化严重，变化最大，是教育的关键期。过了这一时期，品德发展渐趋稳定。

四、影响品德发展的因素

（一）社会风气

社会风气由社会舆论、大众媒介传播的信息、各种榜样的作用等构成。作为社会的一员，不可避免地要受到社会风气的影响。良好的社会风气对于学生道德发展会起到积极的作用，相反，不良的社会风气会阻碍学生道德的发展，会消弭学校教育和家庭教育对学生道德发展的影响效果。

（二）家庭环境

家庭环境包括家庭的物质生活，家庭结构和主要的社会关系，家长的职业类型及文化程度，家长的品德修养，家长对子女的养育态度和期望，以及家庭气氛等。父母的职业和文化程度与其子女的品德表现有一定的关系；父母对子女的期望水平，与子女的品德表现也有密切关系；在不同的家庭气氛中，子女的品德发展状况也存在着显著差异，其中，在"和睦"的家庭气氛中长大的子女品德状况较好，而在"紧张"的家庭气氛中长大的子女品德状况较差；在家庭的人口结构方面，因父母的感情破裂而导致的分居或离婚，给子女造成了过分紧张的生活气氛和感情冲突，家庭缺乏温暖和关怀，使他们失去生活目标，在道德观念、道德情感和道德行为等方面易于向不良方向发展；家长对待子女的态度也在很大程度上影响着子女的人格以及品德的发展。

（三）学校教育

学校教育、班集体对学生的品德发展发挥重要作用。

学校教育根据一定社会的思想政治观点、道德行为规范和学生的身心发展规律，通过各科教学、全校、年级、班级的团队活动以及课外和校外活动，有目的、有计划地塑造学生的心灵，培养学生良好的道德品质。班集体是构成学校集体的基本单位。我国的有关调查发现，具有良好而稳定班风的班集体对改造学生不良道德行为习惯具有明显的效果。美国哈桑等人的研究也发现，如果班集体的主导风气不健康，将会影响到集体几乎所有的成员。

（四）学生的个性

学生的个性包括个性倾向性和个性心理特征，对品德的发展均有一定的影响。

个性倾向性中的道德动机、道德理想、人生观和自我意识等因素在学生的品德发展上起动力系统的作用。其中，道德动机能唤起道德行为；道德理想制约着学生道德发展的方向和水平；人生观是社会道德要求转化为个体道德的基本思想前提，是品德发展的动力；自我意识是品德发展中的监控结构，它能提高品德发展的策略性，促使学生做出适当的道德评价。

个性心理特征包括能力、气质和性格。其中，认知能力是品德发展的基础，气质直接影响品德结构、品德过程，特别是道德行为的强度、速度、灵活性、平衡性和指向性；良好的性格赋予学生的品德是经常的、稳固的良好特征。

五、中学生品德的培养方法

（一）道德认识的培养

依据皮亚杰、柯尔伯格的理论以及关于道德认识发展的研究结果，可从如下几个方面促进中学生的道德认知的发展。

1. 采用民主型的班级管理方式

成人权威的强制性的教育不利于儿童由他律道德向自律道德的转化；相反，自我管理、同伴合作、同伴间冲突问题的解决，以及成人同儿童沟通中的非权威态度，有利于发挥儿童的自主性，减少儿童对权威的依赖，发展相互尊重的平等关系。

2. 概念辨析法

有时候，学生虽然知道某些道德概念、道德规范，但是并不明晰这些道德概念和道德规范的含义，这时可以通过讨论、辩论的方法澄清这些道德概念和道德规范，使学生明白这些道德概念和道德规范在何种场合适用。

3. 从规范的依从到认同到信奉

由于儿童道德发展是从他律走向自律，故在低龄儿童的道德教育中，可以先让他们遵守既定的行为规范，表现适当的行为；随着认知的发展成熟，逐步引导其加深对道德含义的认识。这也符合社会规范的接受过程：社会规范的依从、社会规范的认同、社会规范的信奉。

4. 两难故事法

柯尔伯格认为学校道德教育的主要任务就是通过抓住道德问题来促进学生的道德认知发展，其关键是要让儿童面对道德上的两难问题，引起儿童的道德认知冲突，产生失平衡，使他们对自己目前的思维方式产生不满，并寻求一种更完整、更高级的道德思维方式。

柯尔伯格认为，道德判断原则是不能直接教给学生的。柯尔伯格在1969年的实验研究证明，儿童的道德思维是从他内心产生的，其变化是渐进的；儿童的道德发展是按固定顺序，分阶段进行的。如果儿童还没有进入阶段4，那么他不可能先进入阶段5，在这时，若直接教给他阶段5或阶段6的原则，那也是徒劳无益的，因为儿童必须在他自身中产生这些原则。根据实验，柯尔伯格得出结论：儿童不能理解高于他们所处阶段两个以上阶段的那些道德推理，但能理解高一个阶段的推理。此外，柯尔伯格发现，儿童的道德判断有许多不是明显地来自于成人的道德标准。儿童道德思想的新方式总是发自内心的，不能以强力从外面强加。外力强加的道德，至多形成一种较低水平的他律道德。因此，在道德教育中，最主要的就是要激发儿童内在的发展，而不能用权威的影响向儿童灌输道德观念。

为此，柯尔伯格主张采用道德两难问题讨论法并建议采用"加一法"。所谓"加一法"是指在道德两难问题讨论时，使每个学生都能面对比自己当前的道德认知发展阶段高出一个阶段的观点，以引起认知矛盾，促使学生进一步思索有关的信息，理解具有更高一级的道德发展水平的学生的立场，从而提升自己的道德认知水平。

道德两难问题的类型

柯尔伯格提出三种类型的道德两难问题：(1) 假设的问题。这类问题不是以事实为依据，而是以假想的情境提出问题，如"海因茨偷药"的问题便是。这种问题的价值是学生个人没有牵涉或卷入到这一问题之中，因而很乐意进行公开的讨论并概括出其中的原则。(2) 以内容为主的问题。这类问题以某一学科中的资料为依据，如美国总统杜鲁门决定向日本广岛投掷原子弹的问题，依据的是美国历史的教材。这类问题的优点是可以引出超越时空的道德问题。(3) 真实的或实际的问题。这是日常生活中经常发生的，也是涉及情感的问题。如"学生考试该不该作弊？""我应该告诉老师我的朋友在考试中作弊吗？"这类问题由于紧密联系学生的实际，学生很感兴趣。

5. "公正团体法"（群体约定法）

道德两难问题讨论法可以促使学生的道德认知向更高的阶段发展。然而，柯尔伯格指出，道德问题并非通过讨论在课堂内就结束了，道德问题往往与整个学校、社区的氛围有关。像偷窃、破坏等问题仅靠课堂讨论很难解决，只能在全校范围通过营造一种民主的气氛逐渐加以改变。因此，从1974年开始，柯尔伯格及其同事在马萨诸塞州的剑桥中学建立了"校中校"，进行了"公正团体法"的道德教育实验。实验对象为9—12年级的60—70名学生和6名教师。

"公正团体"的核心是民主管理。实验对传统的权威式的学校管理进行了改革，在正规的剑桥中学由学生自己建立一所小学校即所谓"公正团体"，引进一种直接的民主管理方式。该学校每周开一次两小时的全体会议，在会上，大家对怎样管理他们的学校做出基本的决定。剑桥中学的规章制度仍然生效，但小学校有权力解释这些规章制度，并按自己的观点行事，因而像旷课这样的事，在大学校是被禁止的，而在小学校中，经过讨论，在绝大多数人赞同的情况下，还是可以实行的。关于旷课的问题，大家讨论认为可以允许每人有十次合法的旷课。当这一决定做出后，正常的上课也无法进行，因此，团体又召开全体会议，改变以前做出的决定，要求惩罚那些表现不好的学生，并认为还是允许四次旷课较为妥当。

为了使团体做出的决定能够得到师生的遵守和执行，团体成立了纪律委员会，由各小组选出一名代表和两位教师共同组成。如果学生违反纪律或教师被指控辱骂学生，那么，这些事情就要在每星期的纪委会上进行讨论。如果是初犯，纪委会会对当事人进行教育，如果是多次违反纪律，纪委会就要进行惩罚。通常，违反者都有很多机会进行改正，但如果是屡教不改，就将被开除出校。

柯尔伯格之所以将这种管理学校的方式称之为"公正"，一是因为它实行的是民主管理，二是因为团体的决定是在最高道德推理基础之上做出的。当然，并不是说学生已达到最高的普遍原则的道德水平，事实上，该校多数学生的推理都属于习俗水平。教师将学生所理解的最合理的推理提供给他们并不断地鼓动学生较好地操练道德推理以有利于集体做出决定。如果做到这一点，学生支持集体的决定并愿意执行集体的决定，那么，可以说学校已作为公正团体在开展工作了。

（二）道德情感的培养

1. 利用各种手段唤起道德情感

教师要利用各种手段使学生在一定情境中获得正反两方面的行为经验和道德情感体验。学生在日常学习生活中的行为表现既有符合规范要求的，也有不合要求的，这时教师可以通过言语启发，给学生以赞扬或批评，也可以通过集体舆论对学生的行为做出评价，这样，学生会及时获得道德需要的满足，产生积极的或消极的情感体验。

充分发挥优秀文艺作品与榜样人物先进事迹的感染作用，引起学生的情感共鸣，扩大学生的间接道德经验和情感体验。比如组织观看爱国主义影片，听先进人物事迹报告会等。

注意在具体情感基础上，明确道德要求的概念与观点，引导学生的情感体验不断概括、不断深化，通过晓之以理、动之以情，达到情理交融，逐渐理解道德现象的实质，使道德情感成为一种自觉的、稳定的、具有激励作用的动力因素。

注意培养学生对情感的自我调节能力。青少年的情感不够稳定，容易产生激情，而激情既有积极作用，也有消极作用。教师要使学生意识到消极激情的不良行为后果，提高预见能力，并教给学生适当的方法以缓解、克服不良情绪的产生，学会对情感的自我调节，做自己情感的主人。

2. 重视亲子关系以及师生关系在道德情感培养中的作用

儿童品德形成是父母价值观与社会行为标准内化的过程。但"内化"并不是社会要求和外部权威人物命令向个体内心的直接移植，而是妥善解决个体与社会、本能需要与道德标准之间矛盾和紧张关系的动态过程。在儿童本能需要向超我、向道德行为的自我调节机制转化的过程中，对父母的积极的爱与依恋感是一种重要的促进因素。因为儿童受本能冲动驱使做了错事，之所以会产生焦虑和内疚，是起源于对失去父母之爱的担忧。精神分析学派强调早期经验中亲子关系的质量对于个体道德发展的影响的观点至今仍有启示作用。

同样，良好的师生关系对于学生道德情感的发展也会起到积极的作用。教师关爱学生会促进学生产生喜爱教师、关心同学和关心他人的情感。

3. 进行移情训练

通过同情心训练的方式丰富道德情感。同情心是指设身处地地以别人的立场去体会当事人的情感和需要。在面临道德情境时，学生能否体验和分享他人的情感，会影响其道德行为。

发展移情能力可以从以下方面着手：(1) 表情识别。即通过对方的表情来判断对方的态度、情绪和情感体验。(2) 情境理解。理解当事人的处境，从当事人的处境去感受他的情绪体验，考虑他需要的帮助。(3) 情绪追忆。针对一定的情境，通过言语提示唤醒学生以往与此有关的感受，并对这种情绪体验产生的情境、原因、事件进行追忆，加强情绪体验与特定情境之间的联系，这样可以用自己切身的体验来理解他人的感受。

（三）道德意志的培养

1. 让学生获得道德意志的观念和榜样，激发意志锻炼的自觉性

研究表明：向学生进行关于意志锻炼必要性的谈话或讨论，可以使其形成意志观念和锻炼意志的意向。例如，安伦富里德发现，在抗诱惑情境中，告诉被试禁令的理由，会产生行为控制的效果。沃尔斯特等人的抗拒诱惑实验也表明榜样可提高儿童对诱惑的抗拒能力。教师应经常向学生推荐道德意志的榜样，如在危险或困难面前挺身而出的英雄人物等。

2. 组织道德行为练习，使学生获得意志锻炼的直接经验

意志是在与困难做斗争的实践过程中产生和发展的。因此，要在学生日常生活的各种实践活动中，有目的地创设一些困难的情境，给学生布置一些不能立即引起兴趣，同时又比较难以完成的任务，引起学生内心的矛盾和意志上的紧张，从中经受意志的锻炼和考验，提高坚持性、自制力和抗诱惑能力。

3. 严格要求和有规律的生活制度

养成良好的学习、生活和工作习惯有助于培养和锻炼人的意志力。学生按照学生守则的要求，严格约束自己，遵守纪律和各项规章制度，并坚持经常做自我检查、监督和自我评价，有助于培养自觉性和自制能力，自觉地发扬优点、克服缺点。

4. 按学生的意志类型有针对性地进行锻炼

学生的意志品质是存在个别差异的，因此，要根据学生意志的特点，找出薄弱环节，重点培养。例如，有的学生依赖性强而又易受他人的影响，就要着重培养其自觉性、独立性和原则性；有的学生做事缺乏耐心和坚持性，就要不断激发其奋发和坚韧的拼搏精神等。

（四）道德行为的培养

道德行为是道德认知和道德情感的集中体现，是个体面对一定的道德情境时，充分调动自己的道德认知并产生强烈的道德情感，经过内心冲突及外部情况的影响而做出来的。它是衡量道德品质的客观标志。

1. 道德行为的训练

道德行为训练主要包括道德行为方式的掌握和道德行为习惯的养成两个方面。

道德行为方式的掌握是产生道德行为的必要条件。有时，由于儿童不善于组织自己的行为，没有牢固地掌握一定的行为方式，会造成道德动机与行为效果不一致的现象。教师可以通过多种方法指导学生掌握道德行为方式：第一，通过对学生守则、学生日常行为规范的详细讲解和练习，使学生熟练掌握学校生活中最基本的行为方式；第二，分析某些典型人物的道德行为，使学生从中受到启发；第三，在做某件好事之前，组织学生讨论所应采取的行动步骤；第四，分析总结道德行动的成功经验与失败教训，

第五，培养学生独立地、主动地选择道德行为方式的能力。

道德行为习惯是稳定的、自动化的道德行为方式。道德行为习惯的形成是品德形成的重要外部标志。道德行为习惯是在反复的练习和实践中逐渐形成的。教师在培养学生道德行为习惯时要注意以下几点：第一，激发学生养成良好行为习惯的意向和自觉性；第二，通过良好校风和班风的建立，创设使学生产生或重复良好行为的情境，不给重复不良行为的机会；第三，提供道德行为的良好榜样，启发学生模仿；第四，开展活动，让学生在活动中有意识地培养良好的行为习惯，在活动过程中，要使学生明确活动的目的、意义和具体要求，并通过适当的评价（表扬或批评）对良好的行为习惯给以强化；第五，帮助学生克服不良行为习惯。

2. 重视树立榜样

（1）教师要以身作则

"其身正，不令而行；其身不正，虽令不从。"班杜拉通过大量实验证明了榜样的重要作用，证明了榜样的言行一致对于学生的道德行为的影响。因此，教师必须以身作则，否则，就会培养言行不一的学生。

（2）树立的榜样要是真正的榜样

教师、学校以及各级教育部门树立的榜样必须是真正的榜样，是令学生信服的榜样，否则会起到相反的效果。

（3）以多种形式宣传榜样

班级和学校除了要树立真正的榜样，还要通过各种渠道让学生看到榜样的行为。如果学生没有注意到榜样的行为，榜样就无法起到示范作用。

第二节 德育内容

德育是思想品德教育的简称，是对人的思想品德给予多方面培养的各种教育活动的总称，指在教育者的引导、帮助下，受教育者对多方面的社会要求进行感悟、体认，建构和发展自身思想品德的教育活动。在外延上，德育有狭义和广义之分。狭义的德育即道德教育，广义的德育包括思想教育、道德教育、政治教育、法制教育、心理教育等等。我国目前采用的是广义的德育概念。

一、爱国主义和国际主义教育

德育内容是为实现德育目的而组织起来用以影响、教育学生的知识体系、思想体系以及规范系统。它是德育目标和德育要求的具体化，是进行德育的依据，是完成德育任务和实现德育目的的重要保证。

（一）爱国主义教育

爱国主义教育是主要培养受教育者热爱祖国的观念、情感和维护祖国尊严的意志的教育。爱国主义是千百年巩固起来的人们对祖国一种最深厚的情感，也是对祖国在历史和现实中所起的作用的正确理解，是力图使祖国更富足、更强大，为世界和平与人类进步做出更大贡献的一种坚定的志向与行动。爱国主义教育主要包括祖国发展历史和现实国情教育、增强民族意识和民族情感教育、为实现社会主义现代化而奋斗教育、发扬国际主义维护世界和平教育等。在我国现阶段，爱国主义教育应当同爱社会主义教育、为国家建设贡献力量教育结合起来。

（二）国际主义教育

国际主义教育是使学生坚持和维护同全世界无产阶级、被压迫民族、被压迫人民，以及一切爱好和平、主持正义的组织和人士的团结，积极支持和援助全世界无产阶级和被压迫人民的革命斗争的教育。

爱国主义与国际主义是紧密联系的，爱国主义不是狭隘的民族主义，爱国主义应当同维护世界和平、维护全人类福祉相结合。现代社会，整个世界已经变成了一个地球村，中国的发展进步是世界发展进步的一部分，当今世界的许多问题也只有从全球的大局出发才有可能解决。加强各民族之间的理解与合作是世界进步和国家发展的重要条件。因此，要实现爱国主义教育和国际主义教育的统一。

二、理想和传统教育

（一）理想教育

理想是人奋斗的目标，是人们对未来的憧憬向往与追求。理想是人们奋发向上的源泉，一个人应对自己的人生价值有充分的认识。理想教育是使学生正确认识人生的目的和价值，把个人的理想和社会发展结合起来的教育。具体包括：人生目的教育、人生价值教育、人生态度教育和社会理想教育等。

（二）传统教育

传统是世代相传的具有特点的风俗、道德、思想、作风、艺术、制度等社会因素。传统教育就是培养学生具有尊老爱幼、艰苦朴素等优良的中华民族传统的教育。传统教育包括中国传统文化教育、家庭传统美德教育、中国革命传统教育等。

三、集体主义教育

集体主义教育是培养学生热爱集体，使之具有为人民服务、维护集体利益的观念和行为的教育。集体主义要求人们一切思想、行为合乎广大人民群众的整体利益。集体主义教育主要包括：集体意识教育、以集体主义为导向的人生观教育、集体行为教育等。

四、劳动教育

劳动教育是培养学生正确的劳动观念、劳动情感，掌握劳动知识和劳动技能，使学生热爱劳动、爱惜劳动成果、尊重劳动者并养成良好劳动习惯的教育。劳动教育主要包括：正确劳动观教育、劳动情感教育、劳动技术教育、珍惜劳动成果的教育等。

五、纪律和法制教育

纪律和法制教育是使学生增强纪律和法制观念，懂得享受社会主义公民权利和履行公民义务，养成自觉维护和遵守纪律和法律的行为习惯的教育。纪律和法制教育主要包括：法律常识教育、法律意识教育、运用法律自我保护教育、维护法律的教育等。

六、辩证唯物主义世界观和人生观教育

世界观是人们对世界的根本看法，包括人对自身在世界整体中的地位和作用的看法，它是人的自然观、社会历史观、伦理观、审美观、科学观等的总和。人生观是人们关于人生目的、人生态度、人生理想等方面的基本观点和态度。辩证唯物主义世界观和人生观教育是使学生理解和形成辩证唯物主义世界

观，正确认识人生的目的和价值，形成正确人生观的教育。

第三节　德育过程

德育过程即对学生进行思想品德教育的过程，是教育者根据社会一定的德育要求和受教育者思想品德形成发展的规律，采用一定的方法，有目的、有计划、有组织地对受教育者的思想品德施加系统影响，启发、引导其能动理解、接受和践行一定社会的思想准则和行为规范，并使其养成相应思想品德的过程。

为顺利开展德育工作，增强德育工作实效，必须找到德育工作运行的基本规律。教育者应该在摸清学生思想品德形成和发展规律的基础上，掌握德育过程的规律，有针对性地组织德育工作，使学生形成正确的思想品德观点，养成良好的道德品质。

一、对学生知、情、意、行的培养提高过程

知、情、意、行是构成人思想品德的四个基本要素，知行统一是衡量学生思想品德形成的标志。学生思想品德的形成和发展是知、情、意、行的矛盾运动和全面、协调、统一发展的过程。

"知"即对"德"的认识，是人们对社会的政治思想准则、行为规范等的理解和运用以及对他人和自己的行为所作的判断与评价。对"德"的认识是人的思想品德形成的基础，在正确认识"德"的基础上，才能形成丰富的爱憎分明的"德"的情感、坚强的"德"的意志，最终发生符合一定社会要求的"德"的行为。"情"即对"德"的情感，是人们在思想品德实践中根据一定的标准评价他人和自己的行为时所产生的内心体验。当人对外在思想品德方面的要求产生肯定的情绪体验或人的内在体验与外在思想品德方面的要求产生共鸣时，有助于促进人升华对"德"的认识、坚定对"德"的信念、发生"德"的行为。"意"即对"德"的意志，是指人们在一定的对"德"的认识、情感和信念的基础上，在实现一定的"德"的行为的过程中，自觉调节行为、克服困难、坚持不懈的品质，是一种自我控制和自我约束的能力。对"德"的意志能使人坚持从事达到预定标准的必需行为，坚决抵制不符合标准的不良行为，使人的思想品德表现出坚毅性和专注性。思想品德意志坚强的人，能经受各种考验，克服各种困难，坚持履行正确的社会规范；思想品德意志薄弱的人，在顺境下能暂时践行"德"的要求，在逆境下容易动摇不前、遇难退缩，甚至背叛已有的信念。思想品德行为的践行与坚持，必须有坚强意志的支持，"意"是思想品德形成过程中的动力条件。"行"即"德"的行为，是人们按照社会对"德"的要求在思想品德实践中的行为，是人对思想品德的认识、情感和意志的集中表现。"一个人做了这样或那样一件合乎伦理的事，还不能说他是有德的。只有当这种行为方式成为他性格中的固定要素时，他才可以说是有德的。"这也就是说，只有一贯的德的行为才是我们所讲的"行"，正如毛泽东曾讲过的，一个人做一次好事并不难，难的是一辈子做好事。而评价一个人的思想品德如何，也不但要"听其言"，更要"观其行"。当然，德的行为离不开德的实践，人们只有在"德"的行为实践中，才能深化对"德"的认识，丰富对"德"的情感，锻炼"德"的意志，增强对"德"的信念，使自己的思想品德发展提高。

综上所述，在人的思想品德形成过程中"知"是基础、"行"是关键，"意"和"情"起到重要的调节和催化作用。知、情、意、行互相联系、互为条件、相互制约、相互转化，并构成一个整体。德育过程即对学生的知、情、意、行施加教育影响，使其全面、协调、统一发展的过程。知、情、意、行各要素在水平、方向上的不同状态，决定人的思想品德表现出不同水平。各要素如果在方向和水平上和谐一致就能促进学生思想品德的发展，它们如果发展不平衡、互不协调甚至是方向相背时，必定影响学生思想品德的发展，学生就会表现出"表里不一""言行相背"等品德两重性。教育者应根据学生思想品德形

成的普遍规律及个性特点，提高其认识、培养其情感、锻炼其意志、训练其行为，促进学生的知、情、意、行协调与全面发展。

二、组织学生的活动和交往过程

"人的本质并不是单个人所固有的抽象物，实际上，它是一切社会关系的总和。"人的思想品德不是与生俱来的，也不是后天自发产生的，而是在一定的社会关系中形成的。社会关系在人多方面的活动和交往中对人发生作用，学生只有在家庭、学校、社会中，在和人的交往中才能认识、体会人与人之间的道德关系，并形成道德。活动与交往是人思想品德形成和发展的基础和源泉，同时又是衡量和检验人思想品德的试金石。人们已经形成的思想品德总是要通过人多方面的活动和交往表现出来，并在其中得到检验，活动和交往是培养人思想品德的重要途径。社会的复杂性与多元化决定了学生活动与交往的复杂性，并非任何活动和交往都会对学生的思想品德发展产生积极影响，这要求教育者根据德育任务有目的、有计划地组织学生参加各种积极的活动与交往，同时注意和控制学生参加社会上各种消极的活动和交往。

活动与交往是在人与人之间进行的，是源于社会并存在于社会之中的。德育过程具有很强的社会性和实践性，学校的德育活动不能脱离社会，必须体现社会的"德"的现状、反映社会的"德"的要求，必须引导学生在实践中体认思想品德、践行思想品德。从这个意义上讲，学校德育不能脱离社会搞所谓的纯净教育，不能使学生只从书本上认识德育而不去实践德育的要求。另外，虽然学校德育对学生思想品德的培养起主导作用，但是学生思想品德的形成与发展绝不是单靠学校德育能完成的，社会和家庭同样起着重要的作用。要形成学校、社会、家庭综合教育网络，利用各自的优势，组织丰富多彩的富有社会性和实践性的交往活动，全面培养学生的思想品德。

三、对学生多方面教育影响的过程

德育不仅仅是德育的任务，也是智育、体育、美育、劳动技术教育的共同任务。智育、体育、美育、劳动技术教育中含有丰富的德育因素，对学生进行思想品德教育的过程就是要充分利用多方面的教育，充分挖掘多方面教育的德育因素，对学生进行多方面的影响，使思想品德的形成在潜移默化中进行。智育、体育、美育、劳动技术教育等多方面的教育影响，不但有利于学生的全面发展，也使学生在不知不觉中形成了良好的品德，在很大程度上能够避免学生比较反感的道德说教。

德育也不仅仅是学校自己的事，也是家庭、社会的事。学生思想品德形成是学校、家庭、社会多方面因素综合作用的结果。德育需要学校教育、家庭教育和社会教育共同施加积极的影响。

四、促使学生思想内部矛盾运动的过程

外界的思想品德要求与受教育者已有的思想品德发展水平之间的矛盾是学生思想品德发展的动力。这种动力对人思想品德形成和发展的推动既是学生思想矛盾斗争的发展过程，也是学生对教育者的"德"的要求内化为个人思想品德的过程。由于社会生活的复杂多变，学生思想上存在着各种各样的矛盾。在内容上，有先进思想和落后思想之间、正确思想和错误思想之间的矛盾；有物质生活需要与精神生活需要的实现条件之间的矛盾；有理想的"我"与现实的"我"之间的矛盾。在认识过程上有知与不知、多知与少知、全面与片面、现象与本质、形式与内容之间的矛盾。在品德构成要素中，有知、情、意、行之间不平衡、不协调的矛盾。这些矛盾如果正向发展能促进学生形成良好思想品德，满足社会需求；如果负向发展将使学生形成不良品质，不能满足社会需要。教育者应该善于抓住教育时机，遵循学生思想

品德发展的规律，调节外部矛盾，使其形成教育合力，对学生施加系统影响，激发学生的思想矛盾斗争，启发诱导、长善救失，引导矛盾向积极方面转化，推动学生思想品德的发展。

学生思想矛盾发展的过程是教育与自我教育相结合的过程。学生的自我教育能力一方面是德育的一个重要条件，另一方面又是衡量学生思想品德发展程度的一个重要标准。只有培养和提高了学生的自我教育能力，学生的思想品德内部矛盾才能正向发展，德育才能进行得更顺利、更有效。德育的任务就在于把学生逐步培养成为独立、自主，具有自我教育能力的社会成员。苏霍姆林斯基说："我深信，只有能够激发学生去进行自我教育的教育，才是真正的教育。"学生一旦形成与外界要求相一致的思想品德，这些思想品德就会转化为一种能动的自我教育能力，促使学生积极参与教育过程、发展自身的思想品德；如果学生没有自我教育的积极性与自我教育能力，外在德育要求难于真正内化为学生的品德。德育过程必然是低效、甚至是无效的。教育者要从实际出发，以尊重学生、激发学生的主观能动性为前提，因势利导，有计划地培养与提高学生的自我意识、自我评价与自我控制能力，形成和发展学生的自我教育能力。

五、长期的、反复的、不断前进的过程

首先，人接受一种观念、内化一种认识、开始一场思想斗争、实践一种行为不是一朝一夕能实现的，人的思想品德发展是一个由量变到质变的逐步提高过程。其次，德育过程是提出德育任务，完成德育任务，又提出新任务的过程，是人的思想矛盾运动不断产生发展的过程，是人的思想品德经过多次强化、训练，逐步得到提高的过程。再次，德育内容涵盖丰富，总是从如何做人的养成教育开始，到理想教育和世界观、人生观、价值观的教育，即从低层次要求经过螺旋式运动上升到较高层次要求，德育内容的内化只能依靠长期、反复，根据实际情况不断改进才能实现。最后，学生思想品德的形成和发展不是学校教育单一作用的结果，也要受到家庭、社会的各方面影响。这些影响因素有的是积极的，有的是消极的，甚至存在着矛盾性与冲突性。受这些多方面的复杂因素影响，学生良好思想品德的形成、发展必然呈现出一种长期的反复的态势。

德育过程的长期性和反复性特点决定教育者在德育工作中不能急于求成，要耐心细致、循序渐进地对学生进行教育，如果用简单粗暴的方法不但解决不了学生的思想问题，还容易造成学生情感上的伤害和障碍，影响德育工作的顺利进行。教育者要抓反复、反复抓，对学生思想行为上的反复不能忽视，要认真对待和解决；对学生思想品德的培养要一以贯之，反复强化，持之以恒，最终达到由量的积累到质的飞跃，使学生形成良好的品德。

第四节　德育原则

德育原则是教育者进行思想品德教育时必须遵循的基本要求，是处理德育过程中一些基本矛盾和关系的基本准则。我国学校德育原则主要有以下几点。

一、知行统一原则

知行统一的原则是指在德育过程中，既要对学生晓之以理，向学生传授系统的思想政治观点和道德规范，提高其思想觉悟和道德认知水平，又要对学生导之以行，引导学生进行实际锻炼，把对"德"的认识付诸行动，使学生表里如一、言行一致。

知行统一、言行一致是衡量人思想品德的重要标志。在德育工作中如果只注重向学生传授"德"的知识，搞空洞的说教，不要求学生按照"德"的要求付诸行动，就可能使学生养成言行不一、表里相异

的恶习；如果忽视对学生进行"德"的知识的传授，在没有向学生讲清道理的情况下要求学生行动，只会使学生盲目行动，甚至产生厌恶情绪，即便发生"德"的行为也不能持久。因此，德育的实施既要提高学生对"德"的认识，又要指导学生在实践中践行"德"的准则，做到知行统一、理论联系实际。

贯彻这一原则的基本要求是：第一，要对学生晓之以理。通过各种德育方法和途径，使学生了解和逐步掌握正确的思想政治理论和道德基本知识，给学生讲清道理，帮助学生树立正确的道德观，掌握明辨是非、善恶、荣辱、美丑的标准，学会评价他人和自己的道德行为。在对学生晓之以理的过程中，要综合运用多种方法，并联系学生实际和社会实践，使学生真正了解有关"德"的理论知识和社会要求。第二，在晓之以理的基础上，导之以行。组织学生参加各种社会实践活动和交往活动，尽力为学生创设实践的环境和机会，激发学生参加实践活动的热情，及时提供多方面的指导和帮助，使学生在实践中加深认识、增强情感体验、磨炼意志、坚定信念，形成良好思想政治素质和优良道德品质。第三，教师要明辨是非、以身作则、言行一致。教师对学生的评价与教师个人行为对学生思想品德的形成和发展起着不可估量的作用。教师应对学生的言行给予恰当评价，如果评价有误，不仅对被评价者，甚至对全体学生都是一种误导。学生具有普遍的向师性，教师既要言传又要身教，应善于利用个人言行影响学生，以期收到最佳教育效果。

二、因材施教原则

因材施教原则是指对学生进行思想品德教育时，要从学生的思想认识和品德实际出发，根据学生的年龄特征和个性差异提出不同的教育要求，采用不同的教育方法，使每个学生的思想品德都得到最好的发展。

学生思想品德的发展变化受其身心发展水平的制约，不同年龄阶段的学生由于身心发展水平上的差异，其思想品德发展状况不同。即使同一年龄阶段的学生，由于个人经历不同和个性上的差异，他们思想品德的发展情况也各具特色。例如有的学生可能对"德"的接受能力强，但"德"的意志薄弱；有的学生有"德"的热情但无长性。教育者在对学生进行德育时，在掌握学生共性特点、整体思想发展状况的同时，必须抓住学生的思想品德发展水平和个性特点的差异，对不同学生施以不同教育。

贯彻这一原则的基本要求是：第一，深入了解学生的个性特点和内心世界。了解学生是因材施教的前提，要深入、全面了解学生，不能主观臆断、浅尝辄止。第二，根据学生所处的时代特点和学生的思想实际开展工作。人总是生活在一定时代中，学生的思想不可避免地会打上时代的烙印，具有一定的时代特色。教育者应善于从当前社会实际对学生的影响出发，了解学生的思想状况，引导学生积极面对社会现实，勇于进取。第三，针对学生的个性差异，进行个别教育。每个学生都有自己独特的一面，教师要抓住学生的这些差异，有针对性地组织德育内容、运用德育方法，一把钥匙开一把锁。德育是变革人的思想，人的思想是复杂的，即便是出于善良的目的和美好的愿望，如果教育方法不当，也难以取得预期效果。

三、发扬积极因素克服消极因素原则

发扬积极因素克服消极因素的原则是指在德育过程中要一分为二地看待学生，调动学生自我教育的积极性，因势利导，发扬和依靠学生自身的积极因素去克服消极因素，实现学生思想品德内部矛盾发展的积极转化。

学生的思想矛盾是学生自身的积极因素与消极因素的对立，二者之间的强弱变化导致人的思想品德向不同方向发展。当积极因素得到增强并成为矛盾主导方面时，人的思想品德就会向健康方向发展；当消极因素取代积极因素成为矛盾的主要方面时，人的思想品德就会向不良方向发展。教育者要善于利用学生思想品德的积极因素，克服消极因素，长善救失，提高学生的自我教育能力，促进学生思想品德健康发展。

贯彻这一原则的基本要求是：第一，"一分为二"看待学生，客观公正全面了解学生。教师要注意消除对学生的刻板印象，看到每名学生的优点和缺点，包括差生的优点和优秀生的缺点。教师恰当、准确地评价学生的优缺点源自教师真诚的教育爱。教师正视学生的所长所短是调动学生积极性发扬积极因素克服消极因素的前提。第二，因势利导，化消极因素为积极因素。教师应善于辩证认识学生的消极因素，从中挖掘出积极方面，增强学生的信心，使学生产生积极的情感体验，找到进步的起点。同时，教师要善于运用各种方式，创造条件使积极因素得以不断发展，最终成为学生思想品德的主导力量。第三，引导学生自觉扬长避短，形成自我教育能力。学生是教育的主体，教育者应在利用积极因素克服消极因素的过程中，激发学生的积极性和主动性，帮助学生进行自我评价和提高自我修养，把自我教育变成学生思想品德发展的内在需要，使学生自觉利用积极因素克服消极因素，自我教育、自我发展、自我提高。

四、严格要求与尊重信任相结合原则

严格要求与尊重信任相结合原则是指在德育过程中，教育者既要充分尊重、信任学生，又要向学生提出合理要求，以社会主义思想准则和品德规范严格要求他们，通过二者的结合促进学生良好品质的形成和发展。

严格要求与尊重信任是辩证统一的，是影响德育效果的两个相辅相成的必要条件。没有尊重信任的严格要求容易造成学生情感上的障碍、行为上的逆反；缺少严格要求的尊重信任容易造成学生放任自流、自以为是。尊重信任是对学生严格要求的基础和前提，严格要求是对学生尊重信任的真诚体现。马卡连柯说："我的基本原则永远是尽量多地要求一个人，也要尽可能地尊重一个人。"

贯彻这一原则的基本要求是：第一，要在尊重信任学生的基础上提出严格要求。教师只有尊重、信任学生，对学生充满爱的情感，尊重学生的自尊心和独立人格，才能和学生沟通思想，深入了解学生的内心世界，学生才能尊重信任教师，"亲其师"而"信其道"，并接受教师的严格要求，努力达到教师的要求。第二，要在严格要求的过程中体现对学生的尊重信任。教师对学生的尊重信任应贯穿学生执行和完成要求过程的始终，因为尊重信任是鼓励学生克服困难、勇于前进的动力。教师在学生执行和完成要求的过程中还应给予学生热情关心和真诚帮助，对学生遇到的挫折和失败要热情帮助查找原因，并为其提供和创造条件。第三，教师爱要适度，严要有理。教师对学生的爱应该是理智的爱、适度的爱，不但对优秀学生要爱，对学习困难的学生更要以爱来感化他们、鼓励他们。教师提出的要求必须合情合理、宽严适度、具体明确，才能被学生接受，才能收到良好的教育效果。

五、正面教育疏通引导原则

正面教育疏通引导的原则是指在德育中既要坚持以正确理论、事实和榜样来教育学生，同时又要及时疏通学生的思想障碍，调动学生的主动性，使其在思想上不断进步。

青少年思想品德具有极大的可塑性与两极发展的可能性，他们既可能接受正面教育形成良好品质，也容易接受不良影响，养成种种恶习。对他们的思想品德问题不能用强制、压服的方法去解决，压服的结果只能是压而不服。德育的实践表明，只有在疏通学生思想障碍，解决学生思想问题的前提下再施以正面教育，方能获得好的效果。

贯彻这一原则的基本要求是：第一，疏通学生的思想障碍。对学生进行德育，首先要善于发现学生的思想问题，采取疏导方式，因势利导、循循善诱，启发学生自觉认识问题，及时解除学生的思想疑惑，纠正学生的不正确观点。第二，要对学生讲清道理，摆明事实，通过深入细致的思想工作，启发学生自觉履行思想品德行为规范。第三，以表扬奖励为主，坚持正面教育。正面教育中除了用先进理论、事实及良好的榜样去激励学生外，还要对学生思想行为给予积极的正面强化。要以赞许、表扬为主，批评、处分为辅，即使学生表现出微小进步，也要注意肯定，加以表扬和激励，引导其不断进步。

六、集体教育与个别教育相结合原则

集体教育与个别教育相结合原则是指在德育过程中注意建设学生集体，通过学生集体的活动、舆论、优良风气和传统教育个人；同时，重视个别教育，以个人的进步促进集体发展，把集体教育与个别教育结合起来。

"不管用什么样的劝说，也做不到一个正确组织起来的自豪的集体所能做到的一切。"我们要建设一个健全的集体，通过集体的力量影响个人，以集体主义精神感染人、以集体舆论引导人、以集体行为塑造人。集体是由个人组成的，个人对集体中每个成员都存在有形、无形的影响，个别教育工作同样必不可少，需要集体教育与个别教育相结合。

贯彻这一原则的基本要求是：第一，培养和建设良好的班集体。班集体是学生学习和成长的主要群体环境，它的影响力大于家庭和社会。教师要精心建设一个有共同奋斗目标，有坚强、团结的领导核心，风气良好和组织纪律严明的班集体，并通过激发学生的集体荣誉感、责任感，强化集体的共同目标来不断巩固和发展集体。第二，善于发挥集体教育的作用。教育者应该通过有目的、有计划、有组织的集体活动，使一切好的、先进的东西通过集体活动得到巩固和发扬，使不好的落后的东西得到克服和消除。以集体的力量影响和感染每名学生。第三，抓好个别教育，通过个别教育巩固和发展集体。集体教育与个别教育是辩证统一的，如果仅重视集体教育而忽视个别教育，不仅会影响学生个人进步，还会影响集体的巩固和发展。在教育过程中，要将集体教育与个别教育相结合，以个别教育巩固集体教育，以集体教育促进个别教育。

七、教育影响的一致性和连贯性原则

教育影响的一致性和连贯性原则是指在德育过程中各方面的教育影响要相互配合、协调一致；教育内容和教育要求要循序渐进、前后连贯。

学生思想品德形成是学校、家庭、社会多方面因素综合作用的结果，如果各方面影响不一致甚至相互矛盾，很容易造成学生思想上的混乱，影响学生思想品德的形成和发展。学生思想品德的形成和发展具有不稳定性，复杂的社会生活经常会动摇和消解学生已经形成的思想品德。教育只有协调各方面的影响，使之形成促进学生品德发展的合力，才能取得显著效果。

贯彻这一原则的基本要求是：第一，规范和协调学校各方面的教育力量。德育是贯穿学校全部工作的重要内容，是学校全体教职员工、各级组织和部门必须完成的重要任务。学校各方面都应该把德育纳入工作内容之中，主动参与学生德育工作，使校内各方面影响形成推动学生思想品德发展的巨大合力。学校领导应加强对德育工作的统一领导，协调各方面力量，充分做到教书育人、服务育人、管理育人。第二，学校应争取家庭、社会配合，统一协调对学生的教育影响。如果学校不积极争取家庭、社会的配合，学校的教育影响很可能被家庭、社会的消极影响所弱化。学校应积极争取家庭、社会的配合，协调一致，形成开放式的德育工作局面。第三，坚持教育影响的连贯性。德育工作是一项长期而艰巨的任务，需要目标统一，计划长远，常抓不懈，以保证对学生思想品德影响的持续性。

第五节 德育方法

德育方法是指教育者在完成德育任务时所采用的各种方式和手段。常用的德育方法有以下几种。

一、说服教育法

说服教育法是指通过摆事实、讲道理，以真情实话来启发、引导学生，提高学生认识，使之形成正确思想观点的方法。具体包括讲解、讲演、报告、座谈、讨论、谈心、对话、调查、参观、访问等。说服教育法在整个德育方法体系中是应用最广泛的一种方法，它通过对科学理论体系的讲解和雄辩有力的事实材料，使学生系统掌握各种思想品德的要求和准则等。此方法运用得当将消除学生思想认识上的疑惑，促进学生思想认识的提高和升华；运用不当，说教倾向严重，将使学生难以接受，甚至会适得其反。

运用此方法应注意：第一，系统性与针对性相统一。教育内容要保持完整性和计划性，形成一定系统，在具体实施时要针对学生的思想实际和个性特点，有的放矢，使知识理论的系统性与思想品德教育的针对性有机结合。第二，真实性与艺术性相统一。说理不是空洞的说教，而是把理论生动化、形象化、情景化、趣味化，即艺术性地呈现到学生面前，变成学生可感、可知、可信的事实，并把事实再上升到普遍意义。第三，坚持民主性。说理应该具有民主性，不能以大道理压人，不能采取强迫手段使学生接受现成结论，而应该以平等、公平的态度与学生交流，使学生敢于、乐于发表自己的意见，并给学生留有理解、思考的时间和余地。

二、榜样示范法

榜样示范法是展示优秀人物的事迹和思想，以其优良品质和高尚行为来影响人思想品德的一种方法。榜样在人们生活中具有无穷的力量，青少年可塑性大，模仿性强，榜样教育比较适合青少年的年龄特点，教育者应该为其树立良好的榜样，借助榜样的力量激励学生不断进步。学生可学习的榜样主要有：革命领袖、英雄模范人物、古今中外杰出人物、普通劳动者的模范行为、学生身边的好人好事等。引导青少年正确选择榜样，杜绝盲目追星的现象。

运用此方法应注意：第一，注意榜样的广泛性和全面性。榜样的广泛性是指要扩大榜样的范围，杰出人物和学生身边的普通人都可以是学生学习的榜样。榜样的全面性是指学生学习的榜样应该包括在不同方面表现优异的人，例如在学习态度、思想道德、遵纪守法、生活自强等方面突出的典型。第二，注意使学生理解、学习榜样的内在品质和精神实质。应注意在展示榜样的过程中激发学生学习榜样的内在动机，帮助学生通过学习榜样体验精神上的快乐和满足，以榜样的内在品质感染学生。第三，教育者要做好自身示范。要想培养学生的良好品德，教师首先应该成为榜样，以个人的优良品质去影响学生。

三、实践锻炼法

实践锻炼法是按照德育要求有目的地组织、引导学生参加各种实践活动以培养其良好思想品德的一种方法。通过实践锻炼，实现学生思想品德由知到行的转化，巩固与稳定学生形成的良好思想品德行为。实践锻炼法的方式主要有校内外各种学习活动、文体活动、生产劳动活动、交往活动、学习模范活动、仪式节日庆祝活动、班队会活动等。

运用此方法应注意：第一，组织实践活动要有明确目的、周密计划、严密组织和科学管理。第二，引导学生积极进行自我锻炼，注意激发学生参与实践的需要，不断提高学生对参加实践锻炼意义的认识。给予学生热情的帮助和指导，增强学生参与实践的信心和能力。第三，注意严格要求、认真检查和及时总结，并鼓励学生持之以恒参与实践。

四、自我修养法

自我修养法是指教师通过引导，指导学生自觉学习、自我反思和自我活动等自我教育来培养其思想品德的一种方法。学生良好品德的形成是内外因共同作用的结果，既需要教育者外部的教育和影响，更需要学生的主观努力与积极的自我教育。外因要通过内因起作用，自我教育是学生思想进步的内部动力。教师应善于引导学生进行自我教育，使自我教育的愿望成为每名学生的精神需要。自我修养法包括：学习、自我批评、座右铭、自我实践体验与锻炼、慎独、立志等。

运用此方法应注意：第一，激发学生自我教育的内在需要。教育者应使学生理解思想品德形成和发展的重要意义，认识到教育者提出的教育要求的合理性和必要性，体验到自我修养的乐趣，使学生在确信自己能够教育自己的基础上，产生自我修养的内在需要。第二，指导学生确立修养目标、方向、计划，积极进行自我评价，不断提高学生自我教育能力。第三，指导学生积极在社会实践中进行自我修养。学生需要在社会实践中锻炼成长，指导学生自我修养不能脱离社会、远离实践，要在实践中不断提高学生自我修养能力。

五、陶冶教育法

陶冶教育法是利用或创设有教育意义的环境或情境，潜移默化地培养人思想品德的一种方法。它能使受教育者在特定环境或情境中，在与教师朋友式的合作与交往中，通过自主活动，不知不觉地受到教育。陶冶教育法的主要方式有环境陶冶、情感陶冶、人格陶冶、艺术陶冶、科学知识陶冶、各种活动和交往情境陶冶等。

运用此方法应注意：第一，精心选择设计各种环境和情境。因为社会的各种自发环境经常带有一定的矛盾性，所以要选择、设计良好的不脱离学生精神世界的环境和情境，以影响学生的思想品德行为。第二，陶冶手段必须符合科学性和思想性的要求。第三，教育者应自觉、经常地运用自身情感、人格和行为感召和影响学生。

六、品德评价法

品德评价法是通过对学生的思想品德给予一定的评价，促进学生发扬优点，克服缺点的一种教育方法。它能使学生从肯定和否定的评价中看到自身的优点与缺点，明确今后努力的方向，能增强学生的荣辱感和是非观念，激发学生的上进心。品德评价法的主要方式有：表扬奖励、批评处罚、评比、操行评语等。

运用此方法应注意：第一，注意体现评价的教育性。明确评价的目的是引发学生产生深度的思考和强烈的内心体验，并使学生从中受到教育，明确今后努力的方向。第二，评价要坚持正确的标准，做到评价方法和手段的科学化。第三，评价要符合实际，及时而公正。第四，评价要体现民主性，注意听取学生意见，把教师和学生的评价相结合。

第六节 德育途径

德育途径是指教育者有目的、有计划、有组织地完成德育内容和任务，实现德育目标，师生共同活动的渠道。由于影响学生思想品德因素的广泛性和多样性，决定了德育途径的多样化。德育途径多种多样，它们相互联系、相互补充、相互促进。对完成德育任务来说，每一途径都是不可缺少的。学校应全面利用各种德育途径，使它们密切配合、互相补充，以最大限度发挥德育途径的整体功能。

一、教学

教学是学校有目的、有计划、有系统地对学生进行教育的基本途径。通过这一途径，学生可以掌握马列主义毛泽东思想的基本理论和社会主义道德规范以及系统的科学文化知识，为学生提高思想认识，形成正确的世界观、人生观和价值观奠定知识基础。教学活动本身具有丰富的教育性，学生在教学环境中自身的思想品德会受到潜移默化的深刻影响。教学组织严密，有明确的目的、内容、计划等，将教师和学生共同纳入可控计划之中，有助于系统全面培养学生各种良好的品德和风尚。教学在学校教育中所占的比重最大，时间最多，具有影响学生思想品德发展时间和地位上的优势。教学是德育的重要途径，但它不是万能的，需要其他途径与之相补充、配合。

德育是全面发展教育的重要组成部分，教学活动是开展德育、智育、体育、美育、劳动技术教育的主要途径。从理论上讲，德育与教学是目标与途径的关系，二者并没有冲突。但是，在实际操作中，德育工作与教学工作常常发生矛盾。许多学校在正常教学活动之外，另起炉灶，构建一个完整的德育体系，德育部门与教学部门不相统属，各行其是，从而常常出现德育活动干扰教学活动，教学活动脱离德育目标的现象。德育工作与教学工作"两张皮"和相互掣肘的问题造成了教学中的学科本位与智育本位对立的现象，影响了教育的整体效果。因此，明确教学的德育主渠道，让德育回归课堂，是十分必要的。

二、团队活动

学校的共青团、少先队活动是通过青少年自己组织、开展活动来对他们进行德育的重要途径。共青团和少先队都以马克思主义的基本思想、社会主义的道德规范和共产主义的理想教育自己的成员，青少年通过加入团队，参加团队活动能增强集体意识、上进心、荣誉感，能在活动中自觉提高思想觉悟，培养良好品德。

三、劳动

教劳结合是造就全面发展的人的主要手段，也是培养学生思想品德的重要途径。通过劳动可以激发学生热爱劳动的热情与愿望，培养学生对劳动、科学和技术的兴趣，使学生珍惜劳动成果和热爱劳动人民。劳动磨炼有助于学生养成勤劳、朴实、艰苦、顽强的良好品质。

四、课外活动

课外活动不完全受教学计划的限制，具有一定的灵活性。学生可根据兴趣、爱好自愿参加自己组织的丰富多彩的活动，这既符合学生的特点和需要，又能调动他们的参与热情，有助于培养学生勤奋学习、团结友爱、积极向上等优良品质。

五、班主任工作

班主任是班级的组织者和领导者，通过班主任工作，学校能更加有力地管理基层组织——班级和教育每一名学生。班主任工作的优劣直接影响学生思想品德的发展，班主任的能动工作能对其他途径起到调节和增效的作用。

第七节　与德育相关的教育活动

一、生存教育

（一）生存教育的概念

生存教育就是通过开展一系列与生命保护和社会生存有关的教育活动和社会实践活动，向受教育者系统传授生存的知识和经验，有目的、有计划地培养学生的生存意识、生存能力和生存态度，树立科学的生存价值观，从而促进个性自由全面健康发展，实现人与自然的和谐统一的过程。与生活教育，生命教育并称"三生教育"。

（二）生存教育的目标

通过生存教育，帮助学生了解生存知识，掌握生存技能，提升生存意志，增强生存本领，掌握生存规律，树立正确的生存观，具体体现为以下几种能力的培养。

1. 培养学生的自主能力

要求学生自己的事情自己做、自己的头脑自做主，引导学生积极参加劳动、参与社会活动，让学生多看、多想、多做，从而增长见识，以促成学生及早自主自立。

2. 培养学生的自救能力

让学生在学龄前、学龄中了解认识诸如"生存的意识、条件、手段、方法，以及为什么会死亡"等方面的系统科学知识，教给学生"怎样面对强暴""如何救触电者""怎样救溺水者""怎样科学用电""如何防止雷击"等具体行为方法。

3. 培养学生的自我防范能力

教给学生"如何辨别好人坏人""怎样进行适度的娱乐和玩耍""如何快速应对突发事件""怎样进行自我控制"等方面的具体知识和行为方法。

二、生活教育

（一）生活教育的概念

生活教育是有计划地指导学生了解生活常识，实践生活过程，获得生活体验，确立正确的生活观，从生活中养成良好的习惯，发展天赋的才能，培养健全的品格，促进其个体生活与群体生活不断地革新与进步的教育。

（二）生活教育的目标

1. 认识生活真谛

让学生理解生活是由物质生活和精神生活、个人生活和社会生活、职业生活和公共生活等若干方面组成的。

2. 提高生活能力

培养学生良好的品德和行为习惯，培养学生的爱心和感恩之心，培养学生的社会责任感，形成立足现实、着眼未来的生活追求。

3. 享受生活乐趣

教育学生学会正确地生活比较和生活选择，能够处理好收入与消费、学习与休闲、工作与生活的关系，使学生认识生活的意义，热爱生活，为生活奋斗，生活幸福。

三、生命教育

（一）生命教育的概念

生命教育是帮助学生认识生命、尊重生命、珍爱生命，促进学生主动、积极、健康地发展生命，提升生命质量，实现生命的意义和价值的教育。

（二）生命教育的目标

1. 认识生命本质

使学生认识人类自然生命、社会生命和精神生命的存在和发展规律，认识个体的自我生命和他人的生命，认识生命的生老病死等过程，认识自然界其他物种的生命存在和发展规律。

2. 理解生命意义

要以个体的生命为着眼点，在与自我、他人、自然建立和谐关系的过程中，让学生了解生命的意义，感恩惜福，爱护大自然，促进生命的和谐发展。

3. 创造生命价值

让学生珍惜生命、热爱生命，了解生命来之不易，体验生命成长的艰辛与苦难，从而乐观进取，树立正确的生命观，领悟生命的价值和意义。

四、安全教育

（一）安全教育的概念

安全教育是以学生为本的教育，是在尊重和保护中小学生生命的基础上，为提高中小学生防范与处理安全事故能力以及自我保护能力而进行的教育。

（二）安全教育的目标

1. 提高安全意识

认识和了解地震、海啸、泥石流、龙卷风、雪崩、洪水等自然灾难和火灾、交通事故、突发公共卫生事件和恐怖事件等社会灾难对人的生命的伤害，并提高自我防范意识和安全意识。

2. 提高自我保护和救助能力

了解、掌握安全有效的防灾救灾和躲避事故的常识和技巧，来预防事故的发生，减少事故造成的损害。掌握人工呼吸、心肺复苏、伤口包扎等急救技能，亲手使用灭火器、缓降器等急救工具，提高自救互救技能，提高生存能力。

五、升学就业指导

升学就业指导是指教师根据社会的需要指导学生树立正确的职业观，帮助他们了解社会职业，进而引导他们按照社会需要和自己的特点为将来升学选择专业与为就业选择职业，在思想上、学习上和心理上做好准备。

（一）升学指导的主要内容

1. 思想指导

帮助学生加强对升学、职业选择和成才的理性认识，树立正确的价值观和人生观。

2. 复习指导

指导学生制订切实可行的复习计划；做好各任课教师的联络协调工作；指导学生进行解题技能训练；指导学生合理安排作息时间。

3. 心理指导

指导学生进行自我心理调控，严格控制有关考试的流言，以免造成学生情绪骚动；指导学生采用心理认同、置换、超脱等方法以迅速适应考场。

（二）就业指导的主要内容

1. 就业意识指导

帮助学生初步了解社会分工、当地经济特点、相关的职业群在经济建设中的地位和作用，以及这些职业对劳动者素质（包括心理素质）的要求；对学生进行正确的职业观和劳动观教育，培养其为社会作贡献的精神；帮助学生了解个人的智能水平和个性心理特征，指导他们选择今后就业的大致方向，以提高知识学习和个性锻炼的针对性和主动性；使学生具备毕业后能根据社会需要和个人特点正确选择职业的能力，以及自荐能力和转业改行等多项适应能力。

2. 就业准备指导

督促学生扎实地抓好对基础知识与基本技能的学习和一般职业技能训练；重视对学生的职业道德教育；加强对学生的职业心理训练。要培养学生的创业意识和刻苦精神，克服依靠国家安置和父母奔走的依赖心理，以及听天由命消极等待的被动心理；针对学生的心理特征，加强责任心、理智感、自制力的培养训练，要帮助他们正确认识现实社会的种种矛盾，提高抗挫折能力，培养坚定的职业信念、意志和创造能力。

3. 就业具体指导

教师应向学生介绍各行各业对人才的需要，要通过一些心理测验帮助学生正确认识自己，在此基础上，再有的放矢地指导学生择业。

● 难点解读

1. 关于品德结构、品德发展理论以及品德培养的关系

本章第一节中顺次介绍了品德的心理结构、品德发展理论以及品德的培养，这三个部分的内容都是

以品德的结构为线索的，品德结构包括知、情、意、行四个部分，在品德发展理论中涉及道德认知、道德情感和道德行为三个方面的理论，品德的培养则以这些理论为指导，从认知、情感、意志、行为四个角度进行切入。同时要注意，品德的培养不能将知、情、意、行四个方面割裂开来，而应该将这四个方面整合起来，通过帮助他们建立道德信念、深化道德情感、强化道德意志、践行道德行为使他们的道德认知、道德情感、道德意志和道德行为趋于一致。

2. 关于德育的概念

德育是思想品德教育的简称，是对人的思想品德给予多方面培养的各种教育活动的总称，指在教育者的引导、帮助下，受教育者对多方面的社会要求进行感悟、体认，建构和发展自身思想品德的教育活动。

在我国，德育有狭义和广义之分。狭义的德育专指道德教育，广义的德育包括思想教育、道德教育、政治教育、法制教育、心理教育等等。

德育是思想品德教育的简称，而不是道德教育的简称，道德教育只是德育的一个重要内容。

德育是思想品德教育的简称，德育本身就是一种培养学生思想品德的教育活动，因此，类似"德育教育"这样的说法都是错误的。

3. 关于德育过程

人的思想品德不是某种抽象的、永恒的本性，而是制约于特定的社会条件的。但是特定的社会条件和个体生活环境对个体的思想品德形成的影响又不是单一的、简单的过程。个体思想品德的形成是发展的外部因素与内部因素、外部自发因素与自觉因素、内部积极因素与消极因素，尤其是教育者与受教育者、个体与教育集体之间相互关系的交互作用的结果。

教育者在德育过程中不是说教的化身、道德裁判者、监督者，而是学生思想品德的启发者、引导者，不是以强制、压服手段，而是以教育者可接受的方式启发和引导受教育者主动接受一定的社会要求，并使之逐渐转化为个体的思想意识和行为习惯，形成良好的思想品德。受教育者同教育者一样也是德育过程的主体，他们不是被动的、无思考能力、无选择权的盲目接受者，而是主动以个体经验、价值观念和情感好恶来理解、选择和接受外在的德育要求。

德育过程不同于人的思想品德形成过程。德育过程是教育工作过程，而思想品德形成过程是受教育者个体的思想品德从低级到高级、从旧质到新质的发展过程；德育过程是教育者和受教育者双边共同活动的过程，而思想品德的形成过程是受教育者个体思想矛盾运动发展的过程。两者之间互相联系、互相影响是教育与发展的关系。德育过程是人思想品德形成不可缺少的一个重要条件，它是学生思想品德形成过程的外部条件和主导力量。德育过程的组织与实施必须遵循思想品德形成和发展的基本规律，正确地调节和控制各种自发影响，充分发挥有目的、有计划、有组织的德育影响的效能，才能收到良好的德育效果。

● 案例分析

案例分析1

尊敬老师，粗暴待家长

一名初中一年级的同学，在老师眼里是一个非常有礼貌的学生，每次见到老师都规规矩矩地打招呼，尤其让老师感动的是，有时老师拿着教具或作业本去办公室的时候，这名同学都会跑上来帮老师拿。

不过他的父母却反映，该同学虽然已经上中学了，但在家里还是非常霸道，每次回家都不主动和父母打招呼，父母说什么都听不进去，动不动就大发脾气。

学生这种在家里和在学校表现不一致的现象主要存在于小学和初中低年级，多数同学都是在学校表现好，回家表现差，但也有个别同学正好相反，在学校或其他公共场合随手扔垃圾、吐痰，不过在自己的家里则很注意卫生。

情境分析

（1）部分学生在家里和在学校表现不一致的问题

首先，反映了中小学生比较注重老师和同学对自己的评价，还没有形成自己对自己的自我评价和自我认同。学生在学校里，要想获得老师的表扬、同学们的尊重，必须好好表现自己，而在家庭中，没有别的同学可以比较，不需要表现就能得到父母的宠爱，所以就没有了表现的欲望。有的同学是因为在学校受到委屈而不方便发泄，所以回家后，在自己熟悉的环境中宣泄自己的情绪，表现出更加真实的自己。

其次，反映了学校教育和家庭教育的脱节以及对学生的要求不一致。教育影响的不一致是当前我国德育实效性差的主要原因之一。当前，对学生的教育过多地依赖学校，家长没有看到家庭教育的重要性，认为教育完全是学校的责任，学生在家里只要吃好、睡好就行了，没有看到家庭教育的重要作用，尤其是家庭教育和学校教育相互配合，影响一致的作用。此外，家长仍存在重智育、轻德育的思想，家长爱不得当，教不得法。

第三，家庭教育中，家长没有起到表率作用。个别家长自身在日常生活中不能很好地做到言行一致，表里如一。家长的权威在子女心目中不及老师，没有为孩子起到模范作用。

（2）要改变学生在学校和在家里表现不一的问题，根本上还是要坚持教育影响的一致性和连贯性原则。即有计划地把来自各方面对学生的教育影响加以组织、调节，使其互相配合、协调一致、前后连贯地进行，以保障学生的品德能按教育目的的要求发展。

首先，学校应与家庭建立和保持联系，形成一定的制度；

其次，要及时或定期地交流情况，研究学生的教育问题，制定互相配合的方案；

第三，要分工负责，共同努力来控制和消除环境中对学生不良的自发影响。

案例分析2

意外的发现　意想不到的转变

暑假结束后开学第一天，学生张某的作业一个字都没写。我问为什么，他支支吾吾地说："我以为五年级不是你教，不做暑假作业不要紧。"

整整一个星期，这位同学连一分钟的自由时间都没有。我每天规定他补写一定数量的暑假作业，还要完成当天的作业。这样，他终于在一个星期内辛辛苦苦地完成了所有作业。

第二个星期的周一早晨，我批阅孩子们的作业——一则日记。我翻看了一下，竟然发现了张某的作业本（因为他是极少交作业本的）。再打开，他居然写了整整两页。这种情况很少见，我非常惊讶，迫不及待地读起他的日记。他首先向老师道歉，说自己不该不完成作业。接着述说了自己一星期来的痛苦。一开始，他觉得自己的作业太多，根本不可能完成。可是不写，老师要批评，爸爸要打骂。不但如此，每天放学回家还要被爸爸逼着干活。他简直走投无路了，每天晚上都躺在床上哭，泪水多少次浸湿了被子和枕头。上星期五放学后，他跑到校园外的草地里躺了很久，准备跳进水塘一死了之。可终因缺乏勇气，才避免了一场悲剧。读着读着，泪水涌出了我的眼眶。我激动不已，拿着日记就往教室里跑。

在教室里，我向同学们读着张某的日记。才读到一半，已泪流满面。我嗓子里像被什么东西堵住了似的,再也无法往下读,只好请班长帮忙。教室里静极了,只听见同学们抽泣着。我抬头看看孩子们,连几个调皮的大男孩都在偷偷地擦眼泪。

日记读完后好一会儿,我终于抑制住自己激动的心情,流着眼泪向同学们做检讨,向张某道歉。我向孩子们保证,今后再也不这么粗心,不会让孩子们受这么多委屈。最后我还指出,有了真情实感,就能写出这么好的文章。

自这次事件以后,张同学像变了一个人似的,自觉做作业,也不再那么调皮捣蛋。更重要的是,他一扫悲愁之色,露出了孩子应有的愉悦笑容。

情境分析

本案例中,班主任老师遵循了以下德育原则:

(1) 尊重信任与严格要求相结合原则

尊重信任不是放任自流。这位同学投机取巧,不做作业是错误的,不能姑息。只有严格要求他改掉这一错误才是对他真正的爱。整整一个星期,每天坚持看住他做作业,而且任务明确,不含糊,不滥罚,就这样一个星期居然完成了所有暑假作业。这使他看到了老师的决心,也看到了自己的力量,同时为思想转变伏下了契机。

(2) 因材施教原则

一个12岁的小孩已处于身心发展的少年期,心理比较成熟,他需要教师的尊重,能较深刻地体验情感。教师在对其进行教育的过程中,有批评但没有辱骂,所以他对教师不反感,这就为后来因受感动而转变打下心理基础。

这位同学写日记仅仅是为了向老师倾诉,他没想到老师会因此大受感动,不但向全班同学展现了他的写作水平,还当着全体同学的面作自我检讨。对于这个一贯被批评的学生来说,这是个意外的惊喜,更使他看到了老师对他的尊重,对他的爱,从老师的泪眼中看到了老师的真诚。正是这种情感缩短了师生间的距离,产生了友好、亲近、依赖与共鸣效应,从而取得了良好的教育效果。这正是"亲其师,信其道"。

(3) 集体教育和个别教育相结合原则

在读日记时,如果全班同学哄堂大笑的话,这位同学会发生怎样的变化呢?这是可想而知的。正是那么多同学的眼泪,让他看到了同学们的关心、尊重和包容,他感到不再孤单,不再悲观,因此才能毅然甩掉思想包袱,融入到集体中,成为一名能自觉做作业的好学生。同时,这位学生的日记以及班主任老师的道歉也教育了全班同学。

● 延伸阅读

关于品德心理结构的各种观点

(1) 因素说

"二因素说":品德由道德认识与道德意向组成,也有人认为品德由道德需要与道德能力组成。

"三因素说":1963年潘菽教授最早提出道德品质结构问题,1980年潘菽教授再一次提出了有关品德心理结构的论述,认为任何一种道德品质都包括道德认识、道德情感和道德行为方式三种基本成分。强调了认识、情感和行为方式在品德心理结构中的平等地位和各自的特有作用,反对夸大任意一方面的作用而忽视其他方面的作用,并主张从知、情、行这三方面出发培养个体品德。

"四因素说"：此理论是在分析孔子德育心理思想基础上提出的，认为品德的基本心理结构应包括道德认识、道德情感、道德意志和道德行为。此理论是我国目前基础教育界及教育心理学领域中关于品德心理结构常见的理论。

"五因素说"：此理论在"四因素说"的基础上增加了道德信念这一因素，并强调道德信念在个体品德心理结构中的核心地位。此理论在我国高等教育界及青年教育工作中用得较多。

"六因素说"：认为品德结构是由道德认识、道德情感、道德动机、道德意志、道德行为和社会效果的道德评价构成，强调道德评价在品德形成过程中的作用，简称为认、情、动、意、行、评，这些是构成个体品德的基本心理成分。此理论是从调查社会主义新人的品德心理活动过程及其各环节来构建品德心理结构。

"八因素说"：该研究是陈欣银教授参照莱士特的道德判断的"确定问题测验"自编的一套"判断测验"，包含了8个测验故事。对80名大学生的测验结果表明：成熟的德性结构包括律己、利他性、报答、尊老、信任、真诚、集体和平等8种基本观念。

(2) 功能结构说

这是章志光教授1993年提出的对品德心理结构的新设想，把品德心理结构划分为生成结构、执行结构和定型结构三个维度，认为这种结构与宏观的社会环境和微观的群体环境（包括人际关系、教育方式）发生关联时，就构成了一个包括品德机制在内的大的社会动力系统。在这一理论中品德的"生成结构"是指个体从非道德状态到开始出现道德行为或初步形成道德行为时的心理结构。"执行结构"是个人在品德生成结构的基础上发展起来的，包括有意识地感知道德情境、主动定向、经历道德决策的内部冲突、考虑决策和调节行为等环节的一种复杂的心理过程及其结构。"定型结构"是指个体所具有的品德心理结构。上述三种品德心理结构是道德形成过程中相继出现的不同形式或阶段，但又是彼此相扣、相互渗透的统一体。如果前一种结构的形成为后一种结构的出现打好了基础，那么后一种结构的形成则成为前一种结构的发展和功能的跃进，从而形成一种动态的发展过程。此理论的重点也在于解释品德形成的动态过程。

(3) 系统结构说

林崇德教授在总结了国内外关于品德结构的不同见解后于1989年提出了自己的品德结构理论。他认为，品德心理结构是由三个相互关联的子系统构成的。①品德的深层结构和发展结构关系系统，即道德动机与道德行为系统。②品德的心理过程和行为活动的关系系统，即道德认识、道德情感、道德意志和道德行为的品德心理特征系统。③品德的心理活动和外部活动的关系及其组织形式系统，即品德的定向、操作和反馈系统。A.品德的定向系统是由个体的道德认识、道德需要、道德动机和道德意志等组成，对道德行为进行激发、定向和调节，提高道德行为的自觉性、正确性和积极性。B.品德的操作系统是个体在具体的道德情境中产生道德行为的一系列过程所组成的一个子系统。它包括对道德情境的知觉过程、解决道德问题的决策过程和道德行为的实施过程。当个体在面临具体的道德情境时，首先要知觉这一情境的特点，用自己已有的道德经验去理解这一情境的道德意义。解决道德问题的决策过程从明确道德问题开始，这也是在对道德情境成功知觉的基础之上进一步对事件的是非善恶和自身投入的必要性和紧迫性做出判断的过程。选择道德途径，做出道德决策紧随这一过程之后，对于实施道德行为这两个过程缺一不可。而道德行为的实施过程也是将内部的道德意向转化为外部的道德行为的过程。在以上操作系统运行的过程中，品德的定向系统始终参与其中，起着过滤、定向和调节的作用。C.品德的反馈系统——道德评价，指个体在做出道德行为后根据各种社会效果不断调节自己的行为，使其越来越符合道德规范的过程。

(资料来源　周莹莹：品德心理结构研究进展的剖析及展望，载于《社会心理科学》2006年第1期）

强化训练

试题

一、单项选择题

1. 衡量一个人的道德品质，主要是考查他的（　　）。
   A. 道德认识　　　　B. 道德情感　　　　C. 道德意志　　　　D. 道德行为

2. "长善救失"体现的德育原则是（　　）。
   A. 正面引导与纪律约束相结合原则　　　　B. 发挥积极因素克服消极因素原则
   C. 严格要求与尊重信任相结合原则　　　　D. 教育影响的一致性和连贯性原则

3. 教师通过言传与身教相结合给学生做出表率，这体现的德育原则是（　　）。
   A. 知行统一　　　　　　　　　　　　　　B. 发挥积极因素克服消极因素
   C. 严格要求与尊重信任相结合　　　　　　D. 教育影响的一致性和连贯性

4. "尽量多地要求一个人，也尽可能地尊重人"，这体现了（　　）。
   A. 严格要求与尊重信任相结合原则　　　　B. 平行教育原则
   C. 正面引导与纪律约束相结合原则　　　　D. 集体教育与个体教育相结合原则

5. 发挥学校教育的主导作用，使学校、家庭和社会对学生的教育影响相互配合、协调一致。这体现的德育原则是（　　）。
   A. 集体教育与个别教育相结合原则　　　　B. 发挥积极因素克服消极因素原则
   C. 教育影响的一致性和连贯性原则　　　　D. 严格要求与尊重信任相结合原则

6. 通过摆事实、讲道理，使学生提高认识，形成正确的观点的德育方法是（　　）。
   A. 榜样示范法　　　B. 说服教育法　　　C. 陶冶教育法　　　D. 实践锻炼法

7. 陶冶教育法主要有艺术陶冶、环境陶冶和（　　）。
   A. 人格感化　　　　B. 情感陶冶　　　　C. 习惯陶冶　　　　D. 思想陶冶

8. "其身正，不令而行；其身不正，虽令不从"体现的德育方法是（　　）。
   A. 陶冶教育　　　　B. 榜样示范　　　　C. 实践锻炼　　　　D. 说服教育

9. "言教不如身教""法古今完人"体现的德育方法是（　　）。
   A. 自我修养　　　　B. 榜样示范　　　　C. 实践锻炼　　　　D. 说服教育

10. 让学生听英雄模范事迹报告体现的德育方法是（　　）。
    A. 说服教育　　　　B. 榜样示范　　　　C. 陶冶教育　　　　D. 实践锻炼

11. 我国中小学每年都评选"三好"学生，这种德育方法是（　　）。
    A. 说服教育　　　　B. 实践锻炼　　　　C. 陶冶教育　　　　D. 品德评价

12. 鲁迅先生早年求学时，曾在自己的桌子上刻了一个"早"字，这种德育方法是（　　）。
    A. 自我修养　　　　B. 陶冶教育　　　　C. 实践锻炼　　　　D. 说服教育

13. "天将降大任于斯人也，必先苦其心志，劳其筋骨，饿其体肤，空乏其身，行拂乱其所为，所以动心忍性，曾益其所不能"体现的德育方法是（　　）。
    A. 说服教育　　　　B. 榜样示范　　　　C. 陶冶教育　　　　D. 实践锻炼

14. 苏格拉底曾说："没有经过检省的生活是不值得的。"从德育方法来看，苏格拉底强调的是（　　）。
    A. 自我修养　　　　B. 陶冶教育　　　　C. 榜样示范　　　　D. 实践锻炼

15. 学校德育的基本途径是（ ）。

　　A. 劳动　　　　　B. 课外活动　　　　C. 校外活动　　　　D. 教学

二、辨析题

1. 德育即道德教育的简称。
2. 德育过程就是学生品德的形成过程。

三、材料分析题

阅读下列材料并回答问题。

　　有一个班的学生习惯乱丢废纸，屡次教育都无效，有一次，班主任走进教室，见地上有几团废纸。当时还有三位同学未进教室，老师突然想到这是进行教育的好时机，于是，指着地对大家说："这儿有几团废纸，进来的同学却没有捡起来，现在，还有三位同学未进来，我们看看他们会不会发现。"经老师一说，全班同学都睁大眼睛等着瞧。第一位同学看也不看就冲进了教室；第二位看了一下地面却无动于衷，走到座位上去了；第三位，一看地上有团废纸，就弯腰捡了起来。全班同学报以一阵热烈的掌声。老师脸上也掠过一丝微笑，他郑重宣布班会开始了。第一个受到表扬的是这位捡废纸的同学。从此，教室地上再也看不到废纸了。

根据材料，分析教师所运用的德育方法。

答案及解析

一、单项选择题

1. D 【解析】本题旨在考查考生对德育过程的规律的理解与把握程度。德育过程是培养学生知、情、意、行的过程。道德行为是人的品德的一个重要外部表现。一个人的品德只有通过道德行为才能表现出来，因而道德行为是衡量人们道德修养水平的重要标志。

2. B 【解析】本题旨在考查考生对不同的德育原则的理解与把握程度。德育原则是教育者进行思想品德教育时必须遵循的基本要求，是处理德育过程中一些基本矛盾和关系的基本准则。我国学校德育原则主要有：知行统一原则、因材施教原则、发挥积极因素克服消极因素原则、严格要求与尊重信任相结合原则、正面引导与纪律约束相结合原则、集体教育与个别教育相结合原则、教育影响的一致性和连贯性原则等。"长善救失"出自《学记》："教也者，长善而救其失者也。"意思就是发挥积极因素克服消极因素。

3. A 【解析】本题旨在考查考生对不同的德育原则的理解与把握程度。言传体现的是"知"的一面，身教体现的是"行"的一面。教师通过言传与身教相结合给学生做出表率体现的是知行统一原则。

4. A 【解析】本题旨在考查考生对不同的德育原则的理解与把握程度。"尽量多地要求一个人，也尽可能地尊重人"是苏联教育家马卡连柯集体教育的主要思想，这句话体现了严格要求与尊重信任相结合的德育原则。

5. C 【解析】本题旨在考查考生对不同的德育原则的理解与把握程度。使学校、家庭和社会的教育影响协调一致体现的是教育影响的一致性和连贯性原则。

6. B 【解析】本题旨在考查考生对不同的德育方法的理解与把握程度。德育方法是指教育者在完成德育任务时所采用的各种方式和手段。常用的德育方法主要有：说服教育法、榜样示范法、实践锻炼法、自我修养法、陶冶教育法、品德评价法。说服教育法，即通过摆事实、讲道理，使学生提高认识、形成正确的观点。

7. A 【解析】本题旨在考查考生对不同的德育方法的理解与把握程度。陶冶教育法是通过创设良好的情境，潜移默化地培养学生品德的方法。陶冶包括人格感化、环境陶冶和艺术陶冶。

8. B 【解析】本题旨在考查考生对不同的德育方法的理解与把握程度。榜样示范法是以他人的高尚思想、模范行为和卓越成就来影响学生品德的方法。

9. B 【解析】本题旨在考查考生对不同的德育方法的理解与把握程度。"言教不如身教""法古今完人"体现的是榜样示范法,都是通过榜样来影响学生。

10. A 【解析】本题旨在考查考生对不同的德育方法的理解与把握程度。听报告是一种说服,而不是树立榜样。榜样示范是为学生树立榜样,供学生模仿榜样的行为和品德。

11. D 【解析】本题旨在考查考生对不同的德育方法的理解与把握程度。评选"三好"学生利用的是品德评价法,即通过对学生的思想品德给予一定的评价,促进学生发扬优点、克服缺点。

12. A 【解析】本题旨在考查考生对不同的德育方法的理解与把握程度。本题体现的是自我修养法,即通过引导、指导学生自觉学习、自我反思和自我活动等自我教育来培养其思想品德的方法。鲁迅先生在桌子上刻字以时刻提醒自己,是一种自我反思。

13. D 【解析】本题旨在考查考生对不同的德育方法的理解与把握程度。本题中这句话出自《孟子·告子下》,上天将要下达重大责任给这样的人,一定要先使他内心痛苦,使他筋骨劳累,使他经受饥饿,使他受到贫困之苦,使他做事不顺,用这些来使他的心惊动,使他的性格坚强起来,增加他不具备的才能。不难看出,本题体现的是实践锻炼法。

14. A 【解析】本题旨在考查考生对不同的德育方法的理解与把握程度。本题体现的是自我修养法,即通过引导、指导学生自觉学习、自我反思和自我活动等自我教育来培养其思想品德的方法。经常反省自己的思想和行为是自我教育的体现。

15. D 【解析】本题旨在考查考生对德育途径的理解与把握程度。教学是学校实现教育目的的基本途径,也是德育的基本途径。课外活动、校外活动、劳动对于德育也很重要,但不是基本的途径,只是必要的辅助途径。

二、辨析题

1.【答案要点】

错误。

德育是教育者按照一定社会或阶级的要求,有目的、有计划、有系统地对受教育者施加思想、政治和道德影响,通过受教育者积极的认识、体验、身体力行,以形成他们的品德和自我修养能力的教育活动。我国学校德育的内容不仅包括道德教育,还包括思想教育、政治教育和法制教育。把德育等同于道德教育,不仅窄化了德育,也必然会导致德育的中性化。

【解析】

本题旨在考查德育的概念。简而言之,德育是教师有目的地培养学生品德的活动。德育即思想品德教育的简称。德育是我国全面发展教育的重要组成部分。我国德育内容主要包括道德教育、思想教育、政治教育和法制教育。

2.【答案要点】

错误。

德育过程是教育者按照社会一定的要求和受教育者的品德形成规律,对受教育者有目的地施加教育影响,并引导受教育者进行自我教育,从而促进其品德发展的过程。

德育过程与品德形成过程是相互联系的。德育只有遵循受教育者的品德形成与发展规律,才能有效地促进受教育者的品德形成与发展;而青少年的品德形成与发展也离不开德育因素的影响。

德育过程与品德形成过程又是有区别的。德育过程是学生品德形成过程中的一个因素,除了德育过程以外,学生品德的形成还要受其他因素的影响。

【解析】

本题旨在考查德育过程的概念及其与品德形成的关系。一方面，德育过程不仅是培养学生品德的过程，也是教师教导下学生能动的道德活动过程，是促进学生品德发展矛盾的积极转化过程，是提高学生自我教育能力的过程。另一方面，学生品德的形成除了受德育过程的影响以外，还受到其他因素的影响。

三、材料分析题

【答案要点】

德育方法是指用来提高学生思想认识、培养他们的品德的方法。此案例中，班主任分别运用了榜样示范法和品德评价法。

（1）榜样示范法是以他人的高尚思想、模范行为和卓越成就来影响学生品德的方法。案例中，班主任通过让班级学生看到同学捡起地上的废纸这一行为，使捡废纸的同学成为同学们注意环境卫生，养成良好卫生习惯的榜样，从而使同学们都养成良好的习惯。

（2）品德评价法是通过对学生的思想品德给予一定的评价，促进学生发扬优点，克服缺点的一种教育方法。品德评价法的主要方式有表扬奖励、批评处罚、评比、操行评语等。本案例中主要运用了表扬的方式。表扬是对学生的良好的思想、行为做出肯定评价，以引导和促进其品德积极发展的品德评价方式。案例中，班主任利用班会的时机在全班同学面前及时对捡废纸的同学给予了表扬，不但对捡废纸的同学的行为给予了肯定和鼓励，而且也使全班同学都受到了教育。

【解析】

本题旨在考查学生对德育方法的掌握和运用。进行思想品德教育必须要讲究方法，德育中各种矛盾的多样性和人的复杂性决定了德育方法的多样性。中小学常用的德育方法包括说服教育法、榜样示范法、实践锻炼法、陶冶教育法、自我修养法和品德评价法等。本案例中教师主要采用了榜样示范法和品德评价法。

第八章　中学班级管理与教师心理

● 大纲表述

1．熟悉班集体的发展阶段。

2．了解课堂管理的原则，理解影响课堂管理的因素；了解课堂气氛的类型，理解影响课堂气氛的因素，掌握创设良好课堂气氛的条件。

3．了解课堂纪律的类型，理解课堂结构，能有效管理课堂；了解课堂问题行为的性质、类型，分析课堂问题行为产生的主要原因，掌握处置与矫正课堂问题行为的方法。

4．了解班主任工作的内容和方法，掌握培养班集体的方法。

5．了解课外活动组织和管理的有关知识，包括课外活动的意义、主要内容、特点、组织形式以及课外活动组织管理的要求。

6．理解协调学校与家庭联系的基本内容和方式，了解协调学校与社会教育机构联系的方式等。

7．了解教师角色心理和教师心理特征。

8．理解教师成长心理，掌握促进教师心理健康的理论与方法。

● 大纲解读

1．内容来源

本章的内容来源：

（1）课堂管理、课堂纪律、课堂气氛、课堂问题行为等属于课堂管理的内容主要见于《教学论》和《教育心理学》等相关教材中。

（2）班集体的发展阶段、班主任工作内容和方法、课外活动、家校协作、学校与社会教育机构协调等内容主要见于《班级管理》等相关教材中。

（3）教师角色心理、教师心理特征、教师成长心理与教师心理健康等内容主要见于《教育心理学》与《教师心理学》等相关教材中。

2．内容分析

本章的内容主要包括两部分，一部分是班级管理的内容，一部分是教师心理的内容。班级管理的内容又可以分为两部分，一部分涉及班主任的基本素质，包括班主任的基本工作和内容，组建班集体的方法，课外活动的组织管理，与家庭、社会教育机构联系等；一部分涉及中学任课教师应具备的课堂管理的能力，包括课堂气氛、课堂纪律、课堂问题行为等有关内容。教师心理的内容也包括两部分，一部分涉及教师胜任力的内容，包括教师角色心理、教师心理特征及教师成长心理等内容；一部分涉及教师心理健康的内容。

3. 内容结构

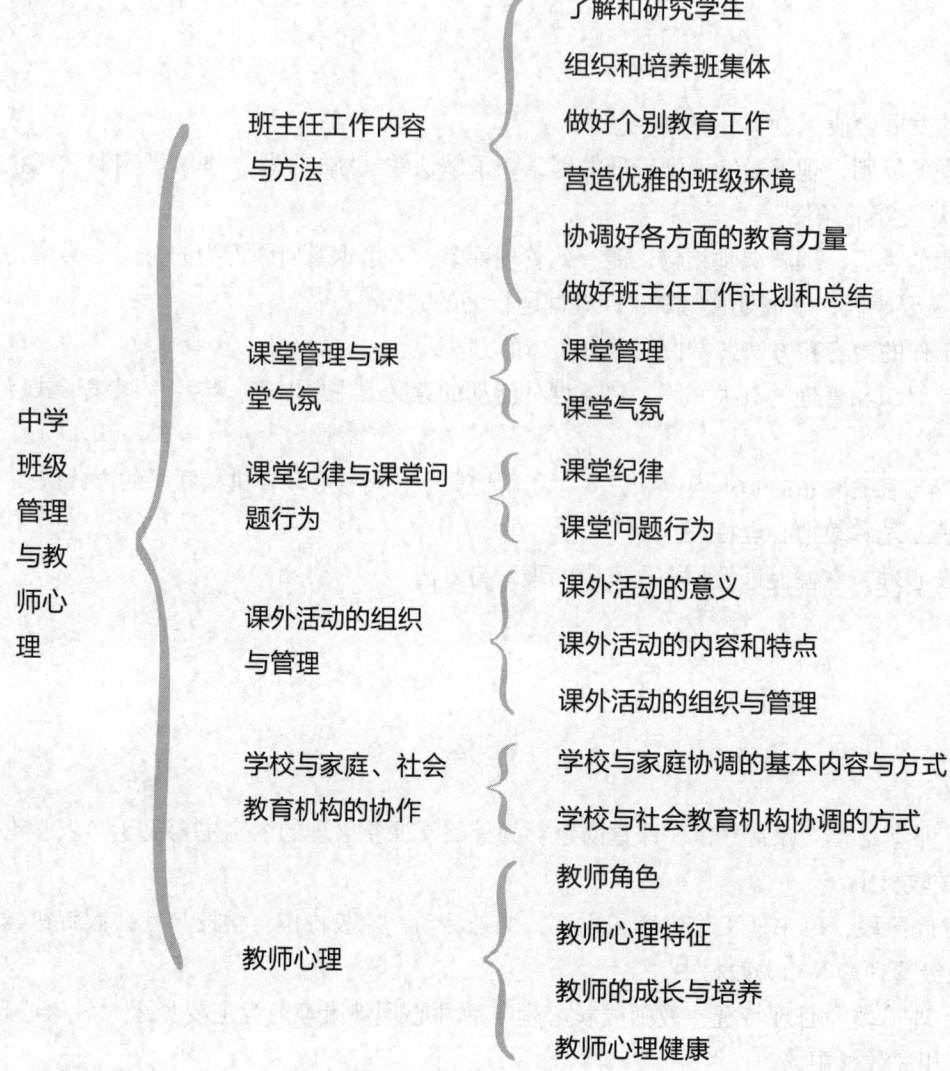

学习内容

第一节 班主任工作内容与方法

班主任的工作繁多琐碎，涉及学生发展的多个方面，主要包括了解和研究学生、组织和培养班集体、做好个别教育工作、营造优雅的班级环境、协调好各方面的教育力量、做好班主任工作计划和总结等。其中组织和培养班集体是班主任工作的重点。

一、了解和研究学生

（一）了解和研究学生的内容和要求

1. 了解和研究学生的内容

（1）了解和研究班集体

了解和研究班集体，包括班级的人员结构，如总人数、性别结构、生源状况、年龄分布等；班级的基本情况，如学习好中差学生的比例、学生思想品德的表现、班级取得的成绩与存在的问题等；班级的其他方面，如学生生活社区环境、学生家庭条件、学生在校外的表现等。

(2) 了解和研究学生个人

了解和研究学生个人，包括学生的基本情况，如姓名、性别、年龄、健康等；学生的思想品德和学习情况，如遵规守纪、文明礼貌、集体观念以及学习成绩、学习态度、兴趣特长等；学生的个性情况，如智力特点、情感意志特点、性格和气质的类型等。

2. 了解和研究学生的要求

(1) 全面性

全面性就是要全面地看待学生，既看到学生的优点，也看到学生的不足；既看到校内的表现，也看到校外的表现。

(2) 经常性

经常性就是要把了解和研究学生作为班主任的常规工作，充分利用一切场合条件，做到常抓不懈。

(3) 发展性

发展性就是要用发展的观点看待学生，既看到学生的过去，也看到学生的现在，还要预见到学生的未来。

（二）了解和研究学生的方法

1. 观察法

观察法是班主任在自然情况下，有目的、有计划地对学生进行了解和研究的方法。观察法是班主任工作中一种最常用、最基本的方法。观察法的运用应注意：要有明确的观察目的；要有科学而可行的观察计划；要及时做原始记录；要对材料进行整理和分析；要写出结论，对观察做出准确、全面的终结性评价。

2. 谈话法

谈话法是班主任有目的、有准备地与学生通过问答方式直接交谈，从中了解学生情况的一种方法。谈话法的使用要注意：确定好谈话的目的、内容；对谈话的过程有周密思考；谈话态度要亲切、诚恳；要根据学生的不同个性特点谈话；和学生谈话要有耐心；谈话后要写谈话记录。

二、组织和培养班集体

（一）班集体发展阶段

1. 组织规范的认同阶段

班集体是一个规范化的社会组织，建立相应的组织规范既是班集体发展的基础，也是班集体建设的基本内容。班集体的组织规范包括两类，一类是由学校组织所规定的班级规范，这是不以学生意志为转移的客观存在，如作息制度、课堂纪律要求、班委会（少先队、共青团）的规范等；另一类是根据班级情况制定的具体化的规定，这些规定是可以创新和调整的。这一阶段的主要任务是：在班主任的引导下，形成一个有序稳定的班级组织，保证班级各项教育、教学活动的开展。

2. 集体心理的优化阶段

当班级集体组织及规范形成并被成员认同后，优化班级集体心理是这一阶段工作的重点。优化集体心理是一个班集体形成的关键。班级集体心理主要反映在集体成员的人际关系（包括师生关系、生生关系）、集体的情绪气氛、集体凝聚力和集体舆论等方面。健康和谐的集体心理，表现为人际关系的平等、融洽、真诚。这一阶段的主要任务是：使班内具有积极向上的风气，形成积极价值导向的集体内在规范，确保班级内没有孤立者，学生在班级生活中有愉悦感和自豪感。

3. 集体主体性的发展阶段

班集体建设过程本质上是集体主体性逐步发挥、发展的过程。班集体的主体性是指集体成员在班级生活中表现出的自主性、能动性和创造性。这一阶段是以班主任为主的管理逐步让位于集体自主管理的过程。这一阶段的主要任务是：尊重和发挥集体的主体性，使集体逐步解决面临的各种集体问题，并从中获得成功和自信的体验。

4. 成员个性的发展阶段

促进集体成员个性的发展是班集体建设的最终目标。当班集体基本形成，集体主体性发展到一定阶段，应把发展每个成员的个性作为班集体建设的共同责任和努力目标。这一阶段的主要任务是：使班集体具有影响每一个成员个性健康发展的因素和机制。

（二）组织和培养班集体的方法

1. 确立明确的奋斗目标

班集体的奋斗目标是指全班同学共同具有的期望和追求，是班级各项活动所要达到的预期目的的总概括。确立班集体奋斗目标，就是要让班级全体学生明确班集体的发展前景，知道共同努力的方向，并为目标实现统一行动。确立班集体目标有以下基本要求：

（1）体现时代精神

班集体目标既要符合教育方针和教育培养目标的要求，体现社会发展的时代特征，又要符合班集体基础文明建设的需要以及新时期社会主义现代化建设人才素质的新要求。

（2）有明确的指向性

班级目标是全部同学共同奋斗所要达到的最终目的，具有很强的导向性，目标必须明确具体。

（3）注意目标的层次性

奋斗目标分为近期目标、中期目标和远期目标，要将近期目标、中期目标和远期目标结合起来，各层次目标要保持一致。

（4）有可行性

目标价值能否得以体现，关键还取决于既能照顾学生年龄特点和接受水平，又要掌握好目标水平高于现实水平的差距。合理适当的差距才有吸引力，才能激发学生奋发向上的斗志，挖掘学生发展的潜能。

2. 建立班委会

班委会是班主任做好各项工作的有力助手。建立一个勤奋学习、团结友爱的班集体，必须组建好班级的领导核心，选拔能团结同学、办事认真、关心集体、乐意为班级服务的积极分子来参与班级领导工作。建立班委会要遵循四个原则：

（1）民主性原则

无论是班委会候选人的物色还是班委人选的最后确定，班主任应广泛听取学生意见，充分发扬民主，真正使为大多数学生所信赖的候选人组成班委会。

（2）用其所长原则

就是根据学生的兴趣爱好和优势潜能差异，充分利用学生所长来为班级服务。

(3) 教育与锻炼相结合的原则

班干部培养也是促进学生发展的一个重要途径，班主任应以班委组建为契机，给学生更多的锻炼机会，以此来强化他们的服务意识和提高他们的组织管理能力。

(4) 关心爱护与严格要求相结合的原则

学生干部在学习之外要承担一定的社会工作，负担比一般同学重，班主任应给予更多的关心和支持，但同时也不能放松基本要求。

3. 培养正确的舆论和良好的班风

舆论，是公众的意见或言论；正确舆论，是所作判断符合客观事实的意愿和态度的集合，它是衡量集体觉悟水平的重要标准。班风是班级成员的思想、言行、风格、习惯等方面表现出来的班集体特有的一种精神面貌，是班级"个性特征"的体现。正确舆论和良好班风是相互联系的。良好班风的形成，需要正确舆论的支持，而良好班风一旦建立，又会促成良好的集体舆论。班主任培养正确的集体舆论和良好班风，需要做好以下几项工作：

(1) 加强思想政治教育

正确的集体舆论和良好班风，首先要使学生掌握正确的价值观念和判断标准，树立正确的是非观、荣辱观和美丑观。班主任应认真组织学生学习学生守则和行为规范，明确要求，教育学生逐步养成正确的道德理念。

(2) 抓好常规训练

班主任应从大处着眼，小处入手，从日常的学习、生活开始，严格要求，严格训练，教育学生从自我做起，从身边做起，从小事做起，加强行为习惯的训练和培养。

(3) 培养集体荣誉感和责任感

班主任要利用一切教育时机，将学生的一言一行与整个班集体联系起来，教育每个学生明确自己对集体应担负的责任和义务。

(4) 奖惩强化

班主任要及时对好的行为给予表扬和奖励，对不规范的行为进行批评和抵制，努力营造以遵规守纪为荣、爱班如爱家的风气。

4. 组织开展班级活动

一个良好的班集体的建设必须通过各种活动来实现。这是因为集体活动可以产生凝聚力，能使每个学生的主体积极性得以发挥，能使师生关系不断密切。集体活动也是学生个体实现全面发展的一个重要途径。班级活动范围广、形式多，其中最主要的班级活动有教学活动和主题性活动。

班级教学活动是占时最多，贯穿班级始终的活动。通过教学创建班集体的途径主要有四种：一是建立教学协作制度，形成教育合力；二是开展以小组为单位的集体教学；三是努力优化教学情境；四是建立师生集体的双向调节机制。

主题活动是班级教育活动的重要形式，是班集体建设的基本方法和途径。所谓主题活动是指在班主任的指导和带领下，围绕具体问题而组织的集体性教育活动。开展主题活动的具体要求有五点：一是要精心设计主题；二是要有针对性，能切实解决问题；三是要善于开拓创新；四是要具有一定的吸引力；五是要面向全体学生。

三、做好个别教育工作

班主任必须根据学生的个体差异，采用不同的方法去做好学生的个别教育，班主任对学生的个别教育工作面向的是全班每一位同学，这里着重从类别上分析对优秀生和后进生两类学生的教育工作。

（一）优秀生的教育工作

优秀生一般指在班级中德、智、体、美诸方面发展比较好的学生。这类学生在班集体中是骨干，是班主任和其他教师的得力助手。班主任对优秀生的教育既要体现培养和爱护，又要体现严格的管理和要求。

首先要加强理想教育。班主任不能忽视对优秀生进行学习目的的教育，使他们端正学习动机，树立崇高理想，引导他们向更高的目标奋斗。其次要客观评价优秀生。班主任要看到优秀生的优点，肯定成绩，创造条件扬其所长；同时，对优秀生的缺点及不良倾向，班主任也不能袒护、迁就，应及时教育引导。

（二）后进生的转化教育工作

后进生通常是指那些智力发育正常，但有品德不良行为或学习成绩差的学生。转化后进生要注意三点：首先，要以爱动其心。教师只有用一颗热爱学生的赤诚之心去对待后进生，与其建立起融洽的关系，才能感化后进生。其次，以理服其人。班主任做后进生的转化教育工作，绝不能一概地因事论事做简单处理，要针对问题引导学生去明察问题，分析根源，清楚性质，明白危害，改过自新。第三，以智导其行。班主任要利用教育机智，对后进生要及时给予表扬鼓励，善于在反复中抓教育，帮助学生总结经验教训，增强学生与诱因做斗争的抵抗力。

四、营造优雅的班级环境

在依靠集体、通过集体教育学生的诸因素里，班级环境建设是一个重要的育人因素。有特色的班级环境，对学生具有潜移默化的教育影响和感染力，而且这种作用是深层次的，它可能使学生终身受益。

班级环境建设，首先，要从教室布置开始。教室是班集体学习生活的主要场所，布置要考虑学生的年龄特点和学习特点，一般来说要简洁高雅，不宜花哨杂乱。其次，要做好班级的主要传媒工作，例如班报。班报是班级重要的文化传播媒介，在班集体建设中既有舆论宣传作用，又有交流思想、交流学习经验的沟通作用。再次，要建好班级一角，例如图书角、生态角。班级一角既可以体现出班级特色，也给学生提供丰富多彩的休闲空间，还可以很好地调节教室气氛，美化学习环境，是班级环境建设的重要工作之一。

五、协调好各方面的教育力量

班级工作力量是由多方面教育力量构成的教育整体，除学校领导外，任课教师、少先队组织、学生家长也是十分重要的教育力量，只有协调并发挥好这些力量，才能保持教育方向的一致性，教育要求的统一性，教育活动的协调性。

首先，要与科任教师协调好。班主任要密切关注学生各学科的学习情况，主动与科任教师协商学生学习中的问题，激发学生的学习兴趣，促进学生学习。处理好学生与科任教师之间的矛盾。其次，要与家长协调好。班主任可以通过家访、家长会、网络、短信等形式与家长保持联系，互通情况，认真听取家长意见和要求，取得家长的支持和配合，形成教育合力。再次，要与社会各种力量协调好。班主任要充分利用社会的各种资源，通过"引进来"和"走出去"的方式，开阔学生的视野，使学生深入了解社会，成为社会需要的人才。

六、做好班主任工作计划和总结

班主任工作计划的制订和总结是班级工作不可缺少的环节，是班主任工作达到预定目的的重要保证。班主任工作计划的制订，要根据教育方针、培养目标、教育政策和法规，要与学校工作计划和本班实际相联系。计划要全面，目的要明确，条理要清楚，阐述要简练，操作要可行。

班主任工作总结是班级工作过程的最后一个环节，它既是对工作计划执行情况的检查，也是对工作质量的全面评估，以便总结经验教训，不断改进工作方法，提高工作效率。要使总结客观真实，班主任应注意日常班级管理和活动资料的积累。

第二节　课堂管理与课堂气氛

一、课堂管理

（一）课堂管理的原则

1. 重视课堂管理本身的教育功能

要着眼于学生的全面发展，充分发挥课堂管理多方面的教育功能。长期以来，课堂管理往往只是教师控制学生行为、维持教学秩序的手段，只是为了保证教学过程的顺利展开、教学任务的顺利完成而实施，而忽视管理过程本身的多方面的教育功能。管理，不只控制行为、协调关系，更于无形中影响着被管理者的情感和人格。我们要建构的课堂管理，应该能够潜移默化地培养学生严谨踏实的学风，培养学生乐于合作、善于合作的团队精神，培养学生敢想敢做的创新精神，等等。

2. 突出学生的主体发展

学生是自己学习的主人，是教学活动过程中的主体。课堂教学的管理，同样必须突出学生的主体地位，张扬学生的主体精神。教学活动中的纪律约束、行为规范，都必须尊重学生，有利于激发学生自主学习、创新学习。许多教师在教学过程中凌驾于学生之上，直接组织、指挥学生开展学习活动，严密控制学生的学习行为，使学生完全处于被动地位，缺乏自主选择、自我反思、自觉调适的空间和氛围。在这种单向的、线性的、静态的管理模式下，教师的教学缺乏生机和活力，学生的学习缺乏灵性和动力。

3. 坚持面向全体学生

面向全体与关注个体是相辅相成的，面向全体学生，必须是对各个个体的关注，只有关注各个有差异的个体，才能真正促使全体的发展。课堂管理必须是指向全体学生的管理，必须关注全体学生的思想情感和学习行为。许多教师在教学中习惯于以统一的目标要求学生，以统一的纪律约束学生，在具体的教学过程中，往往只是浮光掠影地注意学生活动的整体情况，而对具体学生个体出现的不良心理情绪、不当学习行为却常常忽视。另一方面，有时教师又过分关注个别学生的行为，而忽视了其他学生的相关反应。如当学生回答问题发表意见时，往往只是盯着发言的学生留心倾听其答问，不注意其他学生在不在听、在不在思考等全体学生的情况。

4. 重视学习活动的过程管理

长期以来，许多教师在课堂上更多的是关注自己教学的过程管理，不注意学生学习的过程管理，不注意学生学习情绪和学习行为的调控。只重视学生的学习结果，不注意学生以怎样的方式方法获取知识，不注意学生学习过程中人格的培养、能力的发展。课堂管理，必须通过恰当的手段和方法，激发学生的学习情感，调控学生的学习行为，从而使教与学有机互动，处于最优状态，同时也有利于培养学生良好的学习品质。

（二）影响课堂管理的因素

1. 学生的需要和特点

研究表明，对学生寄予学业上的厚望，鼓励学生主动参与学习，采用主题教学、跨年龄交互式辅导、合作学习等方式，综合考虑学生的各种文化因素等，都是对来自不同家庭、不同文化背景的学生进行有效教学的重要组成部分。综合使用这些方法的教师会发现，因为采用了特别适合学生个人需要、发展需要、文化需要的教学方法，课堂管理问题显著减少。

2. 教师的教育目标观和学生观

影响教师课堂管理决策的一个重要因素是教师的教育目标观和学生观。教师从主观意愿上愿意或希望学生成为什么样的人，想通过什么样的教育手段培养学生，将直接决定教师课堂管理的决策和具体行为，科学的教育目标观和学生观将有利于教师课堂管理的效果。

3. 教师个人素质

教师的个人经历、所持观念以及性格、人格魅力直接影响课堂管理效果。讨论与权力、控制、权威有关的基本信念的问题，讨论教师的教学和管理目标以及如何使目标与管理策略并行不悖等问题，就可以促进教师行为朝着有意义的方向转变。

4. 学校文化

学校文化直接反映一所学校的个性特质。学校的办学理念、教育理念以及学校人际关系，学校一切规章制度、教风、学风、领导风格乃至学校传统等，都会直接影响教师的思想意识、观念和教育行为方式，从而影响课堂管理的效果。

二、课堂气氛

（一）课堂气氛的内涵

课堂气氛是指在课堂中师生之间和学生之间围绕教学目标展开的教与学活动而形成的某种占优势的综合的心理状态。这种综合的心理状态是教师与学生在教学活动中的心境、情感体验、对待教学活动的态度和行为的综合反映，它具有认知和情感的特征。这种综合的心理状态是与教学过程联系在一起的；它具有稳定性，也具有可变性；在一定的条件下，课堂气氛会形成某种占优势的稳定的状态。

（二）课堂气氛的类型

1. 积极的课堂气氛

积极的课堂气氛是一种理想状态的课堂气氛。它主要表现为以下明显特征：师生双方有饱满的热情，教与学态度端正、目标明确；课堂活动井然有序；学生求知欲强烈、注意力集中、思维活跃；师生间情感交流充分，学生参与面广，双方处于互动积极的状态；师生共同洋溢着为实现教学目标而获得成功的喜悦与满足感。总之，积极的课堂气氛，其主要标志是严肃认真，宽与严、热与冷、张与弛有机统一。这种课堂气氛使教师教的主导作用和学生学的主体作用的发挥得到了和谐的统一。

2. 消极的课堂气氛

消极的课堂气氛是一种被动的带有明显缺陷的课堂气氛。它通常表现为这样一些现象：教师以权威的长者或智者自居，学生是作为一个被动对象在接受教师的教导；相当一部分学生上课精神状态欠佳，情绪压抑，注意力分散，做小动作或做其他事情；师生间缺乏交流，学生害怕参与教学活动，每当教师提问，学生有倒霉或大难临头的感觉。

3. 对抗的课堂气氛

对抗的课堂气氛是一种失控的混乱的课堂气氛。这种课堂气氛主要表现为：师生之间关系紧张，大部分学生不信任教师；教师驾驭管理课堂和调动学生积极性能力较差；相当一部分学生讨厌上课，注意力分散，各行其是，甚至制造混乱局面；正常的教学活动难以开展，教与学的任务常常不能完成；师生把教与学视为一种精神负担。

（三）课堂气氛的影响因素

1. 课堂组织管理方式

课堂组织管理方式是教师行为方式的重要内容，其本质是一种人际交往和交流方式，对交往双方的情绪和心态有重要影响，是影响课堂气氛诸多因素中最重要的一个方面。教师的组织管理方式有放任型、专制型、民主型，不同类型的组织管理方式对课堂气氛的影响不同，进而产生的课堂教学效果也不同。另外，对学生的个性心理发展、社交能力发展等具有多方面的作用。

2. 教师威信

教师有威信有利于良好课堂气氛的形成，学生对有威信的教师的课，会认真学习，听从教师的教导，对没有威信的教师的态度则相反。原因在于，首先，学生相信教师讲授和指示的正确性，会提高学习和接受知识的主动性；其次，教师的要求能够有效转化为学生的需要，可以提高学生学习的积极性；再次，教师的表扬或批评能够唤起学生相应的情感体验，有威信的教师的表扬会使学生感到愉快和自豪，并激起他们更积极学习的心理愿望，使他们对于批评也能够以正确的态度接受并改正错误。

3. 师生关系

课堂气氛是教学过程中以师生双方的心理活动和情感为基础而形成的一种氛围，而师生关系作为人和人之间的一种关系，不仅要以人的心理和情感作为重要的内在要素，而且这种关系的任何发展变化及其状态，又能反过来影响双方的心理与情感。因此，师生关系对课堂气氛的形成具有不言而喻的重要作用。师生关系对课堂气氛而言，就是属于一种隐含于课堂教学活动背后，但却长期而深刻影响课堂教学气氛与效果的一种因素。

4. 学生的参与

在课堂气氛的影响因素中，除了要发挥教师的主导作用以外，还要发挥学生的主体作用，即调动学生以主人翁的姿态参与教学过程。学生的参与程度能够影响教师的教学积极性，如果学生的学习态度积极，会增强教师的自信心，激励教师以更积极的态度搞好课堂教学，进而形成良好的课堂气氛，反之则产生消极的课堂气氛。

5. 社会环境

教育存在于一定社会之中，它的发展必然受到社会环境的制约，其中包括政治、经济、文化等诸多方面。因此，在课堂教学过程中，课堂气氛的形成也受到社会政治、经济、文化的不同程度的影响。

6. 学校环境

在教育教学的具体实施过程中，学校发挥着不可替代的作用。我国现代学校教育制度、学校领导的管理水平、管理方法等因素构成的学校环境对课堂教学气氛的形成具有重要的作用。

7. 课程内容

课程是学校为实现培养目标而规定的学习科目及其进程的总和，体现一个国家对学校教学的具体要求。课程内容的编排和设计，要综合考虑最新的教育心理学、教育学和教学论的研究成果，不仅要适应学生的身心发展特点和认知水平，而且要贴近学生的生活，与生活实际相联系，只有这样，学生才容易接受课程内容，产生学习兴趣，才有助于形成良好的课堂气氛。

（四）良好课堂气氛的创设

1. 创设积极的课堂心理条件

（1）帮助学生形成开放的心态

学生在课堂中的心态是否积极开放，将影响学生课堂学习的积极性和主动性，甚至影响学生的学习效率和学生的心理健康水平，对形成良好的课堂气氛有直接影响。

（2）真诚对待、信任学生

师生间的交往需要教师真诚、表里如一，这样才能让学生敢于甚至乐于与教师交往，才能形成一种无形的心理氛围，使师生在和谐的环境中学习相处。在课堂教学中，教师还要充分信任学生。只有教师充分信任学生，赏识、接受学生，学生才能通过教师的信任获得学习的动力和热情，师生之间才容易形成良好的课堂氛围。

（3）全身心投入课堂教学

学生在课堂学习中的心理状态是课堂心理气氛的重要形成条件，积极的课堂心理气氛有利于积极健康、生动活泼的课堂气氛的形成，直接影响着学生的学习效率。因此，在课堂教学中，教师要全身心地投入课堂教学。

2. 激发学生的学习兴趣

（1）提高教师的自身素质

教师必须加强学习，深入钻研业务，广泛涉猎各种知识，不断开阔视野，使自己的知识达到广、博、精、深的地步，为讲课的趣味性奠定良好的基础。

（2）采用艺术化的教学形式

教师应根据教学需要，对不同的教学对象和教学环境、条件采用艺术化的教学形式。例如，讲一段生动感人的故事，采取生动活泼的表情，利用丰富多彩的教具，进行妙趣横生的实验，以及设计精巧的板书等。

（3）实施启发式教学

启发式教学有助于良好课堂气氛的形成，启发式教学是指教师在教学活动中依据学习过程和客观规律，从学生的实际出发，采取各种有效的教学方式方法，调动学生学习的积极性和主动性，启发学生积极思考，引导学生主动、自觉地学习。

3. 培养集体情感与集体舆论

（1）积极培养集体情感

集体情感对学生个人的影响很大，是学生人格形成的一个重要变量。可以通过制定各种规章制度、适当的奖惩手段、组织集体活动等培养学生的集体荣誉感和责任感。

（2）强化集体舆论

集体舆论指的是在集体中占优势的，为多数人所赞同的言论，是集体成员之间通过信息沟通所产生的一种共鸣，是一种群众性的心理现象。集体舆论是形成课堂气氛的重要因素，正确的集体舆论是营造优良课堂气氛的重要手段。集体舆论通常以议论、褒贬的方式肯定或否定集体及成员的动向，成为一种社会控制力量，制约集体及其成员的言论与行动。

4. 创建教学情境，激发学生情感

（1）采用灵活多样的教学手段

课堂教学是动态变化的，教师要依靠自己的智慧，挖掘出课堂教学的灵活因素。挖掘教学的灵活因素，即指采用丰富的教学内容和灵活多样的教育手段，不失时机地为学生创设良好的课堂学习氛围，教学手段要灵活、新颖，因人、因教材而定。

（2）确立学生的主体地位

在教育活动中，学生是学习的主体，教师是主导。因此，教学中，教师要按照"一切为了学生，为了一切学生，为了学生的一切"来要求自己，尊重和信任学生，把学习的主动权还给学生，给他们极大的空间发挥主动性，教师做学生学习的促进者、指导者和伙伴。

5. 实施真正的教学民主

（1）保持民主的教学态度

教师应保持民主态度，用共同讨论以及与学生共同学习的态度进行教学。鼓励学生发表不同的见解，允许学生提出与自己不同的观点，不压制集体意见和个人意见；不随便责备学生，更不能因批评个别学生而影响整个班级学生的学习积极性。

（2）形成民主的师生关系

发扬教学民主，建立民主的师生关系，为实行启发式教学和创造良好的课堂气氛提供保证。教师要对学生严格要求，耐心教诲，热情帮助，精心培养。教师是教者，但又不能以教者自居，要虚心倾听学生的意见，不断改进教学工作，还要鼓励学生大胆提出问题，敢于质疑问难。

第三节　课堂纪律与课堂问题行为

一、课堂纪律

（一）课堂的基本结构

1. 教师是课堂的主要构成要素

课堂中的正式活动是教师主导安排的，教师的教育思想与理念、班级组织能力直接影响到课堂的效能。推动教师专业发展是提高课堂效能，进行课堂教学改革的关键因素。

2. 学生是构成课堂的基础

学生是课堂教学的主体，课堂是为学生服务的，学生发展的需要决定课堂目标，而学生的发展水平和阶段直接决定课堂的特性。

3. 教育教学设备与设施是课堂的重要组成部分

课堂中的活动需要借助一定的教育教学设备与设施进行，从最简单的黑板、粉笔、讲台、课桌椅到现代化的视听设备、多媒体设备等，教学设备与设施承担着传递媒介的作用，帮助师生互动、信息传递等，是影响课堂教学效能的重要因素。

4. 教室是课堂的空间存在

空间布局对课堂具有重要的影响，这种影响不仅仅体现在物理作用上，而且体现在师生交往互动的心理和人际关系上。

5. 目标是课堂存在的价值基础

不同的教育教学目标对课堂提出不同要求，课堂具有一定的明确目标，目标不同，课堂实现的功能也不同。

6. 课堂规范是课堂的组织基础

课堂规范是课堂特性的集中体现，是课堂上学生与教师的行为准则，它是学校传统、校风、学风与教风集中影响的结果，是以学校的管理制度与规范为基础，在教师与学生的交往互动中形成的。

7. 知识信息是课堂活动的主要内容

课堂的主要任务是传递各种知识信息，教师将经过自己加工的知识信息传递给学生，并帮助学生实现知识的自我建构，将自己选择并加工的社会信息传递给学生，对学生施加影响并促进学生的社会化。在课堂上，知识信息的传递是实现教学目标的主要途径。

8. 时间是课堂延续的基础

时间是课堂延续的基础，同时它又是教育活动中最为丰富也是最为宝贵的资源。时间资源的有限性决定了课堂的有限性，课堂的绩效通常是以时间成效比计算的。时间效能始终是学校课堂教学追求的直接目标。

（二）课堂纪律的类型

依据课堂学习纪律形成的原因，可以将其分为教师促成纪律、集体促成纪律、任务促成纪律和自我促成纪律。

1. 教师促成纪律

教师为学生的学习和工作设置一个有结构的情境，即组织一个良好的集体结构，并对这个结构进行监督和指导，这样的结构就是教师促成纪律。学龄初段的学生尤其需要教师给予较多的监督和指导，随着年龄的增高，自我意识的加强，他们会反对过多的限制，但是他们还是希望教师为他们的行为提供指导，希望教师能够在背后以咨询和情感支持的形式给予帮助。教师促成纪律的方法具体包括结构创设和体贴。其中结构创设包括指导、监督、惩罚、规定限制、奖励、操纵、组织、安排日程和维护标准等。体贴包括同情、理解、调解、协助、支持、征求和采纳学生的意见等。教师可根据班级的特点确定二者的适当比例，传统教育教学中，教师习惯于采用监督、惩罚和规定限制的方法保证纪律，而较少采用理解、协助和采纳学生意见的方法。

2. 集体促成纪律

同辈人集体在学生社会化方面起着越来越大的作用，他们开始对同学察言观色，以便决定应该如何思考、如何信仰和如何行事。学生常常以"别人也都这么干"为理由从事某件事情，他们的见解、偏见、信奉、爱好与憎恶往往都视集体而定。他们的行为之所以遵守集体促成纪律，首先因为同辈集体不仅为其提供了一种新的价值观念与行为准则，而且还为其提供了作为一个独立自主的人来行事的体验，找到了保持自己安全感的新源泉。其次，同辈集体的行为准则为青少年学生提供了道德判断和道德行为的新参照点，结束了青少年学生在思想、情感和行为方面的不确定性、无判断力、内疚感和焦虑。在良好的集体中，学生会为不损害与同学的关系而遵守纪律。

3. 任务促成纪律

学生为完成某项任务而投入高度注意，对其他诱人的活动置之不理。任务促成纪律是以个人活动任务的充分理解为前提的。学生对任务理解得越深刻，就越能自觉地遵守纪律，即使遭受挫折也不轻易放弃。而这种理解的程度决定于学生的成熟程度，不成熟的人不能接受任务的要求，在完成任务的过程中一旦受到挫折和困难就会很轻易放弃。成熟度高的学生更能做到自律，并且根据任务的要求来计划自己的行为。同样在一个组织良好、活动定向的课堂里，这些比较成熟的学生作为班级的榜样，更能促进其他学生行为的成熟。此外，任务促成纪律是建立在学生积极动机的基础上的，个人必须觉察、理解了任务的重要性才能积极地从事这种活动。对于某一任务的理解，老师认为重要的，而对于绝大多数学生来说，尤其是青少年初期和少年期的学生，集体的赞同更为重要。所以学生卷入任务的过程，就是接受纪律约束的过程。学生越是成熟越容易使自己的行为跟眼前的任务要求一致。

4. 自我促成纪律

自我促成纪律实际上是学生自律的形成过程。学生认识到学习对于自己和社会的意义的时候，将课堂纪律内化到自我意识之中，成为约束自我的行为准则。这种内化与学生意识之中的纪律与客观的纪律可能会存在一定的不同，从而产生新的纪律。

维持纪律的最终目的是促进学生的自律，当学生学会响应教师的指导时，他们就已经成功地经过了一个社会的情绪成熟阶段。当他们响应其所在集体的指导时，他们就处在了更为发展的成熟阶段中了。在任何情况下，只要他们需要成长成为有责任心、有头脑的社会成员，他们就必须学习如何发展集体的标准，并对它做出贡献和反应。有时集体为其成员制定的标准是轻率的，如果一个人没有想通他自己行为的意义，便没有别的选择而只有符合集体的需要。如果一个人能够评价他自己的和集体的行为标准，便能够对新的和更好的集体标准的发展做出贡献。当外部的纪律控制被个体内化之后成为个体自觉的行为准则时，自律便出现了，表现为能够正确评价自己的和集体的行为准则，并在此基础上发展新的更好的集体准则。

二、课堂问题行为

（一）课堂问题行为的性质

什么样的行为属于课堂问题行为？研究者大都从"质"与"量"两个层面来衡量。从"质"的层面来看，主要以破坏课堂秩序、违反班规校纪作为判断标准。课堂问题行为的代表性定义就是指在课堂中发生的，与课堂行为规范和教学要求不一致，并影响正常课堂秩序及教学效率的课堂行为。从"量"的层面看，要考虑以下几个因素：一是频率，即此种行为是否经常发生；二是维度，即此种行为是否影响其他学生的正常学习，影响面有多大；三是强度，即该种行为对个体及他人的干扰程度；四是时间，即该种行为持续多长时间。具体来说，课堂问题行为的性质包括：

1. 课堂问题行为具有普遍性

不仅后进生有问题行为，优秀学生也会有问题行为。因此，不能将有课堂问题行为的学生简单等同于后进生或问题学生。只是优秀学生和后进生在课堂问题行为数量多少、发生频率和程度轻重等方面不同而已。

2. 课堂问题行为的程度以轻度为主

课堂问题行为虽然具有普遍性，但这些问题行为的程度轻重是不同的，主要表现为轻度问题行为，而且持续时间短，易变性强。

（二）课堂问题行为的类型

我国有学者将课堂问题行为分为行为不足、行为过度和行为不适三种类型。行为不足主要是指人们所期望的行为很少发生和从不发生，如沉默寡言等；行为过度主要是某一类行为发生太多，如经常侵犯他人；

行为不适是指人们期望的行为在不适宜的情境下发生，但在适宜的情境下却不发生，如上课时放声大笑等。

还有心理学专家根据学生行为表现的主要倾向，将课堂问题行为分为两大类：一类是外向性问题行为，即攻击型的；一类是内向性问题行为，即退缩型的。外向性问题行为主要包括：做滑稽表演、高声喧哗、相互争吵、推撞等攻击性行为，以及故意顶撞老师、破坏班规等行为。内向性问题行为主要包括：在课堂上心不在焉、胡思乱想、沉默寡言、烦躁不安、过度焦虑等神经过敏行为，胡涂乱写、抄袭作业等不负责任的行为，以及迟到、早退、逃学等抗拒行为等。

（三）课堂问题行为产生的原因

1. 教师的教育失策

（1）指导思想错误

如果教师缺乏正确的教育观，甚至对学习后进的学生采取厌恶、歧视的态度，就会伤害他们的自尊和自信心，使他们产生消极的自我概念，引发畏难情绪，并由此诱发他们的问题行为，甚至会导致其外向性对抗行为，直接干扰课堂活动的正常进行，影响教学质量。

（2）管理失范

如果教师放弃管教责任，采取不闻不问的态度，放任学生，或者对学生缺乏热爱和尊重，对学生态度生硬，急躁粗鲁，甚至用尖刻的语言讥讽学生、侮辱学生，谩骂学生；或者教师对学生的问题行为做出过敏反应，处处设防，动辄对学生大加训斥，甚至不惜花费整堂课时间进行冗长训斥，滥用惩罚等。这些管理失范的行为都有可能导致学生课堂问题行为的发生。

（3）师生缺乏沟通

有些教师特别是新教师，由于缺乏课堂管理的成功经验，对学生的纪律问题常常忧心忡忡，担心学生违反纪律，干扰课堂教学的顺利进行。这样，教师就把学生看成了威胁教学的力量，对学生采取生硬的措施来控制学生，课堂常会传出责备批评之声。这是由于缺乏沟通而造成的，可能会引起学生的课堂问题行为。

（4）教学的偏差

如果教师不认真备课或根本不备课；教学方法呆板，千篇一律，枯燥乏味，不善于激发学生的积极性；教学内容过难或过易，讲课速度过快或过慢；教师表达能力较差，语言和要求含糊不清；教学要求不当，对学生要求过高或过低；教学组织不当；等等。这些都可能引起课堂问题行为。

2. 学生的身心因素

（1）身心发展不完善

学生的身心发展仍处于不断发展完善的过程中，不完善的生理状况和心理状况都会影响学生的外在表现，进而产生一些问题行为。这些问题行为随年龄增长而不断发生变化，例如随着学生自制力的增强，有些问题行为可以减少。

（2）性别差异

学生的性别特征对产生问题行为有一定影响，性别不同，问题行为总体上的表现也存在差异。相对于女生来说，男生的问题行为更明显，出现频率更高。相对于男生来说，女生的外向性问题行为较少。

（3）生理障碍

学生生理上的障碍也会导致问题行为，例如学生视、听、说等方面的障碍，会削弱学生学习的能力和动力，妨碍学习活动的正常进行，学生在课堂上会表现出一系列的问题行为。

（4）心理缺失

心理缺失也是学生产生问题行为的重要原因。这主要反映在焦虑、挫折和个性等方面。这些心理缺失在不同程度上会造成学生的问题行为。

3. 环境的因素

（1）家庭因素

家庭结构、家庭气氛、父母的教养方式等都会导致学生产生课堂问题行为。许多关于离异家庭子女的行为研究表明，单亲家庭对孩子的行为容易产生消极影响，导致孩子自制力差、易冲动、迁怒于人，易产生对抗性逆反行为。

（2）社会环境

在当今信息时代里，社会各种信息通过多种媒体大量涌入学校，在学生的知识总量中，有一半左右是通过学校以外的大众媒体获得的。大众媒体传播的信息并非都是积极的、正向的，有很多诸如暴力、色情、凶杀、追求感官刺激等庸俗的、商业性的、低级趣味的内容。学生受这些内容的影响，耳濡目染、潜移默化，甚至盲目模仿和具体尝试其中的动作与行为，这是产生课堂问题行为的重要因素。

（3）课堂内部环境

课堂内部环境，诸如课堂内的温度、色彩、课堂座位的编排方式等物理环境，以及课堂气氛等心理环境都会对学生的课堂行为产生十分明显的影响。课堂中温度适宜、色彩明亮、气氛融洽，学生就可能产生一种愉悦的感受和积极的情绪，从而减少问题行为。否则，将会增加问题行为的产生。

（四）课堂问题行为的处置与矫正

1. 课堂问题行为的处置

（1）实施预防性管理，减少问题行为的发生

第一，树立学生的行为标准。明确学生常规的行为标准是一种有效的先行控制方法。这样，可以事先确立起对学生在课堂中的期望行为，让每一个学生都明白什么行为是好的，什么行为是不好的。

第二，改变学生的成败体验，降低挫折水平。学生的成功经验通常会激发他们的愉悦情绪，降低挫折水平，从而避免或减少问题行为。教师要确保学生在教学活动中适当的成功率，尤其是要将课堂活动规划在既不太容易也不太难的适度范围内。

第三，保持良好的课堂环境。课堂行为与课堂环境直接相关，有效的课堂行为管理，很大程度上是建立在良好的课堂环境基础之上的。良好的课堂环境不仅可以产生减少问题行为的发生，而且可以消解许多潜在的问题行为。

（2）运用行为控制策略，及时终止问题行为

第一，信号暗示。对发生问题行为的学生提供信号。例如突然停顿、走近学生、用眼神暗示等，用以提醒、警告学生，使其终止问题行为。

第二，使用幽默。当课堂气氛沉闷，学生注意力下降，从而产生问题行为时，教师可用轻松幽默的语言来调节气氛和提示学生，以防止问题行为的出现和制止或纠正已有的问题行为。

第三，有意忽视。某些学生的问题行为隐含着想赢得他人注意的愿望，如果教师直接干预，可能正好迎合了这些学生的目的。因此，教师可以有意忽视，学生会自觉没趣而改变行为。

第四，提问学生。随时提问出现问题行为的学生，可以为问题行为提出警醒，让其及时停止问题行为，尽快回到正常的学习活动中。

第五，转移注意。对于自尊心比较强的学生产生问题行为时，如果当面直接制止，可能会出现相反的效果或后遗症，这时可运用比喻，声东击西加以暗示，使之转移注意，从而停止其问题行为。

第六，移除媒介。有时，学生在课堂中做不相干的事，例如读漫画书、玩电子游戏等，教师可采取清除媒介物的方法，将这些东西拿走，从而制止其行为。

第七，正面批评。如果很多方法对制止学生的问题行为都不奏效，那就要正面严肃批评，指出其缺

点，制止其行为。当然，正面批评要建立在尊重学生人格的基础上。

第八，利用惩罚。对于有些较严重而又难以制止的问题行为，可适当利用一些惩罚措施，运用得当，也可起到制止问题行为的作用。

2. 课堂问题行为的矫正

(1) 课堂问题行为矫正的原则

第一，多奖少罚原则。奖励和惩罚是矫正课堂问题行为最常用的方法。实践证明，奖励的矫正作用大于惩罚，多奖少罚对于矫正课堂问题行为能起到更有效的作用。

第二，坚持一致性原则。课堂问题行为是由很多因素引起的。因此，课堂问题行为的矫正不能仅仅只考虑学校因素，还应同家庭因素、社会因素联系起来，相互传递信息，发挥学校、家庭、社会三位一体的教育网络作用。

第三，与心理辅导相结合原则。心理辅导主要是通过调整学生的自我意识，排除自我潜能发挥的障碍，帮助学生正确认识自己和评价自己来改变学生的外部行为。心理辅导能否奏效取决于师生之间是否真正建立起信任、融洽、合作的人际关系，能否展开真诚的思想、情感交流。

(2) 课堂问题行为矫正的步骤

第一，观察课堂中的问题行为。教师要善于观察与分析，及时、敏锐地发现问题行为。这是矫正的第一步。

第二，制定矫正目标及方法。发现问题行为，就要立即运用合理的方法，如谈话、走访、测验等深入了解问题行为产生的原因，判明问题行为的性质及严重程度，在诊断的基础上制定矫正目标，并确立为达到这一目标所要采取的有效的矫正措施及方法。

第三，选择适当的强化物和强化时间。由于学生行为是各种强化物综合作用的结果，因而在矫正的过程中既要维持或强化影响问题行为的不良刺激，又要选择适当的新的强化物和强化方式，给予积极强化。

第四，评定矫正成效。对问题行为矫正的成效应及时加以评定，如发现效果不良，应进行检查，了解觉察有无缺失、诊断是否正常、目标是否合理、过程是否得当，直到完全消除问题行为为止。

第五，塑造良好行为。塑造和发展良好的行为是真正消除问题行为的方法，在矫正问题行为的同时要积极塑造良好行为，直至良好行为的表现趋于稳定。

第四节　课外活动的组织与管理

一、课外活动的意义

(一) 课外活动的内涵

课外活动是指在课程计划和课程标准范围以外，学校有目的、有计划地组织学生自愿参加的各种教育活动。

(二) 课外活动的意义

1. 激发兴趣爱好

课外活动能激发学生的兴趣爱好，使学生享受到学习的乐趣，这种乐趣会泛化到学校和其他的学习中。

2. 发展个性特长

丰富多彩的课外活动能帮助学生挖掘自身潜在的能力，学生可以将自己在课外活动中发挥出的能力，进一步发展成为自己的特长。

3. 拓展知识，开阔视野

学生在课外活动中可以不受课程计划和教材的约束，通过传媒、网络等现代信息传播手段吸收大量信息，了解社会和时代发展现状，开阔视野。

4. 培养各种能力

在课外活动中，学生的动手能力和独立思考能力、发现问题和解决问题的能力、与人合作和交际的能力都能得到充分的发展。

5. 形成良好的个性品质

丰富多彩、生动活泼的课外活动可以形成学生活泼、开朗的个性品质。不同类型的课外活动能锻炼学生不同的个性品质。

6. 充实课余生活

中学生精力旺盛、爱好广泛、好奇心强，丰富多彩的课外活动正好符合他们的特点，可以让学生愉快地度过自己的课余生活。

二、课外活动的内容和特点

（一）课外活动的内容

1. 学科活动

学科活动是对课程计划中的各学科的课外拓展学习和研究的活动，以满足部分学生对某学科深入理解和研究的愿望。

2. 科技活动

科技活动是以科学知识和现代科学技术为内容，以培养学生的科学兴趣、科学能力等科学素养为目的的课外活动。

3. 体育娱乐活动

体育娱乐活动包括体育活动和娱乐活动。体育活动是指所有能增强学生体质、促进学生健康成长的活动。娱乐活动是指能丰富学生生活、陶冶学生性情、愉悦学生身心的活动。

4. 文学艺术活动

文学艺术活动以发展学生对文学艺术的兴趣爱好、培养他们的审美情趣、提高他们对艺术美的感受、欣赏、表现和创造能力为主要目的的活动，包括课外阅读、文学作品朗诵等。

5. 社会实践活动

社会实践活动是学生接触社会、了解社会、服务社会，体验社会生活和社会生产实践的活动，包括参观游览、社会调查、访问、社会公益服务活动等。

（二）课外活动的特点

1. 课外活动目标个性化

课外活动目标个性化包含两层含义：一是课外活动的目标主要是促进学生的个性化发展；二是课外活动对学生要达到的目标没有统一的要求，每个学生都可根据自己的知识水平和能力设定不同层次的目标。

2. 课外活动对象的个别自愿化和自主性

课外活动以学生自愿为原则，学生有权选择是否参与活动，这体现参与对象的个别自愿化。课外活动是学生独立自主的活动。班主任或辅导员要放手让学生自己设计、自己组织、自己动手实践、自我评价考核。

3. 活动内容的广泛性和灵活性

课外活动不受课程计划和课程标准的限制，其内容广泛，无所不包，只要是能拓展学生视野，扩大其知识面，培养学生某方面的能力，或者只要是有益于学生身心健康的活动都可以开展。活动的内容可以根据学生的需要和愿望而灵活设定，学生可自由选择活动内容。

4. 活动形式的多样性

课外活动规模的大小、活动时间的长短以及活动的形式没有一个固定的模式，也没有固定的活动场所，可以根据学校的具体情况、学生的需要而生动活泼、灵活多样地开展。

5. 活动过程的实践性

课外活动以学生的活动为主，课外活动过程实质是学生运用知识、锻炼能力、体验情感的实践过程。

三、课外活动的组织与管理

（一）课外活动的组织形式

1. 集体活动

集体活动是指能吸引全班大部分同学参与的由学校、班级或少先队组织的活动，这类活动有：讲座和报告，参观游览，集会，比赛，电视、电影、戏剧的观看与赏析，公益劳动等。

2. 小组活动

小组活动是课外活动的主要组织形式。它是根据部分学生的兴趣、爱好和要求以及学校的具体条件，以某一种活动内容为主题组成小组，进行的有目的、有计划、经常性的活动。

3. 个别活动

个别活动是学生在教师指导下，根据自己的爱好、兴趣在课外独自进行的作业活动。包括课外阅读报刊书籍、练习创作、科技小制作、发明创造、体育锻炼等。

（二）课外活动组织管理的要求

1. 提高对课外活动的重视程度

（1）学校重视并提供条件

课外活动是学校工作中不可缺少的部分，学校应该给予高度重视。学校对课外活动的重视不应该只停留在口头上和文件中，而应该对课外活动进行整体规划，并为课外活动的实施提供条件。首先，学校应该设置专门的课外活动组织机构，由专人来全面考虑每学年的课外活动计划，及时处理课外活动中出现的问题，检查课外活动情况，总结课外活动的经验，并进行考核和奖励。其次，学校要根据本校的实际，充分利用各种资源，安排课外活动的指导教师、课外活动的空间场地、时间、内容、形式、设备与器材，为课外活动的顺利开展提供尽可能的支持。最后，学校可以寻求社会支持，聘请有关学者、专家、科技人员或具有专长的家长来校辅导，或走出校园利用社会资源来开展课外活动。

(2) 班主任重视并参与组织与指导

班主任作为课外活动的主要设计者和组织者，要充分认识到课外活动的重要性。班主任对课外活动的重视表现在以下四个方面：一是积极参与课外活动的组织与指导；二是严格按照学校的要求和课程表时间开展课外活动，不随意挪用；三是减轻学生的课业负担，为学生设计内容丰富、灵活多样的课外活动作业；四是结合自己的学科或特长设计课外活动内容，编写课外活动教材。

2. 明确课外活动的目的，动员每个学生参与

对于每学期或每次课外活动的开展，班主任必须明确活动目标，动员学生参与。首先，确定活动的目标，可以根据课外活动的不同类型和学生的能力水平确定活动的目标，并使学生清楚活动的要求。其次，动员学生根据自己的特点有选择性地参与课外活动。动员每个学生都参与课外活动，并教会学生根据自己的爱好特长或需要选择课外活动，要求学生参与的课外活动类型在一定时间内保持相对稳定。

3. 发挥学生的主动性和积极性

课外活动是学生自己的活动，学生是课外活动的主体，应有其自主权。首先，在制订课外活动计划前，老师先调查学生感兴趣的课外活动，然后根据调查的结果设置课外活动的类型。其次，当学生选定好自己参与课外活动的类型后，由活动小组成员设计整个学期的活动内容，班主任或指导教师提出合理建议，共同确定活动内容和形式。再次，在每次活动之前，由学生自己设计活动计划，班主任签名通过后就可实施。最后，活动的主持和实施由学生独立自主地开展。班主任在需要时提供帮助和指导，不能包办代替。当学生享有活动的整个过程的自主权时，他们的主动性和积极性将得到最大程度的发挥。

第五节 学校与家庭、社会教育机构的协作

一、学校与家庭协调的基本内容与方式

（一）学校与家庭协调的基本内容

1. 实现相互了解

学校与家庭协调的重要内容之一是通过家校合作多角度、多方面地了解学生在学校和家庭中的发展状况、学校实际状况、家庭的基本情况，进而从学生的真实需要出发教育学生，开展多方面的教育。

2. 互通教育情况

通过家校协调，能更好地将学校、班级、教师的教育内容和教育方式与家庭的教育方法进行沟通，既便于学校开展教育活动，也有利于获得家长的教育支持。

3. 进行家长教育

学校与家庭协调的一项重要工作是进行家长教育。家长的教育观念、教育内容、教育方法不完全是科学合理的，尤其有些家长的教育方式是偏执错误的，家长同样需要不断学习成长，家校协调是进行家长教育理想有效的途径。

4. 形成教育合力

学校与家庭协调的重要工作是将家庭的教育力量与学校的教育力量进行最大程度的整合，进而形成最大的教育合力，促进学生全面发展。

（二）学校与家庭协调的方式

1. 互相访问

互访可以了解学生所在的学校、班级和家庭的基本情况；互相通报学生在学校、家庭中的主要活动、表现及进步状况；共同协调和制定今后教育学生的方法或方案，做到相互配合。互访应注意的问题有：互访的动机要端正；互访要经常化；双方要采取实事求是的态度；互访时要让学生在座，条件允许的话，应让学生共同参与谈话。

2. 建立家校通讯联系

建立家校通讯联系的主要方式有电话、文本信件、校讯通、家长网络聊天群组、家长电子信箱等等。传统的通讯联系方式要与现代的通讯联系方式紧密结合起来。

3. 开展家长开放日活动

通过开展家长开放日活动，可以请家长到学校听课，学校则在家长听课后，广泛收集家长意见；也可以利用纪念性活动吸引家长参与学校活动，既增进家长与学生的感情，也为家校合作创建多维平台。

4. 召开家长会

家长会是中小学在长期的教育实践活动中形成的学校教育与家庭教育相联系并形成教育合力的有效方式。家长会作为一种学校与家庭相协调的方式优点在于：集中交流可以在有限的时间里获得最大的交流信息量；可以相互借鉴家庭教育的经验或吸取教训。

5. 举办家长学校

家长学校主要请校长、教导主任、教师和有关的专家讲解有关教育学、心理学方面的知识或者以家长感兴趣的话题为中心进行相互交流，目的是促进家长的不断成长，提高家庭教育的科学性和有效性。

二、学校与社会教育机构协调的方式

我国社会教育机构主要有以下几种：文化馆、少年宫、图书馆、博物馆、纪念馆、广播电台、电视台、社区等。学校与社会教育机构协调的方式主要有以下几种：

（一）鼓励学生参加校外教育机构活动

学校应积极鼓励和支持学生参加校外社会教育机构组织的活动，并关心了解学生在校外活动中的表现，实现对学生的全面把握，更好地实施校内的教育。

（二）支持帮助校外教育机构

学校可以经常联络校外教育机构，为校外教育机构提出建议和意见；应经常向有关部门反映意见和要求；向学生家长广泛宣传校外教育的重要意义；动用学校的人力和物力，为校外教育机构的活动提供可能的帮助和支持。

（三）利用校外教育机构活动条件

学校可利用各种社会机构为学生提供的活动条件对学生施加影响。学校可利用各种社会机构的条件，如少年宫、博物馆等，丰富和补充学校教育，使学生获得多元的发展平台。

（四）充分利用社区教育委员会

社区教育委员会是以学校为中心，由一所学校联合所在社区的部分企业、事业单位和党政机关或团体部门共同组成的。社区教育委员会有助于学校与社会各界的互相沟通、理解和支持，有助于及时反馈有关学生教育的信息；还有助于互通有无，充分利用教育资源，动员社会各界力量，筹集教育资金，宣传教育理论，形成尊师重教的良好风气。

第六节 教师心理

一、教师角色

（一）教师角色的含义

每个社会成员都处于某个社会位置上，这时他便扮演着社会角色，教师也是一种社会角色。"角色"是社会心理学中角色理论的基础概念。角色理论是一种试图从人的社会角色属性解释社会心理和行为的产生、变化的社会心理学理论取向。角色或称为社会角色，是指由人们在社会关系中的特定位置或社会地位所决定的，表现为符合社会所期望的行为和态度的总模式。它反映了社会赋予个人的身份和责任。在社会生活中的每个人都处于各种各样的社会关系之中。相对于每一种关系，人们都具有特定的位置，都在充当着一定的角色。社会对于处于不同位置扮演不同角色的人具有不同的期望、要求。社会按照各类社会角色所规定的行为模式去要求每个社会成员，这即所谓的角色期待。角色期待的内容，是在社会生活的长期发展中形成的，它规范和约束了角色扮演者的行为，以保证社会生活的进行。每个人只有按角色期待行事，才能保证对社会的适应，他的行为才会得到社会的认可和称赞。虽然角色期待并不像法则规范那样强制人们执行，但它在一定社会群体中约定俗成并由公众舆论来监督执行，只有符合角色期待的行为，才会受到公众舆论的认可。角色期待的作用主要是规范了角色的行为，成为角色行为产生的依据。

综上分析，教师的角色也称为教师的社会角色，是指由教师的地位和身份所规定的教师应具有的行为和态度的总模式。

（二）教师角色的类型

教师是社会职业的一种，其工作任务是根据某一社会所规定的教育目的和学生身心发展的特点去培养人才。教师要按照课程体系进行教学，保证学生在短时期内获得人类积累下来的优秀文化遗产；还要使学生形成优秀的道德品质和良好的人格特性，保证学生成为一个心理健康的社会成员。教师完成工作任务的途径既有言传，又有身教，这就要求教师要比从事其他职业的人更加严格要求自己，不断提高自己的修养，真正成为学生的楷模。

教师职业的特点决定了社会对教师的角色期待。从社会对教师的角色期待以及教师的社会职责来分析，教师在学校主要应该充当学习的指导者与促进者、班集体的领导者、行为规范的示范者、心理保健者和教育科研人员这样五种角色。

1. 学习的指导者与促进者

教师承担着系统地、准确地向下一代传递文化科学知识，指导和促进学生学习和发展学生智力的任务，即教师应该充当学习指导者和促进者的角色。

教师作为学习指导者的角色要求教师指导学生去掌握基础知识和基本技能，指导学生在获得科学知识的同时学会如何学习并发展各种能力，从而保证学生在未来的社会生活中能够不断扩充知识。在指导学生学习的过程中，教师既要面向全体学生，促进每个学生的全面发展，又要因材施教，发展每个学生的特长。同时，教师还必须熟悉并掌握信息传递的技能和技巧，善于运用教学的技术设备，根据教学需要，恰当地使用直观教具、图表和现代化教学手段来形象地表达教材内容。

同时，教师也应该努力使学生成为知识的建构者，使学生成为学习的主人，这就要求教师不仅是学生学习的指导者，也要成为学生学习的促进者，给学生创造可进行积极探究的学习环境、提供丰富的学习材料、提供适当的支持，促进他们向更高水平发展。

2. 班集体的领导者

学生的学习是在班级集体这种特有的社会群体条件下进行的，担任班主任工作的教师是班集体正式的领导者，没有担任班主任工作的教师在班集体活动中也担负着领导者的责任。要充当好领导者的角色，首先要求教师在课堂教学活动中建立良好的课堂秩序，在教学的同时督促全体学生遵守课堂纪律，使学生养成自觉遵守纪律的习惯；其次，教师要建好班集体，必须注意选择学生干部，培养积极干部，形成有力的领导核心，营造良好的集体气氛和舆论，建立和谐的人际关系。教师的领导方式可以划分为不同的类型，其行为表现不同，对学生的影响也不一样。

3. 行为规范的示范者

在培养学生道德品质和人格特性的过程中，教师不仅要指导学生掌握社会价值观念和行为规范，更要充当起示范者的角色，通过自己的一举一动，给学生提供活生生的榜样。教师要不断反省自己的思想品德、行为作风、处世态度，充分意识到自己的榜样作用，使自己的言行成为学生的表率。例如，要求学生正直公正，教师首先要公正地对待学生；要求学生关心他人，教师首先要关心学生。

4. 心理保健者

随着现代社会生活节奏的加快，竞争日趋激烈，在生活条件和生活质量逐渐提高的同时，学生也面临着许多选择和挑战，这使学生的心理压力不断增大，心理问题日趋增多。这就要求教师做好学生的心理健康教育工作，担当学生的心理保健者的角色。

教师要担当好学生的心理保健者的角色，就应该努力做到：（1）要注意转变观念。做现代教师，除去担当学习指导者的角色外，更重要的是要注意维护学生的心理健康，使其健康地成长与发展。（2）要自觉学习、了解一些青少年心理发展及心理卫生、心理咨询方面的知识。通过深入学习，了解青少年学生心理发展的年龄特征，关注每个年龄段的学生容易出现的心理问题，及时预防，提出相应对策以解除学生的心理困惑。（3）在教育过程中，教师还必须充分了解每个学生的情感、意志、能力、气质、性格等心理特征，尊重他们的人格，有的放矢地实施教育，以保证他们心理的健康发展。

当然，教师的主要角色并不是担当学生的心理治疗者。一旦学生有了严重的心理障碍或是严重的精神疾病，应让学生到专门的医疗机构及时接受治疗。

5. 教育科研人员

由于教师的工作具有复杂多样并富有变化的特点，教师在实际工作中会遇到一些依靠现有理论和自身经验解决不了的问题，这就要求教师能够开展教育科研活动，成为"科研型"的教师。教师不仅要成为知识的传递者，也要成为知识的调试者、研究者和创造者，教师要成为真理的追求者和探索者。

要充当好教育科研人员的角色，首先要求教师具有探讨问题的意识，注意收集资料，勤于动脑思考和反思，不满足于工作中的"轻车熟路"；其次，要求教师能够掌握教育科研方法，并注重运用所掌握的方法来解决自己在教育实践中所遇到的问题。

二、教师心理特征

(一)教师的知识特征

作为一名教师,应该具备的知识包括:

1. 学科知识

首先,教师应该拥有学科知识,教师拥有的学科知识应该包括如下几个特点:

(1) 丰富性

教师要拥有某一学科的事实、概念、规则、原理等知识,并需不断更新、扩充自己的知识体系。教师拥有丰富的学科知识并不是能够胜任教学的充分条件,但是缺乏学科知识将阻碍教学的正常进行。

(2) 组织性

教师不仅需要丰富的学科知识,还需要将这些知识组织起来。首先,只有有组织的知识才是有用的,因此教师要教给学生有组织的知识,这就要求教师首先了解知识之间的关系。其次,当知识能够联系起来时,学生才能深入理解新学习的内容,因此教师必须熟悉知识之间的关系。

(3) 包含学科方法与学科观

教师拥有的学科知识除学科知识本身外,还应包括该学科的学科方法以及相应的学科观。

首先,教师不仅需要教给学生该学科的知识,还应该教他们相应的学科方法,帮助他们形成学科素养,使他们能够深入理解所学的知识并能探究知识,这对于培养学生的独立思考和研究能力是非常必要的。

其次,教师还应形成适宜的学科观。学科观指对一门学科的认识与理解,包括教师形成的个人的学科习惯、观点以及学科问题解决倾向。教师的学科观影响着他们的教学进程。教师应该在深入思考的基础上形成适宜的学科观,教师形成的学科观应该有助于学生对于该学科的学习和理解。

(4) 实践性

教师拥有的学科知识还应具有实践性,教师应该熟知相应的学科知识在现实生活中的应用。一方面,教师要培养学生的实践能力必须了解学科知识的实践性;另一方面,教师熟知学科知识在生活中的应用能够激发学生的学习兴趣。

(5) 外显性

教师的职业决定了教师拥有的学科知识能够清晰地表达出来,这就是教师学科知识的外显性。

2. 一般教学法知识与教学法——内容知识

教师除了要拥有学科知识之外,还要拥有教学法知识,即教师能够进行有效教学,从而促进学生获得知识、形成技能、改变态度以及发展能力。

(1) 一般教学法知识

一般教学法知识指课堂上运用的适用于各个学科的教学方法。它主要包括教学环境设计的一般性原则与策略、课堂管理与组织的一般性原则与策略、执行教学的一般性原则与策略。

(2) 教学法——内容知识

教学法——内容知识关注的是教师采用哪些有效方式让学生明了、清楚所学的学科内容。

3. 学生知识

教师要使教学有效进行,还必须对学生有充分的了解,这就是学生知识。学生知识主要包括如下几个方面:

(1) 学生拥有的先前知识与认知过程

学生进入课堂之前拥有哪些知识会影响教学效果。学生的智力水平、认知风格等因素也会影响教学效果。

(2) 学生人格特征

包括学生的兴趣、爱好、学习动机、性格、气质等方面的特点。

(3) 学生生活状况

包括学生的家庭社会经济地位、父母对他们的教养方式等方面的状况。

(二) 教师的认知特征

教师的认知特征主要包括三个方面：观察力特征、注意力特征和思维特征。

1. 观察力特征

(1) 客观性

教师在对学生的表现进行观察时，应尽量排除主观因素的干扰，全面地、实事求是地看待学生的行为。

(2) 敏锐性

要求教师从人们司空见惯的现象洞察学生的思维、从转瞬即逝的变化判断学生的情绪，从而发现问题，解决问题。

(3) 精细性

要求教师能够明察秋毫、见微知著，能从笼统的事物特征中区分细微特征，及时了解学生的变化。

2. 注意力特征

教师的注意力特征集中表现在注意分配能力上。注意分配能力是指教师在同一时间内能够把自己的意识集中在主要对象，又能分散注意到其他对象的能力。教学是一项复杂的活动，它要求教师拥有较强的注意分配能力。教师可以通过熟练掌握教材、充分做好课前准备、保持良好情绪以及加强注意分配练习等方法来提高注意分配能力。

3. 思维特征

(1) 逻辑性

要求教师在考查问题时要遵循严格的逻辑顺序，有充分的逻辑依据，从而得出更准确的结论，并培养学生的逻辑思维能力。

(2) 创造性

要求教师在解决问题时，能将已有的知识和信息加以发散思考，得出新知识。

(三) 教师的情感特征与意志特征

1. 情感特征

优秀教师的情感特征一般表现为以下四个方面的特点：爱岗敬业，积极进取；热爱学生，关心每一个学生的成长；情绪稳定，充满自信；品德高尚，具有强烈的道德感和责任心。

2. 意志特征

教师良好的意志品质主要表现在以下几个方面：目标明确，执著追求；明辨是非，坚定果断；处事沉稳，自制力强；精力充沛，毅力顽强。

(四) 教师的人格特征

1. 教师人格的育人性

教师人格的育人性是由教师职业的劳动特点所决定的。教师劳动与社会其他行业的劳动相比，具有许多不同的特点。首先表现为教师劳动的目的不同。教师是教育者，其劳动的主要目的是培养、塑造符合社会发展需要的优秀人才，以促进其身心的健康发展。其次，教师劳动的对象不同，教师劳动的对象是人，是一个个活生生的具有各自不同个性的人。最后，教师劳动的实现方式不同。教师"不是使用物质工具去作用于劳动对象，而主要是以自己的思想、学识和言行，以自身道德、人格的形象力量，通过示范的方式直接影响着劳动对象"。教师在教育活动中对学生形成影响的方式之一就是通过其特有的人格魅力感染和教育学生，它涵盖着其全部人格、知识和才华，因而教师的劳动具有强烈的示范性。教师通过自己的言传身教，体现人格形象和魅力，为人师表，塑造学生健康的人格品质。

2. 教师人格的高尚性

教师人格的高尚性是由教师培养学生品德的责任决定的。教师要使学生形成高尚的品德，不仅要有广博的文化修养，精深的专业知识，教育教学工作的基本能力，更应具有高尚的道德品质，成为学生的榜样和表率。正所谓，"子帅以正，孰敢不正？"

3. 教师人格的完美性

真、善、美三者和谐的统一才能构成圆满的人格，否则，就是有缺损的人格。教师人格具有育人性和高尚性，和社会其他职业相比，教师的人格更应具有完美性。一个真正优秀的教师，必然具有完美或相对完美的人格特征，不仅是学生学习的榜样，而且也是他身边的其他人，乃至一个时代所推崇的人格典范。真、善、美三者的和谐统一是教师人格的完美体现，也是人生的最高境界。

（五）教师的行为特征

1. 教学行为

教师的教学行为可以从下面几个方面来衡量：教师行为的明确性、教学方法的多样性和启发性、教学任务的取向性、学生的参与性、教学效果评估的及时性。教师在教学中做到这几个方面，必然会收到很好的教学效果。

2. 领导方式

教师的领导方式对班风、课堂教学气氛、学生的价值观、学生的个性发展以及师生关系都有不同程度的影响。教师的领导方式可分为专断型、放任型和民主型。其中民主型的领导方式对学生发展的促进作用最大，是比较理想的领导方式。

三、教师的成长与培养

（一）教师成长的阶段

1. 伯利纳的发展观

这是 20 世纪 80 年代关注教师教学专长的专业发展阶段观。伯利纳根据德格鲁特的专长发展阶段，提出了教学领域中的专长发展阶段，认为教师从新手到专家的过程存在着 5 个阶段。

（1）新手阶段

指新教师所处的阶段。这一阶段教师的主要任务是学习一些概念性的知识，如教学原理、教材内容知识和教学方法等，同时获得初步的教学经验。

（2）高级新手阶段

指有两三年教龄的教师所处的阶段。这一阶段教师的特点是：概念性知识开始与教学经验相融合，教学事件开始与相对应的知识相结合，已能意识到不同教学情境的共性，会运用一些教学策略来调节和控制自己的行为，但总的来说，他们此时的教学行为仍带有很大的偶然性、盲目性。

（3）胜任阶段

指能完全胜任教学的教师所处的阶段。这一阶段教师的特点是：能有意识地选择要做的事，能确定课堂中教学事件的主次，但教学技能仍然达不到迅速、流畅与变通的水平。

（4）熟练阶段

熟练教师的特点是对课堂教学情境和学生的反应有敏锐的直觉力，有模式识别能力，形成了教学事件的模式。正是由于这些专业技能的形成，熟练教师才能根据课堂教学进程及学生的学习反应及时调整自己的教学计划和控制自己的教学活动。

（5）专家阶段

专家教师根据教学情境的复杂程度，采取不同的教学处理方式。在教学过程进行得十分流畅时，他们的课堂行为是一种"反射性的行为"；当熟悉的课堂教学事件发生时，他们会以直觉的方式立即做出反应，并轻松、流畅地完成教学任务（这种知识又称为动态中的知识或缄默性知识）；当不熟悉的课堂教学事件发生时，他们进行有意识的思考，采取审慎的解决方法。

不同阶段的教学专长各有特点，但总的来说，教师的教学专长是由可意识的、零碎的教学原理等概念性知识向直觉的、综合的实践性知识发展，最终专家教师获得了动态的缄默性知识。

由于受当时专长研究现状的影响，伯利纳虽然指出随着教学经验的增多，教师的教学呈现出自动化，知识呈现出组块化等特点，但是没有明确指出上述教师技能的获得方式。

2. 格拉塞的阶段观

这是20世纪90年代关注专长获得方式的教学专长发展阶段观。格拉塞在对专长获得的研究进行总结的基础上，提出了专长获得的专业发展阶段观，同样适用于教学领域。他把教学专长的发展分为三个阶段。

（1）外在支持阶段

指新教师所处的阶段。教师在这一阶段面临许多教学实践问题，初步学习教学技能。除个人的参与意识、兴趣会影响新教师技能获得外，还有父母、指导教师、其他有影响的教师等环境因素的影响作用。学校应为新教师提供一个支架式的支持，如学习共同体。

（2）转变阶段

指教龄2—3年的教师所处的阶段。这一阶段教师的自我监控技能与自我调节技能逐渐发展，教学技能越来越标准化。他们的任务主要是掌握更多的恰当的教学技能。学校要逐渐减少对此阶段教师的支架支持，代之以师徒制，为他们提供更多的指导性建议。

（3）自我调节阶段

指专家教师所处的阶段。这一阶段的教师不仅掌握了娴熟的教学技能，而且还拥有高度发展的自我监控技能与自我调节技能，能够进行自我学习。如，自主控制学习环境，选择他们应接受的教学反馈，自行决定自己的发展目标。在促进专家教师的发展上，学校应更多地为他们创设刻意练习的条件。

格拉塞更为注重不同阶段教师教学专长的获得方式。他深受维果茨基观点的影响，认为教师的发展是一个从所处社会环境的外围逐渐深入到核心的过程。在这一过程中，教师应得到不同的环境支持。教师的发展历程经历了支持性学习——指导性学习——自我强化学习这三个阶段。

3. 亚历山大的阶段观

这是21世纪初关注教师非认知因素的教学专长发展阶段观。在21世纪初，专长研究阵营中的一些研究者对过去的专长获得研究提出了种种质疑，总结起来主要有两点。其一，已有的专长获得研究往往是精心设计一个实验任务让被试学习，其实验情境是不真实的，而个体的学习环境实际上是一个真实的复杂的社会环境，因此，这些研究者认为实验情境中的学习并不是一种真实的学习；其二，已有的专长获得研究者不能很好地回答"为什么具有相同工作经历的个体，有的能成为专家，而大多数却不能成为专家"这一问题。这些研究者认为以往的专长研究把人假设为冷酷的认知机器，忽略了对"人性"的关注。实际上，个体的兴趣、动机、情感等非认知因素同样也影响着个体的学习。

亚历山大的 MDL 模型（the Model of Domain Learning）主要针对的是学校领域的学生与教师的专业学习与发展，而不是揭示每一阶段的专长的特点。MDL 模型包括三个阶段与三大主要成分。三大主要成分为专业知识、策略性加工和兴趣。其中专业知识可分为领域知识与主题知识。策略性加工分为表层加工与深层加工，前者如复述策略，后者如比较策略。兴趣分为个人兴趣与情境兴趣。亚历山大认为，这三种成分相互作用，共同影响着人们的学习，但在不同的专长发展阶段，它们的相互作用是不一样的。

(1) 适应阶段

主要是指新教师所处的阶段，是专长发展的最初阶段。在这一阶段，新教师面临的是复杂的、陌生的教学领域，无论是教学知识还是所教学科知识，在广度与深度上都是支离破碎的，因为新教师缺乏把它们整合在一起的一般知识与理论。也正是由于上述原因，新教师不能分辨熟悉与不熟悉的知识（情境）、相关与不相关的知识（情境），他们只能运用表层加工策略，如模仿，去解决教学中存在的问题。为了促进新教师的发展，情境兴趣在这一阶段是非常重要的，相反，个人兴趣无能为力。

(2) 胜任阶段

主要指胜任型教师所处的阶段，是专长的转变阶段。在这一阶段，教师的知识出现了质和量的变化，不仅表现出拥有更多的领域知识，而且有着更为紧凑、更多联系的主题知识。随着对本领域的熟悉，这一阶段的教师不仅运用表层加工策略，还运用深层加工策略去解决教学问题。在这一阶段的教师发展上，情境兴趣的影响逐渐减弱，而个人兴趣的影响逐渐增强。

(3) 专长阶段

亚历山大认为，在前面两个阶段，任意一个影响因素都能促进教师的发展，但是在专长阶段，必须要这三种因素协同作用，共同促进专长的发展。在此阶段，教师不仅有着渊博的教学领域知识，深厚的教学主题知识，而且还能够提出新的知识。为了提出新的知识，专家教师积极地去发现问题，不断地思考教学中存在的各种问题，因此他们往往会运用深层加工策略。此阶段，对专家教师的教学领域内的探究产生重大影响的是个人兴趣，而不再是情境兴趣。

亚历山大的 MDL 模型非常强调兴趣的作用，认为正是因为缺乏兴趣，绝大多数的教师只能达到胜任阶段，而只有少数教师才能成为专家。

4. 福勒和布朗的阶段观

福勒和布朗根据教师的需要和不同时期所关注的焦点问题，把教师的成长划分为关注生存、关注情境和关注学生三个阶段。

(1) 关注生存阶段

这是教师成长的起始阶段，处于这种阶段的一般是新教师，他们非常关注自己的生存适应性。他们经常注重自己在学生、同事以及学校领导心目中的地位，出于这种生存忧虑，教师会把大量的时间用于处理人际关系或者管理学生。

(2) 关注情境阶段

当教师认为自己在新的教学岗位上已经站稳了脚跟后，会将注意力转移到提高教学工作的质量上来，如关注学生学习成绩的提高、关心班集体的建设、关注自己备课是否充分等。

(3) 关注学生阶段

在这一阶段，教师能考虑到学生的个别差异，认识到不同年龄阶段的学生处于不同的发展水平，具有不同的情感和社会需求，因此能够因材施教。可以说，能否自觉关注学生是衡量一个教师是否成熟的重要标志。

（二）专家型教师的培养模式与途径

1. 注重教学专长的教师专业发展模式

（1）理论与实践结合的职前教育模式

在师范教育期间，师范生一方面要学习完备的理论知识，包括学科知识、教学法知识和学生知识。同时，师范生要进行一定时间的实习和见习，进行必要的教育教学实践，具备初步运用教师知识的能力。在这个过程中，师范生的指导教师应该给予学生全面的支持。

在岗前培训期间，培训部门要给新教师提供丰富而有针对性的培训。

（2）高校组织的教师专业发展模式

对于教师的职中培训有多种形式，其中包括高校的教育学院和师范学院组织的教师培训。高校组织的教师培训应注意两个方面：

第一，培训计划需完备、系统。根据受训中小学学校和受训教师特点，相关培训部门应制订详细的培训计划，促使教师由新手教师向专家教师转变。

第二，教学方式应有效、适宜。教师培训者应该是示范者，他们在培训中小学教师时，应该将他们培训的内容展现出来，使他们的培训令受训教师信服。

（3）教师专业发展学校的教师专业发展模式

教师专业发展学校是以中小学为基地，以中小学与大学的研究合作为途径，利用大学深厚的理论底蕴和丰富的教育资源，利用中小学实在的教学实践场地和丰富的教学经验积淀，共同承担师范生的培养、在职教师的继续教育和大学教师的教学研究工作。它实现了教师教育的一体化，是教育理论与教育实践的完美结合，不仅让师范生和大学教师受益匪浅，也让作为指导教师的中小学教师受益。

教师除了指导师范生外，还要参与研究项目，重返大学学习相关课程，不断提高自己。

一个理想的合作小组，一般由4—5名有经验的教师、2—3名大学教师、5—10名研究生、若干数量的师范本科生及其他人员构成。

（4）校本培训的教师专业发展模式

这是以学校为主导的教师专业发展模式。它由学校校长根据学校的现实，与教师共同对学校实际问题进行观察和思考后，制定出符合学校和教师发展的培训目标。紧接着，学校充分发掘潜力，在学校中组织各种培训和研究。校本培训的专业发展模式可以有校外力量的参与。

2. 适于专长发展的教师发展途径

（1）观摩和分析优秀教师的教学活动

课堂教学观摩可分为组织化观摩和非组织化观摩。组织化观摩是有计划、有目的的观摩，一般来说，为培养提高新教师和教学经验欠缺的年轻教师宜进行组织化观摩；非组织化观摩与组织化观摩对立，是指没有明确目的和计划的观摩，要求观摩者有相当完备的理论知识和洞察力。

（2）师徒结对

师徒结对是重要的促进教师专业发展的途径。通过师徒结对，新教师可以观察优秀教师的教学，可以从优秀教师那里获得支持。为了促进新教师和指导教师的共同成长，师徒双方应做到以下几点：

第一，师徒建立平等关系。

第二，指导教师给予新教师精神上的支持。

第三，指导教师鼓励新教师阐述自己的观点。

第四，指导教师促进新教师的认知过程和元认知过程。

第五，新教师应该有良好的沟通技巧。

第六，新教师应相信自己的能力和知识。

(3) 开展微格教学

微格教学指以少数学生为对象，在较短的时间内（5—20分钟），尝试做小型的课堂教学，可以把这种教学过程摄制成录像，课后再进行分析。这是训练新教师、提高教学水平的一条重要途径。

(4) 刻意练习

刻意练习是指由指导者或个体专门设计，用以改进个体当前的行为水平，对个体最终成就起决定作用的、长期的、特殊的训练活动。

刻意练习有助于促进个体已有的认知策略、方法、行为的修正和重组。它具有以下特点：需付出意志努力；不获得即时的外在激励反馈；不具有内在娱乐性；能改进当前的行为水平。它的实现受到个人得到的支持因素、个人的努力程度和个人的动机的制约。

埃里克森认为在教学活动中，刻意练习应符合以下四个条件：第一，教师应该认识到他的这些行为与提高教学质量密切相关；其二，教师应该认识到要开展并且长期坚持这些行为活动需要付出很大的努力；其三，进行这些活动的频率应该是高的；其四，教师本人会认为这些活动并不具备趣味性或娱乐性。

教师要从新手教师向专家教师转变，在备课、教学评价与反思活动中必须进行刻意练习。

作为刻意练习的备课活动，教师要注意到书本与现实的差异性，认真对待每一次备课，要寻求教学的多变性，不断投入心智努力，而不是将教学活动按常规方法来进行。

作为刻意练习的教学评价与反思活动是：教师在每次课堂教学的过程中和教学之后都对教学行为和学习效果进行评价和反思，并提出相应的改进方案。教师反思的环节包括四个阶段：第一，具体经验阶段，这个阶段的主要任务是促使教师意识到自身存在的问题，并明确问题情境。第二，观察分析阶段，这一阶段的主要任务是教师广泛收集、分析相关的经验，特别是自己教学活动的信息，以批判的态度来看待自己的教学行为，明确问题的根源所在。第三，重新概括阶段，这一阶段的主要任务是教师在明确了问题情境之后，重新审视自己，寻找新的思想和策略来解决所面临的问题。第四，积极验证阶段，这一阶段教师开始使用自己获取的新策略来解决教学过程中的问题，并观察其是否有效。

(5) 教师学习共同体的建立

教师学习共同体是成员间共同参与、相互依赖、具有共同兴趣的一个建设性的集体。教师作为自主的学习者，随时能够寻求到帮助。在共同体中，每个人愿意分享自己的观点。

四、教师心理健康

(一) 教师心理健康的有关理论

1. 教师心理健康的标准

教师心理健康的标准包括以下几点[1]。

第一，对教师角色的认同。勤于教育工作，热爱教育工作，能积极投入到工作中去，将自身的才能在教育工作中表现出来并由此获得成就感和满足感。

---

[1] 俞国良. 现代心理健康教育 [M]. 北京：人民教育出版社，2007：322—323.

第二，有良好和谐的人际关系。具体表现在：了解彼此的权利和义务，将人际关系建立在互惠的基础上，个人思想、目标、行为能与社会要求相互协调；能客观地了解和评价别人，不以貌取人，也不以偏概全；与人相处时，尊重、信任、赞美、喜悦等多于仇恨、疑惧、妒忌、厌恶等；积极与他人进行真诚的沟通。教师良好的人际关系在师生互动中则表现为师生关系融洽，教师能建立自己的威信，善于领导学生，能够理解并乐于帮助学生，不满、惩戒、犹豫行为较少。

第三，能正确地了解自我、体验自我和控制自我。对现实环境有正确的感知，能平衡自我与现实、理想与现实的关系。在教育活动中主要表现为：能根据自身的实际情况确定工作目标和个人抱负；具有较高的个人教育效能感；能在教学活动中进行自我监控，并据此调整自己的教育观念，完善自己的知识结构，做出更适当的教学行为；能通过他人认识自己，学生、同事的评价与自我评价较为一致；具有自我控制、自我调适的能力。

第四，具有教育独创性。在教学活动中不断学习，不断进步，不断创造。能根据学生的生理、心理和社会性特点富有创造性地理解教材，选择教学方法，设计教学环节，正确使用语言，布置作业等。

第五，在教育活动和日常生活中能真实地感受情绪并恰如其分地控制情绪。

由于教师劳动和服务的对象是人，因此情绪健康对于教师而言尤为重要。具体表现在：保持乐观积极的心态；杜绝将生活中不愉快的情绪带入课堂，不迁怒于学生；能冷静地处理课堂情境中的不良事件；克制偏爱情绪，一视同仁地对待学生；不会将工作中的不良情绪带入家庭。

2. 职业压力与职业倦怠

（1）职业压力

关于职业压力的概念，心理学界一般认同人与环境交互作用的模型，即认为环境对个体提出了某些要求，同时个体也试图影响环境以符合自己的需求和价值，如果个体感知到两者的交互作用中存在不平衡，而且这种不平衡对自己有害，那么个体就会感受到压力。

伍尔若和梅将教师职业压力按性质的不同分为五类。第一，中心压力——较小的压力及日常的麻烦。第二，外围的压力——教师经历的重大生活事件或压力情节。第三，预期性压力——教师预先考虑到的令人不愉快的事件。第四，情境压力——教师现在的心境。第五，回顾压力——教师对自己过去的压力事件及相关经历进行的评价。

（2）压力源

在阐释压力概念时，引起压力的情境因素一般被称为压力源。工作情境中的压力源一般包括以下因素。

第一，要求和控制。工作情境中的要求和控制是导致压力的一个很重要因素。工作要求主要指工作超载。控制指个体能在多大程度上自主地对工作进行决策和选择，如自主地对工作进行计划、安排，自己决定工作的节奏，参与组织的决策过程等。如果工作环境结构僵化、体制官僚，个人在组织的决策过程中没有发言权，对自己的工作步骤和工作方法也没有决定权或控制权，个体就很容易感受到心理压力。

第二，角色冲突、角色模糊和角色过度负荷。个体在组织中的角色问题通常被认为是潜在的压力源。作为压力源的角色问题一般包括三个方面：角色冲突、角色模糊和角色过度负荷。角色冲突指个体同时感受到多个不一致的、冲突的角色期望。角色模糊指对自己的工作角色没有清晰的认识，具体是指对工作的目标、期望，工作中的权利和义务、责任，以及工作表现和回报之间的关系缺乏清晰、稳定的认识。角色过度负荷指对工作角色的要求过多，使个体无法在一定时限完成，或对角色要求水准过高，超过了个人能力所及。

第三，需要为他人负责的工作。需要为他人负责的工作往往要求投入更多情感和精力才能满足外界的期望。

第四，与领导和同事的关系。与领导或者同事关系不和、紧张，或者与他们缺乏交流本身会构成一种压力源，使个体产生压力。

（3）职业倦怠

职业倦怠是个体在职业压力长期负面的影响下形成的一种累积性的慢性反应，可以说，这是一种"慢性病"而不是"急症"。职业倦怠现象易于发生在与人接触频率较高的职业中，比如教育、服务、医疗行业。20世纪70年代中期，美国的弗罗伊登伯格最早提出了职业倦怠这个概念。他认为职业倦怠是一种相当普遍的现象，是指个体过分执著于生活的理想与方式，因而无法获得预期所得的美好而产生的疲劳与耗竭的状态。

马斯拉克关于职业倦怠提出一个多维度的模型。该模型将职业倦怠视为社会关系背景下的一种个人压力体验，因此这种体验既涉及对自我的感受，也涉及对他人的感受。职业倦怠的多维模型包括三种成分——个体压力成分、人际关系成分和自我评价成分。更具体地说，职业倦怠被界定为包括情绪衰竭（个体压力成分）、人格解体（人际关系成分）和个人成就感降低（自我评价成分）这三个维度的心理综合征。情绪衰竭指与服务对象（如学生）交互作用过程中一种情感资源耗尽，疲乏不堪，精力丧失的体验；人格解体指用消极的、冷漠的、疏远的甚至不人道的态度对待服务对象，甚至视对方为无生命的物体；个人成就感降低指在工作中成功感和能力感降低，在工作中体会不到成就感。职业倦怠的三个维度中，情绪衰竭被认为是核心的症状，出现得最早，随后出现人格解体，这两个维度关系更为密切，均为情绪维度，而个人成就感降低则被视为是独立发展的结构，是认知维度。

马斯拉克等人也分析了职业倦怠与压力感或抑郁等概念的区别。从时间方面看，大多数研究者认为职业倦怠不是压力的短期效应，而是一个长期的过程，个体长时间处于工作压力之下，逐渐产生情绪衰竭、人格解体和个人成就感降低。因此，职业倦怠对应于一般适应综合征的衰竭期，而不是早期的预警期和抵抗期。由此可见，职业倦怠发生在压力感之后，是应对压力感失败后出现的症状。从领域方面看，职业倦怠是在一定的工作环境下产生的，受社会和组织背景外的影响，而抑郁是全球性的，独立于文化背景外的心理问题。尽管职业倦怠的某些表现，如失败感和悲伤感，与抑郁相似，但职业倦怠是在面向人的职业所特有的工作环境中产生的，而抑郁在任何生活领域中都有可能产生。

（二）促进教师心理健康的途径

1. 构建社会支持网络

首先，全社会、学生家长要重视教育、尊重教师，给教师提供支持，给教师发挥所长的空间。

其次，教育培训部门、学校要积极提高教师的能力，使教师具备教学的胜任力，能够有效地缓解压力。

再次，学校要形成良好的组织文化，建立学习型组织，使教师在学校中能够互相帮助、互相支持。

2. 建立心理健康干预体系

从社区到学校，应该有专门针对教师的心理健康干预机构，帮助教师解决心理问题。

3. 提高个人调整能力

教师应该学习心理健康相关知识，具备自我调整能力。

（三）促进教师心理健康的方法

1. 教师压力的应对策略

面对种种压力，教师需采取策略进行应对，解决压力带给教师的困扰，从而提高生活质量和工作质量[1]。

---

[1] 俞国良，宋振韶. 现代教师心理健康教育 [M]. 北京：教育科学出版社，2008：64—66.

从压力源的出现到个体产生心理压力的过程中有一个重要的中间变量，这个变量就是应对。马西尼与同事总结了前人的研究，将应对定义为"任何预防、消除或减弱压力源的努力，无论这种努力是健康的还是不健康的，有意识或无意识的，这种努力也可能是以最小的痛苦方式忍受压力的影响"[1]。个体可能会采取多种策略应对职业压力，如直接处理或改变导致压力的问题，这种策略一般被称为问题取向的应对方式。个体也可以调节自己对压力的情绪反应，使自己的情绪紧张度降低，这种策略一般称为情绪取向的应对方式。问题取向的应对方式包括各种直面问题的策略和问题解决的策略，比如对问题进行定义，产生各种可供选择的解决方案，对这些方案进行评价，权衡利弊，最后选择其一并采取行动等。情绪取向的应对方式包括重新对情境进行积极的评价和比较，以及各种自我防御策略，比如逃避、轻视、远离等。当个体认为自己无法改变环境条件时会使用情绪取向的应对策略，反之，当个体认为环境可以改变时会使用问题取向的应对策略。

应对策略也可以分为情绪策略、认知策略、行为策略。情绪策略指处理由压力引起的紧张、焦虑等问题的应对方式。认知策略主要指通过认知重组处理压力的方法。认知重组可以改变一个事件的意义或改变个体对情境掌握能力的认知。根据泰勒的认知适应理论[2]，认知应对策略主要包括三个重要方面：第一，从某一特定的压力事件中寻求意义，我们可以通过独立思索、阅读书籍，或咨询朋友或长辈的看法，来改变压力事件的意义；第二，对某一压力事件或对生活的各方面重新获得主动；第三，通过积极的自我评价来增强自尊。行为策略指采取直接行动以消除或减少压力及增加处理压力的资源等方法，比如寻求信息和帮助，通过建设性的活动转移注意力等。

2. 教师的情绪问题的调试[3]

(1) 理性情绪疗法

理性情绪疗法又称为情绪的 ABC 理论，是由心理学家艾里斯提出的。艾里斯认为，在人们情绪产生的过程中有三个重要的因素，这就是情绪诱发事件，人们对诱发事件所持的相应的信念、态度和解释以及由此引发的人们的情绪和行为的结果。该理论认为，情绪并非是诱发事件直接引起的，而是通过人们对这一引发事件的解释和评价所引起的，即并非是事件引起了情绪，而是人们对事件的认识引起了情绪。理性情绪疗法的核心是去掉非理性的、不合理的信念，建立正确的信念。

理性情绪疗法主要包括如下步骤：第一，将认为引发不良情绪的事件和认识一一列出。第二，找出引发不良情绪的非理性观念。艾里斯认为，非理性信念主要包括以下十条：每个人都应该得到自己生活环境中对自己重要的人的喜爱与赞许；每个人都必须能力十足、在各方面有成就，这样的人才是有价值的；有些人是坏的、卑劣的、恶性的，为了他们的恶行，他们应该受到严厉的责备与惩罚；假如发生的事情是自己不喜欢或非期待的，那么它是糟糕的、很可怕的，事情应该是自己喜欢与期待的那样；人的不快乐是由外在因素引起的，一个人很少有或根本没有能力控制自己的忧伤和烦闷；一个人对于危险或可怕的事物应该非常挂心，而且应该随时考虑它发生的可能；逃避困难、挑战与责任要比面对它们容易；一个人应该依靠别人，而且需要有一个比自己强的人做依靠；一个人过去的历史对他目前的行为是极重要的决定因素，因为某事曾影响一个人，它会继续，甚至永远具有同样的影响效果；一个人碰到种种问题，应该有一个正确、妥当及完善的解决途径，如果无法找到解决方法，那将是糟糕的事。第三，通过对非理性观念的驳斥，找出合理的替代观念。第四，通过建立合理的信念，最后达到情绪感受的改变。

掌握合理情绪的理论和方法，可以帮助我们认识和摆脱不良情绪的困扰，更重要的是，使我们保持一种客观正确的认知心态，尽量减少不良情绪的产生。

---

[1] 转引自 [美] 赖斯. 压力与健康 [M]. 北京：中国轻工业出版社，2000：216.
[2] 转引自 [美] 赖斯. 压力与健康 [M]. 北京：中国轻工业出版社，2000：222.
[3] 俞国良，宋振韶. 现代教师心理健康教育 [M]. 北京：教育科学出版社，2008：80—89.

（2）注意力转移法

注意力转移法就是把注意力从引起不良情绪反应的刺激情境转移到其他事物上或从事其他活动的自我调节方法。当出现情绪不佳的情况时，要把注意力转移到使自己感兴趣的事上去。

注意力转移法按其转移的方向可分为两类，即积极的转移和消极的转移。消极的转移就是当情绪不佳时，转向吸烟、酗酒、吸毒等消极行为，这种消极的转移是我们应该努力避免的。积极的转移就是把时间和精力从消极的情绪体验中转移到对调控情绪较为有利的活动中去。如，外出散步，看电影、电视，读书，打球，下棋，找朋友聊天，改换环境等。上述办法皆有助于使情绪平静下来，在活动中寻找到新的快乐。这种方法，一方面中止了不良刺激源的作用，防止了不良情绪的泛化、蔓延；另一方面，通过参与新的活动特别是自己感兴趣的活动而达到增进积极的情绪体验的目的。

音乐疗法是调控情绪的最佳方式之一。欢快有力的节奏能使情绪消沉者振奋，轻松优美的旋律能使紧张不安者松弛，悠扬婉转的乐曲能使情绪烦躁者安静。如果可能，学习乐器演奏和音乐创作，把内心的感受和体验转化为心灵的乐曲，就能舒缓和调节情绪。

体育活动也是转移和调控情绪的良好方法。当情绪状态不佳时，跑步、健身、打球、游泳、舞蹈等，都是极佳的情绪调控的手段。体育活动既可以松弛紧张的神经，又可以促进机体的新陈代谢，消除心理上的疲劳，使消沉者活跃、激愤者平静，达到平衡情绪的目的。

环境转移法也是一种不错的方法，当事人脱离不良的环境，有助于改变消极的情绪，调节身心。当一个人情绪不佳、郁闷不安时，如果把自己困在一边生闷气，只会使消极情绪更为强烈。置身于环境优美、空气宜人的花园，走进郊外的田园风光中，可以使人心绪舒缓，心境开朗。如果有条件，还可以短期旅游，把自己置身于绚丽多彩的自然环境之中，彻底放松自我，陶冶情操。山清水秀的自然环境会使人心境豁达明朗，一切的忧愁和烦恼也会随之消散。

（3）宣泄法

宣泄法就是让自己的不良情绪得到一个释放的渠道，用来恢复自己身心机能的平衡和稳定。精神分析学家认为，身心的紧张状态部分原因是由情绪得不到适当的宣泄造成的，长时间的精神紧绷容易造成身体的病变。

有很多合适的宣泄方法我们可以选择，比如，倾诉就是一种比较好的宣泄方式，找个值得自己信赖的人，将自己心中的想法和苦闷都讲出来。这种内心想法的交流一方面可以缓解压力，释放内心积压的负性能量，另一方面，还可以帮助分析事情的原因，更好地处理和解决问题。有的时候，预约一名专业的心理医生也是不错的选择。

（4）放松法

放松法是教师用来克服紧张焦虑情绪的一种简便的方法，尤其是在遇到一些难以应付的场面的时候，将心情平静下来就显得非常重要。紧急的处理方式可以先闭目片刻，咬紧牙关，深吸气，屏气一小会儿，长长地吐出一口气，再深吸气，把紧张和焦虑随呼气一起吐出去。这是最简单的放松方式，是随时随地都可以进行的。或者可以借用音乐来让自己达到放松的状态。

● 难点解读

1. 班集体管理与课堂管理的关系

班集体管理与课堂管理既有区别，又有联系。班集体管理是班主任的工作内容和岗位职责，而课堂管理是任课教师教学工作的一部分。前者的目标是形成一个"团结友爱、严肃活泼"的班集体，后者的目标是为有效教学创造必要的条件。二者的联系就在于：班集体管理的成功有助于课堂管理的成功。有效的课堂管理也会积淀成为良好的班风，有助于形成班集体健康的舆论和气氛，从而有助于提升班集体的凝聚力。

2. 问题行为、越轨行为与犯罪行为的关系

问题行为、越轨行为、犯罪行为是三个完全不同的概念。区别在于：一是内涵不同。问题行为是指学生在成长过程中出现的妨碍自身成长或者给他人造成麻烦的行为。越轨行为是指违反重要的社会规范的行为。犯罪行为是指行为主体基于其意志自由而实施的具有侵害性的举止。二是程度不同。从行为的危害性程度分，问题行为偏离正常年龄阶段所允许的正常行为范围较轻，且在青少年中较为常见，所需的矫治时间相对较短。越轨行为的严重程度，取决于该种行为所触犯的规范的重要性。当越轨行为触犯到重要的社会规范时，其越轨程度与所受惩罚必然严重，反之较轻。犯罪行为是一种违反刑事法规而应受到刑事处罚的特殊的越轨行为，其严重程度在三者中最重。出现犯罪行为的主体，必定要负刑事责任。三是矫治者不同。由于问题行为的严重程度较轻，一般是由家长或教师对学生的问题行为进行矫治。越轨行为和犯罪行为一般要由专业人员在特定环境下对其进行管制和教育。四是行为发生的频率不同。问题行为在青少年中普遍存在，并且具有持续性、稳定性，出现频率较高。越轨行为和犯罪行为的发生则比较复杂，相对频率低。

三者也存在一定的联系。学生走上犯罪道路、出现犯罪行为有一个过程，是由于问题行为或越轨行为得不到重视和矫治而逐渐发展而来的。问题行为是萌发犯罪行为的前奏，青少年出现问题行为时，如果没有得到及时矫治，任由其发展，很可能演变成犯罪行为。

3. 教师心理各部分内容之间的关系

第一部分在介绍教师角色概念的基础上阐述教师角色的类型，明晰教师应该承担何种社会角色。第二部分，从知识特征、认知特征、情感特征和意志特征、人格特征以及行为特征等方面介绍教师心理特征，明晰胜任教师角色需要具备的特征。第三部分，在具体介绍教师成长阶段的基础上阐述专家型教师的培养模式与途径，明晰胜任教师角色需经历何种历程以及何种教育与培训。第四部分，首先介绍了教师心理健康标准以及与教师心理健康有紧密关联的职业压力与职业倦怠的相关研究，之后阐述了促进教师心理健康的途径和方法。这部分内容以教师角色为主线，介绍了教师角色类型、要胜任教师角色教师需要具备的心理特征、教师成长（教师角色获得）的历程以及胜任教师角色教师所应具备的心理健康条件等部分的内容。

● 案例分析

案例分析 1

"情书"事件

课堂上，班主任正在上"公民的批评权和建议权"一课，突然发现王林的神色有点异常，他疾步走上前一看，原来这位"调皮大王"正在给班级一位女生写"情书"。当时班主任恨不得当众把它念一遍，好好数落他一下，以解心头之恨。但转念一想，当着这么多学生的面，公布他的隐私，可能会引起他更大的反感和抵触，他的脸又往哪儿搁呢？不如说个谎，给他留下面子，说不定还会触动他"改邪归正"呢！于是，他拿起"情书"，煞有介事地说："同学们，王林同学活学活用，善于动脑，他已经就如何利用我们当地的资源，给我们的县长写信呢！让我们给他以鼓励。"从此，王林对老师心存感激，开始逐渐转变了。

情境分析

课堂问题行为是课堂教学中经常出现的行为，面对课堂问题行为，教师需要掌握一定的处置和矫正的方法。在这一案例中，王林的表现是一种典型的课堂问题行为，老师面对这种课堂问题行为，没有采用惩罚的手段，而注意改变学生的成败体验，降低挫折水平，有意忽视学生的问题行为，进而对学生的伤害降到最低，达到既解决问题行为，又不影响学生身心发展的双重积极效果。相反如果教师当众将学生情书念出来，不仅会影响良好的课堂教学环境，使整个课堂教学陷于混乱，而且使学生颜面尽失，对学习失去兴趣。因此，在课堂问题行为的矫正过程中，应该遵循多奖少罚的原则，以不伤害学生自尊心，促进学生可持续发展为根本出发点。

案例分析2

如此排座最好

任班主任多年，已经无法描述我对有些班级对学生座位的安排方法的厌恶之情了。区区一个教室的座位，成了评价学生的一个"有利的武器"，根据考试成绩排座位几乎成了约定俗成的做法。对学生座位横加干涉已经顺理成章，甚至还听说有个别班主任将学生的座位当作自己向家长提条件，借此牟利的手段，这当然属于极端行为，姑且不论。于是，当报名结束，下午学生要来教室的时候，我就在想，孩子们的座位应该怎么安排？

这个问题困扰了我很久，中午吃饭的时候都没有想出个头绪，直到我和孩子们一起来到教室门前，打开门的那一刹那，我终于决定了：不安排就是最好的安排！

门开了，孩子们问我："老师，座位怎么安排？"我说："自己进去，选最喜欢的位子，随便坐！"孩子们诧异地看了我一眼，还是鱼贯而入，很快坐在了座位上。

一个多月之后的一个班会课上，我这样告诉学生：班集体是我们自己的，座位也是我们自己的。我从来没有将座位作为惩罚或者表扬学生的手段的习惯，因为在这个教室中，我们每一个人都是平等的一员，座位没有尊卑之别，正如人没有高下之分。在我的班里面，如果谁想调换座位，一般是通过你自己协商的途径，我不会对你们的座位横加干涉。但是，也希望每位同学明白，座位对大家的学习是有影响的，我相信大家能做出正确的选择。

靠控制学生的座位来达到控制学生的目的，还不如干脆把权力交给学生，让他们自己选择，并让他们学会为自己的选择负责，因为，他们正在长大，需要我们给他们长大的机会。

情境分析

班主任的工作是纷繁复杂的，尤其是组织和培养班集体更要求教师掌握科学有效的方法。首先要从目标上明确班集体的组建是为了学生更好的发展，而不是钳制学生，或者谋求教师的私利。其次，要注意形成良好的班风和班级舆论，能建立民主、公平的风气是难能可贵的。案例二中，老师准确定位了排座位的根本目的，是让学生更自如、更愉快的上课，而不是用来奖惩学生和谋求教师私利的，同时老师采用了"不安排就是最好的安排"的思路，将自主权完全交还给学生自己，倡导了自由民主的风气，更让学生体会到了公平的意义，这将取得非常好的教育效果。班集体的发展是一个阶段性的过程，促进集体成员个性的发展是班集体建设的最终目标。当班集体基本形成，集体主体性得到一定阶段的发展，应把发展每个成员的个性和价值作为班集体建设的共同责任和努力目标。案例中老师的做法能够真正地促进班集体成员个性的发展，也将组建出真正良好的班集体。

● 延伸阅读

1. 课堂规则的制定与执行

课堂规则是课堂秩序的基础，在课堂管理中居于突出重要的地位，几乎所有课堂管理的研究成果都强调课堂规则的重要性。课堂规则的主要功能体现在"促进"和"维持"两个方面。课堂规则的制定受到多方面因素的影响，最主要的有四个方面：法令和规章、学校和班级文化传统、学生以及家长的期望和课堂风气。课堂规则应当符合四个条件：明确、合理、必要、可行。课堂规则的具体形成有多种方法和途径，主要有：自然形成法、引导制定法、参照制定法、移植替代法等。自然形成法就是将原来已经存在并被广泛认可的常规加以具体化，形成课堂规则，一些自然形成的良好行为经过师生共同讨论加以强化，就形成了课堂规则。引导制定法就是将原本不存在或没有引起注意的常规引申为课堂规则，让大家共同遵守。参照制定法就是教师或者学生发现其他班级的某种良好行为规范，而这一规范正好是自己班级所缺乏的，于是师生共同讨论，参照制定为本班的课堂规则。移植替代法就是将其他课堂中好的规则直接移植过来，作为要求本班学生遵从的课堂规则，或者用来替代原来不合理的规则。

课堂规则重在执行，建立良好的课堂规则执行体系是发挥课堂规则作用的主要途径。课堂规则的执行要注意：执行规则前应检查规则是否适宜；执行规则应始终如一；执行规则应公平一贯；执行规则应当采取积极的方法。

（资料来源　郑航：班级管理与学生指导，北京：北京师范大学出版社，2011年，第132—136页）

2. 从外在的纪律向内在的纪律转变

所谓外在的纪律是旨在追求外在功利价值实现的纪律，这是为了保障教育环境的有序化而被赋予存在意义的纪律。外在的纪律作为一种工具性质的纪律，它仅仅使自己庸俗化为维持教育秩序而存在，为了服务教师顺利完成任务而存在。这种纪律往往会以牺牲学生的内在发展为代价去换取一种能够保证教育环境之表面上的秩序，这就容易出现为了纪律而纪律的现象。纪律不是服务于学生的发展，相反，学生却要服从于纪律的存在，这就使学生变成了纪律的奴隶。当纪律违背了学生的本性，把学生当成它的奴隶时，它就会异化为扼杀学生发展的"刽子手"。而纪律一旦符合学生的本性需要，它就会成为指导学生健康发展的教育因素。从这一角度来理解纪律，我们认为纪律首先关涉的是学生的内在价值，而非外在的工具价值。纪律是指教育者为训练和培养学生的内控力而指导学生制定的规范或准则。以发展学生的内控力为纪律的第一要义则赋予了纪律以道德意义和人性基础。当纪律对学生内在发展（人性发展）具有促进作用时，我们认为，纪律就是内在于学生的，因而它是一种内在的纪律。

（资料来源　刘德林，新课程背景下学校纪律理念的转变，载于《当代教育科学》2005年第6期）

3. 有效教学与有效课堂管理

有效的教学是防止课堂问题行为发生的第一道防线，好的纪律来自好的教学。因此，改善课堂纪律，必须改善我们的教学，增强教学的魅力。当代课堂管理研究者都高度强调有效教学策略与学生良好行为之间的关系。在课堂管理研究中，格拉瑟等人都曾指出，优质课程、优质教学和优质学习是有效纪律的主要特征。美国著名课堂纪律研究专家库宁也认为，维持纪律的最佳方式是吸引学生积极参加课堂活动。他关于高课堂管理成效和低课堂管理成效教师的比较研究表明，两类教师的课堂管理方法非常类似，他们的主要区别在于成功管理的教师能以良好的教学方法和课堂组织防止问题行为的发生，成功管理的教师在教学准备、教学组织及活动之间的顺利转移上，都更胜一筹。这些教师还善于通过一开始就激发学生的兴趣，注意在整节课中有效地吸引学生的注意力，安排具有个性化的作业等方法，使学生的活动一直围绕着教学有序展开。上述研究启发我们，创建良好的课堂秩序和纪律，既需要合理的课堂管理观念的指导和纪律制度的规范，更需要课堂教学的完善和改进。可以说，以科学的教学行为实现课堂管理和控制的目的，实现课堂秩序的理想状态，已经成为当代课堂管理的基本共识。

（资料来源　邱乾，西方有效课堂管理的基本策略，载于《外国中小学教育》2006年第1期）

4. 教育的转型与教师角色的转换

（1）在封闭式教育转型为开放式教育的背景下，教师要由知识的输出者转变为学生自主学习的引导者。在信息社会开放式教育的条件下，由于教育环境的充分敞开，教师不再是学生获取知识的唯一源泉，教师仅仅充当知识输出者的角色就会禁锢学生的头脑、限制学生的眼界，会妨碍学生运用符合时代特点的先进方法掌握更多、更有效的知识。由此，教师的角色必须做出适应新的开放式教育的转换，变知识的输出者为学生自主学习的引导者。

（2）在继承式教育转型为创新教育的背景下，教师要由书本知识的复制者转变为学生创造能力的培养者。人类社会从工业社会转型为信息社会以后，继承式教育转型为创新教育。在信息社会里，对于人来说，最为重要的是创新、是开拓，是做那些电脑无法胜任的创造性的工作。这样一来，获取间接知识经验已不再是教育的主要目的，创造性地获取直接知识经验受到了空前的重视，获取间接知识经验被视为获取直接知识经验的基础和手段，让学生通过自己的主体性活动获取直接知识经验的观点受到广泛的重视并成为许多教育工作者的实际教育行为，教师将越来越多地重视培养学生解决实际问题的能力，特别是创造性地解决实际问题的能力。

（3）在职前教育转型为终身教育的背景下，教师要由知识的给予者转变为学习方法的给予者。信息社会终身教育的背景下，教师不可能、也没有必要把浩如烟海且会很快过时的知识尽可能多地教给学生，帮助学生掌握学习的方法特别是终身学习的方法才是教师教育工作的聪明选择。

（4）在整齐划一的教育转型为个性化教育的背景下，教师要由强调统一性的教育者转变为真正意义上的因材施教者。人类社会从工业社会转型为信息社会以后，整齐划一的教育将转型为个性化教育。信息社会是一个以人的个性化为基础的社会，它需要的人才是多个方面、多种类型和多种规格的，因此，它要求我们的教育成为个性化的教育，以培养出它所需要的各种各样的具有个人特点、类型和风格的人才。

（资料来源　霍力岩：教育的转型与教师角色的转换，载于《教育研究》2001年第3期）

强化训练

试题

一、单项选择题

1. 组织和培养班集体的方法，不包括（　　）。
   A．确立明确奋斗目标　　　　　　　　B．建立班委会
   C．培养良好班风　　　　　　　　　　D．进行个别教育
2. 下列选项不属于班集体发展阶段的是（　　）。
   A．组织规范的认同阶段　　　　　　　B．集体心理优化阶段
   C．集体主体性的发展阶段　　　　　　D．成员共性的发展阶段
3. 课堂气氛的类型不包括（　　）。
   A．积极的课堂气氛　　　　　　　　　B．消极的课堂气氛
   C．对抗的课堂气氛　　　　　　　　　D．抵触的课堂气氛

4. 下列说法中违背课堂管理原则的是（　　）。
   A．重视课堂管理本身的教育功能
   B．突出学生的主体发展
   C．课堂管理的主要对象是问题学生
   D．重视学习活动的过程管理
5. 以下关于课堂结构的说法不正确的是（　　）。
   A．教室是课堂的空间存在　　　　B．课堂规范是课堂存在的价值基础
   C．学生是构成课堂的基础　　　　D．知识信息是课堂活动的主要内容
6. 以下不属于课堂纪律类型的是（　　）。
   A．集体促成的纪律　　　　　　　B．教师促成的纪律
   C．活动促成的纪律　　　　　　　D．自我促成的纪律
7. 以下做法有利于矫正问题行为的是（　　）。
   A．多奖少罚　　　　　　　　　　B．坚持一致性
   C．与心理辅导相结合　　　　　　D．提问学生
8. 以下活动中，不属于课外活动的是（　　）。
   A．课堂教学活动　　　　　　　　B．社会实践活动
   C．体育娱乐活动　　　　　　　　D．文学艺术活动
9. 教师采用何种有效方式能够让学生明了、清晰所学的学科内容的知识属于（　　）。
   A．一般教学法知识　　　　　　　B．学生知识
   C．教学法——内容知识　　　　　D．学科知识
10. 下面选项中不属于职业倦怠特征的是（　　）。
    A．情绪衰竭　　　　　　　　　　B．人格解体
    C．个人成就感降低　　　　　　　D．自我控制能力降低

二、简答题
1. 简述班集体的发展阶段。
2. 简答课堂气氛的影响因素。
3. 课外活动的特点有哪些？

三、材料分析题
阅读下列材料，回答问题。
以下是张老师、李老师、王老师在办公室中的一段对话：

张老师：今天，教学校长听我课了，哎！怎么偏偏听我的课啊！校长会不会认为我水平不行啊！今年的年度评优我算是没希望了！

李老师：张老师，别担心！以后每次课都要认真备课，只要备课充分、认真教学，学生成绩提高了，任何人都不会说你不行！来，我们讨论一下新课的教学方法！

王老师：张老师，你今年教的是小学二年级，不要像去年教六年级那样去教，要仔细研究一下二年级学生的特点，这是我在教二年级时的教案，你看看能不能对你有帮助！你们先讨论，我要去找我们班的孙明家了解一下他的情况，最近他上课时注意力总是不集中。

问题
(1) 简述福勒和布朗关于教师成长阶段的观点。
(2) 依据福勒和布朗的观点分析三位教师所处的成长阶段。

答案及解析

一、单项选择题

1. D 【解析】本题考查的是组织和培养班集体的方法。组织和培养班集体的主要方法包括：确立明确的奋斗目标；建立班委会；培养正确的舆论和良好的班风；组织开展班级活动等。进行个别教育是班主任的工作内容和方法之一，但不是组建和培养班集体的方法。

2. D 【解析】本题考查的是班集体发展阶段。班集体发展阶段包括组织规范的认同阶段、集体心理优化阶段、集体主体性的发展阶段、成员个性的发展阶段。最后阶段是成员个性的发展阶段，而不是成员共性的发展阶段。

3. D 【解析】本题考查的是课堂气氛的类型。课堂气氛的类型包括积极的课堂气氛、消极的课堂气氛、对抗的课堂气氛，不包括抵触的课堂气氛。

4. C 【解析】本题考查的是课堂管理原则。课堂管理的原则包括重视课堂管理本身的教育功能、突出学生的主体发展、坚持面向全体学生、重视学习活动的过程管理。课堂管理的对象是全体学生，不是部分的问题学生。

5. B 【解析】本题考查的是课堂结构。课堂结构包括学生、教师、课堂规范、目标、教室、时间、知识信息、教育教学设备与设施。其中课堂规范是课堂的组织基础，目标是课堂存在的价值基础。

6. C 【解析】本题考查的是课堂纪律类型。课堂纪律类型包括教师促成的纪律、任务促成的纪律、集体促成的纪律、自我促成的纪律。没有活动促成的纪律。

7. D 【解析】本题考查的是矫正问题行为的方法。问题行为的矫正方法包括多奖少罚、坚持一致性、与心理辅导相结合等。提问学生是课堂问题行为的处置方法，不是矫正方法。

8. A 【解析】本题考查的是课外活动的概念。课外活动是与课内活动相对的概念，是指课堂教学活动之外的活动，因此课堂教学活动不属于课外活动。

9. C 【解析】教学法知识，即教师能够进行有效教学，从而促进学生获得知识、形成技能、改变态度以及发展能力，包括一般教学知识和教学法——内容知识。一般教学法知识指课堂上运用的适用于各个学科的教学方法。它主要包括教学环境设计的一般性原则与策略、课堂管理与组织的一般性原则与策略、执行教学的一般性原则与策略。教学法——内容知识关注的是教师采用哪些有效方式让学生明了、清晰所学的学科内容。

10. D 【解析】职业倦怠被界定为包括情绪衰竭（个体压力成分）、人格解体（人际关系成分）和个人成就感降低（自我评价成分）这三个维度的心理综合征。

二、简答题

1. 【答案要点】

(1) 组织规范的认同阶段

班集体是一个规范化的社会组织，建立相应的组织规范既是班集体发展的基础，也是班集体建设的基本内容。

(2) 集体心理的优化阶段

当班集体组织及规范形成并被成员认同后，优化班集体心理是这一阶段工作的重点。优化集体心理是一个班集体形成的关键。

(3) 集体主体性的发展阶段

班集体建设过程本质上是集体主体性逐步发挥、发展的过程。班集体的主体性是指集体成员在班级生活中表现出的自主性、能动性和创造性。这一阶段是以班主任为主的管理逐步让位于集体自主管理的过程。

（4）成员个性的发展阶段

促进集体成员个性的发展是班集体建设的最终目标。当班集体基本形成，集体主体性发展到一定阶段，应把发展每个成员的个性和价值作为班集体建设的共同责任和努力目标。这一阶段的主要任务是使班集体具有丰富的影响每一个成员个性发展的因素和机制。

【解析】

本题考查的是班集体的发展阶段。教师资格考试大纲的相关要求是"熟悉班集体的发展阶段"。班集体的发展经历由不成熟到成熟，由集体发展到实现成员个性的发展的过程。

2.【答案要点】

（1）课堂组织管理方式

课堂组织管理方式是教师行为方式的重要内容，其本质是一种人际交往和交流方式，对交往双方的情绪和心态有重要影响，是影响课堂气氛诸多因素中最重要的一个方面。

（2）教师威信

教师有威信有利于良好课堂气氛的形成，学生对有威信的教师的课，会认真学习，听从教师的教导，对没有威信的教师的态度则相反。

（3）师生关系

师生关系对课堂气氛的形成具有不言而喻的重要作用。师生关系对课堂气氛而言，就是属于一种隐含于课堂教学活动背后，但却长期而深刻影响课堂教学气氛与效果的一种因素。

（4）学生的参与

学生的参与程度能够影响教师的教学积极性，如果学生的学习态度积极，会增强教师的自信心，激励教师以更积极的态度搞好课堂教学，进而形成良好的课堂气氛，反之则产生消极的课堂气氛。

（5）社会环境

教育存在于一定社会之中，它的发展必然受到社会环境的制约，其中包括政治、经济、文化等诸多方面。因此，在课堂教学过程中，课堂气氛的形成也受到社会政治、经济、文化的不同程度的影响。

（6）学校环境

在教育教学的具体实施过程中，学校发挥着不可替代的作用。我国现代学校教育制度、学校领导的管理水平、管理方法等因素构成的学校环境对课堂教学气氛的形成起到重要的作用。

（7）课程内容

课程内容的编排和设计，不仅要适应学生的身心发展特点和认知水平，而且要贴近学生的生活，与生活实际相联系，只有这样，学生容易接受课程内容，产生学习兴趣，才有助于形成良好的课堂气氛。

【解析】

本题考查的是课堂气氛的影响因素。教师资格考试大纲中的相关要求是"理解影响课堂气氛的因素"，课堂气氛是指在课堂中师生之间和学生之间围绕教学目标展开的教与学活动而形成的某种占优势的综合的心理状态。这种心理状态受多种因素的影响，只有重视课堂气氛的影响因素，才能更好地创设有益的课堂气氛。

3.【答案要点】

（1）课外活动目标个性化

课外活动目标个性化包含两层含义：一是课外活动的目标主要是促进学生的个性化发展；二是课外活动对学生要达到的目标没有统一的要求，每个学生都可根据自己的知识水平和能力设定不同层次的目标。

(2) 课外活动对象的个别自愿化和自主性

课外活动以学生自愿为原则，学生有权选择是否参与活动，这体现参与对象的个别化。课外活动是学生独立自主的活动。班主任或辅导员要放手让学生自己设计、自己组织、自己动手实践、自我评价考核。

(3) 活动内容的广泛性和灵活性

课外活动不受课程计划和课程标准的限制，其内容广泛，无所不包，只要是能拓展学生视野，扩大其知识面，培养学生某方面的能力，或者只要是有益于学生身心健康的活动都可以开展。活动的内容可以根据学生的需要和愿望而灵活设定，学生可自由选择活动内容。

(4) 活动形式的多样性

课外活动规模的大小、活动时间的长短以及活动的形式没有一个固定的模式，也没有固定的活动场所，可以根据学校的具体情况、学生的需要而生动活泼、灵活多样地开展。

(5) 活动过程的实践性

课外活动以学生的活动为主，课外活动过程实质是学生运用知识、锻炼能力、体验情感的实践过程。

【解析】

本题考查的是课外活动的特点。教师资格考试大纲的相关要求是"了解课外活动组织和管理的有关知识"，课外活动的特点是关于课外活动的核心内容之一，需要灵活运用。此题内容也可转换为单选题分别考查。

三、材料分析题

【答案要点】

(1) 福勒和布朗提出的教师成长的三阶段理论

福勒和布朗根据教师的需要和不同时期所关注的焦点问题，把教师的成长划分为关注生存、关注情境和关注学生三个阶段：

①关注生存阶段

这是教师成长的起始阶段，处于这种阶段的一般是新教师，他们非常关注自己的生存适应性。他们经常注重自己在学生、同事以及学校领导心目中的地位，出于这种生存忧虑，教师会把大量的时间用于处理人际关系或者管理学生。

②关注情境阶段

当教师认为自己在新的教学岗位上已经站稳了脚跟后，会将注意力转移到提高教学工作的质量上来，如关注学生学习成绩的提高，关心班集体的建设，关注自己备课是否充分等。

③关注学生阶段

在这一阶段，教师能考虑到学生的个别差异，认识到不同年龄阶段的学生存在不同的发展水平，具有不同的情感和社会需求，因此能够因材施教。可以说，能否自觉关注学生是衡量一个教师是否成熟的重要标志。

(2) 三个教师所处的发展阶段

从三位教师的对话来看，张老师比较在意校长对自己的看法以及由此对自己评优的影响，因此处于关注生存阶段，李老师则关心如何提高学生的学习成绩，因此处于关注情境阶段，王老师则开始考虑如何根据学生的差异进行教学，因此处于关注学生阶段。

【解析】

本题考查的是福勒和布朗提出的教师成长的三阶段理论，该理论从教师关注的焦点问题对教师的成长阶段进行划分，教师应从该理论中获得启示，能够尽快将关注点集中在学生身上。

参考文献

1. 陈旭远．课程与教学论［M］．长春：东北师范大学出版社，2002．
2. 崔允漷．有效教学［M］．上海：华东师范大学出版社，2009．
3. 冯建军．生命与教育［M］．北京：教育科学出版社，2004．
4. 郭德俊．动机心理学：理论与实践［M］．北京：人民教育出版社，2005．
5. 胡谊等．教师心理学［M］．北京：中国轻工业出版社，2009．
6. 教育部基础教育司．走进新课程［M］．北京：北京师范大学出版社，2002．
7. 李伟胜．班级管理［M］．上海：华东师范大学出版社，2010．
8. 李学农．班级管理［M］．北京：高等教育出版社，2004．
9. 林崇德．发展心理学［M］．北京：人民教育出版社，2009．
10. 柳海民．教育原理［M］．长春：东北师范大学出版社，2006．
11. 柳海民．教育学原理［M］．北京：高等教育出版社，2011．
12. 刘晓明．中学生常见心理问题解析与辅导［M］．北京：世界图书出版公司，2008．
13. 路海东．教育心理学［M］．长春：东北师范大学出版社，2002．
14. 邱淑慧．班级管理与班主任工作技能［M］．广州：暨南大学出版社，2011．
15. 彭聃龄．普通心理学［M］．北京：北京师范大学出版社，2012．
16. 施良方，崔允漷．教学理论：课堂教学的原理、策略与研究［M］．上海：华东师范大学出版社，1998．
17. 施良方．课程理论：课程的基础、原理与问题［M］．北京：教育科学出版社，1996．
18. 孙培青．中国教育史［M］．上海：华东师范大学出版社，2009．
19. 屠大华．现代班级教育与管理［M］．武汉：华中理工大学出版社，1997．
20. 王道俊，郭文安．教育学［M］．北京：人民教育出版社，2009．
21. 王道俊，王汉澜．教育学［M］．北京：人民教育出版社，1999．
22. 伍新春．中学生心理辅导［M］．北京：高等教育出版社，2010．
23. 杨兆山．教育学——培养人的科学与艺术［M］．长春：东北师范大学出版社，2006．
24. 易连云．德育原理［M］．武汉：武汉大学出版社，2010．
25. 张斌贤等．外国教育史［M］．北京：教育科学出版社，2008．
26. 郑金洲等．学校教育研究方法［M］．北京：教育科学出版社，2003．
27. 钟启泉．课程论［M］．北京：教育科学出版社，2007．